문명들의 대화

동아시아 문명은 세계에 어떤 비전을 제시할 수 있는가

문명들의 대화

동아시아 문명은 세계에 어떤 비전을 제시할 수 있는가

뚜웨이밍 지음 · 김태성 옮김

humanist

지은이의 말

1966년, 나는 하버드대 옌칭연구소 소장 직을 맡으면서 네 가지 논역(論域)* 에서의 연구를 동시에 진행했다. '문화중국', '문명의 대화', '계몽의 반성', '유학의 창신' 등이 그것이다. 사실 이 네 가지 논역은 1980년대부터 이미 나의 중요한 연구주제였다. 나는 '합리적인 해석과 실천'을 통해서 이 네 가지 주제들 사이의 내적 논리와 상호관계, 그리고 현실적 의의를 심도있게 연구함으로써 상당히 깊은 인문정신을 갖춘 철학적 이념의 기초를 다지고 싶었다. 15년 전, 나는 한 친구에게, 결코 쉽지는 않겠지만 만일 내가 이러한 작업을 성공적으로 해낼 수만 있다면 이는 중국어권과 영어권 학술계에 여러 해 동안 몸 담아온 결과로서 대단히 중요한 공헌이 될 것이라고 말한 적이 있었다. 이 책에서 다루고 있는 주제는 내가 구축하고자 하는 이러한 이념과 밀접한 관계가 있지만, 여기서는 다만 대략적인 윤곽만을 제시하였다.

* 논역 주제별 담론의 영역과 범위를 말함.

2001년 나는 유엔 사무총장인 코피 아난의 초청으로 '문명의 대화' 포럼에 참여하면서 '문화중국', '계몽의 반성', '유학의 창신'은 반드시 여러 문명 간의 대화 속에서 진행되어야 한다고 생각했다. 이 책에 담긴 인터뷰와 강연은 바로 이러한 인식을 반영하고 있다. 이 논문집이 '문명의 대화'와 '유학의 창신', 두 부분으로 나누어져 있기는 하지만 이 두 분야는 서로 매우 밀접한 관계를 갖고 있다. 나는 문명의 대화에서 유학의 현재상황과 전망을 설명하는 동시에 유가정신이라는 자원으로 문명의 대화를 더욱 풍부하게 하고자 한다.

스촨(四川)대학 '중외문화(中外文化)와 문론(文論)'이라는 프로젝트에서 가졌던 인터뷰(2001년)에서는 꽤 많은 과제를 언급했지만 대체로 '문명의 대화'와 '유학의 창신' 사이의 교량적 의미를 벗어나지 않았다고 할 수 있다. 주변과 중심, 전통과 현대, 지방과 세계화를 넘나들면서 논점을 유지해야 한다는 게 나의 일관된 주장이었다. '주변의 중심화', '현대성 속의 전통' 그리고 '세계화적 의미를 갖는 지방인식' 등은 모두 내가 오랜 사유를 거쳐 제시한 관점이다.

인간이란 무엇인가? 어디에서 왔는가?(창조인가 진화인가?) 어디로 흘러가는가?(천국인가 지옥인가, 아니면 영원히 소멸하지 않는 물질인가?) 인간은 객관적이면서 영원한 진리를 인식할 수 있는가? 인간은 인생에 의미를 부여하는 문화전통을 계승할 수 있는가? 인간은 인간으로서의 궁극적인 관심을 이해할 수 있는가? 우리는 어떻게 인식하고 어떻게 실천할 것인가? 어떻게 믿을 것이며 어떻게 인간이 될 것인가? 이 모두는 유사 이래 수많은 선지자와 선각자 들이 끊임없이 사유해온 문제들이다. 그렇다면 우리의 문제의식은 무엇인가? 오늘날 인간 스스로 소외되고 인간과 인간의 관계가 냉담해지고 인간과 자연의 관계가 일종의 악성순환과 착취, 파괴와 변형, 고갈 등으로 변질되면서 다시는 돌아올 수 없는 길을 가고 있다. 그뿐 아니라 성별과 종교, 종족 간의 차별과, 자원약탈을 위한 전쟁 같은 해묵은 문제들도 아직 해결되지 않은 채 남아 있고, 심지어 민족이 발생된 이래 한번도 동요된 적이 없었던 신념들마저 의혹의 대상이 되고 있다. 인간이란 동물이 계속 살아남을 수 있을까 하는 것도 미지수가 되어버린 지 오래이다. 이러한 문제들을 사유하기 위해서는 자신과 사회, 자연과 천도(天道)에 대한 깊이있는 체득이 이루어져야 한다. 유학전통은 인류의 정신문명 가운데 하나로, 기독교와 불교, 이슬람교 등과 마찬가지로 현재 인류가 당면하고 있는 곤경을 해결하기 위해 일정한 정신적 자원을 제공해줄 수 있을 것이다. 문명의 대화를 통해 우리는 비교적 솔직하게 유학의 득실을 인식하고 이해하고 분석할 수 있을 것이다. 우리는 유학이 문화중국의 정체성 확립에 적극적으로 참여할 수 있기를 바란다. 유학이 서양 계몽주의의 부족함을 메워줄 수 있을지는 미지수지만, 우리는 반드시 인간중심주의와 자연을 정복하려는 심리태도, 그리고 개인이익지상주의적 행태를 초월해야 한다. 우리의 목표는 서양을 포함한 인류 전체의 복지이기 때문이다.

서양으로부터 '박학(博學)'과 '탐구', '신사(愼思)', '명변(明辨)', '독행(篤行)' 등의 자세를 배우는 것은 유학의 자기경신을 위해 없어서는 안 될 기본적인 노력이다. 나는 유학이 '일양래복(一陽來復)'■에서 점차 '비극태래(否極泰來)'■로 나아갈 수 있기를 기대한다. 비록 지금 내가 일종의 우환(憂患)의식을 갖고 있고 현재 인류가 처한 환경이 내게 어떠한 낙관적 희망도 주고 있지 않지만, 그렇다고 기가 죽을 필요는 없다. 유학은 동아시아, 특히 중국의 지식 엘리트들에 의해 방기되고 주변화된 지 오래라, 다시 중심의 자리로 돌아갈 수도, 또 굳이 돌아갈 필요도 없을 것이다. 사실 주변화라는 것 역시 일종의 기회로 자기반성능력을 키우는 계기가 된다. 나는 유교윤리가 여전히 동아시아의 현대성을 구성하는 중요한 요소의 하나라고 믿고 있다. 겉으로 보기에는 오늘날의 중국과 한국, 일본, 베트남 그리고 해외 화교사회가 전반서화(全盤西化)와 현대화를 거치면서 '문화전통' 가운데 전통문화가 이미 박약해져 있기는 하지만, 의식주를 포함한 모든 행위와 사람을 대하는 생활철학 속에 여전히 깊은 뿌리가 남아 있다.

유교윤리는 엄청난 압박과 재난을 겪어왔지만 여전히 견고한 생명력을 지니고 있다. 유학은 중국이나 동아시아의 철학일 뿐만 아니라 세계의 철학이기도 하다. 나는 취푸(曲阜)■에서 중원(中原), 중국에서 동아시아에 이르기까지 유학의 전통이 매우 깊이있는 보편적 가치를 지니고 있으며, 세계화적 의미를 갖는 지방인식을 갖추고 있다고 믿는다. 하지만 이러한 학술적 이상을 실현하는 길은 아직 멀기만 하다.

이 책에 수록되어 있는 인터뷰와 강연은 구성이 산만하고 사유의 흐름이 임의적이며 중복되는 부분도 없지 않지만, 잘 읽히리라고 믿

■ **일양래복** 음력 10월은 음(陰)이 가장 왕성한 때라 양(陽)이 하나도 없다가 동짓달이 되어서야 비로소 일양(一陽)이 생기는데, 여기서는 사물이 호운(好運)으로 돌아서는 것을 말한다.
■ **비극태래** 사물이 막혀 통하지 않다가 극에 달하면 천운이 순환하여 다시 뚫리게 되는 것을 말한다. 비(否)와 태(泰)는 둘 다 주역의 괘 이름으로, 비는 막힘을, 태는 뚫림을 상징한다.
■ **취푸** 공자의 고향.

는다. 〈두 가지 화두, 세계화와 다양성의 이해〉는 '문명의 대화' 포럼에서 유엔총회에 제공한 보고서로 씌어진 글이고(2001년 11월 7일), 〈동아시아 흥기〉, 〈신유학의 인문주의〉 등 영어로 씌어진 두 편의 논문은 미국 인문사회과학원 학보인 《다이달러스(*Daedalus*)》에 발표되었던 글이다.

독자 여러분께서는 먼저 인터뷰와 강연문을 읽은 다음 세 편의 중역된 논문을 읽는 것이, 지금 내가 사유하고 있는, 세계화의 충격 속에서 문명의 대화와 유학의 창신에 대해 비교적 완정(完整)한 인상을 갖는 방법이 될 것이다. 내가 확대하고자 하는 논역은 나 개인의 것이 아니라 중국과 동아시아 그리고 더 나아가 지구라는 완전히 개방된 공동의 공간에 속한 것이다. 독자 여러분, 특히 젊은이들이 이 공동의 대업에 적극 참여할 수 있기를 바라마지 않는다.

2004년 11월 25일 추수감사절

미국 케임브리지에서 뚜웨이밍

차 례

2부 신유학의 새로운 사유

1부

세계화 시대, **문명의 대화**

이 글은 중국사회과학대학원 철학연구소의 양슈에공(楊學功) 박사와 뚜웨이밍(杜維明) 교수의 대화를 정리한 것입니다. 흐리게 표시된 부분이 양슈에공 박사의 질문이고, 뚜웨이밍 교수의 답변은 원래의 색깔입니다.

01

대화,
타자의 독특한 특성을 이해하는 것

● 최근 선생께서는 줄곧 문명 간의 대화를 제창하시면서 이를 몸소 실천하고 계신데요. 냉전이 종식된 이후의 국제관계에 대해 헌팅턴(Samuel Huntington)의 '문명충돌론'을 비롯하여 다양한 견해가 제기되고 있습니다만 선생께서 문명의 대화를 제창하시고 실천하시는 배경은 어디에 있는지요?

저는 중학시절에 유학에 대해 큰 관심을 가졌습니다. 그리고 대학시절에 이미 '동서 문화의 대화'라는 문제를 놓고 사유하기 시작했지요. 당시 저는 타이완의 동하이(東海)대학에서 공부하면서 프린스턴이나 예일 등 미국의 유수한 대학을 졸업한 엘리트 청년들을 접할 기회가 많았습니다. 그들은 동하이대학에서 영어회화와 작문을 가르치고 있었지요. 당시 저는 그들과 자주 만나 중국 문화와 서양 문화, 또는 중국 문화와 미국 문화에 관해 토론하곤 했습니다. 대학을 졸업할 즈음엔 모두들 이러한 주제에 관해 자기만의 독특한 설명을 할 수 있게 되었지요. 제가 가장 관심을 가졌던 분야는 동서 문화의 대화였습니다.

1962년 하버드로 가 공부하면서도 이러한 작업은 계속되었지요. 당시 저는 중국 철학사를 연구하면서 유학의 전통을 위주로 하면서도 미국 사상사나 17, 18세기 유럽 사상사, 특히 윤리학과 미학, 종교철학 분야에 특별한 관심이 있었습니다. 또한 하버드에서 공부하는 동안 파슨스(Talcott Parsons)나 아이젠스타트(S. N. Eisenstadt) 같은 뛰어난 현대화이론가들도 접할 수 있었지요. 심리학계에서는 프로이트 학설을 계승하여 이를 더욱 발전시킨 에릭슨(Erikson)■ 교수가 1960년대에 제시한 '정체성(Identity)' 개념이 제게 커다란 계시와 자극을 주었습니다. 1966년 타이완으로 돌아와 모교인 동하이 대학에서 '문화정체성과 사회 변천'이라는 과목을 개설하여 강의했던 것도, '정체성'을 통해 중국의 현대화 과정을 이해하려는 노력의 일환이었지요. 제가 말하는 '정체성'에는 문화적 정체성과 정치적 정체성, 사회적 정체성이 모두 포함되는데, 이러한 과제는 곧 문화전통의 문제로 연결되고, 한 걸음 더 나아가 문화전통과 전통문화의 상호작용으로 확대될 수 있습니다.

현대 중국의 지식인들은 그들의 자각 여부에 관계 없이 자신의 문화심리 또는 문화전통에서 갖가지 서로 다른 문화사상 요소들의 충돌 및 대화를 경험하고 있습니다. 고대와 현대의 대화, 중국과 서양

■ **에릭슨** 독일 출신의 미국 정신분석학자. 빈대학에서 프로이트 등으로부터 정신분석학을 배웠고, 31세에 미국으로 이주하였다. 그는 인간 형성을 문화·사회와 관련지어 설명하였는데, 특히 청년기의 '정체성(Identity) 위기'를 어떻게 해결하는가에 따라서 역사의 양식을 창조하는 측면을 밝혀냈다. 정체성 개념을 통해 프로이트 이후의 정신분석학적 자아심리학을 비약적으로 발전시켰으며, 인문·사회 등 여러 과학과 사회사상에 커다란 영향을 미쳤다.

의 대화를 경험하고 있지만, 대부분 진정한 대화에는 이르지 못하고 갈등과 충돌이 조성하는 긴장감, 심지어 초조감에 그치고 있지요. 이는 아편전쟁, 특히 중일전쟁과 5·4운동 이후 서양 문화의 충격에 직면하여 중화민족의 지식계가 지난 백 년 동안 누대에 걸쳐 부딪쳐 온 문제이자, 서양을 이해하고자 하는 모든 중국 지식인들이 부딪치는 문제이기도 합니다.

제가 처음 하버드에 도착했을 때는 미국이 한창 각종 이질적인 문화의 충격에 시달리고 있던 시기이자, 미국 지식사회의 강세가 막 시작되던 시기였습니다. 중국어 '현대화'를 영어로 번역하면 'Modernization'이 되는데 이는 서양에서 1950년대 이후에 정식으로 사용하기 시작한 용어였습니다. 당시 하버드는 미국 현대화이론의 중심지였기 때문에 수많은 사람들이 Modernization을 1950년대에 처음 나타난 논역으로 간주했지요. 특히 중국에서는 이미 1930년대에 서구화와 현대화의 관계에 관한 논쟁이 있었다는 사실조차 모른 채 문화의 특수성과 보편성 등의 문제들 또한 의제로 상정했습니다. 안타까운 것은 1960년대 타이완의 동서 문화 논전(필자도 참가한 바 있습니다)과 1980년대 중국 내지의 문화열(文化熱)■이 상당 부분에서 1930년대 수준을 넘어서지 못했다는 점입니다.

저는 1960년대부터 하버드에서 저에게 아주 큰 영향을 미쳤던 스미스(Wilfred Cantwell Smith) 교수와 오랫동안 대화를 해왔습니다. 야스퍼스(Karl Jaspers)는 1948년 '기축시대의 문명(Axial-Age

■ **문화열** 1982년부터 1990년까지 중국에서 일어났던 전통사상, 특히 유가사상에 대한 재검토와 연구의 열기로, 중국의 전통철학과 현대 신유학의 존재 등이 주요쟁점으로 거론되었다.

Civilization)'■이라는 개념을 제시했지요. 비교종교사학자인 스미스 교수는 인도의 불교와 중국의 유교, 도교, 고대 그리스 철학, 초기 유대교에서 발전한 기독교와 이슬람교 등 기원전 6세기에 출현한 정신문명이 지금까지도 줄곧 영향을 미치고 있다고 간주하고 있습니다. 당시 스미스 교수가 이런 내용으로 수업을 진행한 것은 기본적으로 문명 대화를 이해시키기 위해서였다고 할 수 있습니다. 그의 주된 관점은 기축시대 문명들 사이에 변론과 논쟁, 대화를 통해 어떻게 공통된 인식에 도달했는가 하는 것입니다. 이는 인류가 평화문화로 나아가는 데 있어 가장 핵심적인 문제로서 저도 줄곧 중요한 과제로 간주해왔습니다.

1. 나는 왜 문명들과의 대화에 나섰는가

● 사실 선생께서 이러한 문제에 관심을 갖기 시작한 건 아주 오래 전부터라고 알고 있습니다.

제게는 1969년이 아주 중요한 해였습니다. 그 해 하와이에서 동서철학가회의가 개최되었는데 회의장에서 독일 학자 바니코프(Fisher

■ **기축시대의 문명** 야스퍼스에 의해 처음 사용된 용어로, 일반적으로 기원전 800년에서 기원후 200년경을 말하는데, 이 시기에는 중동의 유대교, 인도의 우파니샤드, 불교, 지나교, 그리스의 헤라클레이토스, 소크라테스, 중국의 노자, 공자 등이 출현함으로써 인류사에 있어 획기적인 정신적·도덕적·지성적 도약을 이루었다. 야스퍼스는 인류사를 선사시대, 고대문명시대, 기축시대, 과학기술시대로 구분한 바 있다.

Barnicoff)는 제게 하이델베르크에 비교문화 또는 상호문화 연구를 위한 센터를 설립하고 세계 각지에서 백여 명의 철학자들을 초빙하여 완전한 호혜의 기초 위에서 유럽과 아메리카, 이슬람, 동아시아 유교 문명, 남아시아, 아프리카 등의 문명권 사이의 대화를 시도해 볼 예정이라고 말한 바 있습니다. 그들은 홍콩의 탕쥔이(唐君毅) 선생과 일본의 니시타니 케이시(西谷啓志: 일본 교토 학파의 좨주(祭酒)), 그리고 이슬람권의 뛰어난 학자들을 다수 초빙했지요. 나중에는 저도 참여했습니다. 우리는 문명의 대화를 공동사업으로 간주하여 끊임없이 노력하면서 이것이 지식계의 첨예한 논역이 되기를 바랐습니다. 그래서 이 과제가 줄곧 제 연구의 중심이 되었지요.

1990년대 초, 저는 하와이대학 동서센터에서 문화 및 전파연구소 소장으로 일하게 되면서 하버드에 1년간 휴가를 신청했습니다. 당시 이 센터의 총재는 리하오(Victor Li)였는데, 그는 제게 이 센터로 부임하게 되면 어떤 연구를 하고 싶냐고 묻더군요. 저는 문명의 대화를 계속 발전시키고 싶다고 대답했지요. 문화중국에 대해 훗날 우리는 많은 논문을 발표했습니다. 문명의 대화는 비교적 어려운 문제이기 때문에 우리는 여러 차례에 걸쳐 국제학술대회를 개최하여 세계의 거대문명들을 연구대상으로 삼았습니다. 저도 세계의 정신에 관한 대형 출판 프로젝트에 적극적으로 참여해 인류 정신문명의 전모를 총괄하는 25권 분량의 대규모 논문집을 기획하여 신학자이자 종교학자인 커즌스(Ewert Cousins)에게 총편집을 맡게 했습니다. 문명의 대화라는 주제에 대해 그는 이미 30년 동안의 준비 과정을 거친 상태였기 때문입니다. 저는 그와 협력하여 하와이에서 여러 차례 토론을 벌였고 여덟 차례에 걸쳐 국제회의를 개최하여 몇 가지 관점을 제시한 바 있습니다. 그 중 하나가 문명의 대화에는 기축시대 문명 외에 원주민 전통(Indigenous Traditions)도 포함되어야 한다는 것입니다. 우리는 하와이 원주민, 아메리카인디언 원주민 문명과 일본 신토(神道)■ 등의 전통에 관한 회의도 개최한 바 있는데, 거기에는 물론 아프리카도 포함되었습니다.

덕분에 비교문화학과 비교종교 또는 비교정신문명에 관한 연구가 줄곧, 그것도 아주 착실하게 이루어졌고, 수많은 대화 또한 진행되었습니다.

1993년 헌팅턴이 '문명충돌론'을 제기했는데 사실 이것은 종교와 철학 등 인문학계에 이미 토론의 열기가 뜨거웠던 주제입니다. 정치학자로서, 또한 냉전을 배경으로 헌팅턴이 이 문제를 제기한 이후 문명 대화의 문제는 학술과 종교의 영역에서 지식계 전체로 확대되었고, 심지어 국제정치의 영역으로까지 확대되었습니다. 여기에서 이런 문제도 파생되었습니다. 아주 흥미롭고 무척 유행했던 개념인데, 현대화란 범속화 또는 세속화 과정으로 신성함에 대한 해체라는 주장이지요. 현대문명은 물질문명이자 도구적 합리성, 실증주의, 과학주의에 속하기 때문에, 인류문명이 종교로부터 철학을 거쳐 다시 과학으로 변화된다는 콩트의 주장과, 현대화는 합리화의 과정이라는 베버의 주장과 유사하지요. 20세기 중반까지만 해도 수많은 사람들이 이를 불변의 진리로 받아들였습니다. 다시 말해 인류문명의 발전은 일종의 범속화, 세속화 과정으로, 종교의 힘이 갈수록 축소되고 계몽적 이성이 미신의 어둠을 철저하게 축출했다는 것이지요. 하

■ **신토** 민족주의적 색채가 강한 일본의 민간종교.

지만 1950년대 이후 학술계에서는 점차 종교의 중요성을 깨닫기 시작했고 갈수록 종교를 더 중시했습니다. 종교의 중요성 뒤에는 문화의 중요성이 감추어져 있었지요. 이전에는 문화를 상부구조로 간주하면서 경제가 변하면 문화도 따라 변한다고 생각했는데 나중에는 문제가 그렇게 간단하지 않다는 것을 알았지요. 심지어 지금은 다보스의 '세계경제논단'조차 21세기에는 문화와 종교의 문제가 특히 두드러진다고 간주하고 있습니다. 2000년 세계경제논단에서 처음으로 저를 초청하여 토론을 주재하게 한 적이 있습니다. 당시 주요주제는 두 가지였는데, 하나는 21세기에서의 종교의 지위였고 다른 하나는 문화정체성이었습니다. 이는 모두 경제법칙으로 해석하거나 수치화할 수 없는 현상이지요.

2. 대화에 임하는 나의 목적

● 선생께서 문명의 대화에 관심을 기울이신 게 이른바 문명충돌론에 대한 대응에서 시작된 것이 아님을 알 수 있겠군요. 그렇다면 문명의 대화의 본질적인 취지는 어디에 있다고 생각하십니까?

저는 줄곧 기축시대 문명이 21세기에도 크게 발전할 전망이라면, 그 문명의 중요한 구성 부분인 유학전통은 어째서 20세기 중국에서 그토록 엄청난 압박과 파괴를 당해야 했는가 하는 문제를 제기해왔습니다. 21세기 들어서 유학전통은 한 걸음 더 발전할 수 있을까요? 이 문제에 대해 많은 사람들이 질문을 던지고 있는데, 특히 그에 대해

회의적인 시각을 보내는 사람들 대부분은 중국의 지식 엘리트들로서 진정으로 유교 문화의 영향을 받은 중요한 학자들입니다. 이와 관련해 레빈슨(Joseph Levenson)은 '유교중국과 현대적 운명'이라는 중요한 문제를 제기한 바 있지요. 21세기에도 기독교가 중대한 영향을 미칠 것이라는 데 회의하는 사람은 없습니다. 이슬람교와 불교, 힌두교에 대해서도 이런 회의는 존재하지 않지요. 여기서 유교를 하나의 종교로 간주하여 고려해볼 수는 없을까, 유교는 철학이 아닌가 하는 문제들이 발생합니다. 이러한 문제들을 배경으로 저는 유학전통에 대해 기축시대 문명이라는 각도에서 출발하여 이해해 들어가고자 합니다. 앞에서도 언급한 바 있는 스미스나 니시타니 케이시, 파니카(Raimundo Panikkar), 휴스턴 스미스(Huston Smith), 나스(H. Nasr) 등은 제게 깊은 인상을 남긴 학자들입니다. 불교, 힌두교, 기독교, 유대교, 이슬람교 등 다른 종교들은 21세기에도 계속 발전하고 그 세력을 확장하는데 왜 중국의 유교와 도교는 그 발판이 더욱 축소되고 있는 걸까요? 이는 대단히 중요하면서도 흥미로운 문제입니다.

● 문명의 대화가 중국의 전통가치를 발양하고 확대하는 데 도움이 될까요?

지금 미국에서 유행하고 있는 견해로 이런 게 있습니다. 서구와 미국을 대표로 하는 서양의 정치제도와 경제제도, 사회제도의 특징이, 심지어 그 배경이 되고 있는 모든 서양적 가치관이 전 세계에 보급되고 인정을 받아야 한다는 주장이지요. 수많은 중국학자들이 우리의 발전 상태는 아직 전근대 단계에 불과하기 때문에 자기의 전통을 과도하게 강조해서는 안 된다면서 서양을 배우는 것, 특히 서양의 과학과 민주주의를 배우는 것이 우리의 주요한 임무라고 주장하고 있습니다. 저는 계몽을 반대하지 않고 오히려 전적으로 지지하는 입장이지만, 계몽운동에서 발전되어나온 관념들을 총동원하여 현대 인류가 직면하고 있는 환경에 대처한다 해도 자원이 너무 부족하다고 생각합니다. 계몽이라는 자원이 좋지 않다는 게 아니라 그것만으론 충분하지 않다는 것이지요. 계몽의 자원이 완전히 발휘된다 해도 부족하기는 매한가지입니다. 왜 그럴까요? 계몽에는 몇 가지 근본적인 결함이 있기 때문입니다. 가장 큰 결함은 계몽이 반영하고 있는 것이 협애한 인간중심주의인데 이것으로는 생태환경보호라는 문제를 해결할 수 없기 때문입니다. 또한 계몽은 대단히 강력한 도구적 합리성을 추구하는데 바로 그 속성 때문에 인류사회의 평화공존을 어렵게 합니다. 동시에 계몽은 물질주의와 과학주의, 진보주의를 대표하기 때문에 전체 기축시대 문명이 체현하고자 하는 인간의 정신문명에 대해 부정적인 작용을 합니다. 계몽이란 원래 반종교(反宗教)에서 발전되어나온 것이기 때문이지요.

또 다른 일부 학자들은 기독교만이 서양의 현대문명과 밀접하게 결합된 정신문명이라고 생각하고 있습니다. 이들은 볼테르를 비롯한 수많은 계몽사상가들이 기독교에 강력하게 반대했고 특히 종교인들과 교회에 대항했다는 사실을 잊고 있는 것이지요. 베버의 이론에 따르면, 기독교 윤리만이 자본주의의 발전을 촉진할 수 있고, 우리처럼 기독교도가 아닌 사람들은 자본주의를 발전시킬 수 없다고 합니다. 이에 반해 유가의 학설은 기독교도가 아니더라도 발전할 수 있다는 사실을 증명해주고 있지요. 예컨대 일본은 기독교 국가가 아닌데도 현대화될 수 있었습니다. 기독교가 인류문명의 발전에 없어서는 안 될 윤리인가 하는 것은 대단히 중요한 문제입니다. 베버의 역사 분석은 기본적으로 타당하지만 구조 분석과 뒤섞어서 논하는 것은 문제가 있습니다.

저는 기독교가 인류문명의 발전에서 매우 큰 역할을 했다는 것은 분명한 사실이라고 생각합니다. 하지만 유대교 전통과 힌두교, 유교, 불교, 이슬람교의 전통 역시 그에 버금가는 역할을 했다는 사실을 잊어서는 안 됩니다. 여기서 또 한 가지 문제가 발생합니다. 우리가 최근에 자주 토론해왔던 다원적 현대성이라는 개념이 출현 가능한가 하는 것이지요. 이 문제에는 두 가지 전제가 요구됩니다. 하나는 현대성 속의 전통 문제인데, 어느 민족이든 발전하는 과정에서 나타나는 현대성 안에 민족적 특성이나 민족전통의 특성이 결합되어 나타난다는 겁니다. 때문에 프랑스의 민주주의와 영국의 민주주의, 독일의 민주주의와 미국의 민주주의가 서로 다르고, 시장경제와 정부의 기능 또한 다르며 각기 서로 다른 선택을 하게 되는 것이지요. 물론 인권과 효율성, 평등과 민주주의 같은 불변의 원칙들도 있지요. 다른 하나는 현대화가 서로 다른 문화형식을 가질 수 있다는 겁니다.

서양의 자유주의는 로크로부터 시작하여 오늘날에 이르기까지 기본적으로 개인과 사회의 관계만을 고려대상으로 삼았습니다. 하지만 저는 보다 다양하고 폭넓은 인문적 시야를 가져야 하고, 특히 두 가지 방향에서 새로운 접근이 이루어져야 한다고 생각합니다. 하나는 자연이라는 시각으로, 전체 인류와 자연의 관계 문제입니다. 하버마스(Habermas)는 애당초 제시하지도 못했던 문제이지요. 다른 하나는 전체 인류와 인간의 궁극적인 관심이 무엇인가 하는 시각으로, 인류와 인류의 정신세계, 종교의 관계가 어떤 것인가 하는 문제입니다. 이것 역시 하버마스가 제시하지 못했던 문제이지요. 하버마스는 유럽중심주의자로서 유럽 이외의 문화에 대해서는 제대로 이해하지 못했습니다. 예컨대 동아시아 문화에 대한 그의 이해는 대단히 단편적이지요. 데리다(Derrida) 역시 마찬가지이고, 프레드릭 제임슨(Frederick Jameson)도 아마 예외가 아닐 겁니다.

이렇게 볼 때 우리는 이 문제에 대해 네 가지 측면에서 동시에 접근할 필요가 있습니다. 정사면체의 문제를 양면의 문제로 고찰해서도 안 될 것이고, 더욱이 하나의 선이나 점의 문제로 축소해 접근해서도 안 될 것입니다. 네 개의 측면이란 개인과 사회, 자연과 하늘, 즉 인간의 궁극적인 관심사인 종교입니다. 개인과 사회가 건강하게 상호작용을 하고, 전체 인류와 자연이 조화로운 상태를 유지하며, 인심과 천도(天道)가 서로를 보완해주고, 개인의 심신과 영혼이 안돈(安頓)하는 것이 우리가 추구하는 가장 이상적인 세계이지요.

유가적 관점에서 볼 때 개인적 안돈은 바로 수신(修身)의 문제입니다. 수신제가치국평천하(修身齊家治國平天下)해야 하는 것이지요. 수신이 이루어진 뒤에는 개인과 가정, 나아가 인류사회가 어떻게 관계를 갖느냐 하는 문제가 발생합니다. 또한 인간과 자연이 조화로운 상태를 유지할 수 있는가, 인심과 천도가 서로를 보완할 수 있는가 하는 문제도 남아 있지요. 때문에 유학의 인문적 시야는 비교적 넓다고 할 수 있습니다. 하지만 이처럼 넓은 인문적 고찰의 영역이 그보다 협애하지만 아주 강한 공격력을 지닌, 현대 서양의 계몽으로 대표되는 범속한 인문정신에 의해 해체되어버렸지요. 그것도 아주 철저히 해체되어, 유학은 소농경제와 혈연사회, 전제정치 등을 대표하며, 역사의 주체로서의 개인의 출현이 이루어지지 않았고, 공업사회와는 아무런 관계도 없으며, 민주정치와는 더더욱 상치되는 것으로 인식되어왔습니다. 하지만 유학은 캉유웨이(康有爲)와 량치차오(梁啓初)를 시발점으로, 이미 여러 세대에 걸친 노력을 통해 서양에 적응하면서 어느 정도 자기 변화를 실현해왔습니다. 유학의 현대화는 바로 백여 년에 걸친 이러한 노력의 결실이지요. 유학에서 말하는 이른바 '삼강(三綱)', 즉 군위신강(君爲臣綱), 부위자강(父爲子綱), 부위부강(夫爲婦綱)은 이제 완전히 해체되고 폐기되어 유학 연구에 종사하는 그 누구도 삼강을 제창하지 않고 있습니다. 삼강은 페미니즘으로 대표되는 남녀평등에 부합되지 않을 뿐만 아니라 민주정치의 이념에도 상치되고, 인격의 존엄과 개성의 발전을 중시하는 현대교육의 원칙에는 더더욱 위배된다고 생각하기 때문이지요. 하지만 오륜(五倫)은 어떻습니까? 부모는 자애롭고 자식은 효성스러우며, 형제와 친구가 서로 삼가고 공경하며, 군주는 어질고 신하는 충성스러우며, 부부는 서로 구별이 있되 서로 도우며 같은 길을 가지만 여기에는 지나침이 없습니다. 또한 오상(五常)은 어떻습니까? 인(仁), 의(義), 예(禮), 지(智), 신(信)의 관념은 절대 쉽게 부정할 수 있는 가치가 아니지요.

유학의 고도로 정치화된 부분들은 제거되어야 마땅합니다. 유교 중국은 청제국의 붕괴와 과거제도의 붕괴, 전제정치의 붕괴에 의해 무너졌다고 할 수 있습니다. 각종 복잡한 등급제도의 사실상의 붕괴는 유학의 핵심적 가치관에 새롭게 발전할 수 있는 생기를 제공해주었지요. 유학의 등급제도는 오래 지속할 수 있는 것이 못 되지만, 유학은 현대화의 변화를 거치면서 자아비판과 자기정화를 통해 충분히 발전해나갈 수 있다고 봅니다. 유학이 서양의 자유와 민주주의, 인권 등의 가치에 찬동할 뿐만 아니라 이를 흡수조차 할 수 있다면, 유학은 서양이 가지고 있지 않은 많은 자원을 제공할 수도 있지 않을까요? 저는 충분히 가능하다고 생각합니다. 그렇다면 대체 무엇을 제공할 수 있을까요? 이는 바로 공의(公義)와 관련된 문제로서, 유학은 동정 또는 예의(문명 예의)의 관념을 제공할 수 있을 겁니다. 이 밖에 의무의 관념도 있고 관계의 네트워크에서 사람이 중심이 됨으로써 고립무원한 개인이 되지 않는다는 새로운 인간관계도 있지요. 이런 점들로 볼 때, 유학은 계몽의 부족함을 보완할 수 있는 많은 측면을 지녔다고 할 수 있습니다. 한편으로는 계몽에 찬동하면서 다른 한편으로는 계몽의 결점을 보완하는 것이지요. 이런 상황이 되면 우리는 보다 넓은 시야를 확보할 수 있을 겁니다.

이런 시각에서 저는 생태환경보호와 페미니즘, 문화다원주의 등에는 일종의 보편윤리가 필요하다고 보는데, 이 점에서 유학전통은 풍부한 자원을 지니고 있습니다. 유학은 '위기지학(爲己之學)'■ 으로서 개인의 발전을 매우 중시하기 때문에 유학의 전통에는 경전 해석권의 제한이 없습니다. 경전의 해석권에서 천주교는 물론, 심지어 불교조차 성별 차별이 있지만 유교에는 그런 것이 없습니다. 만일 제가 여성으로 《논어(論語)》 전문가가 되었다면(현재 문화중국에는 인문학을 연구하는 학자들 상당수가 여성입니다) 저에게도 합리적인

■ **위기지학** 자기 자신을 위한 학문.

분석과 연구를 통해 유학의 재생에 공헌할 권리와 의무가 주어질 겁니다. 여성이 《사서(四書)》를 가르치든, 남성이 《사서》를 가르치든 간에 유학의 전통에는 이렇다 할 성별 차별이 없지요.

● 하지만 문명의 교류와 대화에 참여하는 과정에서 다른 문명에 속한 집단이나 개인의 역량이 균형을 이루는 것은 아니지 않습니까?

그것은 지나친 낙관일 수도 있겠지요. 저는 더 많은 권한과 세력을 갖고 있고 더 많은 자원을 장악한 문명일수록 인류문명에 더 큰 공헌을 하고 인류의 평화문화에 더 훌륭하게 기여하리라 생각합니다. 이는 우리의 희망인 동시에 중국의 전통문화가 본래부터 갖고 있던 견해이지요. 하지만 실제로 전체적인 국제정세로 볼 때는 대단히 불공평한 것이 사실입니다. 헌팅턴은 몇몇 문명권의 충돌을 제기하면서 노골적으로 자신의 입장이 서양과 서양을 제외한 나머지 전부라고 말한 바 있는데, 그것은 앞으로 서양을 제외한 나머지 모두가 서양을 추종해야 한다는 것을 뜻합니다. 제 친구이자 동료인 다니엘 벨(Daniel Bell)에게 제가 한 가지 질문을 던진 적이 있습니다. 서양을 제외한 나머지 전부에 현대성이란 것이 있느냐, 혹은 서양과 같지 않은 현대성이 있느냐 하는 것이었지요. 그의 대답이 아주 재미있더군요. 그는 물론 무한한 가능성이 있지만 다른 가능성이라고 해서 반드시 재난으로 인도하는 것은 아니며 단지 한 가지 성공한 사례가 바로 서양의 현대성인 것뿐이라고 했습니다. 그의 견해는 아주 간단하지요. 헌팅턴이 말한 두 가지 도전 가운데 하나는 이슬람의 도전이고 다른 하나는 유교 문명의 도전인데, 유교 문명의 도전이란 것이 도대체 무엇입니까? 싱가포르의 도전이든 중국의 도전이든, 이는 바로 권위주의를 말하는 것이겠지요.

● 제가 알기에, 선생께서는 약 10년 전 세계종교회의가 발기한 전 세계윤리제창운동에 참여하셨고 1993년에는 세계종교의회선언, 즉 세계화윤리를 공포하기도 하셨습니다. 또한 세계화윤리의 기초로서 문명의 대화는 공동의 가치를 형성하는 데 도움이 될 뿐만 아니라 반드시 필요하다고 말씀하셨지요. 이와 동시에 공동의 가치를 인정하는 것이 문명의 대화를 전개하기 위한 전제라고까지 하셨습니다.

이 문제와 관련해서 1948년 야스퍼스가 제시한 기축시대 문명 개념을 참고할 필요가 있을 것 같습니다. 지금 생각해보면 그의 견해가 옳았던 것 같습니다. 기원전에 출현하여 이미 2천 년 이상의 역사를 자랑하는 몇 개의 거대문명은 20세기에 이르기까지 줄곧 일정한 생명력과 영향력을 유지하고 있습니다. 당시 그가 제시했던, 인류문명의 형성에 가장 큰 역할을 했던 네 명의 인물은 그리스 문명을 대표하는 소크라테스, 유교 문명을 대표하는 공자, 불교 문명을 대표하는 부처 그리고 기독교 문명을 대표하는 예수였습니다. 물론 지금으로서는 이슬람 문명을 대표하는 마호메트를 추가하지 않을 수 없겠지요. 어쨌든 이 인물들이 아직도 영향을 미치고 있다는 사실은 서로 다른 기축시대 문명이 여전히 세계 여러 지역에서 발전하고 있고, 또 어떤 형태로든 나름의 역할을 하고 있다는 것을 뜻한다고 볼 수 있습니다. 물론 이들 사이의 상호작용, 상호협력, 상호갈등도 존재하겠지요.

지금 이 시점에서 과거의 역사를 돌이켜보면 제2의 기축시대 문명이 출현했다고도 볼 수 있지 않겠습니까? 무슨 뜻이냐고요? 이전의 기축시대 문명은 유교 문명에서 생장했건 힌두 문명에서 생장했건, 아니면 기독교 문명이나 이슬람 문명에서 생장했건 간에 생장한 세계와 그 세계에 속한 사람들의 신앙이나 가치관이 늘 같았습니다. 하지만 지금은 어느 지역에 살고 있든지 뚜렷한 다원화 경향을 나타내고 있는데다, 각종 매체를 통해 전달되는 갖가지 다양한 가치들이 커다란 영향을 미치고 있지요. 한편에서는 세계 생명공동체가 탄생하는가 하면, 다른 한편에서는 국가 및 사회의 분열 등 매우 격렬한 문화현상이 나타나고 있다는 겁니다. 요컨대 분화 과정과 정합(整合) 과정이 동시에 진행되고 있다는 것이지요. 분화는 매우 다양하고 다원적이기 때문에 그것이 반드시 모순과 충돌을 의미하지는 않더라도 모순과 충돌을 야기할 위험성은 매우 큽니다. 제가 근원적인 요소라고 규정했던 성별, 종족, 언어, 연령, 지역, 종교 등은 모두 분화의 중요한 요소가 되고 있고, 이러한 요소들이 정치화되면 본래는 평화공존을 추구했던 사람들이 졸지에 눈을 붉히며 서로 원수로 대하게 되는 것이지요.

지금은 어느 문명에 속하든 간에 다른 문명에 대한 이해가 있어야 합니다. 예컨대 아무리 기독교 문명에 속한 사람이라 해도, 힌두 문명이나 이슬람 문명에 대한 이해가 없다면 미래의 기독교 문명의 발전에 어려움이 생기게 되지요. 마찬가지로 유교 문명에 속한 사람들도 다른 문명에 대한 이해가 부족하면 유교 문명 자체를 한 걸음 더 발전시킬 수 있는 가능성이 그만큼 줄어듭니다. 불교 문명도 마찬가지지요. 과거에 여러 기축시대 문명이 조성해놓은 영향은 이제 새로운 시대로 진입했고, 각종 문명은 하나의 융화 과정을 거치고 있습니다. 이런 상황에서 과거는 이미 없는 것이나 마찬가지지요. 문명의 대화를 통해 우리는 최대한 타자의 독특한 특성을 감상하는 법을 배우게 됩니다. 우리는 앞으로 우리와 타자와 타문명이 융화되어 이루어진 절묘한 다양성을 이해함으로써 자신에 대한 인식을 더욱 풍부히 할 수 있을 것입니다. 이러한 대화는 우리에게 모든 사람들을 진정으로 포용할 수 있는 공동체를 실현할 수 있는 힘을 줄 것입니다.

3. 나는 문명들과 이렇게 대화하고자 한다

● 선생께서는 몰개성적인 보편주의와 자민족우선주의 사이에는 상당히 넓은 틈새가 존재하는데, 이곳이 바로 문명 간 대화가 나타날 수 있는 지점이라고 말씀하신 적이 있습니다. 아울러 문명의 대화에는 인류문명의 다원성이 전제되어야 하고, 평등과 차이를 인정해야 한다고 하셨지요. 평등이 없다면 공동의 기초가 결여되고 차이가 없다면 대화의 필요성이 없어진다고 하시면서요. 선생께서는 문명의 대화에 일정한 전제조건이 필요하다고 확신하시는 것 같습니다. 또한 선생께서는 대화란 '온 마음을 기울여 만들어내는 일종의 예술'이라고 하셨는데 저는 이러한 견해가 매우 큰 의미가 있다고 생각합니다. 이에 대해 좀더 구체적으로 설명해주시겠습니까?

문명과 문명 사이의 대화에 앞서 우리는 먼저 사람과 사람 사이의 이해에 대해 생각해야 합니다. 피와 살이 있고 생생하게 살아 있는 구체적인 인간들 사이의 상호이해가 필요한 것이지요. 언젠가 저는 이른바 '체지(體知)'의 문제를 놓고 토론을 벌인 적이 있습니다. 체험을 기초로 한 지식을 논한 것이지요. 가장 간단한 예를 하나 들어 볼까요. 어떤 방식으로 친구를 사귀든 간에 처음 그를 만나면 그저 만화처럼 그 사람의 얼굴을 아는 것일뿐입니다. 그런데 이처럼 얼굴만 아는 걸 가지고 그를 안다고 할 수 있을까요? 그럴 순 없겠지요. 그를 제대로 알기 위해선 서로 간의 대화, 그것도 아주 오랜 시간에 걸친 교왕을 거쳐야 할 겁니다. 한두 번 가지고는 안 되지요. 또한 그 사람이 이해되기를 원치 않을 때, 저는 그와의 대화를 원하지만 그가 저와의 대화를 원하지 않을 때 제가 그를 이해할 수 있을까요? 역시 불가능할 겁니다. 이러한 상황에서라면 제가 CIA와 FBI가 수집한 자료를 포함해서 아무리 많은 자료를 갖고 있다 해도 그를 이해하기 어렵습니다. 반드시 대화가 이루어져야 하고, 그것도 쌍방이 동의한 대화여야 서서히 친구가 될 수 있을 겁니다. 또 한 가지 상황이 가능할 겁니다. 가령 저와 친구가 되고자 하는 사람이 제가 그를 사귀는 목적이 그를 이용하기 위한 것이란 사실을 알게 된다면 이런 교왕은 유지되지 못할 것입니다. 이는 대단히 어려운 과정인데 문명의 대화 또한 마찬가지입니다.

예컨대 중국과 인도 간의 문명의 대화가 한대(漢代)부터 시작되었다면 불교의 지혜는 여러 세기를 거치면서 비로소 점차 중국 문명에서 떼어낼 수 없는 부분이 되었다고 할 수 있습니다. 이 과정은 여러 단계를 거치게 되지요. 첫 번째 단계는 '격의(格義)'라는 것입니다. 이를테면 불교의 '공(空)'을 도가의 '무(無)'로 번역하고 불교의

'다르마(Dharma)'를 유가의 '법(法)'으로 번역하는 것이지요. 한마디로 말해서 자신이 이해한 사상과 범주로써 이질적인 것들을 해석하는 것입니다. 두 번째 단계는 불교가 점차 중국인들에게 수용되면서 중국의 문화전통으로 진입하는 것입니다. 그리고 마지막 세 번째 단계는 불교가 중국의 문화전통에 동화되고 흡수되는 과정에서 점차 화엄종(華嚴宗)이나 천태종(天台宗), 선종(禪宗), 정토종(淨土宗) 같은 중국식 불교 종파로 발전하는 것입니다. 이는 아주 지난한 과정이지요. 사람과 사람이 만나 친구가 되는 게 일생에 걸쳐 이루어지는 일이라면, 문명과 문명의 대화는 종종 수백 년이 걸리는 일입니다.

● 선생께서 대화는 상대를 설복하거나 제압하는 기교가 아니라 상대의 의견을 경청하는 방식이라고 말씀하셨던 것이 생각나는군요.

그렇습니다. 가령 진리가 제게 있고 저는 진리를 대표하는 목소리이며 상대방이 제 견해를 수용해야 할 책임이 있다고 하더라도, 이런 태도를 가지고는 모순과 충돌을 피할 도리가 없습니다. 때문에 오늘날 대화의 연구에 종사하는 수많은 사람들은 모두 이 점을 인식하고 있지요. 예컨대 한스 큉(Hans Küng)은 문명 대화의 기초로 유가의 두 가지 기본원칙을 제시한 바 있습니다. 첫째는 서도(恕道), 즉 "자신이 원하지 않는 바를 남에게 강요하지 말라(己所不欲勿施於人)"는 것이고, 둘째는 인도(仁道), 즉 "자신이 세상에 도를 세우고 싶으면 먼저 남으로 하여금 세상에 도를 세우게 하고, 자신의 도가 세상에 행해지기를 원하면 먼저 남의 도가 세상에 행해지게 하라(己欲立而

立人, 己欲達而達人)"는 것이지요. 그는 또 교회 안에서만 구원을 받을 수 있는 것이 아니라 기독교 밖에서도 구원을 받을 수 있다고 했는데, 그 의미는 기독교도가 아니더라도 구원을 받을 수 있다는 것입니다. 그만큼 타인의 인격과 권리를 존중하는 게 중요하다는 것이지요. 유가에는 이러한 기백이 있습니다. 유가는 죽음의 길을 같이 가기 때문이지요. 하지만 배타성과 포용성에는 타자에게 그만의 유일무이한 특성이 있음을 인정하고 다원주의를 주장할 만한 아량이 갖추어져 있지 않습니다. 어떻게 해야 다원성을 인정하고 '상대주의'의 함정에 빠지지 않을 수 있는가 하는 것은 세심한 지혜를 요하는 문제이지요.

저는 대화를 위해선 먼저 자신의 도를 전파하려 들지 말아야 하고, 다음으로 이런 기회를 이용하여 자기의 도를 분명하게 말하려 하지 않아야 한다고 생각합니다. 그렇다면 대화란 무엇일까요? 한마디로 말해서 자기반성의 능력을 증가시키는 동시에 남을 이해하고, 이런 이해를 통해 자신의 시야을 확대하는 것이라 할 수 있습니다. 이것이 바로 대화의 목적이지요. 다시 말해서 스스로 '배우는 마음(學心)'을 갖는 것입니다. 순자(荀子)가 말한 것처럼, "공정한 마음으로 변별하고, 어진 마음으로 들으며(公心辨, 仁心聽)", 뭔가 배우려는 마음자세로 자신의 지식과 지혜를 발전시켜야 하는 것이지요. 대화란 상대방의 가치를 이해하고 이를 함께 누림으로써 상호이해와 공동창조의 새로운 삶의 의미를 구성하는 것입니다. 만일 타자가 추구하는 의식세계를 억압하고 경청과 학습의 필요성을 강요한다면 대화는 곤경에 빠지고 말 겁니다.

● 어떤 글에서 선생께서는 '인성과 호혜성, 신뢰' 등을 강조하신 적이 있는데요, 이런 것들이 문명의 대화에 어떤 의미를 갖는지 말씀해주시겠습니까?

동양이든 서양이든 간에 인애지도(仁愛之道)를 배우는 것(좀더 직접적으로 말해서 사람이 되는 도리를 배우는 것)은 모든 고전교육의 핵심입니다. 우리가 인류의 역사에서 가장 야만스런 한 세기를 지난 직후라 해도, 인애지도를 배우는 건 세계에서 가장 의미있는 도전일 것입니다. 우리가 개인의 존엄을 인정하는 것은 회피할 수 없는 가치이지요. 하지만 아직도 이것이 부족합니다. 따라서 우리는 가난하고 노쇠한 백인이든 아니면 중국 상인이든, 유대교의 장로이든 아니면 이슬람의 성직자이든, 젊고 부유한 흑인 여자이든 아니면 그 밖의 또 다른 유형의 사람이든 간에 인애의 방식으로 타인을 대하는 법을 더 배워야 합니다. 그러기 위해서는 차이와 이질감을 일종의 위협으로만 느낄 것이 아니라 이를 인성을 풍부하게 할 수 있는 기회로 보는 능력을 갖춰야 합니다.

호혜성이란 가치가 우리에게 모든 종교적·문화적·민족적·종족적 편견과 아집, 원한과 폭력을 배척할 수 있는 능력을 배양시켜줄 것입니다. 진정한 대화가 필요로 하는 호혜성 원칙이 우리로 하여금 성실하고 진지한 동반자의 자세로 타인을 대할 수 있게 해줄 것입니다. 대화의 반려자들이 상호이해하고 인정한 상황에서만 우리는 타인을 호리호혜의 공동작업의 무대로 이끌기 위한 적극적인 행동을 취할 수 있을 것입니다.

또한 신뢰가 대화를 발생시키고 유지하며 결실을 맺게 해줄 것입니다. 신뢰야말로 진정한 교류의 기초입니다. 자승자박의 마음자세로 한번도 경험해보지 못한 도전에 대응한다면, 우리는 자기중심주의와 파벌주의, 지역주의와 민족주의의 한계를 벗어나지 못할 것입니다. 신뢰의 결핍은 문화와 문화 사이의 협력을 위한 노력에 장애가 될 것이고, 평화문화의 생장에 저해요소로 작용할 것입니다. 신뢰는 부단히 확대되는 공동체의 가능성을 보장해주는 상호존중과 이해의 원천입니다. 신뢰는 우리로 하여금 타인을 목적을 이루기 위한 수단이 아니라 목적으로 대하도록 해줄 것입니다. 이 세계가 긴장과 충돌로 가득 차 있기는 하지만, 신뢰는 지금까지 줄곧 이방인으로만 보였던 존재로부터 일말의 공통점을 발견하여 서로의 능력을 함께 이용하고 누릴 수 있는 희망을 가져다줄 것입니다. 신뢰야말로 진정한 대화의 시작입니다. 어떠한 상업적 거래나 계약의 체결도 신뢰를 필요로 하고, 이는 어디서나 쉽게 볼 수 있는 현상입니다. 법률행위가 상업활동에서의 위법행위나 위약행위를 다스릴 수 있다고 하더라도, 신뢰가 없이는 어떠한 교류의 가능성도 존재하지 않겠지요. 문명의 대화를 통해서 우리는 자기의 전통으로부터 지혜를 배울 수 있을 뿐만 아니라 전체 인류공동체로부터 축적된 전통의 지혜 또한 배울 수 있을 것입니다.

● 계몽 현대성 이후로, 특히 공업문명이 크게 발전한 이후로 사람들은 갈수록 많은 지식을 갖게 되었지만 선생의 기준으로 보자면 인간이 더 지혜로워졌다고는 할 수 없을 것 같군요. 이와 관련하여 선생께서는 박학다식해지려고 노력할 뿐만 아니라 지혜로워지려고 노력해야 한다고 특별히 강조하신 적이 있지요. 이런 지적은 저희로

하여금 선현들의 교훈을 생각하게 합니다. 저희에게 지혜에 이를 수 있는 몇 가지 길을 제시해주실 수 있겠습니까?

저는 어떻게 개발할 것인가 하는 문제가 대단히 중요하다고 생각합니다. 국내 지식계에도 분화가 나타나기 시작했지만 모두들 한 가지 공통된 인식을 갖고 있습니다. 이는 1980년대만 해도 없었던 일이지요. 1980년대에는 모두들 황색 대지를 벗어나 남색의 해양으로 진입해야 한다고 생각했고, 1990년대에는 하나같이 전통자원의 개발을 제창했지요. 우리가 전통에 대해 비판을 하고 전통의 부정적인 면에 대해 변별과 삭제를 가할 수는 있겠지만 그러기 위해서는 먼저 무엇이 전통문화인지를 정확히 인식하고 이해해야 합니다. 저는 문화중국에서 자원은 빈약한 상태에서 넉넉한 상태로 발전해갈 수 있고, 가치의 영역도 다양하게 확대되어갈 수 있다고 생각합니다. 예컨대 순자는 대단한 현자였지만 우리가 그를 단지 소박한 유물론자로만 이해한다면, 엄청난 시간을 들여 고대 중국어를 배우고 나서도 결국 우리가 배우는 건 순자의 소박한 유물론에 불과할 것입니다. 그렇다면 굳이 많은 시간을 들여 고대 중국어를 배울 필요 없이 현대 중국어만 공부하면 될 겁니다. 만일 제가 3개월이라는 시간을 투자하여 유물변증법을 잘 배웠다면 저의 이론수준은 이전보다 훨씬 높아져 있겠지요. 그런데 과연 이것으로 충분할까요? 사실 순자의 저작물에는 개인과 수신에 관한 것을 포함하여 다양한 지혜가 담겨 있습니다. 현재 미국 엘리트 대학들의 철학과에서는 플라톤의《이상국가》같은 그리스 철학을 공부하면서 먼저 플라톤이 노예주였다고 규정하여 말하는 법이 절대 없습니다. 노예주가 어떻게 자유와 민주주의를 완전하게 이해할 수 있으며, 그것을 이해하지 못하는 인물이 우리에게 무얼 가르쳐줄 수 있겠습니까? 이런 태도로는 아무것도 배울 수 없습니다. 한 자 한 자 조심스럽게 자구(字句)에 천착하면서 도대체 당시에 어떤 지혜가 펼쳐졌는지 자세히 따져봐야겠지요. 바로 이런 작업이 필요하다는 겁니다. 유학을 예로 들자면, 공자로부터 시작하여 자사(子思)나 맹자, 순자, 동중서(董仲舒), 주희(朱熹), 왕양명(王陽明), 육상산(陸象山), 유종주(劉宗周), 그리고 한국의 이퇴계 등에 이르기까지 자세하고 철저하게 이해하려 노력하는 것이 자원을 개발하는 중요한 방법 중 하나일 겁니다.

● 선생께서 제시하신, 정보화시대에 지혜를 얻는 세 가지 중요한 방법이 매우 의미심장하게 다가오는군요. 첫째는 경청의 예술, 둘째는 얼굴을 마주하고 교류하는 것, 그리고 셋째는 선인들의 지혜를 중시하는 것이라 요약할 수 있겠지요.

그 가운데 경청의 예술이 가장 어렵습니다. 젊은 세대는 인내심있게 경청하는 태도가 부족해서 다른 사람의 말이 쉽게 들리지 않습니다. 빠른 시간에 많은 정보를 장악하려 하기 때문이지요. 정보는 빨리 장악할 수 있겠지만 지혜는 인내심있는 경청을 필요로 합니다. 그리고 경청하는 데는 단계가 있지요. 《논어》에서는 "예순이 되어야 남의 말을 들어도 거슬리지 않는다(六十而耳順)"고 했습니다. 이전에는 사람들이 그 깊은 뜻을 이해하지 못해 '이(耳)' 자를 떼어버리고 "예순이 되면 거슬림이 없다(六十而順)"는 말로 이해하기도 했지요. 하지만 사실 '이(耳)' 자는 대단히 중요합니다. 얼굴을 마주하는 교류도, 경험으로 아는 바(體知)가 없으면 불가능하기 때문이지요.

● 수고하셨습니다. 긴 시간 동안 대담에 응해주셔서 대단히 감사합니다.

이 글은 2001년 12월 14일, 중국 광저우(廣州) 중산(中山)대학 철학과에서 뚜웨이밍 교수가 강연한 내용입니다. 이 글의 원문은 《개방시대》 2002년 1월호(123~131쪽)에 있습니다.

02

세계화 물결,

중국과 미국은 어떻게 소통할 것인가

세계적으로 유명한 중산대학에서 마침 중산대학과 중산의과대학이 합병하여 호혜적인 관계가 시작된 지 얼마 지나지 않은 시기에, 최근, 특히 9·11사건 이후로 제가 특별히 관심을 갖게 된 '세계화와 문명 대화'라는 주제로 여러분들과 생각을 나눌 수 있어 무척 영광스럽습니다. 이는 매우 도전적이면서도 현실적인 의미를 갖고 있어 진지하게 논구해볼 가치가 있는 주제라고 생각합니다. 중산대학의 교훈(校訓)은 '박학(博學), 심문(審問), 신사(愼思), 명변(明辯), 독행(篤行)' 등으로,《중용(中庸)》에서 따온 말을 쑨원(孫文) 선생께서 1924년에 친필로 쓰신 것입니다. 저는 이 학교의 교훈이 바로 세계화와 문명 대화를 논구할 때 반드시 가져야 할 태도라고 생각합니다.

올해 2001년은 유엔이 정한 문명 대화의 해(Year of the Dialogue among Civilization)입니다. 1998년 이란 대통령 하타미(Khatami)가 유엔에 2001년을 '문명 대화의 해'로 정할 것을 건의했고 이것이 총회에서 만장일치로 통과되었던 것입니다. 이에 유엔 사무총장 아난은 전 세계 유명 인사들로 포럼을 구성하여 문명의 대화라는 의제를 논의하게 했는데, 여기에 속한 열여덟 명의 위원들 가운데는 노벨문학상 수상자인 남아프리카공화국의 나딘 고디머(Nadine Gordimer)를 비롯하여 노벨경제학상 수상자인 아마티아 센(Amartya Sen), 독일의 신학자 한스 큉, 독일 전 총리 리하르트 폰 바이제커(Richard von Weizsäcker), 이란 외무부 차관 자리프(Javad Zarif), 중국 출신 학자이자 전 유엔 주재 싱가포르 대사 및 미국 대사를 지낸 쉬동메이(許東美) 등이 포함되어 있었습니다. 중국을 대표하는 학자로는 중국공정원(工程院) 원장이자 정치협상회의 부주석인 송지엔(宋健)과 제가 끼어 있었습니다. 우리는 비엔나, 더블린, 카타르 등지에서 회의를 개최했는데, 때는 바로 '9·11' 사건을 일주일 정도 앞둔 9월 초였습니다. 그리고 9월 11일과 12일, 가장 중요했던 시기에 저는 마침 베이징에서 유엔의 '문명 대화의 해'에 맞추어 송지엔 선생이 마련한 문명대화회의에 참가 중이었는데, 이 회의에는 중국에 주재하고 있던 각국 대사들과 유네스코 대표도 참석했습니다. '9·11' 사건은 우리에게 카타르(Qatar) 도하(Doha)에 모여 문명의 대화에 관해 토론할 때 앞서 언급한 독일 전 총리 바이제커가 했던 격동적인 발언을 상기시켜주었습니다. 그는 현재 세계평화에 가장 부정적인 영향을 미치고 있는 요인은 바로 미국의 일방적인 독단주의(American Unilateralism)라고 지적한 바 있습니다.

초강대국인 미국은 종종 유엔을 거치지 않고, 심지어 나토의 결의조차 거치지 않고 독단적으로 행동하면서 다른 나라들과도 협력하지 않곤 합니다. 미국의 이익만을 최고로 여기면서 세계의 수많은 국가들, 특히 이른바 선진국들이 모두 동의한 지구 온난화 문제에 관한 도쿄의정서도 거부하고 있지요. 이런 오만한 태도 때문에 미국은 프랑스와 스웨덴 등에 의해 유엔 인권기구에서 추방되었고, 1972년 소련과 체결한 핵무기 군축협상도 결렬시키려 하고 있습니다. 미국은 다른 문화, 서양 이외의 문화에 대해서는 이해가 부족할 뿐만 아니라 이해하려는 마음조차 없습니다. 이러한 무지와 오만이야말로 세계 평화문명의 발전이라는 관점에서 볼 때 너무나 염려스러운 것이지요. '9·11' 사건이 발생했을 때 저는 마침 베이징에 있었는데, 베이징사범대학 근처에 있는 인터넷 카페에서 컴퓨터 앞에 앉아 있다, 중국의 수많은 젊은이들이 이 재난에 대해 매우 고소해하고 있다는 사실을 알 수 있었습니다. 미국은 초강대국으로서 세계 각지에 엄청난 영향을 미치고 있지만, 그렇다고 해서 그만한 존경을 받고 있는 건 아닙니다. 오히려 엄청난 원한을 사고 있지요. 이는 미국 국적을 가진 중국인으로서 심각하게 생각해보지 않을 수 없는 문제입니다. 저는 프린스턴과 버클리, 하버드 같은 미국의 유수 대학에서 근무한 바 있지만, 동시에 문화중국의 지식인으로서 이러한 문제에 대해 심각한 반성을 하게 됩니다. 다가올 미래에 인류의 평화문화를 발전시키려면 세계에서 가장 중요한 쌍방인 중국과 미국의 관계를 잘 처리해야 합니다. 이것이 제가 이 문제를 심각하게 고민하는 기본배경입니다.

1. 현대화에서 세계화로의 패러다임 변화

이 문제를 전면적으로 토론하기 위해서는 먼저 한 발 뒤로 물러서서 세계화(Globalization)의 함의를 고찰해볼 필요가 있습니다. '세계화'란 용어가 출현한 것은 최근 10, 20년 사이의 일입니다. 이전에는 모두들 '서구화(Wersternization)' 또는 '현대화(Modernization)'라는 용어로 이 문제를 표현하곤 했지요. 서구화나 현대화에서 세계화로 변화하는 데는 어떤 관계가 있는 걸까요? 물론 이 문제를 해결하기 위해 많은 시간을 들일 필요는 없습니다. '서구화'는 '5·4운동' 이래 모든 사람들이 제창했던 것으로, 이를 극단적으로 표출한 것이 전반서화(全般西化) 또는 반전통(反傳統)이라 할 수 있습니다. 하지만 우리가 잊지 말아야 할 점은 1919년부터 1949년까지 약 30년 동안 중국에서 미래의 발전이 공업화를 위주로 해야 할 것인가 아니면 농업화를 위주로 할 것인가, 사회 개혁에서 사회주의 방식을 따를 것인가 아니면 자본주의 방식을 따를 것인가, 서양 문화를 본받아야 할 것인가 아니면 중국 문화를 본위로 해야 할 것인가 하는 문제를 놓고 여러 차례 중요한 변론이 진행되었다는 사실입니다. 이 세 차례의 대변론은 1920, 30년대 상하이의 《신보(申報)》가 주관한 전국적 원고모집을 통해 진행된 것으로, 대단히 알찬 변론의 장이었습니다. 이 몇몇 관점은 1960년대 타이완의 쉬푸관(徐復觀) 선생과 인하이광(殷海光) 선생이 진행했던 서구화와 전통에 관한 변론이나, 1980년대 중국 내지에서 수샤오캉(蘇曉康)의 《하상(河殤)》이 유발했던, 황색 진흙을 떠나 해양세계로 진입할 것을 주장하는, 서구화와 현대화에 관한 토론에 대한 예견의 성격을 갖는다고 할 수 있습니다. 애석한 것은 여러 편의 글이 한꺼번에 쏟아져나왔다 일시에 사라지는 바람에 더 이상 그들의 글을 대할 수 없었다는 점입니다. 다행히 당시의 문헌들을 베이징대학의 뤄룽취(羅榮渠) 교수가 《서구화와 현대화》라는 대단히 중요한 책으로 편찬해냈지요. 주목할 만한 점은 현대화가 이미 중국의 20, 30년대에 논의되기 시작했다는 사실입니다. 당시 펑유란(馮友蘭) 선생은 중국이 현대화되는 것은 바람직하지만 그것이 꼭 서구화일 필요는 없다고 주장했습니다. 서양의 기술과 민주주의를 배우는 것은 무방하지만 모든 사람이 기독교도가 될 필요는 없다는 것이지요. 나중에 후스(胡適) 선생도 꼭 전반서화할 필요는 없지만 충분히 현대화할 필요는 있다는 의견을 제시했습니다. 당시 중국에서는 이미 현대화에 대한 토론이 적지 않았습니다. 미국은 1950년대 후반 들어서야 비로소 현대화라는 관점이 나타났고, 제가 유학을 위해 미국에 도착했을 때가 바로 현대화담론의 절정기였습니다. 당시 현대화이론의 대표적 사회학자인 파슨스는 현대화 문제가 미국에서 처음 제기되었다고 생각했을 뿐만 아니라 1920, 30년대 중국에서 이미 서구화와 현대화를 연계시킨 논의가 있었다는 사실조차 몰랐습니다. 안타까운 점은 중국에 문화적 축적이 없어 1960년대와 1980년대의 토론 수준이 20, 30년대를 넘어서지 못했다는 사실이지요.

미국은 현대화 문제를 논의하면서 서구화에서 현대화로의 이행과정이 지역관념에서 시간관념으로의 전환이라는 흥미로운 관점을 제기했습니다. 이러한 우주관과 인생관, 과학과 기술제도, 생활경험 등이 서유럽에서 발생하기는 했지만 이것이 널리 보급되고 수용된 것은 미국에서였음을 강조하면서, 지역성을 갖는 한 완전한 서구화는 아니라고 주장했지요. 이러한 현대화의 징후들은 세계 각지로 확산될 것이므로, 시간이 문제일 뿐이지 지역은 문제가 되지 않는다는 겁니다. 동아시아나 서아시아, 라틴아메리카나 유대교 국가를 막론하고 모두들 언젠가는 현대화의 길을 걷게 될 것입니다. 분명한 점은 서구로 대표되는 제도와 가치가 보편성을 갖는다는 것입니다. 이러한 관점은 1980년대 이래 중국 지식계에 이미 익숙해진데다 모두들 아무런 의심없이 받아들이고 있습니다. 그렇다면 무엇이 현대화이고 그 특징일까요? 시장경제와 민주정치, 시민사회, 개인의 존엄 등이 현대화 또는 현대성의 특징이라는 것은 모두가 인정하는 바입니다. 우선 시장경제를 살펴볼까요. 사회주의 국가들을 포함하여 세계 어느 나라도 시장경제가 발전하지 않으면 현대화로 나아갈 수 없습니다. 계획경제가 시장경제로 대체되는 것은 너무나 분명한 추세이지요. 둘째, 민주정치를 따져보면, 나라마다 민주정치의 발전 유형이 동일하지는 않지만 그것은 거부할 수 없는 조류가 되었습니다. 셋째, 민간사회라 할 수 있는 시민사회는 두 가지 특성을 갖고 있습니다. 하나는 시민사회가 정부에 대해 독립적인 사회역량으로서, 그 위력이 기업과 학술, 종교, 매체 및 각종 비정부기구와 민간 직업단체에 존재한다는 것이고, 다른 하나는 이러한 조직들 모두가 정부에 대해, 특히 중앙정부에 대해 자신의 견해와 주장을 제기하며 일정한 압력을 행사함으로써 정부와 사회 사이에 건강한 교감과 활동이 실현되고 있다는 것이지요. 엄격히 말해서 프랑스와 영국, 독일, 이탈리아 같은 나라들은 미국처럼 활발한 시민사회를 형성하지 못했습니다. 1989년 이탈리아에서 개최된 서양 시민사회에 관한 학회에서 서양 학자, 특히 서유럽 학자들은 진정으로 시민사회가 발달한 나라는 미국이라는 데 의견을 같이한 바 있습니다. 이러한 시민사회는 세 가지 기본적인 의미를 갖는데, 이를 요약하면 시민사회는 야만적이지 않고, 관방(官方)에 속하지 않으며, 민간의 문(文)의 역량이 무

(武)의 역량을 크게 능가한다는 것입니다.

이러한 구조 외에도 시장경제나 민주정치, 시민사회가 기본적인 가치를 지녀야 한다는 점도 현대성에서 빠질 수 없는 요건이지요. 미국 사회에서 가장 두드러진 가치는 자유입니다. 언론과 집회, 종교의 자유 등과 같은 기본적인 자유가 없다면 현대성을 충분히 실현하기 어려울 것입니다. 또한 이성, 특히 도구적 합리성이 절대적으로 필요합니다. 예컨대 저는 제가 무엇을 하려고 하는지 알고 있고, 적당한 통로와 합법적인 수단을 통해서 목적을 달성할 줄도 알지요. 그 외에 현대성을 구성하는 주요요소로는 법치와 인권을 들 수 있습니다. 물론 가장 중요한 것은 인간의 존엄이고 특히 개인의 독립된 자유겠지요. 이러한 가치들의 배후에는 '경제인(經濟人)'이라는 중요한 개념이 존재하고 있습니다. 이성적 동물인 인간은 자신의 이익을 알고 있고, 자유로운 시장조건 아래에서 자신의 이익을 발전시키려 애쓰며, 그것은 많을수록 좋습니다. 이를 위한 나의 일이 시장법칙에 부합하는 동시에 법률이 보장하는 시장의 자유 및 경쟁 메커니즘에 부합하기만 하면 되는 것이지요. '경제인'의 전통은 스미스(A. Smith)와 로크(J. Loke)로부터 시작됩니다. 로크의 전통에는 대단히 핵심적인 가치인 사유재산도 포함되어 있지요. '나'는 사유재산이 있어야만 '나'의 이익을 보장할 수 있고, '나'의 독립적 인격과 존엄도 보장할 수 있습니다. 그렇지 않고는 어디에도 발붙일 수가 없지요. 이러한 이론은 미국에서 크게 발전하여 상당히 중요한 지위를 차지하고 있습니다. 미국인들에게 현대성이란 시장경제와 민주정치, 시민사회, 개인의 존엄 등을 갖춘 '경제인'이 가져다주는 가치로서, 이러한 가치는 미국이 가장 발달되어 있어 다른 어떤 사회도 자신들에게 미치지 못한다고 생각하고 있지요. 그 결과, 미국 사회에서는 점차 자신들이 최고라는 정서가 형성되면서 이것이 다른 나라에 대한 무지와 오만으로 나타납니다.

냉전이 종식되고 소련이 붕괴된 후 일어난 걸프전에서 미군의 사상자 수는 손가락으로 꼽을 수 있을 만큼 적었던 반면, 적군의 피해는 이루 말할 수 없을 정도였습니다. 최근에 있었던 아프간전에서도 미군 사망자는 네 명에 불과했는데, 그 중 세 명은 오폭으로 인한 사망이었고 나머지 한 명도 적군에 의해 살해된 것이 아니었습니다. 이상한 점은, 세 명이 아니라 단 한 명의 미군이 죽어도 전 세계가 야단법석을 떠는데, 모두가 알다시피 칸다하르에서 혈전 중에 천 명의 병사가 사망한 사실을 중국에서는 크게 보도하는 데 반해 미국에서는 거의 보도하지 않고 있다는 사실입니다. 이는 심각하게 생각해볼 문제가 아닐 수 없습니다. 때문에 걸프전 이후 미국의 일본계 학자인 후쿠야마(福山)는 '역사의 종결'이란 관점을 제시했던 것이지요. 역사의 종결이란 헤겔(Hegel)의 견해를 차용한 관점으로, 세계의 모든 중대한 이데올로기의 충돌은 이미 끝났고 모두가 가야 할 길은 단 하나, 즉 미국을 대표로 하는 자본주의의 길뿐이라는 것입니다. 하지만 이 길은 오만한 미국지상주의의 길이 아니라, 그 배후에 시장경제와 민주정치를 비롯하여 자유와 인권 등 수많은 가치들이 포진하고 있다는 것이지요. 이 길은 인류문명이 필연적으로 가야 할 길로서, 어떤 국가나 사회든 간에 현대화를 위해서는 반드시 따라야 하는 길이라는 겁니다.

2. '서양과 나머지'가 아닌 '나머지 속의 서양'

그런데 1993년 저의 동료 정치학자인 헌팅턴은 자신의 저서《문명의 충돌》에서 이러한 관점에 대해 이의를 제기하고 나섰습니다. 문명의 충돌이라는 관점에서는 아직도 세계에는 미국이 주도하는 서구화 과정을 받아들이지 않는 지역이 있다고 간주합니다. 세계의 문명은 다원적이고 이 다원화된 문명에는 미국으로 대표되는 노선에 대해 다른 목소리를 내는 두 개의 거대한 문명, 즉 이슬람 문명과 유교 문명이 있다는 것이지요. 문명 충돌의 관점에서 보자면, 유교 문명은 중국을 대표로 하고, 이슬람 문명은 이슬람 원리주의자들을 대표로 합니다. 헌팅턴의 시각에서 보면 미국에 위협이 되는 두 개의 적이 있는데 하나는 이슬람 세력을 대표로 하는 원리주의자들, 나아가 폭력 및 테러분자들이고, 다른 하나는 유가의 권위주의, 구체적으로 말해서 싱가포르와 같은 비교적 유연한 권위주의와, 중국처럼 그다지 유연하지 않은 권위주의이지요. 이렇게 보면 적군과 아군이 분명해집니다. 헌팅턴의 냉전심리는 여전히 미국이 적에 의지하여 자신들의 적극성을 도출해내야 한다는 것을 의미합니다. 냉전시대에는 소련의 위협이 정말 대단하다 보니 미국의 적극성이 완전히 발휘될 수 있었습니다. 때문에 항공우주계획이 10년이라는 짧은 기간 동안 달 정복이라는 목표를 실현할 수 있었고, 다른 군수산업도 아주 빠른 속도로 발전할 수 있었지요. 소련이 붕괴된 후 미국은 얼마 동안 일본을 적으로 간주했습니다. 일본의 경제력이 막강했기 때문에 일본에 대항하기 위해 미국의 경제력이 활성화되어야 했던 것이지요. 그러다 일본 경제가 구조적인 위기에 빠지자 다시 중국이 유일한 적으로 떠올랐지만 안타깝게도 중국은 아직 그만큼 강하지 못했습니다. 이는 헌팅턴이 《포린어페어스》에 발표한 논문에서 지적한 것으로, 중국의 위협은 아마도 2010년까지는 나타나기 어려울 것이고, 빨라야 2050년에서 2080년 사이에야 비로소 가능할 것이라는 주장이었습니다.

제가 보기에, 후쿠야마의 역사종결론이나 헌팅턴의 문명충돌론이 근거로 삼고 있는 것은 모두 서양과 비서양이라는 대립구도입니다. 헌팅턴은 노골적으로 "내가 보기에 The West and the Rest이다. The West는 서양이고 The Rest는 나머지 모든 지역이다"고 말한 바 있지요. 저는 헌팅턴과 두터운 친분을 유지하고 있고 또 여러 차례 토론을 벌인 적도 있습니다만, 저는 The West is in the Rest이고 서양은 초대되지 않았음에도 불구하고(Not by Invitation) 존재하지 않는 곳이 없는 것뿐이라고 말했습니다. 헌팅턴도 이에 동의하면서 식민주의나 제국주의가 바로 그 증거라고 하더군요. 그러나 반드시 인정하고 넘어가야 할 사실은, 이제는 the Rest is in the West, 즉 서양 외부의 지역이 서양 내부로 들어와 있다는 것입니다. 간단한 예를 하나 들지요. 독일에서는 이전까지만 해도 종족주의가 매우 강했습니다. 게르만의 혈통이기만 하면 소련에서 20년을 살았다 해도 일단 독일로 돌아오면 게르만인, 즉 독일인이 될 수 있었습니다. 그러나 터키인은 독일에서 30년, 심지어 평생을 일하면서 살아도 그 아들조차 독일인이 되지 못했지요. 이는 일본과 한국인의 관계도 마찬가지입니다. 한국인은 일본에서 삼대를 살아도 여전히 일본인이 될 수 없고 일본 국적을 취득할 수 없습니다. 하지만 최근에는 독일이 여러 방면에서 압력을 받은데다 자체적인 자각도 있고 해서 일정 기간 독일에서 일을 하면 독일인이 될 수 있도록 헌법을 개정했습니다. 이러한 인식의 변화에 따라, 지금은 전체 독일인의 10% 정도가 터키인의 후예이고, 이러한 추세는 갈수록 가속화되고 있습니다. 마찬가지 상황이 프랑스와 이탈리아, 심지어 북유럽 국가들에서도 일어나고 있습니다. 미국은 애초부터 이민사회로서 외지에서 오는 사람들이 갈수록 늘고 있습니다. 그렇다면 세계 각지의 사람들이 서양으로 유입되고 있다고 할 수 있겠지요. 이런 상황에서 반드시 인정해야 할 점은 세계가 다원문화와 다원종교로 구성되어 있다는 사실입니다. 이른바 다원문화와 다원종교는 그 종교의 역량이 얼마나 크고 그 언어의 힘이 얼마나 강하며 그 과학기술의 힘이 얼마나 크든 간에 21세기 또는 22세기에는 남들보다 빛나는 모습으로 우뚝 선다는 것이 거의 불가능하다는 것을 뜻합니다. 결국 각종 상이한 문명들이 평화공존해야 한다는 것이지요.

저는 예를 하나 들어 이 문제를 설명하고자 합니다. 여러분들께는 이 문제가 그다지 익숙하지 않겠지만 미국에서는 이미 이 문제가 토론의 뜨거운 쟁점입니다. 현재 미국에서 가장 잘 팔리는 책은 이슬람에 관한 것들입니다. 제가 이슬람을 예로 드는 것은 이러한 예가 한족을 위주로 하는 중화민족이 어떻게 자신을 자리매김할 것인가 하는 문제와 밀접한 관련이 있기 때문입니다. 통계에 따르면, 전 세계에는 총 12억의 이슬람교도가 살고 있어 세계 인구의 5분의 1을 차지하고 있습니다. 다섯 명 가운데 한 사람이 이슬람교도인 셈이지요. 기독교도가 전 세계 인구의 33%를 차지한다고 하지만, 이슬람교가 세계에서 가장 빠르게 발전하는 종교라는 사실을 잊어서는 안 될 것입니다. 현재 파리에는 이슬람교도의 수가 신교의 수를 능가하고 있고, 미국에도 약 5백만의 무슬림들이 살고 있는데, 특히 미국의 아프리카인 후예들 가운데 무슬림의 수가 대단히 많습니다. 여기서 약간의 역사적 회고가 필요할 것 같습니다. 이른바 아브라함 종교, 즉 유대교와 기독교, 이슬람교는 한 뿌리에서 나온 세 갈래로 모두 유일신 종교입니다. 특히 유대인과 아랍인 들은 모두 셈족에 속하지요. 이들은 동족임에도 불구하고 어찌된 일인지 형제가 갈려 서로 눈을 부릅뜨고 있는 상황입니다. 또한 이슬람교, 보다 넓은 의미로 말하자면 아랍 문화가 있었기 때문에 서양의 중세기에 이른바 르네상스를 이룩할 수 있었다는 사실을 잊어선 안 될 것입니다. 아랍의 전적(典籍)을 통해 고대 그리스의 철학을 서양 기독교 세계로 가져오지 않았다면 그곳에서 르네상스를 이룩하지 못했을 것이고, 그랬다면 계몽 및 서양의 현대성은 발전하지 못했을 것입니다. 아랍은 지식수준이 대단히 높아, 수학과 과학 그리고 경전의 해석에서 뛰어난 인재들을 많이 배출했지요. 그리스 철학은 아랍의 문헌 속에 보존되었을 뿐만 아니라 아랍 학자들을 통해 해석되었습니다. 그리스 철학이 다시 부활하게 된 것은 중세기의 일이지요. 사실 3대 종교가 진정한 의미에서 평화공존할 수 있었던 것은 이슬람 세계와 무어리쉬(Moorish, 1035~1139) 시대의 스페인에서였지만, 물과 젖이 교융(交融)하는 단계에까지는 이르지 못했고 그 기간도 겨우 백 년에 불과했습니다.

이러한 배경을 바탕으로 해서 우리는 이슬람 세계의 반미(反美)를 이해할 수 있습니다. 중국의 반미감정과는 크게 다르지만 이슬람 세력의 대사관 폭파 및 여객기 폭파 등의 테러는 중국의 반미를 유도했습니다. 하지만 이는 광대한 중국 사회의 친미(親美) 및 미국의 가치와 문화에 대한 일체감, 미국에 대한 선호감정 등과 하나로 연결되어 있습니다. 요컨대 반미는 표면적인 것이고 의식의 심층에서는 여전히 미국을 인정하고 미국에 동질화되려 하는 것이지요. 아랍 세계가 미국에 반대하는 가장 중요한 이유는 미국과 이스라엘의 긴밀한 협력과 결연에 있습니다. 이는 물론 미국 내 유대인들의 정치 세력이 강대하다는 것과 무관하지 않겠지요. 미국에서는 사회 모든 분야에서 유대인들이 강력한 영향력을 행사하고 있어 이스라엘과의 관계가 긴밀할 수밖에 없고, 실제로 이스라엘은 미국의 대외원조를 가장 많이 받고 있는 국가입니다. 이스라엘은 작은 나라이고 전체 국민의 수가 뉴욕 시 인구에도 크게 못 미칩니다. 미국의 보호가 없이는 이스라엘은 생존이 어렵지요. 하지만 미국과 이스라엘의 긴밀한 관계 때문에 미국은 이스라엘과 팔레스타인의 잔혹한 투쟁에 직접 개입하고 있을 뿐 아니라 줄곧 이스라엘을 적극 지지함으로써 아랍 세계로부터 극도의 반감을 사고 있습니다. 현재 미국의 외교정책에서 팔레스타인의 국가 수립 문제를 제기하고 있기는 하지만 이는 압력에 의해 어쩔 수 없이 내놓은 정책이라 실현되기 어렵지요. 이런 상황에서 이스라엘과 아랍 원리주의자들의 반이스라엘 집단인 하마스 사이의 투쟁은 갈수록 심화되어 대단히 위험한 단계에까지 와 있습니다. 이것이 한 가지 이유이지요. 또한 이라크전 이후로 미국은 거의 매일 무인 폭격기를 동원하여 폭격을 계속하는 동시에 이라크에 대해 엄격한 경제제재를 가함으로써 이라크의 국내경제를 극도의 혼란에 빠뜨리고 있습니다. 이렇게 볼 때, 한편으로는 전체 아랍 사회가 미국에 대해 심각한 원한을 갖게 되고, 다른 한편으로는 미국 사회 전체가 이슬람을 다른 문화, 극단적인 타자로 간주하면서 이슬람을 각종 테러조직으로만 묘사하게 됩니다. 이슬람에 대한 미국 매체들의 이처럼 장기적인 무고(誣告)와 천대는 문화중국을 포함한 세계 모든 지역의 이슬람에 대한 상상과 평가에 직접적인 영향을 미치게 되지요.

3. 유교 문명과 미국

이는 하나의 예에 불과하지만, 앞으로 기독교가 어떻게 발전해가고 영어 세계가 어떻게 발전해가며 서양에서 현대화가 어떻게 발전해가든 간에 이슬람 세계는 서양과는 다르지만 일정한 현대적 의의를 갖는 다른 길을 가게 될 것이고 서양과 장기적으로 충돌하는 관계에 놓일 것입니다. 바로 여기에 어떻게 협력할 것인가 하는 문제가 있는 것이지요. 중국, 더 나아가 일본과 한국, 싱가포르, 타이완, 홍콩, 마카오 그리고 해외 화교사회 등을 포함한 유교 문명 세계가 미국으로 대표되는 현대화 모델을 향해 나아갈 것인가 하는 문제에는 여러 가지 가능성이 내재되어 있어, 깊이있게 사고해볼 만합니다. 이러한 관점에서 유엔의 문명 대화 프로젝트에서는 2년여에 걸친 노력 끝에 2001년 11월 7일, 이 프로젝트를 정리하는 결론으로 《분열을 넘어서: 문명 간의 대화(*Crossing the Divide: Dialogue among Civilizations*)》라는 책자를 발간했는데, 그 중요관점은 만일 문명의 충돌, 여러 문명권 사이의 투쟁과 갈등이 갈수록 커지는 상황이 발생한다면 그만큼 대화의 필요성도 커진다는 것입니다. 헌팅턴도 기본적으로 이러한 견해를 수용했지요. 헌팅턴은 《문명의 충돌》 개정판 서문에서,

"내가 충돌의 위험을 강조하는 것은 문명의 대화를 위한 조건을 만들어내고 그 중요성을 확대하기 위해서이다"라고 말한 바 있습니다. '9·11' 사건이 발생한 직후 헌팅턴은《뉴욕타임스》에 글을 발표하여 '9·11' 사건은 결코 문명의 충돌로 간주되어선 안 된다고 전제하면서, 그렇지 않을 경우 폭력조직과 테러를 이슬람교의 체현으로 인정하게 될 것이고, 그래서 이슬람교와 기독교 사이의 충돌이 조성된다면 이 세계에서는 평화를 말할 수 없을 것이라고 지적했습니다. 때문에 현재 미국은 다양한 이슬람 사회와 평화를 유지하려고 엄청나게 노력하고 있지요. 절대 다수의 이슬람인들은 평화의 수호자이기 때문입니다. 하지만 왜 이슬람 사회는 미국에 대해 그처럼 커다란 원한을 갖고 있고 그러한 원한을 토양으로 하여 테러조직이 탄생하고 있는가 하는 문제에 대해 저는〈세계화와 다양성〉이라는 글에서 나름의 해석을 시도한 바 있습니다. 세계화와 서구화, 현대화 사이에는 커다란 차이가 있습니다. 현대화는 당대 사람들이 갖고 있던 동질화라는 관념과 밀접한 관계가 있지요. 세계의 다양한 문명들이 현대화의 길을 걷게 된다면 이 문명들 사이의 차이는 갈수록 줄어들 것입니다. 특히 세계화가 시작되면서 과학과 기술, 정보와 금융, 여행, 환경보호 등의 범주에서 사회가 동일화되는 추세가 강해지고 있습니다. 때문에 모두들 현대화를 동질화로 간주하는 것이지요. 하지만 세계화에는 동질화 추세만 있는 것이 아니라 다른 경향들도 나타나고 있습니다. 모두들 1960년대부터 1980년대 사이에는 그리 관심을 갖지 않았던 문제로 정체성의 강화라는 경향이 있지요. 이러한 의식과 정치의 정체성을 세계화가 더욱 부각하고 분명하게 해주고 있는 것입니다. 다시 말해서 세계화는 강력한 지방화를 유도하고 있다는 것이지요. 이 두 가지 발전추세는 상반되는 것처럼 보이지만 사실은 일치하고 있습니다. 우리는 이것이 아니면 저것이라는 선택을 해서는 안 되고, 이것이 바로 저것이라는 선택을 해야 합니다.

현실세계에서는 누구나 매순간 민족, 성별, 언어, 지역, 계급, 연령, 신앙 등의 근원적 요소들을 떠나서는 존재할 수 없을 것입니다. 민족이라는 문제를 제대로 풀지 못한다면 미국은 분열되고 말 겁니다. 세계 각지에서 지난 10여 년 동안 성별 문제에서는 페미니즘이 가장 중요한 사조 가운데 하나로 자리 잡아 왔습니다. 페미니즘은 남녀평등의 문제라고 할 수 있지요. 성별의 진정한 평등이란 여성은 55세에 정년퇴직하는데 남성은 65세에 정년퇴직한다거나, 동일노동을 하는 여성이 남성의 80%에도 못 미치는 임금을 받고 있다거나, 겉으로는 남성들도 부엌에 들어가지만 실제로는 대부분의 집안일이 여전히 여성의 손에 의해 이루어지고 있고 아이를 돌보는 것 또한 여성의 권리이자 의무라고 말하는 것이 아닙니다. 여성의 가사노동과 자녀 양육 같은 힘든 노동이 사회보장을 받지 못하거나 그에 상응하는 물질적 보수를 받지 못하는 것이 아니기 때문이지요. 미국에서는 이러한 관념이 완전히 변하고 있고 그 속도 또한 대단히 빨라, 진정한 의미의 남녀평등이 충분히 실현될 수 있는 단계에 와 있습니다. 이는 2천 년 문명사상 한번도 없었던 일이지요. 한편, 유교 사회에서는 이러한 문제를 처리하기가 대단히 어렵습니다. 한국이나 일본도 마찬가지지요. 중국에서는 5·4운동 이후, 특히 중화인민공화국이 수립된 이래 표면적으로는 여성의 지위를 높이는 수많은 노력이 있었습니다만 실질적으로는 여전히 많은 문제들이 남아 있습니다. 1995년 베이징에서 거행된 세계여성대회는 중국의 남녀평등 문제를 전 세계적으로 부각시키는 계기가 되기도 했지요.

언어 문제에 대해 얘기해볼까요. 언어의 중요성은 타이완을 예로 들어 설명할 수 있습니다. 국민당은 타이완을 통제하기 시작하면서 극도로 고압적인 문화정책을 실시해, 타이완에서 교육받는 모든 학생들에게 반드시 보통화(普通話)■를 사용하게 하면서 이를 국어(國語)라 불렀습니다. 국립이건 사립이건 모든 초·중·고등학생들은 강제적으로 지방언어인 민남어(閩南語)■를 사용하지 못하게 했지요. 지방언어를 사용하다 걸리면 벌금을 내거나 처벌을 받았습니다. 심지어 구타를 당하기까지 했지요. 초등학교에서 대학교에 이르기까지 언어 사용에서 일률적으로 엄격한 제한을 받은 것입니다. 국민당 통치가 끝나고 타이완 의식이 일기 시작하면서 가장 먼저 일어난 현상이 바로 지방언어의 회복이었습니다. 광저우나 상하이 같은 대도시에서 월어(粵語)■나 오어(吳語)■를 쓸 수 없고 보통화만 사용해야 한다고 가정한다면 강력한 반발을 부를 것이 뻔합니다. 타이완은 오랫동안 국민당에 의해 언어탄압을 받아오다 이제야 전면적으로 폭발한 것이지요. 외성인(外省人)■들은 민남어 발음이 많이 서툴었지만 그래도 쓰지 않을 수 없습니다. 민남어를 말하지 못하면 경선에 참여할 수 없었기 때문이지요. 타이완의 이러한 사례는, 근원적

■ **보통화** 베이징 어음(語音)과 관방의 언어를 기초로 하여 정한 중국의 표준어.

■ **민남어** 중국 푸지엔성(福建省) 남부지방의 방언으로, 타이완 한인들은 대부분 푸지엔성 출신이라 이 언어를 사용하고 있다.

■ **월어** 광둥지방의 방언.

■ **오어** 전국시대 오나라 지방의 언어로, 현재 상하이를 비롯하여 장수성 지역에서 사용되는 방언.

■ **외성인** 1949년을 전후하여 국민당을 따라 타이완으로 대거 이주한 한인.

인 몇몇 요소는 아무리 강력한 행정력을 발휘한다 해도 소멸되지 않는다는 점을 보여줍니다.

지역 문제는 이른바 민족집단의 주권 문제라고 할 수 있습니다. 만일 유엔이 독립을 원하는 지역을 모두 받아들인다면 유엔 회원국 수는 170~180개에서 천 개 이상으로 늘어날 것입니다. 또한 계급 문제는 빈부격차의 문제이기도 합니다. 이전에는 이를 선진국과 개발도상국 간의 문제로만 보았는데, 지금은 이것이 세계화의 문제이자 지역의 문제이자 국가의 문제이기도 합니다. 예컨대 현재 중국의 빈부 불균형은 이미 미국을 뛰어넘어 세계에서 가장 심각한 수준에 있지요. 이는 대단히 위험한 현상입니다. 광저우나 상하이, 베이징 등만을 놓고 본다면 대단한 번영을 누리고 있지만 전국을 놓고 따져보면 우려를 금할 수 없는 수준이지요. 심지어 같은 도시, 같은 직장 내에서도 남북 문제가 존재합니다. 의대 교수들이 철학과 교수들보다 왜 월급을 더 받아야 하는지 모르겠습니다. 우리 철학하는 사람들은 남이고 그들은 북이라서 그런가요?

연령 문제에서 이전에는 통상적으로 30년을 한 세대로 구분해왔지요. 우리는 현대 신유학이 1919년부터 1979년까지 삼대에 걸쳐 발전해왔다고 말합니다. 하지만 오늘날은 컴퓨터를 비롯한 다른 요소들로 인해 결코 30년을 한 세대로 구분하기 어렵습니다. 요즘은 10년이나 8년, 심지어 형제 자매 간이나 대학교 4학년과 1학년 사이에도 세대의 도랑이 놓여 있다고들 하거든요.

신앙 문제를 얘기해볼까요. 우리는 예전엔 종교와 종교 간의 충돌을 염려했습니다. 예컨대 이슬람교와 유대교, 기독교 사이의 충돌을 걱정했지요. 그러나 최근에는 한 종교 안에서의 충돌이 대단히 심각하다고 걱정들을 하고 있습니다. 이스라엘이 평화의 길로 나아가지 못하는 이유도 라빈의 암살과 밀접한 관계가 있지요. 라빈은 유대교 내부의 원리주의자들에 의해 암살당한 것입니다. 불교 내부에서도 종종 충돌이 일어나곤 합니다. 티베트 불교도 예외가 아니지요. 이슬람교 내부에서 일고 있는 수니파와 시아파 간의 투쟁은 이라크와 이란 사이의 갈등과 충돌의 중요한 원인이 되고 있습니다.

세계화로 인해 집단의식이 약화되지는 않을 겁니다. 언어에서는 물론 영어가 빠른 속도로 발전하겠지만, 현재 발전 속도가 가장 빠른 인터넷 언어는 중국어입니다. 간단한 예를 하나 들어보지요. 싱가포르의《연합조보(聯合早報)》는 인터넷에 오르기 전까지만 해도 판매부수가 그리 많지 않았습니다. 하지만 일단 인터넷에 오른 뒤부터는 인터넷 독자가 매일 2천 명에서 5천 명까지 늘어났습니다. 앞으로 아주 오랜 기간 동안 중국어는 세계의 각종 매체에서 가장 영향력있는 언어로 자리 잡을 것입니다. 영어의 강세 때문에 사람들이 중국어를 쓰지 않는 일은 없을까요? 그럴 가능성은 전혀 없습니다. 한동안 중국어는 이미 한물 갔다고 생각하는 사람들이 있었지요. 5·4운동 시기에는 중국어를 타자기로 처리할 수 없는데다 곧장 전보로 발송할 수 없자 한자를 간체화(簡體化)하고 심지어 라틴화하기까지 했습니다. 1958년 마오쩌둥이 멕시코 공산당 대표단과 몇 시간 동안 대화를 나누게 되었을 때 대표단의 책임자 중 한 사람이 제게 물었습니다. 자신들이 무슨 얘기를 했는지 아느냐고요. 제가 세계혁명에 관한 얘기 아니었냐고 했더니, 대화의 주제가 한자의 라틴화와 한자를 폐지하는 방안이었다고 하더군요. 심지어 일부 언어학자들마저 '한자 폐지, 중국어 만세'라는 구호를 제창하기도 했습니다. 그러다 보니 지금은 한자와 고대 중국어의 수준이 줄곧 벌어져 수많은 사람들이 틀린 한자로 글을 쓰고 있습니다. 저도 예외가 아니지요. 이런 상황이 중국어의 낙후를 초래하지는 않을까요? 저는 절대 그럴 리 없다고 믿습니다. 예를 들어 말레이시아에서는 아주 오랫동안 한자를 사용하지 않았습니다. 정부도 한자 사용을 장려하지 않았고 중국어 학교 또한 없었습니다. 한자는 완전히 패잔병의 심리상태에서 발전해갈 수밖에 없었지요. 그럼에도 불구하고 말레이시아의 중국어는 상당한 수준에 도달해 있습니다. 3년 전 타이완《연합보(聯合報)》가 개최하여 중국 대륙의 여러 작가들이 대거 참가해 진행된 중국어 경선대회에서 1등을 차지한 사람은 말레이시아 화교였고, 최근 거행된 웅변대회에서도 말레이대학 대표단이 중국, 타이완, 홍콩의 대학 대표단을 제치고 1등을 차지했습니다. 혹자는 이 대표단이 모두 내지에서 이주한 사람들이라고 하기도 했지만, 자세히 알아보니 전부 말레이시아에서 태어나 자란 학생들로 이루어진 팀이었습니다. 결국 언어의 정체성 확립 추세는 변하지 않는다고 할 수 있지요.

4. 다른 문명을 배워야 하는 미국

바로 이러한 이유들 때문에 대화가 필요합니다. 왜 대화를 해야 하냐고요? 예컨대 미국은 초강대국임에도 불구하고 미사일방어(MD) 체제 구축을 진행하고 있습니다. 만일 이 체제가 성공적으로 완성된다면 어떠한 '깡패국가'도 미사일을 이용하여 이 초강대국 내의 지역을 공격할 엄두조차 못 낼 것입니다. 미국은 완전한 안전을 확보한 셈이지요. 하지만 '9·11' 사건이 보여주듯, 어느 나라든 공격을 받을 가능성은 매우 큽니다. 각종 테러조직을 화해시키지 못하고 군사력과 정보시스템을 통해 확보한 정보만으로 테러를 방지하고 제압하려 한다는 건 너무나 터무니없는 망상이지요. 미국의 CIA에는 아랍어를 할 줄 아는 요원이 거의 없습니다. 중국어를 할 줄 아는 요원은 꽤 있지만 언어 구사능력이 뛰어난 요원은 극히 드물지요. 미국과 서유럽, 인도네시아, 인도 등지에서 연이어 테러가 발생하고 있는 시점에서 테러에 대처하기 위한 국제공동체를 구성하자는 얘기가 나오고 있는데, 이는 군사나 정보의 측면에서 해결할 수 있는 문제가 아니라 반드시 문화와 대화, 이해 등이 결합된 다양한 방법을 통해 적시에 대처해야만 해결할 수 있는 문제라고 생각합니다. 이는 진지하게 숙고하지 않으면 안 되는 대단히 중요한 문제이지요. 가령 갈등이 발생하면 설사 화해할 방법이 없다고 해도 갈등이 충돌로 발전하지 않고 충돌이 대항으로 발전하지 않으며 대항이 서로를 결코 용납하지 못하는 정벌전쟁으로 발전하지 않도록 할 수는 있을 것입니다. 보통 대화는 용인으로부터 시작된다고 하지요. 대화의 목적은 상대를 설복시키고 나의 관점과 견해를 강요하는 데 있는 것이 아니라 서로를 이해하고 자기를 반성하는 데 있습니다. 용인이야말로 대화의 출발이며 그로부터 시작하여 상대의 존재를 받아들이는 것이 바로 공존입니다. 예컨대 아랍의 팔레스타인과 유대의 이스라엘 사이의 대화는 겉으로는 갈수록 악화되는 것 같지만 실제로는 상당한 진전을 보이고 있습니다. 최소한 지금은 서로의 존재를 인정하고 있으니까요. 이스라엘과 팔레스타인 모두, 상대를 완전히 제거할 수 없다는 사실을 잘 알고 있는 겁니다. 공존이 필요하다면 적어도 서로에 대한 존중이 생기게 되는 것이지요.

현재 미국의 정부, 특히 핵심지도층은 대단히 폐쇄적이고 매파의 영향력이 지나치게 강합니다. 하지만 미국의 민간사회의 동력을 무시할 수 없지요. 미국 민간사회의 자원은 대단히 풍부합니다. 미국은 이민사회로서 자신과 다른 이국적 성분에 대해 가장 포용력이 있는 나라입니다. 모두가 알고 있듯이, 문화중국에서 해외로 유학을 떠나는 지식 엘리트들이 유럽으로 갈 경우, 그곳이 영국이든 프랑스든, 아니면 독일이든 이탈리아든, 얼마나 긴 세월 동안 분투노력하고 현지의 언어를 얼마나 잘 구사하든지 간에 그 사회의 구성원이 된다는 건 대단히 힘든 일입니다. 하지만 미국에서는 그것이 가능할 뿐만 아니라 그럴 가능성 또한 매우 큽니다. 이러한 포용과 개방, 외래문화에 대한 흡수력이 바로, 여러 가지 착오에도 불구하고 초강대국 미국을 몰락하지 않게 만드는 중요한 요소입니다. 만일 미국이 문명을 배우는 국가로 변하기만 한다면 그 발전 가능성은 엄청나게 커질 것입니다.

한 가지 예를 들어 이 문제를 설명해보고자 합니다. 3년 전, 저는 예루살렘의 히브리대학에서 유대인 지식인들과 토론한 적이 있는데, 이 자리는 이스라엘이 팔레스타인 지식인들을 초청하여 공개토론을 벌인 대규모 집회였습니다. 그 자리에서 저는 싱가포르의 경험을 얘기했지요. 1965년 건국 당시 싱가포르는 말레이 세계의 일부분으로서 스스로를 이슬람 해양의 한 외로운 섬이라고 생각했습니다. 당시 싱가포르는 이스라엘과 완전히 닮은꼴이라고 생각했지요. 싱가포르는 군사전문가들을 이스라엘에 보내 훈련을 받게 했고, 이스라엘 전문가들을 초청해 군사방어체제를 구축하기도 했습니다. 당시 이스라엘은 '이에는 이, 눈에는 눈' 식의 정책을 취했습니다. 누군가 자신의 털끝만 건드려도 코에 멍이 들도록 보복을 하는 것이지요. 마치 이것이 유일한 방법 같았습니다. 하지만 싱가포르는 유가의 방법을 택했지요. 첫 번째 방법은 자신의 존재가 남들 눈에 못이 되지 않게 하는 것이었습니다. 자신이 원하지 않는 바를 남에게 강요하지 않음으로써 갈등과 충돌을 최소화하는 것이지요. 서양 매체들을 대하는 리콴유(李光耀)의 태도가 때론 몹시 오만하기도 했지만, 말레이시아의 지도자 마하티르와 단독회담을 할 때는 최대한 갈등을 줄이면서 "우리가 당신들에게 위협이 되는 일은 절대 없을 것"이라고 단언하기도 했습니다. 하지만 이런 방법은 말로만 그쳐선 안되고 반드시 행동이 뒤따라야 합니다. 싱가포르는 인도네시아에 대해 자신들이 아세안 회원국으로서 아세안에 대한 충성을 최우선으로 할 것임을 천명하는 동시에, 인도네시아가 중국과 수교하지 않는 한 자신들이 먼저 중국과 수교하는 일이 없을 것임을 보장했지요. 싱가포르의 이러한 약속은 25년 동안 유지되다 인도네시아가 중국과 수교하자 한 달 뒤 자신들도 중국과 수교했습니다. 한편 남사군도의 주권에 대해 중국과 베트남, 필리핀 그리고 그 밖의 몇몇 나라들 사이에 분쟁이 벌어졌을 때 싱가포르는 중국에 대해 남사군도가 동아세안 국가들의 영토임을 분명히 했습니다. 이는 중국의 영토주권에 대한 간섭으로 매우 중대한 사안이었지만 베이징 당국은 싱가포르의 입장을 이해해주었지요. 이는 아세안을 인정하는 싱가포르의 구체적인 행동이었다고 할 수 있습니다. 또한 싱가포르는 동아시아에서 가장 훌륭한 병원과 가장 훌륭한 대학, 가장 훌륭한 은행과 가장 훌륭한 항공회사 등을 육성하여, 말레이시아나 인도네시아 사람들이 병이 나면 싱가포르의 병원을 이용하고, 유능한 학생들이 싱가포르의 대학에서 교육을 받으며, 돈 있는 사람들이 싱가포르의 은행에 예금을 하고, 싱가포르 항공회사의 비행기를 타고 여행하도록 유도했습니다. 이에 그치지 않고 싱가포르는 "자신이 원하지 않는 바를 남에게 강요하지 않는" 정책을 더욱 발전시켰을 뿐만 아니라, "자신이 세상에 도를 세우고 싶으면 먼저 남이 세상에 도를 세우게 하고, 자신의 도가 세상에 행해지기를 원하면 먼저 남의 도가 세상에 행해지게 하는" 전략을 추진했습니다. 이는 자국이 발전하면 주변의 다른 나라나 지역들 역시 그에 따른 이익을 누리게 된다는 것이지요. 이런 정책 및 전략에 따라 싱가포르는 아세안 국가들을 위해 막대한 자금을 투자하여 영어교육과 지방교육, 지방도시 발전을 위한 지역센터(Regional Centers) 등을 발전시켰습니다. 최근 싱가포르대학은 동남아 사회를 전문적으로 연구하겠다는 방침을 확정했는데, 현재 세계에서 가장 훌륭한 동남아연구센터도 바로 싱가포르에 있습니다. 그 밖에도 싱가포르는 수많은 전략과 구체적 행동지침을 갖추고 있지요. 바로 이런 이유들 때문에 1969년이 되어서야 말레이인들과 중국인들 사이에 처음이자 마지막 유혈충돌이 발생했고, 이로 인한 부상자 역시 불과 몇 명에 그칠 수 있었습니다. 1969년부터 지금까지 싱가포르에서는 종족 간의 유혈충돌이 단 한 차례도 발생하지 않았습니다. 만일 싱가포르가 이스라엘과 같은 길을 걸었다면 지금까지 싱가포르가 존재할 수 있었을까요? 미국과 이스라엘이 어떻게 처신해야 하는가 하는 문제에서 싱가포르의 사례는 훌륭한 모범이자 귀감이 될 수 있을 것입니다.

결론적으로 말하면 중국민족의 재기와 중국의 발전은 20세기 후반에서 21세기에 걸쳐 가장 중요한 현상 가운데 하나가 될 것입니다. 중국은 재기로 인해 경제대국이 될 것이고 심지어 경제 초강대국으로 성장할 수도 있습니다. 경제 발전에는 반드시 정치와 군사문제도 수반됩니다. 때문에 미국에서 이른바 '중국위협론'이 제기되고 있고, 이러한 사실은 이미 모두가 알고 있는 바이지요. 제가 줄곧 묻고 싶었던 점은, 중화민족은 아주 오랜 문화를 갖고 있는 민족으로서, 백 년간의 굴욕을 겪고 나서 새로운 재기가 가져다준 문화적 정보는 무엇인가 하는 것입니다. 중화민족의 재기는 물론 중국인에게는 복입니다만, 우리의 재생이 일본을 포함하여 서구와 미국 등 우리보다 훨씬 발전해 있는 나라들에 위협이 되지는 않을까요? 또한 인도나 아프리카 국가들처럼 우리보다 발전속도가 느린 나라들에 걱정거리가 되지는 않을까요? 다시 말해 중화민족의 발전이 다른 민족의 고통 위에 세워지지 않는다면, 이는 중국인들의 복일 뿐만 아니라 세계의 복일 것입니다. 이것이 가장 큰 문제이지요. 이 문제를 해결하기 위해서 결코 쉽지는 않겠지만 반드시 넘어야 할 것이 바로 협애한 민족주의입니다.

수많은 서양 학자들이 중화민족의 재기에는 두 가지 동기가 뚜렷하게 드러난다고 주장하고 있습니다. 하나는 보복이고 다른 하나는 탈권(奪權)이라는 겁니다. 한 민족이 백여 년에 걸친 굴욕을 당하고 나서 가장 먼저 내뱉게 되는 첫 마디는, "이제 당신들은 나를 더 이상 속이지 못할 것이다"라는 것입니다. 이전에는 "남들이 칼이 되고 내가 생선이 되었지만", 이제는 "내가 칼이 되고 남들이 생선이 된다"는 뜻이지요. 물론 이런 심리가 보편적인 것은 아닙니다. 둘째,

중화민족의 재기에는 반드시 권력의 탈취가 수반될 것이라는 견해입니다. 지금까지도 국제사회의 게임의 법칙에는 변화가 없기 때문이지요. 돈이 많고 권력이 세며 군사력이 강하고 목소리가 큰 나라가 이긴다는 겁니다. 이제 중국은 돈도 있고 권력도 있으며 상당한 군사력 또한 갖추고 있습니다. 그런 만큼 목소리가 커지지 않을 수 없다는 점입니다.

이런 정서가 정치와 매체, 기업과 학계에 크게 유행하고 있지요. 하지만 저는 서양 학자들의 이러한 견해는 중화민족에 대한 모욕이라고 생각합니다. 유구한 역사를 자랑하는 중화민족이 재기하는데 중국의 지식 엘리트들이 설마 보복과 탈권이라는 두 가지 정서만 갖고 있다는 말인가요? 평화문화는 반드시 대화를 통해서 출현할 것이고 이를 위해서는 자기와 다른 이질적 요소들을 이해하는 문화가 필요합니다. 따라서 중화민족이 흥기하려면 깊이있는 문화적 자신감이 있어야 합니다. 다시 말해 신장(新疆)이나 티베트, 네이멍구(內蒙古) 등을 비롯한 기타 소수민족 지역들처럼, 우리 민족 내부에서 주변화되고 제대로 발전하지 못한 지역을 지원하고 장려하여, 서로 다른 민족문화들 사이에 장기간의 화해와 대화가 진행될 수 있도록 해야 합니다. 특히 한족과 기타 50여 개 소수민족들 사이의 호혜평등한 소통의 통로가 마련되어야 하겠지요.

또한 대승불교와 도교, 유교 같은 우리의 전통자원, 그리고 다양한 민족종교의 전통자원을 개발할 수 있느냐, 인도가 매우 빈곤하고 우리보다 발전 속도가 느리다고 해서 알려고 하지 않을 게 아니라 하나의 참고할 만한 사회로 간주할 수 있느냐 하는 것도 중요한 문제입니다. 인도는 대단히 깊이 있는 문화자원을 갖고 있는, 정신문명의 수출대국이기 때문이지요. 중화민족 내부의 다양한 종족과 종교, 언어 문제를 어떻게 처리할 것인가 하는 건 대단한 난제입니다. 내부에 누적된 사회자원과 문화능력, 정신가치가 많을수록 그 사회의 발전은 그만큼 쉬워질 것이기 때문입니다. 모든 사람들에게 협애한 민족주의에서 벗어나라고 하는 건 불가능하지만 최소한 지식 엘리트들만이라도 이런 굴레에서 벗어나야 합니다. 그렇지 못할 경우 정말 우려할 만한 상황이 펼쳐질 겁니다.

한스 큉은 1993년부터 문명의 대화와 보편적 윤리에 관한 연구를 시작했는데 이는 그의 평생의 의지가 담긴 작업이 될 것입니다. 더블린에서 있었던 한 차례의 문명 포럼 담화에서 그는 비교적 긴 발언을 요구한 적이 있습니다. 그 자리에서 그는 문명의 대화가 발전하기를 원한다면 먼저 두 가지 원칙을 세워야 한다고 했는데, 그것이 바로 앞에서 언급한 싱가포르의 두 가지 원칙이었습니다. 하나는 "자신이 원하지 않는 바를 남에게 강요하지 말라"는 것입니다. 이는 기독교의 "자기가 원하는 것을 남에게도 베풀라"는 주장과는 완전히 다르지요. "자기가 원하지 않는 바를 남에게 강요하지 말라"는 것은 일종의 용서의 원리입니다. 이것이 바로 제가 전하고 싶은 복음이지만 강요하고 싶지는 않습니다. 용서의 원리 배후에는 인도(仁道)의 원칙이 있습니다. 바로 "자신이 세상에 도를 세우고 싶으면 먼저 남이 세상에 도를 세우게 하고, 자신의 도가 세상에 행해지기를 원하면 먼저 남의 도가 세상에 행해지게 하라"는 것입니다. 남이 고통에 처해 있을 때는 그를 보살펴주고, 나의 발전에는 반드시 남의 발전이 수반되게 하라는 뜻이지요. 이 두 가지 원칙은 중화 문화의 정수이자, 한스 큉이 생각하는 문명 대화의 두 가지 기본원칙이기도 합니다.

지난 몇 년 동안 문화중국의 일부 원로들은 세상을 떠나기 직전에 몇 가지 중요한 메시지를 남긴 바 있습니다. 예컨대 첸무(錢穆) 선생은, '천인합일(天人合一)'이야말로 중화민족이 세계에 제공할 수 있는 중요한 자원으로, 인간과 자연이 어떻게 조화로운 관계를 유지하느냐 하는 것이 매우 중요한 과제라고 지적했지요. 그의 이러한 관점은 지셴린(季羡林), 리션즈(李愼之), 차이상쓰(蔡尙思) 등으로부터 적극적인 지지를 받았습니다.

펑유란 선생은 만년에 자신의 투쟁철학을 포기하고 갑자기 장재(張載)의 "원수는 반드시 화해로 풀어야 한다(仇必和而解)"는 관점을 제시하면서, 장재의 이른바 '횡거사구(橫渠四句)', 즉 천지를 위해 마음을 세우고, 민생을 위해 명을 세우며, 앞서 가신 성현들을 위해 끊어진 학문을 잇고, 만세를 위해 태평성대를 열어야 한다(爲天地立心, 爲生民立命, 爲往聖繼絶學, 爲萬歲開太平)는 명제로 돌아갔습니다.

장스잉(張世英) 선생은 서양 철학을 연구하는 가장 뛰어난 학자들 가운데 한 분으로, 이른바 '하늘과 인간의 교제(天人之際)'를 강조하면서, 중화민족은 미학에서는 정경합일(情景合一)을 추구했고, 윤리학에서는 지행합일(知行合一)을 추구했으며, 우주론에서는 천인합일을 추구했는데, 이것이 우리 중화민족의 풍부한 자원이라고 주장했습니다.

또한 페이샤오퉁(費孝通) 선생은 어떤 문명이든지 나름의 장점과 아름다움을 갖고 있는 법인데, 우리는 우리의 장점과 아름다움을 더욱 아름답게 하고(各美其美), 이를 발전시켜 남의 아름다움도 아름답게 하며(美人之美), 더 나아가 모든 아름다움을 아름답게 하여(美美其美), 천하대동(天下大同)의 경지로 나아가야 한다고 강조했지요. 이것이 바로 문명 대화의 최고이상입니다.

이 글은 양슈에공 박사가 2002년 9월 20일에 하버드 옌칭연구소 뚜웨이밍 교수의 연구실에서 진행한 인터뷰입니다. 이 글의 원문은 2003년《철학연구》제8기(5~10쪽)에 있습니다.

03

세계화 시대의 문명 대화,

윤리적 지혜와 문화적 지혜의 만남

● 헌팅턴이 1993년 '문명충돌론'을 제기하기 한참 전부터 선생께서는 '문명의 대화'를 제창하고 실천해오셨다고 알고 있는데요, 이제 문명의 대화를 전개하기 위해서는 결국 세계화라는 배경을 벗어날 수 없을 것 같습니다.

일부 학자들은 세계화가 새로운 현상이 아니고 이전에 이미 세계사에 나타났던 어떤 현상이 빠르게 가속화되어 발전한 것이라고 여기고 있습니다. 저는 이렇게 봅니다. 과거의 역사에도 오늘날의 세계화와 비슷한 현상이 있었지요. 예컨대 세계적인 몇몇 거대종교의 전통이 상인과 군인, 학자와 선교사 등을 통해 이미 전 세계에 광범위하게 전파되었습니다. 이미 세계화 과정이 있었던 것이지요. 세계의 3대 종교는 모두 특정한 문화형식을 갖고 있지 않습니다. 따라서 서로 다른 각종 문화형식을 얼마든지 장악할 수 있지요. 세계에는 일본의 신토처럼 그 특수한 문화형식과 불가분의 관계를 맺는 종교도 있습니다. 하지만 유교는 중국 문명의 체현일 뿐만 아니라 동남아 문명의 체현이기도 합니다. 유교는 동남아와 남아시아에서도 발전의 잠재력을 갖고 있는 것이지요.

하지만 서구화에서 현대화에 이르는 논리 전개에는 매우 강력한 예설이 있습니다. 하나는 동질화이고 다른 하나는 같아지려는 노력(趨同)입니다. 이 두 가지 관념은 대단히 강력합니다. 그것은 17, 18세기 유럽에 나타났던 이성주의를 대표하는 계몽사조가 그후 미국과 동아시아에서 발전하면서 일종의 동질화 과정을 거쳤다는 것을 뜻합니다. 그 과정을 거치면서 자유와 평등, 인권, 법치, 개인의 존엄 같은 보편타당한 가치들이 전 세계로 보급되었다는 것이지요. 서양의 수많은 학자들이 이 같은 관점을 지지하고 있는데 그 중 가장 두드러진 것이 걸프전 이후 후쿠야마가 제시한 '역사종결론'으로, 서양의 자유주의 정체(正體)가 전 세계에 보급되는 것으로 역사의 발전은 종결을 맺게 된다는 것입니다. 나중에 헌팅턴은 '문명충돌론'을 주장하면서 이에 대한 이론(異論)을 제기했지요. 그는 서양 문명 외에 두 개의 거대한 문명이 서양 문명에 도전하고 있는데, 그 중 하나가 이슬람 문명이고 다른 하나는 유교 문명이라고 주장합니다. 하지만 그 기본구상은 여전히 서양과 서양을 제외한 모두라는 대립 구도를 유지하면서 앞으로 서양을 제외한 모두도 반드시 서양과 동질화되는 방향으로 움직일 거라고 예측하고 있지요. 이러한 동질화 과정이 매우 어렵기는 하겠지만 결국 성공할 것이라는 주장입니다. 이것 말고는 다른 길이 없다는 것이지요.

사실 현재 수많은 중국학자들도 이런 관점을 그대로 수용하고 있습니다. 예컨대 개혁개방 이후의 현대화 건설은 저항할 수 없는 대세라는 것이지요. 그렇다면 현대화란 무엇일까요? 현대화에는 몇 가지 기본요소들이 포함되어 있습니다. 시장경제와 민주제도, 시민사회와 개인의 존엄 등이 바로 그것이지요. 일부 중국학자들은 현대화란 바로 서양과의 동질화라고 생각하고 있습니다. 소련을 대표로 하는 유럽의 사회주의가 해체된 뒤 중국이 계획경제에서 시장경제로 전환하면서 이런 주장은 더 큰 힘을 갖게 되었지요. 하지만 저는 이 문제가 그렇게 간단하지는 않다고 생각합니다. 세계화는 우리에게 새로운 관찰의 시각을 제공하고 있습니다. 현대화와 세계화에 모종의 차이가 있다면 그것은 현대화가 어느 정도는 동질화의 과정이라는 것입니다. 또한 세계화와 지방화는 동시에 이루어지고 있어 세계화가 있는 곳에는 반드시 지방화가 수반되기 마련입니다. 지방화와 세계화는 상호작용 관계에 있는 것이지요. 때문에 세계화된 지방화가 존재하는 것입니다. 예컨대 서양에서 시작된 현대화는 18세기 이후 세계 각지로 확대되기 시작했습니다. 한편 일본의 만화를 비롯하여 무수한 지방문물들이 세계 각지에서, 특히 아동문화에서 크게 발전해가고 있는 것처럼 지방적 특색을 갖춘 세계화와 국제화도 존재하지요.

맥도날드가 가장 대표적인 예입니다. 왓슨(James Watson)은 자신의 저서에서 맥도날드가 성공한 원인 가운데 하나는 다른 사회에 진입할 때마다 맥도날드는 그 사회에 적응하기 위한 변통 메커니즘을 갖추고 있었기 때문이라고 지적한 바 있습니다. 예를 들어 인도에는 채식주의자들을 위한 맥도날드가 있고, 하와이에는 밀로 만든 맥도날드가 있으며, 중국에도 중국 특색을 갖춘 맥도날드가 있다는 것이지요.

1. 행동은 지역적으로, 사고는 세계적으로

● 일부 다국적기업들도 맥도날드의 경험을 받아들여 심지어 '세계화된 사고, 지역화■ 된 행동'이라는 구호를 내세우기도 합니다.

행동은 지역적으로 하되 사고는 세계적으로 하라는 견해가 있습니다. 이전에는 '이것 아니면 저것(Either/Or)'이라는 사고방식이 있었지요. 이는 데카르트 이후 서양의 배타적인 이분법적 사유방식과 연관이 있습니다. 이러한 사유에 따르면, 마음이 아니면 몸이고, 영혼이 아니면 육체이며, 신성이 아니면 세속이고, 창조주가 아니면 피조물이며, 물질이 아니면 정신이지요. 이런 이분법적 사고방식은 이미 구시대의 소산이 되었습니다. 오늘날의 새로운 사고방식은 '이것일 수도 있고 저것일 수도 있다(Both/And)'입니다. 지금은 이미 선적(線的) 사유가 아니라 네트워크적 사유, 단순한 사유가 아니라 복잡한 사유의 시대로 진입했기 때문이지요. 그렇다면 왜 음양의 사고모델이 심신의 사고 모델보다 더 좋을까요? 음(陰) 속에 양(陽)이 있고 양 속에 음이 있기 때문이지요. 음과 양 사이에는 갈등과 충돌도 있지만 그 둘은 충분히 서로를 보완할 수 있습니다. 이러한 관념이 있는 한, 많은 것들이 활기를 찾을 수 있지요. 예컨대 기(氣)는 물질인 동시에 정신입니다. 그리고 기질의 기는 정신의 기인 동시에 영기(靈氣)■의 기이기도 하기 때문에 그 범위가 아주 넓습니다. 중국

■ **지역화** 세계화라는 거대담론에 대한 약세문화 국가들의 역반응으로, 자국 또는 자기 지역의 문화를 이전보다 훨씬 중시하고 이를 발전시킴으로써 민족적·문화적 정체성을 찾고자 하는 경향.

의 전통적 사유방식 또한 이분법이기는 하지만 그것은 전체와 부분, 안과 밖, 본(本)과 말(末), 위와 아래, 먼저와 나중, 깊음과 얕음 등의 구별이지요. 이러한 이분법은 배타적인 것이 결코 아니라, 부분이 없으면 전체도 없고 안이 없으면 밖도 없으며 본이 없으면 말도 없고 아래가 없으면 위도 없으며 먼저가 없으면 나중도 없습니다. 양자가 상호의존하는 동시에 상호작용하되, 그 과정은 쉴새없이 움직이는 것이지요. 저는 인류의 사유방식의 변화 가운데 하나가 정태적이고 기하학적인 사유에서 동태적이고 발전적인 사유로 전환한 것이라고 생각합니다. 어떤 사물이든 변화하기 마련이지요. 사람뿐만 아니라 초목이나 기와 조각조차 움직이고 있고 서로 다른 동력(Energy)으로 구성되어 있습니다. 두 번째는 '이것 아니면 저것'이라는 식의 결연한 이분법적 사고에서 '이것일 수도 있고 저것일 수도 있다'는 식의 상호의존적 사고로의 전환이지요. 후자의 방식으로 사고하면, 다소 모호하게 보이기는 하지만, 이러한 모호함은 머리가 명징하지 않은 것이라기보다 복잡한 문제를 단순화해 공식화(公式化)로 빠지지 않는 것이라 할 수 있습니다. 이것이 중국 유학전통 가운데 가장 중요한 지혜이지요. 문제를 고려할 때 구체적인 다양성을 내부적으로 포괄하는 것이지, 결코 구체적인 다양성을 단순한 공식에 따라 분할하는 것이 아닙니다. 추상의 과정 자체가 일종의 단순화 과정이기는 하지만, 이 과정은 동시에 아주 많은 복잡한 것들을 해소시키지요. 전체에 부합하는 종합적 사유를 해야만 인문현상을 전면적으로, 그리고 심도있게 이해할 수 있습니다.

■ 영기 육체의 한계를 초월하는 영혼의 신비한 기운.

세계화 과정에서 이제까지 한번도 거론되지 않은 몇 가지 문제들이 있습니다. 어떤 민족, 어떤 국가, 어떤 문화든 간에 세계화 과정에서 받게 될 충격과 상처가 매우 클 것이고 또 피할 수 없을 것이라는 겁니다. 또한 복잡한 표면현상 속에는 심층적이면서도 상통할 수 있는 부분들이 존재하지요. 그러나 상통을 찾는 과정은 단순화된 추상 과정, 즉 추상적 보편주의(Abstract Universalism) 과정이 아닙니다. 추상의 보편화를 추구하는 건 단지 복잡한 개체 안에서 빙빙 돌며 밖으로 빠져나가지 못하는 것으로, 초월의 가능성도 없고, 따라서 어떠한 대화도 있을 수 없습니다. 때문에 추상적 보편주의를 초월하면서도 구체적 상대주의에 국한되지 않아야 한다는 것이 대단히 중요하면서도 복잡한 문제이지요. 우리는 여기에서 새로운 사유를 도출해낼 수 있을 것입니다. 그래서 대화가 필요한 것이지요.

● 선생께서는 몰개성적인 보편주의나 패권주의의 통제, 독점주의의 행태에 반대하는 동시에 협애한 민족중심주의와 종교배타주의, 자문화우선주의에도 반대하신다고 알고 있습니다. 세계화, 특히 정치의 세계화와 문화의 세계화에 관한 토론에서 보편주의와 특수주의의 긴장관계가 두드러지게 나타나는데, 이것이 바로 세계화의 문제에서 각종 분기의 초점이라고 할 수 있을 것 같습니다. 이는 어떻게 보면 일원성과 다원성, 동질성과 이질성이라는 오래된 철학 문제이기도 하겠지요. 이 문제에 대해 좀더 구체적으로 말씀해주시지요.

미국의 '9·11' 테러 이후 문제가 불거지기 시작했습니다. 미국에서 일방주의가 출현하기 시작한 것은 1990년대였습니다. 소련이 붕괴되고 걸프전이 미국의 승리로 끝나자 전 세계에서 미국은 최강의 군사력과 최대의 경제력을 갖게 되어 어느 모로 보나 최강의 국력을 자랑하게 되었습니다. 이와 동시에 미국은 미사일방어 체제를 개발하기 시작했지요. 세계의 어떤 나라도 미국처럼 자신을 철통같이 보호할 수는 없을 겁니다. 그러나 '9·11' 이후 사람들의 안전 문제가 불거지게 되었지요. 미국의 군사력과 경제력이 그토록 강한데 과연 미국 국민들은 자신들이 안전하다고 느끼고 있을까요? 물론 대답은 'NO'입니다. 사회가 발전할수록 그 사회 내부의 상호관계는 더 복잡해지고 상처받을 가능성 또한 더 커지지요. 이런 상황에서는 어떤 문명도 자기가 가장 우수하다고 자만할 수는 없을 것입니다.

사람들은 보통 미국이 컴퓨터와 인터넷 등의 분야에서 70% 또는 80%를 차지하면서 절대적인 우위를 점하고 있고, 그러다 보니 주도성이 너무 강하다고 이해하고 있습니다. 동아시아나 아프리카는 말할 것도 없고 프랑스 같은 나라조차 미국에 대해 위협을 느끼고 있지요. 프랑스인들은 특히 영어의 주도성에 대해 문화적으로 반대하고 있습니다. 현재 영어는 전 세계에서 가장 강세를 나타내는 언어이기는 하지만 영어 자체도 분화하고 있어 여러 종류의 영어들(Englishes)이 존재합니다. 인도의 영어가 있는가 하면 싱가포르의 영어, 호주의 영어 등이 있지요. 심지어 버나드 쇼는 미국과 영국이 영어 때문에 영원히 분리될 것이라고 말한 적도 있습니다. 이는 영국 영어와 미국 영어가 다르다는 것을 단적으로 설명해주는 말이지요. 세계에 단 하나의 언어만이 존재할 수는 없습니다. 인류의 생존에 생물학적 다양성이 필요하다면 문화의 생존에도 문화적 다양성, 언어의 다양성이 필요합니다. 현재 수천 수만 가지 언어가 소실되거나 몰락하고 있고, 해체와 망실 과정에 처해 있습니다. 앞으로 10, 20년만 지나면 세계에는 600종의 언어만이 남게 된다는 예측도 있지요. 현재 세계에는 수천 수만 가지 언어가 있고 지방마다 고유한 언어를 갖고 있습니다. 예컨대 아프리카 같은 지역에는 엄청나게 많은 언어들이 사용되고 있지요. 그렇다면 소실 과정에 처한 언어들이 인류문명의 발전에 화를 가져다줄까요, 아니면 복을 가져다줄까요? 하나의 언어의 출현은 인류 지혜의 일면을 반영합니다. 눈(雪)에 대한 이해나 여름이라는 계절에 대한 이해가 그것이지요. 알래스카어의 눈에 대한 이해나 아프리카어의 여름 동식물에 대한 이해는 대단히 독특하리라 여겨집니다. 만일 그 언어가 사라진다면 이러한 지혜도 함께 사라질 것입니다. 따라서 다양성이란 대단히 건강한 것일 뿐만 아니라 인류 생존에서 필수적인 조건이기도 합니다. 다양성이 점차 소실된다면 인류의 생존 또한 위협을 받게 되는 것이지요. 우리는 생물의 다양성, 심지어 지질의 다양성도 인간이 생존하기 위한 필수조건이라고 말합니다. 그렇다면 언어의 다양성이나 문화적 다양성 역시 인문환경이 발전해나가기 위한 중요한 조건이 아닐까요? 이것이 바로 방금 양 선생께서 말씀하신 세계화와 현대화, 서구화의 가장 큰 차이일 것입니다. 세계화란 다양성 및 다원화와 동시에 진행되는 과정이지요. 때문에 우리는 세계화가 하나의 주도적 패권이 될 수도 있고 인류생명의 공동체를 창조해낼 수도 있다고 말합니다. 그리고 세계화가 주도적 패권이 아니라 생명공동체의 창조가 되도록 하기 위한 유일한 방법은 대화지요. 한 민족, 한 국가의 정체성은 사람들에게 일종의 귀속감을 줄 수도 있고 배타적이고 협애한 민족주의를 조성할 수도 있습니다. 민족적 또는 국가적 정체성이 배타적이고 협애한 민족주의가 되지 않기 위해서도 반드시 대화가 필요하지요. 이른바 대화는 "자신이 원치 않는 바를 남에게 강요하지 않고", "자신도 세상에 도를 세우고 남도 세상에 도를 세우게 하며, 자신의 도도 세상에 행해지게 하고 남의 도도 세상에 행해지게 하는" 기본정신이 발전될 수 있도록 하는 것을 뜻합니다.

2. '경영되는 세계화'

● 세계화 과정에는 서로 다른 문명에 속한 개인과 집단을 포함하여 갖가지 다양한 세력들이 참여합니다. 하지만 이들이 안정되게 균형을 이루고 있는 건 아니지요. 이것이 바로 많은 사람들이 세계화에 반대하는 이유일 겁니다. 세계화에 반대하는 사람들은 세계무역기구나 세계은행, 국제금융기구 같은 국제기구들이 전 세계의 명의로 활동하고 있지만 실제로는 그 게임의 법칙에서 몇몇 서양 국가들, 특히 미국에 의해 조종되거나 통제되고 있다고 생각하고 있습니다.

이는 아주 심각한 문제입니다. 중국 역시 국제적인 게임의 법칙이 남들에 의해 결정된다고 생각하고 있지요. 예컨대 중국은 WTO에 가입할 때 이에 상응하는 게임의 법칙을 준수해야 했습니다. 하지만 지나치게 낙관적인 견해라는 비판을 받을 수도 있겠지만, 저는 권한과 세력을 더 많이 갖고 있고 더 많은 자원을 장악하고 있는 나라일수록 문명의 발전과 평화의 실현에 더 많은 공헌을 해야 한다고 생각합니다. 이는 우리의 희망인 동시에 중국의 문화전통에서도 찾아볼 수 있는 관점이지요. 그러나 전반적인 국제정세로 볼 때, 자원이나 정보, 지식 등은 항상 불공평하게 분배되고 있습니다. 현재 국제적인 게임의 법칙은 여전히 특정세력에 의해 주도되고 있고, 이 점에서는 미국이 가장 심각합니다. 돈 있는 사람들은 더욱 부자가 되고 있고, 세력이 강한 사람들은 그 세력이 더욱 커지고 있으며, 보다 많은 자원을 장악한 사람들은 더 많은 자원과 지식을 장악하고 있지요. 게다가 지금은 지식경제의 시대라, 지식과 정보를 많이 장악하고 있는 사람이 그렇지 못한 사람들을 통제하게 됩니다.

● 때문에 세계화 과정에서 빈부의 격차가 훨씬 더 심각해져 이른바 20:80의 세계가 조성되는 것이지요.

정말 걱정스런 일이 아닐 수 없습니다. 이전에 세계화란 것은 물이 불어 배가 커지는 추세였습니다. 부유한 사람들은 더 부유해지지만 가난한 사람들이라고 해서 반드시 더 가난해지는 건 아니라는 생각이었지요. 모두에게 이익이 돌아가 절대량이 증가한다는 것이었습니다. 이런 생각이 완전히 틀렸다고 할 수는 없지요. 실제로 빈곤에서 벗어난 국가들도 적지 않거든요. 예컨대 중국은 내부적인 빈부격차는 미국을 훨씬 능가하고 있기는 하지만 전체적인 경제력은 크게 증대되고 있고 사람들의 생활수준 또한 나아지고 있습니다. 다시 말해 분배가 완벽하게 공평할 수는 없겠지만 파이가 클수록 사람들이 이전에 비해 더 배불리 먹을 수 있다는 것이지요. 하지만 이러한 상황은 대단히 유동적입니다. 그뿐 아니라 아주 많은 문제 또한 안고 있지요. 때문에 세계화를 외치는 목소리 속에서 반세계화의 구호

(서양의 세계화 주장과, 개발도상국들의 반세계화 주장)가 함께 들리고 있는 것입니다. 현재 진정한 반세계화 역량은 주로 서양, 즉 서양의 노동계와 생태환경보호론자, 페미니스트, 수많은 국제적 시각들, 국제적 이상주의자들, 반성능력이 비교적 강한 지식인 계층 등에서 형성되고 있습니다. 이러한 측면에서 본다면, 세계화는 엘리트 역량과 대중문화 역량이 동시에 병진하는 것이라 할 수 있겠지요. 엘리트 역량은 다보스 포럼으로 대표되는 경제 세계화로서 세력이 매우 큰 경제역량입니다. 또 하나는 미국의 학술계에서 발전되어나온 반세계화 주장으로, 이것 역시 세계화의 범주에 포함되지요. 예를 들면 페미니즘이나 생태환경 보호의식, 문화다원화 의식 같은 것들인데, 이 모두가 미국의 학술계에서 발전되어나온 세계화 의식입니다. 다시 말해 보편적으로 이해되고 있는 세계화는 특히 개발도상국에서 그 영향력이 매우 큽니다. 맥도날드나 KFC 같은 음식산업으로부터 시작하여 할리우드 영화나 대중가요 같은 영화 및 매체 등은 다양한 방식을 통해 언제 어디서든 접할 수 있기 때문에 각 나라 및 지역의 전통에 미치는 영향이 매우 큽니다. 중국의 경우만 보아도 알 수 있듯이, 어린아이들은 코카콜라를 마시고 맥도날드를 먹으며 전자오락을 즐기고 미국 영화를 봅니다. 이들이 보고 배우는 것들 대부분이 장차 갖게 될 아메리칸 드림의 바탕이 되는 셈이지요. 이러한 상황은 매우 보편적입니다. 이전에는 대부분 토인비의 공식, 즉 도전과 응전이라는 공식으로 국제현실을 이해하고는 했지만 이 공식은 그 자체에 한 가지 문제를 안고 있습니다. 이 공식에서 제시하는 양자 가운데 하나는 동력, 즉 충격이고 다른 하나는 수용, 즉 받아들이는 방법이라는 것이지요. 이전까지 중국에 가해진 서양의 충

격에 대해 중국이 반응했던 방식과 내용이 문제라는 겁니다. 현재 세계화 역량은 네 가지 상이한 반응을 낳고 있습니다. 첫째 반응은 세계화에 완전히 병합되는 것, 둘째 반응은 세계화와 공존하는 것입니다. 비현대(非現代)와 전근대(前近代)* 그리고 현대가 공존하는 것이지요. 셋째 반응은 창조적인 융합으로서 이것이 가장 바람직한 모델이지요. 마지막으로 넷째 반응은 격렬한 거부와 배척입니다. 이러한 네 가지 반응방식에 따라 여러 가지 대응모델이 나타나는데 중국의 모델이 가장 주목할 만합니다.

보스턴대학의 사회학자인 버거(Peter Berger)는 《다양한 세계화(*Many Globalizations*)》라는 편저를 내면서 '현대세계 속의 문화적 다양성'이라는 부제를 달았습니다. 이 책의 첫 장은 화교 출신 학자인 옌윈샹(閻雲翔)이 썼는데 그는 옌칭연구소가 배출한 인류학자로 UCLA에 재직하고 있지요. 이 글에서는 아주 흥미로운 개념이 등장합니다. 이른바 '경영되는 세계화(Managed Globalization)'라는 개념인데요, 세계화를 어떻게 관리하고 통제하며 구획할 것인가 하는 것인데, 이것이 바로 중국의 대응방법입니다. 한편으로는 세계화를 환영하면서 다른 한편으로는 갖가지 방법을 통해 세계화를 좌우하고 그에 영향을 미치는 것이지요. 홍콩이나 타이완, 한국 등도 어느 정도 이런 방법을 취하고 있습니다. 일부는 받아들이면서 일부는 방어하는 것이지요. 이 부분에서는 싱가포르가 가장 훌륭한 사례이고, 인도 또한 독자적인 세계화의 방향과 노선을 발전시키고 있습니다. 세계화 과정에서 자신은 늘 수동적이고 남에 의해 주도된다고 생각

* **비현대와 전근대** 현대와 포스트모던을 구별하는 시각에 부응하여, 봉건 상태에서 벗어나 완전히 현대화 단계로 진입하기 직전의 사회 상태를 현대와 구별하여 지칭하는 말.

해선 안 됩니다. 실제 상황은 결코 그렇지 않으니까요. 이전에는 상호교류와 경쟁을 제로섬 게임으로 인식하는 경향이 있었습니다. 100 단위의 가치가 있는데 한쪽이 70을 가져가면 내게 남는 건 30뿐이고, 그 중 내가 10을 빼앗아오면 상대는 60이 되고 내가 40이 되는 것이지요. 하지만 지금은 누구나 상호교류와 경쟁이 제로섬 게임이 아니라 윈윈 게임이라는 사실을 깨닫고 있습니다.

사실 현재의 상황은 대단히 복잡합니다. 세계화를 반대하는 세력이나 지지하는 세력이나 모두 분열하고 있거든요. 어떤 사람들은 반드시 반세계화적이고 어떤 사람들은 반드시 친세계화적이라고 단정할 수가 없습니다. 예컨대 미국의 노동자들이 세계화에 반대하는 것은 외국 노동자들이 대거 몰려와 자신들의 일자리를 빼앗거나 임금이 삭감될 것을 염려하기 때문입니다. 세계화 과정에서는 국경을 비롯하여 모든 경계가 허물어집니다. 예컨대 상품과 시장, 자금과 지식, 기술과 관리, 서비스 등이 국경을 마음대로 넘나들지요. 하지만 노동력의 자유로운 유동은 아직 실현되지 않고 있습니다. 이민 또한 국가의 관리가 아주 엄격하지요. 예컨대 중국인이 미국에 한번 가려면 무척 힘이 듭니다. 제 생각에는 앞으로 세계화가 한 걸음 더 진전되면 노동력이 필요한 곳이면 어디든 마음대로 갈 수 있는 날이 올 것 같습니다.

3. 이분법적 사고와의 결별

● 선생께서는 일찍이 몰개성적인 보편주의와 자민족우선주의 사이

에는 상당히 넓은 틈새가 존재하는데, 이곳이 바로 대화가 가능한 장소라고 하신 바 있습니다. 이는 일리있는 지적이라고 생각되는데요. 문명의 대화에도 어떤 전제와 조건이 있을까요?

그렇습니다. 문명의 대화에는 인류문명의 다양성이 전제되어야 합니다. 문명의 대화는 평등과 차이를 인정하거든요. 평등이 없다면 대화를 위한 공통의 기초가 없는 것이고, 차이가 없다면 대화의 필요성이 사라지는 것이지요. 평등이 문명 간의 대화를 위한 기초를 마련해준다면 차이는 이 공동의 사업을 더욱 설득력있고 필요하며 제창할 가치가 있는 것으로 만들어준다고 할 수 있겠지요. 대화에 주력하는 가교자로서 우리는 서로 다른 문화 속에 공동의 가치가 존재하며, 바로 이러한 가치가 우리를 하나로 연계시켜준다는 사실을 알아야 합니다. 우리가 힘을 합쳐 이러한 가치들의 상호연관성을 밝혀내고자 한다면 다양성이 우리에게 개방적이면서 활기로 가득 찬 공동체를 만들어준다는 사실을 의식해야 하지요. 앞에서도 언급했듯이 문화적 다양성은 인류 번영의 필요조건입니다. 하지만 일부 사회와 문화 속에 존재하는 관념의 차이는 종종 개인이 개인을 반대하고 집단이 집단을 반대하며 다수가 소수에 반대하는 국면을 조성하고, 이로 인해 생긴 차별이 불화와 폭력을 불러오고, 더 나아가 인권을 대대적으로 침해하기도 합니다. 따라서 우리는 다양성을 제창하는 동시에 민족중심주의와 각종 극단적이고 맹목적인 자국우선주의를 경계해야 합니다.

지난 몇천 년 동안 갖가지 위대한 민족적·종교적 전통이 이미 이 세계에 빛나는 정신적 경관을 조성해놓았고, 민족과 언어, 종교와 문화 간의 대립을 초월한 상호교류가 줄곧 인류역사의 뚜렷한 특징이 되어왔습니다. 대립하는 공동체 사이에 긴장과 충돌이 있기는 하지만 이러한 대립을 초월하여 보다 많은 연계와 상호관계를 수립하는 것이 과소평가할 수 없는 커다란 흐름이 되어왔던 것이지요. 역사적으로 볼 때, 모든 위대한 민족과 종교전통에서는 확연하게 다른 신앙체계와 관념체계를 만날 수 있습니다만, 이러한 것들 역시 항상 우연한 만남 속에서 거대한 활력을 얻곤 했습니다. 타자를 모방하거나 학습함으로써 하나의 전통이 더욱 넓은 시야를 확보할 수 있었던 것이지요. 예컨대 기독교 신학은 그리스 철학의 은혜를 입었고, 이슬람 사상은 페르시아 문학에서 상당한 계시를 받았으며, 중국 사상사는 서기 1세기에 전래된 불교에 실려 들어온 인도 사상에서 풍부한 자양분을 얻었습니다. 다양성에 대한 진정한 수용은 우리를 충심에서 우러나오는 관용에서 출발하여 상호존중의 길로 이끌고, 결국엔 서로를 흔쾌히 긍정하는 단계로 나아가게 할 것입니다. 종교와 문화, 종족과 민족이라는 배경 아래에서 무지와 오만은 아집과 편견 그리고 원한을 낳는 주요근원이 됩니다. 대화를 통해서 우리는 최대한 타자의 독특성을 배우게 될 것입니다. 우리는 앞으로, 서로 다른 인간과 문화가 융합하여 조성된 다양성의 결합체가 지혜의 능력을 강화시켜주리라는 것을 진정으로 이해하게 될 겁니다. 우리가 모두를 포함하는 진정한 공동체를 건설할 때 대화야말로 가장 중요한 추진력일 것입니다.

● 방금 선생께서는 서로 다른 각종 문화전통 속에 공동의 가치가 담겨 있다고 하셨는데, 그렇다면 이러한 공동가치의 존재를 인정하

는 것이 문명의 대화를 전개하기 위한 전제라 할 수 있겠군요?

자유와 이성, 법치와 권리, 개인의 존중 같은 보편적인 가치가 존재한다는 것은 분명한 사실입니다. 이러한 가치들은 얼마든지 보편화되어야 하겠지요. 하지만 이런 가치들 외에 이것들과 상호보완되어 보편화될 수 있는 가치들도 있습니다. 예를 들어 자유와 연관된 가치로는 공의와 정의가, 이성과 연관된 가치로는 동정이나 자비심이, 법치와 관련된 가치로는 예의가, 권리와 상응하는 가치로는 책임과 의무가 있습니다. 또한 개인의 존엄에 상응하는 가치로는 인간이 사회관계의 네트워크 안에서 중심점이 된다는 생각이 있지요. 이처럼 다양한 분야들이 상호보완하면서 작용할 수 있습니다. 유학 인문주의 속의 네 가지 측면, 즉 개인과 사회, 천도와 자연은 사방을 향해 뻗어나갈 수 있는 일종의 네트워크입니다. 1997년 아시아 금융위기 이후 사람들은 투명성의 부재, 정경유착, 부정부패 등이 동아시아 유교 문명과 관계가 있다는 점을 알았습니다. 이는 누구도 부인할 수 없는 사실이지요. 하지만 다른 한편으로는 함께 국난을 겪으면서 모든 국민의 적극성을 최대한 동원하여 정부가 강력한 힘으로 모든 국민을 사회복지로 유도하는 데 큰 공헌을 하기도 했습니다. 이러한 노력도 유교 문명과 밀접한 관계가 있지요. 덕분에 동아시아 전체가 위기에서 빠져나올 수 있었던 것입니다.

● 대화가 대항(對抗)과 다르다는 것은 분명한 사실입니다. 때문에 이것이 아니면 저것이라는 'Either/Or'식 사고방식에서 벗어나, 이것일 수도 있고 저것일 수도 있다는 'Both/And'식 사고방식에 도달

해야 하겠지요. 전통과 현대, 동양과 서양, 남과 북, 우리와 그들 등, 인위적으로 설정된 이분법적 사고방식을 고집한다면 대화는 불가능할 것입니다.

때문에 저는 일부 발상에 대해 불안한 마음을 지울 수가 없습니다. 1980년대 이후로 지금까지 줄곧 이러한 발상이 유지되고 있습니다. 그것은 다름이 아니라, 21세기는 태평양의 세기이자 동양인의 세기인 동시에 중국인의 세기라는 견해입니다. 이는 대단히 건강하지 못한 발상입니다. 왜냐고요? 이는 기존의 이분법적 사고를 벗어나지 못하고 있을 뿐만 아니라, 기존과 마찬가지로 게임의 법칙을 운용하면서 그 주인공만 바꾸고 있기 때문이지요. 전체적인 게임의 법칙이 여전히 일방 주도적이고 네가 이기지 않으면 내가 이긴다는 식이거든요. "지난 오백 년 동안 네가 주도권을 잡았으니 이제는 내 차례다"는 식의 발상인 것입니다. "이전에는 네가 칼이고 내가 생선이었지만 이제는 내가 칼이고 네가 생선이다"는 논리와 다를 바 없지요. 현재 기독교 문명과 유대교 문명, 이슬람 문명 등 세계의 모든 인류 문명은 계몽에서 발전되어나온 주류 이데올로기에 대한 반성에 직면해 있다고 생각합니다. 사실 이들 주류 이데올로기들은 훌륭한 가치들을 많이 포함하고 있지만 이것만으론 부족합니다. 다른 자원으로 이를 보완하여, 그 가치와 광채가 진정으로 발휘될 수 있게 해야 합니다. 문명 간 대화의 목적은 바로 생태환경보호, 테러, 핵전쟁 등 여러 분야에서 현대인들이 맞닥뜨리고 있는 곤경에 지혜롭게 대처하고, 기축시대 문명의 지혜가 보다 넓은 영역으로 발전되어 나가되, 패권을 향해 나아가지 않도록 하는 데 있습니다.

이 글은 유엔이 정한 문명 대화의 해(2001년)에 '저명인사' 포럼이 제공한 《분열을 넘어서: 문명 간의 대화(*Crossing the Divide: Dialogue among Civilizations*)》(New York: The School of Diplomacy and International Relation, Seton Hall University, 2001, 51~96쪽)에 수록된 글입니다.

04

두 가지 화두,
세계화와 다양성의 이해

일단 세계화와 지역화, 선진국과 개발도상국, 자본주의와 사회주의 등의 양분국면을 벗어나면 우리는 긴밀한 내적 연관관계를 갖는 '지구촌'을 이루게 된다. 전통과 현대, 동양과 서양, 남과 북, 우리와 그들이라는, 인위적으로 설정된 이분법적 논리를 초월해야만 우리는 인류가 곤경에서 벗어나려고 노력하는 과정에서 지구라는 공동체가 개발해낸 풍부하고 다양한 자원을 이해할 수 있을 것이다. 우리는 일찍이 '이성의 시대(즉 현대 서양의 계몽시대)'에 커다란 공헌을 했던 위대한 종교전통들이 세계 각지 인류의 생활에 진정한 의미를 줄 수 있는 풍부한 자원을 담고 있다는 사실을 인식해야 한다. 기독교 정신과 유대교 사상, 이슬람 철학과 그리스 철학은 지금까지 줄곧 그래왔던 것처럼 앞으로도 인류의 중요한 지혜의 원천으로 작용할 것이다. 그리고 힌두교와 지나교■, 불교, 유교 및 도교 등과 같은 다

■ **지나교** 석가모니와 같은 시기에 대용(大勇)이라는 사람이 일으킨 종파로, '지나(Jiana)'는 승리자를 의미하는 동시에 일체의 세속적인 괴로움에서 해탈한다는 뜻을 갖고 있다.

른 생존방식들 역시 당시의 세계에 똑같은 활력을 불어넣어주었을 뿐만 아니라 앞으로도 계승, 발전될 가능성이 크다. 뿐만 아니라 수많은 학자들과 정책 결정자들이 이미 아프리카와 일본의 신토, 마오리족, 아메리카인디언, 이누이트(Inuit), 중미인디언, 안데스 산맥 및 하와이의 수많은 원주민들의 정신문화에 관심을 보이고 있는데, 이들 또한 우리 '지구촌'의 미래에 새로운 방향을 제시할 수 있는 계시적 자원이라 할 수 있다.

서양 및 비서양의 원주민 전통들과의 관계는 대단히 복잡하다. 수많은 원주민 전통은 제각기 풍부한 요소들을 담고 있는데 이러한 요소들은 세밀한 해석을 필요로 하고 있다. 사실 서구의 모든 유일신 종교(유대교와 기독교, 이슬람교)는 동양에서 유래하여 긴 세월과 세대를 거치면서 커다란 변천 과정을 겪었다. 마찬가지로 힌두교와 불교, 유교와 도교 역시 그 생명의 여정에서 제각기 광활한 정신세계를 펼쳐왔다. 이 세계에는 근본을 통찰하는 식견, 복잡하고 정교한 의례, 사회제도 그리고 일상의 실천 등이 포함되어 있다. 일단 이처럼 풍부하고 다채로운 정신자원을 의식하기만 하면 지구라는 우리의 공동체에 이를 적용할 수 있고, 이를 통해 다른 문화전통에서 새로운 제안과 지도, 지혜를 얻을 수 있을 것이다. 한 걸음 더 나아가 우리는 이러한 종교의 내부에서, 혹은 종교들 사이에 나타나는 충돌이 우리가 건설하고자 하는 희망의 세계에 중요한 도전을 던져주고 있다는 사실도 인식할 수 있을 것이다. 이러한 도전은 우리의 지방(Local)과 국가 및 지역(Regional) 공동체의 안정을 심각하게 위협하고 있다. 따라서 우리가 대화를 해야 한다는 건 너무나 명백한 현실이다.

1. 인류가 마주하고 있는 벽들

지난 10년 동안 세계화의 득실에 관한 논쟁은 갈수록 가열되어왔다. 세계화는 새로운 지식체계를 제공해주었지만 동시에 '증거가 필요 없이 자명한' 것으로 여겨졌던 전통적 진리를 왜곡하면서 세계화 자체에 대한 신화와 오류를 만들어내기도 했다. 세계화란 정보와 통신기술의 폭발적 발전, 시장경제의 신속한 확장, 인구의 급격한 변화, 전 세계를 대상으로 하는 도시화와 보다 개방된 사회로 발전해가는 기본추세를 뜻한다. 경제영역에서는 직접투자와 보험기금에 사용되는 개인자본이 급속히 증가하고 있고, 관세장벽을 허물거나 낮추는 추세가 이미 전 세계적으로 보편화된 상황이다. 사람들은 갈수록 금융 메커니즘의 투명성을 요구하고 있고 아울러 부패 문제에 대해 더욱더 민감해져 있다.

이러한 경제의 세계화의 부산물은 각국 정부에 거대한 압력을 행사하면서 필연적으로 사회의 개방정도를 높이게 되는데, 이것이 민주화에 새로운 가능성을 제공하고 있다. 그리하여 국경을 초월한 비정부기구(NGO)를 대표로 하는 새로운 형태의 시민사회가 갈수록 국가와 지역, 국제사회의 정책 결정에서 반드시 고려해야 하는 중요 요소로 자리 잡고 있다. "물이 불면 배가 커진다"는 원리는 이미 경험으로 증명되고 있다. 부유한 사람들이 더 부유해짐에 따라 가난한 사람들이 반드시 더 가난해지지는 않았다. 경제를 개방하고 관세장벽을 낮추어 수출입 무역을 적극 장려한 일부 국가들은 이미 새로운 세계화 구도에서 상당한 이익을 거두었다. 하지만 우리는 남방국가들의 경우, 농산물 시장의 개방정도가 아직 충분하지 않다는 것을 알고 있다. 그럼에도 불구하고 이러한 새로운 발전추세는 남방국가들에서도 환영받게 될 것이고 아울러 이들에게 실질적인 이익을 가져다줄 것이다. 지난 30년 동안 일부 공업국가와 개발도상국들은 절대빈곤을 해소하고 평화와 번영의 방향으로 나아가는 데 이미 커다란 진전을 이루었다. 요컨대 우리는 서로 분리되어 단절된 구세계에서 서로가 네트워크를 통해 하나로 연결되는 아름다운 신세계로 전환해가고 있다고 할 수 있다.

하지만 또 다른 각도에서 볼 때, 현재 세계 인구의 20%가 총수입의 75%를 차지하고 있는 반면, 또 다른 25%는 총수입의 2%도 차지하지 못하고 있다. 또 전체 인구의 31%가 문맹이고 80%가 주거 문제에 시달리고 있다. 10억이 훨씬 넘는 수의 하루 수입이 1달러 미만이고 15억이 청결한 물을 마시지 못하고 있다. 이 모든 사실들은 이 세계의 상황이 낙관하기에는 아직 멀었다는 것을 여실히 보여준다. 빈부 격차의 확대와 가정이나 학교, 종교 등 사회생활 영역 전반에 걸친 상업화와 교역의식의 증대는 개발도상국 국민들의 응집력을 와해시키고 해당 사회의 도덕적 기초를 위협한다. 문화적 정체성의 상실과 공동체의 유대작용의 약화는 보편적인 위기의식을 가져오고 있고, 민족관념과 기타 협애한 충성관념이 이러한 위기의식을 해소하는 가장 간편한 수단이 되고 있다. 세계화는 결국 우리를 지금보다 훨씬 더 아름다운 이상적 경지로 이끌고갈 것인가, 아니면 이미 극도로 긴장되어 있는 이 세계에 더 많은 충돌과 대립을 가져다줄 것인가? 사람들은 보다 나은 방식으로 세계화의 진로를 파악하여 그 혜택을 넓혀나갈 수 있을 것인가?

서구화와 현대화에서 세계화로

> 세계화는 여행과 무역, 이민 등을 포함한 인류의 상호이동 추세를 강화하면서 과거 수천 년에 걸쳐 세계가 진보하는 데서 근간이 되어온 지식을 광범위하게 확산시킬 것이다.
>
> — 아마티아 센, 《뉴욕 북리뷰》, 2000년 7월

우리는 보다 넓은 관점에서 오늘날의 세계화를 바라보아야 한다. 불교가 바라나시(Varanasi 또는 Benares라 불리기도 함)에서, 기독교가 예루살렘에서, 그리고 이슬람교가 메카에서 전파되기 시작한 역사는 모두 이와 관련된 예라고 할 수 있다. 우리는 상업이나 외교, 군사제국 건립 등의 관점에서 세계화를 바라볼 수도 있다. 산업혁명과 정보혁명이 출현하기 훨씬 전에 시작된 선교사, 상인, 군인, 외교사절 등을 통한 문명 간의 교류가 전근대시기에 이르러 세계화 발전을 촉진하는 중요한 계기로 작용하였다는 것은 너무도 자명한 사실이다. 15세기의 항해 탐험 역시 세계를 하나의 단일 '시스템'으로 편입시키는 데 중요한 영향을 미쳤다. 마찬가지로, 식민주의와 제국주의 또한 한동안 단절되었던 각 지역 사람들을 긴밀히 연결시켜주었다. 서유럽은 근본적으로 인류의 지리를 다시 한번 변화시켰을 뿐만 아니라 세계 공동체에 지워지지 않는 각인을 남긴 것이다.

1950년대 미국에서 출현한 현대화이론은, 현대 서양에서 시작된 현대화 과정이 그 변화의 잠재력 속에 실질적으로 '세계화'라는 주제를 발전시키고 있었다고 단언한다. 서구화라는 공간개념에서 현대화라는 시간개념으로의 전환은 대단히 의미심장한 견해로, 이는

공업화처럼 서유럽에서 가장 먼저 시작된 발전 과정을 서양의 것으로만 보아서는 안 된다는 것을 뜻한다. 이러한 추세는 그 발전 과정에 일본과 러시아, 중국, 터키, 인도, 케냐, 브라질, 이란 등을 끌어들였기 때문이다. 이러한 이유 때문에 우리는 세계화의 변화 과정에 나타난 뚜렷한 서구화의 특징을 지연적 현대화가 아닌 시간적 현대화 관념으로써 대체해야 한다.

그러나 현대화이론의 발전은 필연적으로 공동진보의 방향을 향해 나아가야 한다는 가정을 내포하고 있다. 장기적인 관점에서 볼 때 세계는 결국 단일문명으로 합류하게 될 것이고 그 과정을 일부 선진국, 특히 미국이 선도할 것이기 때문에, 본질적으로 현대화는 곧 서구화, 특히 미국화라고 할 수 있다는 것이다. 하지만 이러한 견해는 표면적으로만 설득력을 가질 뿐이다. 몇몇 사상가들이 말하는 것처럼, 현대성의 특징과 성과는 서양 혹은 미국의 발명에 의해서만 결정되는 것이 아니라, 세계의 나머지 나라들 역시 이러한 현대적 특징을 이상적이라고 생각하기 때문이다. 시장경제와 민주정치, 시민사회와 개인의 권리 등이 인류의 보편적인 염원인가 하는 문제는 아직 논증을 필요로 하는 의제일 따름이다.

최근 수십 년 동안의 상황에서 분명한 것은 경쟁시장이 이미 경제성장의 주요동력이 되었다는 사실이다. 이는 곧 민주주의의 보급 및 시민들이 정치 과정에 적극적으로 참여할 것을 장려하는 시민사회, 그리고 개인의 존엄에 대한 존중 등이 사회를 응집시키는 필수조건이라는 것을 뜻한다. 그리고 바로 이러한 발전의 현실이 일부 학자들로 하여금 이 세상에는 더 이상 중대한 이데올로기의 대립이란 존재하지 않으며, 결국 자본주의가 최종승리를 거두게 될 것이고, 시장경제와 민주정치가 미래의 주요한 흐름이 되어 우리가 알고 있는 '역사'는 종결을 맞이하게 될 거라는 생각을 갖게 하는 것이다.

하지만 한 문명의 현대화 경험이 다른 국가나 지역의 발전 모델로 정착될 것이라는 낙관적인 기대는 단명하고 말았다. 앞으로 다가올 문명들 간의 충돌에 대한 헌팅턴의 경고는 어쩌면 세계관과 가치체계의 충돌이 여전히 존재하고 있고, 아무리 강대하고 부유한 민족이라 하더라도 자신의 특수한 발전 모델을 남에게 강제할 수는 없다는 것을 분명히 밝혀주는 증거인지도 모른다. 21세기 들어서 국제적 안전에서 가장 큰 위협은 경제적이거나 정치적인 것이 아니라 문화적인 것이다. 따라서 '문명충돌론'은 후쿠야마가 제시한 '역사종결론'보다 훨씬 설득력이 있다. 왜냐하면 헌팅턴의 이론은 문화의 지위를 인정하고 있을 뿐만 아니라 종교의 차이를 합리적이고 원만하게 처리할 것을 희망하고 있기 때문이다. 유감스러운 것은 '문명충돌이론'의 배후에 여전히 '서양과 서양을 제외한 모두'라는 대립구도가 존재하고 있고, 후쿠야마가 설정한 행동방식 역시 결국 서양이 모든 적대세력을 제압할 것이라는 가설을 전제로 하고 있다는 점이다.

문명의 충돌이 가져다줄 경고에 직면하여 문명의 대화는 희망사항이 아니라 반드시 필요한 것이 되었다. 아무리 긍정적인 현대화의 정의(시장경제와 민주정치, 시민사회, 개인의 권리)라 할지라도 여전히 그 실천 가능성의 문제는 연구와 토론 대상으로 남아 있다. 자유시장은 관리와 통제 문제를 드러내고 있고, 민주주의 역시 다양한 실천방식이 제기되고 있다. 시민사회의 형식은 문화의 차이에 따라 변화할 수 있고, 개인의 권리라는 이론이 필연적으로 개인의 존엄을 의미하는가 하는 문제 역시 정확한 답변이 나와 있지 않다. 현대화는 서구화도 아니고 미국화도 아니다. '우리 아니면 그들'의 이분법적 구도가 '서양 아니면 서양 이외의 모두'이라는 잘못된 관념의 근원이 되고 있는 것처럼, '우리 아니면 그들'이라는 관념의 구도를 초월하지도 못하고 초월할 의지도 없는 것처럼 보인다. 세계화는 우리에게 사유방식의 변화를 요구하고 있는 것이다.

이전에는 세계화가 서구화 또는 현대화 과정이었다는 데 이론의 여지가 없었다. 하지만 변화가 가속화되고 관념의 전환이 심화됨에 따라, 세계화와 서구화 또는 현대화는 더 이상 동일한 개념이 아니다. 경제 발전의 주요 촉진제로서 정보와 기술은 이미 광범위한 정치적·사회적·문화적 결과물을 생산해놓았다. '지식경제'가 낙후된 국가들이 울타리를 벗어나 변화의 요인들이 가득한 발전단계로 도약할 수 있도록 도울 것이라는 예언은 아직 현실로 나타나지는 않았지만, 계층 간의 정보 교류는 이미 지구 전역에서 실질적인 진전을 보이고 있다. 마찬가지로, 경제 교류와 수입의 분배에서 지연(地緣)은 여전히 중요한 요소로 작용하고 있지만, 새로운 정보와 통신기술은 이미 국제수지의 불평등 국면을 변화시킬 수 있는 거대한 잠재력으로 나타나고 있다. 우리 시대의 한 가지 공리(公理)는 인간이 세계지도 위에 끊임없이 재화와 실력 그리고 영향력의 경선(經線)과 위선(緯線)을 새로 그릴 수 있다는 것이지만, 이를 위한 전제는 쉼없이 게임의 법칙을 바꿔야 한다는 것이다. 특히 주목할 만한 점은 현재 출현하고 있는 세계화된 기술이 거대한 해방과 해체의 잠재력을 지니고 있다는 사실이다. 인공지능과 컴퓨터가 인류의 유전자 지도 제작이나 약물 제조 등에 응용될 수 있고, 새로운 소재를 만들어낼 수 있으며, 동식물의 유전자 구조를 바꾸거나 심지어 인간을 복제함으로써 인간을 극복할 수 있는 단계에까지 와 있다. 이는 아주 작은 개인이나 집단이 거대한 사회를 상대로 적극적 또는 소극적 영향을 미칠 수 있다는 것을 의미한다.

관념적으로 볼 때, 세계화는 절대로 동질화 과정이 아니다. 적어도 현재로서는 비서양 세계가 결국에는 단일한 발전 공식을 따르게 된다는 통념은 지나치게 단순한 발상이 아닐 수 없다. 이러한 관념은 세계화 추세 속에 나타나는 갖가지 복잡한 요소들을 고려하지 않은 결과이다. 환경의 퇴화와 질병, 약물 남용과 범죄 등도 과학과 기술, 무역과 금융, 여행과 이민 등과 마찬가지로 철저히 국제화되는 경향을 보이고 있다. 세계의 상호관계와 상호의존이 오늘날처럼 심화된 적은 없었다. 하지만 지금 한창 출현중인 '지구촌'은 완전한 통일체로 결합하지 못했고, 한 조각 철판처럼 단순한 공식에 따라 발전하는 것을 원하지 않는다. 그와 반대로 세계는 선명한 다양성을 드러내고 있을 뿐만 아니라 갈수록 사회집단의 정체성을 유지하려는 쪽으로 발전하고 있다. 따라서 현재의 세계는 세계화와 그 대립물인 지역화의 각축장이 되고 있다고 할 수 있다. 양자는 서로 세력을 과시하면서 개인과 집단에 대해 거대한 압력을 행사하고 있다.

지역적 인식, 전통적 유대 그리고 정체성

다양성과 끊임없이 고양되고 있는 자기정체성을 조성하는 중요한 요인은 세계화가 지역의식과 지역정서, 그 열정과 민감성을 전례없이 부각시키고 있다는 데 있다. 이처럼 강렬한 '원초적 유대'에 대한 의존의식이 다시 나타나게 된 것을 각종 세계화 추세의 일환이라고 일축할 수 있을지도 모르지만, 이는 세계화 추세가 가져온 뜻밖의 결과일 가능성이 아주 크다.

현재의 인류 상황을 설명하면서 우리는 종족과 성별, 언어, 지역, 연령, 신앙 등의 요소를 무시할 수는 없을 것이다. 민족차별이 모든 다민족사회의 응집력을 위협하고 있기 때문에 이를 제대로 처리하지 못하면 아무리 강대한 국가라 하더라도 해체의 액운을 피할 수 없을지 모른다. 성별평등 역시 보편적인 주목을 받고 있기 때문에, 성별평등을 추구하는 여성운동의 막강한 영향력을 피할 수 있는 사회는 없을 것이다. 또한 선진국이건 개발도상국이건 언어의 충돌이 다양한 방식으로 공동체의 안정을 위협하고 있고, 주권을 위한 투쟁 또한 전 세계적으로 보편적인 현상이다. 분열되어 나온 집단이 모두 국제적 승인을 얻는다면 유엔 회원국 수는 지금보다 두 배 이상 증가할 것이다. 이른바 남북 문제는 국제사회는 물론 지역과 국가, 지방의 각 부분에 두루 존재하고 있다. 개발도상국에서는 도시와 농촌의 격차와 불균형이 심각한 문제로 부상하고 있고, 도시빈곤 문제는 이미 선진국들이 당면하고 있는 주요한 도전 가운데 하나로 자리 잡고 있다. 세대 차이도 갈수록 심해져, 30년을 주기로 세대를 구별하던 전통적인 방식은 이미 다음 세대 사람들에겐 적용하기 어렵게 되었다. 세대 간의 투쟁은 갈수록 격렬해지고 있고, 같은 세대 안에서도 음악과 영화, 스포츠, 컴퓨터 등의 영향으로 차이가 존재하며, 심지어 같은 피를 나눈 형제 자매 사이에도 서로 다른 생활방식이 존재하게 되었다. 종교적 충돌은 서로 다른 신앙 사이에서만 발생하는 것이 아니라 같은 신앙 안의 서로 대립된 전통 사이에서도 발생한다. 이상한 것은 한 종교 내부의 분쟁이 왕왕 다른 종교와의 분쟁보다 훨씬 더 격렬하다는 점이다.

간단히 말해 세계화가 그동안 인류가 구체적인 생존을 위해 구성해놓은 불확실성을 해결하지 못하는 사이에 이러한 '원초적 유대'는 수십 년 동안 사람들에게 더욱 강조되는 화제가 되었다는 것이다.

> 어쩌면 세계화가 국가의 권위를 해소할지도 모른다. 또는 주권과 민족성의 정의를 변화시킬지도 모른다. 하지만 동시에 세계화는 정체성의 중요성을 강화시켜줄 것이다. 세계화의 정도가 높을수록 정체성에 대한 추구 또한 더욱 강렬해질 것이다.
>
> — 아인스번 연구소 주임 엘머 존슨

우리가 반드시 자신의 '원초적 유대'를 포기하고 세계시민이 되어야 한다는 관념은 확실히 현실적이지 못하다. 한 걸음 더 나아가, 각종 '원초적 유대'가 필연적으로 세계정신을 파괴할 것이라는 생각은 해롭기까지 하다. 우리는 우리의 강렬한 감정과 숭고한 이상, 그리고 떨쳐버릴 수 없는 꿈 들이 하나의 특정한 집단에 복속되어 특정한 모국어로 표현되어 나타나면서, 구체적인 곳에서 같은 시대를 살고 있고 같은 신앙을 가진 사람들과의 관계에 깊이 간섭하고 있다는 사실을 잘 알고 있다. 또한 우리는 자아의 경계 설정에서 성별과 계층이라는 현저한 특징을 매우 중시한다. 요컨대 우리는 자신의 갖가지 '원초적 유대'에 깊이 뿌리박고 있으며, 이것이 우리의 일상적인 생존에 중요한 의미를 부여한다. 우리가 선택을 통해 완전히 다른 사람이 될 수 없다면 전통과의 연계를 말소하는 것은 더더욱 어려울 것이다.

하나의 이질적인 힘으로서의 세계화는 개인과 집단, 혹은 민족의 정신을 파괴할 것이고, 갈수록 더 많은 사람들이 이러한 두려움을 느끼면서 이를 행동으로 표출할 것이다. 예컨대 1999년 12월에는 미국 시애틀에서 WTO에 반대하는 소요가 일어났고, 2000년 1월에는 스위스 다보스에서 '세계경제포럼'에 반대하는 항의의 물결이 일었다. 이러한 두려움에 직면하여 세계화 과정에서의 '원초적 유대' 문제는 신중하게 다루지 않으면 안 되는 중요한 과제로 떠올랐다. 우리는 갖가지 '원초적 유대'를 피동적이고 제한적인 요소로 파악할 것이 아니라, 이를 깊이있게 이해하여 적극적인 자원으로 활용해야 할 것이다. 그렇게 해야만 우리는 지역연계에 뿌리를 내리고 있는 다양한 세계화 추세를 조직하고, 또 그와의 상호작용을 통해 바라는 바를 도출할 수 있을 것이기 때문이다.

현실적인 관점에서 볼 때, '원초적 유대'는 제거될 수 없는 실체일 뿐만 아니라 대단히 동태적인 구조이다. 당연한 얘기지만 우리는 누구나 자기 종족과 성별 특징을 갖고 태어난다. 나이, 출생지, 모국어, 국가의 경제 발전단계, 신앙공동체 등은 스스로 선택할 수 있는 것이 아니다. 하지만 민족의식과 성별 역할은 학습을 통해 얻어진다. 뿐만 아니라 우리의 민족적 자부심 및 성별 특성에 대한 요구 또한 모두 교육의 산물이다. 인종 차별과 성별 불평등이 불러일으키는 예민한 반응과 격정 등은 우리 개인에게는 대단히 강렬한 자연적 요소이지만, 사실 이 모든 것들은 사회화의 결과물로서 심혈을 기울여 배양해야 하는 것이다. 이 점은 연령과 국가, 언어, 계층, 신앙 등의 개념도 마찬가지이다. 구체적인 정황이 어떻게 다르고 그 정도의 차이가 얼마나 크든지 간에 이 모든 요소들은 문화라는 방식으로 구성되는 사회적 실체이다. 이런 의미에서 모든 전통의 연계는 동태적이고 유동적인 과정을 상징한다고 할 수 있다. 이는 마치 졸졸 흐르는 시냇물이 다른 도랑을 통해 다른 방향으로 흘러갈 수 있는 것과 같다.

'원초적 유대'는 장차 다가올 세계 공동체에 밝은 빛과 화려한 색채, 그리고 다양한 구조를 가져다줄 수 있는 반면, 유약한 세계질서와 인류의 안전에 심각한 도전이 될 수도 있다. 국제주의와 세계정신에 기초하여 출범한 유엔이 직면하지 않으면 안 되는 각종 정체성 문제 가운데, 구체적이고 폭발적인 집단감정을 담고 있지 않은 건 하나도 없다. 전 세계에 보편적으로 존재하는 인종 차별과 성별 편견, 연령 차별, 종교적 불관용, 문화적 폐쇄성, 원한, 보복 등 각종 폭력은 우리에게 세계화가 개인의 정체성을 강화시키는 동시에 인류 공동체에 대한 귀속감을 약화시킬 수도 있다는 인식을 심화시키고 있다. 물론 '원초적 유대'는 불변의 이념이 아니다.

알다시피, 변화관념은 어떤 문화나 문명에도 존재한다. 좀더 거시적인 관점에서 보면 변화에 대한 두려움은 적에 대한 관념과 맞물려 있다. 각종 문명은 이미 변화에 상당히 적응해왔는데 그 결과 이제는 수많은 문제들에 대해 견해를 공유하고 있다.

> 세계화는 다른 국가와 문명 들을 갈수록 더 가깝게 해줄 것이다. 문명이 서로 만나 융화하는 과정에서 사람들은 수많은 공통점과 기본적인 공통가치들을 발견하게 될 것이다. ……세계화의 발전은 제각기 고유한 특색을 갖고 있는 모든 문명의 발전에 드넓은 공간을 만들어줄 것이다.
>
> — 송지엔(宋健)

아마도 경제의 세계화는 전체 세계화 가운데서도 가장 주목을 끄는 부분일 것이다. 사람들은 늘 GNP의 증가, 노동생산성, 투자회수율 등을 경제의 중요한 지표로 삼는다. 이 밖에 빈곤 퇴치, 취업률, 국민건강, 평균수명, 교육, 사회보장, 인권 상황 그리고 정보통신의 보급 정도 등 다른 요소들도 있지만, 이 모두가 삶의 질을 높이는 데 없어서는 안 될 중요한 요소들이다. 하지만 주식 소유자(Shareholder)의 관념이 아니라 이해관계 공유자(Stakeholder)의 관념이 사람들을 끊임없이 확장되는 네트워크형 연계 안으로 인도하고, 그 속에서 사람들은 거대한 잠재력을 갖고 있는 삼라만상의 발전 과정에 참여하게 된다. 어쩌면 우리는 시장경제의 직접적인 수혜자는 아닐지라도, 지구라는 혹성의 삶의 질을 유지하려는 노력 속에서 일정한 이익을 얻고 있는지도 모른다.

세계화된 경제체제가 삶의 질을 높일 수 있으리라는 것은 부인하기 어려운 사실이다. 세계화된 경제체제는 금융안정을 도모함으로써 최종적으로 경제의 균형 성장을 촉진하는 데 그 바탕을 두고 있다. 경쟁적 시장에서는 반드시 승자와 패자가 있게 마련이다. 특정 시기, 특정 지역의 문화와 언어는 필연적으로 다른 지역에 삼투적 영향을 미치게 된다. 하지만 세계화를 강대한 권력의 독선으로 이해한다면 이러한 상황은 치밀한 계획에 근원을 두고 있건, 아니면 실수와 착오의 결과이건, 국제사회의 안정에 도움을 주지 못한다. 세계화가 동질화가 아니라면 상상 속의, 또는 현실 속의 패권주의는 필연적으로 세계평화를 이룩하려는 노력에 해를 끼칠 것이다. 문명대화는 세계화가 초래할 이러한 뜻밖의 마이너스 효과를 변화시키는 데 그 취지가 있다.

타자의 가치를 즐기는 대화

인류의 일상경험에서 우리는 진정한 대화란 온갖 정성을 들여 세심하게 만들어내는 일종의 예술이라는 것을 알 수 있다. 지식이나 심리에서, 또는 마음자세나 신념에서 충분한 준비가 있어야 한다. 그렇지 못할 경우 우리는 어떤 대화에도 전적으로 몰입할 수 없다. 실제로 우리는 진정한 친구나 영혼이 통하는 상대에게서만 교류의 희열을 맛볼 수 있다.

하지만 낯선 사람들, 특히 그 중 어느 한쪽이 극단적인 입장을 고수하고 있는 타자나 경쟁자, 적수로 인식되는 상황에서라면 어떻게 문화의 대립을 초월하여 진정한 대화를 할 수 있겠는가? 이러한 대화가 가능할 뿐만 아니라 지금 당장 실현할 수 있다고 생각한다면 이는 너무도 순진한 발상이다. 확실히 말할 수 있는 것은 개인이나 지역, 국가나 국제사회 등 다양한 차원에서 유익한 대화의 연계를 철저하게 실현할 수 있기 위해서는 수 년, 심지어 여러 세대에 걸친 노력이 필요하다는 사실이다. 지금 당장에는 세계화 과정에 몇몇 초보적인 조건만을 제시할 수 있을 뿐이다.

우리의 가장 절박한 관심사와 초조감 가운데 하나는 환경의 유지 가능성과 후대가 누리게 될 생명에 대한 전망이다. 우리는 세계의 공동이익에 기초한 전혀 다른 환경보호의식이 절실하게 필요하다는 것을 심각하게 의식하고 있다. 우리는 문명의 대화를 통해 각종 적극적인 세계화 역량을 고무시켜, 이를 통해 물질적 · 도덕적 · 심미적 · 정신적 즐거움을 확대할 뿐만 아니라, 현재의 경제 발전 조류 속에서 곤경에 빠지거나 피해를 입거나 주변으로 전락하거나 고립되어

침묵하고 있는 사람들에게 특별한 관심을 가질 수 있기를 희망한다. 또한 우리는 문명의 대화를 통해 개인의 지식과 집단의 응집력, 자기이해, 그리고 개체와 집단 사이의 정체성을 촉진시키는 데 유익한 시도를 할 수 있기를 희망한다.

우리는 이미 수많은 종교의 대화에서 일정한 교훈과 이익을 얻은 바 있다. 차이에 대한 관용은 어떤 의미의 교류에서도 반드시 전제되어야 하는 선결조건이다. 하지만 '우물 안 개구리'의 협애한 시야를 벗어나기 위해서는 단순히 관용만을 강조하는 것만으로는 지나치게 소극적인 감이 없지 않다. 교류를 진행하기에 앞서 우리에게는 타자의 상황에 대한 민감한 의식이 있어야 한다. 대화의 상대가 처한 특수한 상황을 안다면 우리는 서로의 존재를 부인할 수 없는 사실로 받아들일 수 있을 것이고, 이를 바탕으로 결국에는 타자의 신앙, 태도, 행위가 우리들 자신과 아주 밀접한 관계를 갖는다는 사실을 인식하게 될 것이다. 다시 말해 두 사람이 서로 교차하는 지점에서 만나 중대한 차별의 문제를 해결하고 협력의 영역으로 들어가는 문을 여는 것이 전적으로 가능하다는 것이다. 쌍방이 충분한 신뢰를 쌓고 이를 바탕으로 상호존중의식을 가지고 얼굴을 마주하여 앉으면 풍성한 결과를 가져다줄 대화가 진정으로 시작되는 것이다. 대화를 통하여 우리는 타자의 가치를 즐길 수 있는 것이다. 이러한 가치는 우리가 상호존중의식에 기초하여 타자로부터 배우는 것이다. 심지어 우리는 서로 간의 차이에서조차 기쁨을 느낄 수 있다. 차이가 쌍방의 시야를 넓혀주기 때문이다.

이러한 대화는 결코 상대방을 설복시키거나 상대방에게 압력을 가하는 기교가 아니다. 대화는 상대방의 가치를 함께 즐김으로써 상호이해의 기초를 세우고, 완전히 새로운 삶의 의미를 공동으로 창조해가는 것이다. 문명의 대화를 위해 우리는 상대방에게 자신이 가진 관념을 주입시키려 애쓰거나, 자신의 신앙을 받아들이도록 설복하거나, 자신의 견해에 찬동하게 하려고 시도하거나, 자신이 소중하게 여기는 진리와 신조, 확신 등을 똑같이 소중하게 여기도록 만들기 위해 노심초사하는 등등의 노력을 그만두어야 한다. 반대로 우리의 목적은 지금까지 몰랐던 것들을 배우고 다른 목소리에 귀 기울이며 다른 방향을 향해 시선을 돌리는 동시에, 우리 자신의 선입견과 진정한 앎에서 벗어나는 편견 등을 반성하며 서로의 마음이 만나는 대화의 영역을 발견하여 인류번영을 향한 가장 아름다운 길을 여는 것이다. 이렇게 해야만 우리는 비로소 상호작용의 기초 위에서 상호수혜의 관계를 만들어갈 수 있을 것이다.

2. 다양성과 공동체

우리는 역사의 우연이나 상황의 변화에 상관 없이, 그리고 피부색과 언어, 교육환경, 문화유산, 심지어 우리가 속한 종교전통의 차이에도 상관 없이, 누구나 공통적으로 가지고 있는 인간성의 가치를 파괴하지 않기 위해서 끊임없이 자신을 각성시켜야 한다. 우리의 유전자 암호는 우리가 공통의 뿌리를 갖고 있음을 명백하게 말해주고 있다. 인류가 하나의 공동체를 구성한다는 것은 우리와 다른 인류가 동반자가 된다는 것을 의미할 뿐만 아니라 다른 동물이나 식물과도 하나의 완성체가 된다는 것을 뜻한다. '천지만물'이라는 관념은 하나의 우주관을 나타낼 뿐만 아니라 내재적인 연계관념에 대한 일종의 시적 표현이라 할 수 있다. 심지어 우리는 각자의 조상에서 하나의 공통된 근원을 찾을 수도 있다. 그것이 일부 학자들의 주장대로 아프리카인 어머니일지라도 말이다. 아프리카 속담 중에 "대지는 조상들의 유산일 뿐만 아니라 그 후손들이 우리에게 보호해달라고 맡긴 재산이다"는 말이 있다. 이 속담은 우리에게 과거, 현재, 미래를 막론하고 우리 모두는 지구라는 이 혹성 위에서 함께 살아가고 있다는 부인할 수 없는 사실을 우아한 화법으로 말해주고 있다.

일단 우리가 공통적으로 갖고 있는 인성을 확인하고 나면 우리는 추상적이고 몰개성적인 보편주의에 놀랄 것이다. 우리는 다양성이야말로 인류 번영의 필수조건임을 확실히 인식하고 있다. 생물 다양성이 지구의 생존에서 필수불가결한 요소라면 문화와 언어의 다양성은 우리가 현재 알고 있는 인류공동체의 분명한 특징이라 할 수 있다. 그러나 과거의 사회 및 문화 조건이 구성하거나 발생시킨 몇 가지 차별관념들이 종종 개인이 개인을 반대하고 집단이 집단을 반대하며 다수가 소수에 반대하는 국면을 조장하기도 했다. 이로 인해 발생한 차별의식이 불화와 폭력, 인권에 대한 대규모 침해를 유발시켰다. 따라서 우리는 다양성을 제창하는 동시에 민족중심주의를 비롯한 각종 극단적인 자국우선주의를 질책해야 한다.

몰개성적인 보편주의와 자민족우선주의 사이에는 꽤 넓은 틈새가 있는데, 이곳이 바로 문명의 대화가 출현하게 될 장소이다. 지난 천 년 동안 각종 위대한 민족적·종교적 전통은 이미 이 세계에 빛나는 정신세계를 구축해놓았고, 민족과 언어, 종교와 문화의 대립을 초월한 교류가 줄곧 인류역사의 뚜렷한 특징이 되어왔다. 대립된 공동체 사이에 긴장과 충돌이 있기는 했지만 이러한 대립을 초월하여 보다 많은 연계와 상호관계를 수립하는 것이 과소평가할 수 없는 커다란 추세가 되어왔다. 역사적으로 볼 때, 모든 위대한 민족적·종교적 전통에서 확연하게 다른 신앙체계와 관념체계를 만날 수 있었지만, 이러한 것들도 늘 우연한 만남 속에서 거대한 활력을 얻곤 했다. 타자를 모방하거나 학습함으로써 하나의 전통이 더욱 넓은 시야를 확보할 수 있는 것이다. 예컨대 기독교 신학은 그리스 철학의 은혜를 입었고, 이슬람 사상은 페르시아 문학에서 상당한 계시를 얻은 바 있으며, 중국 사상사는 서기 1세기에 전래된 불교에 실려 들어온 인도 사상에서 풍부한 자양분을 얻었다.

하지만 타자에 대한 두려움이 줄곧 불화와 장기적인 투쟁을 유발해온 것 또한 사실이다. 이른바 종교전쟁이 내내 역사 전체를 가득 채우고 있다. 두 가지 주요한 문명 사이의 화해와 공존은 극히 드문 실정이다. 단 한 가지 유명한 예외가 바로 인도가 중국 문화의 세계를 변화시킨 것이다. 이는 대승불교가 중국인의 정신영역을 흡수하고 중국 문화로 동화됨으로써 완성된 것이다. 인류라는 대가족에게 모든 사람들이 동경할 만한 문화를 배양해가는 과정에서 종교 간의 화해는 대단히 근본적인 의미를 갖는다. 따라서 종교 간의 대화는 문명의 대화에 결코 없어서는 안 될 중요한 구성부분이다. 현재 생장하고 있는 신흥종교를 포함하여 모든 종교는 역사상 유례없는 중대한 기회를 맞고 있는데, 이는 다름 아닌 공공의 선(Common Public Good)을 목표로 하는 통일체의 촉진을 확인했다는 것이다. 세계화는 최근에 와서야 가까스로 서로 다른 종교들 사이의 교류의 밀도를 실질적으로 향상시켜놓은 것이다.

세계 공동체의 도래는 '공공의 선'이라는 관념을 전제로 한다. 실재하는 것 같지만 허구에 불과한 상상의 '지구촌'은 공동체가 아니다. '공동체'라는 단어의 이상적인 정의는 사람들이 함께 생활하고, 공동의 가치와 실질적인 시민의 도덕을 함께 누리며, 최대한 공익을 실현함으로써 하나로 연합하는 것이다. 하지만 이러한 통일체 역시 생활방식의 다양성과 신앙의 차이를 존중해야 하고, 또 이러한 다양성과 차이가 타자의 기본적인 자유와 권리를 침해하지 않아야 한다. 진정한 의미의 '지구촌' 공동체를 실현하는 것이 아직은 요원하다 해도, 우리는 여전히 이러한 목표와 관련된 세계화와 지역화의 흐름을 촉진해야 하고, 이러한 목표에 적응하는 전통과 현대의 실천을 계속 발전시켜나가야 한다.

우리가 과거를 돌이켜보면서 후대의 시각으로 미래를 생각해볼 때, 가장 긴요한 문제는 장차 다가올 세계 공동체에서 어떻게 책임감있는 생활을 통해 다양성을 실천할 것인가 하는 것이다. 이러한 생활은 타자의 전통에 대한 존중과 자신의 전통에 대한 충실을 뜻한다. 다양성에 대한 진정한 수용이 우리로 하여금 충심에서 우러나오는 관용에서 상호존중으로, 나아가 결국에는 최종목적지인 상호 간의 인정과 향수에 도달하게 해줄 것이다. 종교와 문화, 종족과 민족이라는 배경하에서 무지와 오만은 고집과 편견, 원한 등을 낳는 중요한 요인이다. 물질적 보장과 경제 발전, 정치적 안정 등은 사회의 결속에 안정적인 배경을 제공해줄 것이다. 하지만 다양성을 수용하여 진정한 공동체 생활을 이루기 위해서는 참된 관용을 넘어서 책임감있고 충분한 상호존중을 실현해야 할 것이다. 대화를 통해서 우리는 최대한으로 타자의 독특한 성격을 즐기는 법을 배우게 될 것이다. 우리가 다른 사람의 존재와 문화의 차이가 만드는 다양성의 완성체를 진정으로 이해할 때 우리는 우리 자신을 더욱 확실하게 인식할 수 있을 것이다. 그리고 대화가 진정으로 모든 사람들을 포용하는 공동체를 실현하려는 우리의 노력에 힘을 실어줄 것이다.

> 아프리카의 전통종교가 세계에 미치는 공헌이 갈수록 사람들의 인정을 받고 있다. 아프리카 전통종교는 더 이상 보다 높은 수준의 신앙에 의해 대체되어야 할 미신으로 천시되지 않는다. 인간의 정신유산에 대한 아프리카 전통종교의 보완작용은 이미 광범위한 인정을 받고 있다. 우분투(Ubuntu)정신은 "우리는 다른 인간들의 인성을 통해서만 비로소 인간일 수 있다(We are human only through the humanity of other human beings)"는 대단히 심오한 아프리카 의식을 표현하고 있다. 이러한 의식은 협애한 지역의식이 아니라, 아름다운 세계를 공동으로 추구하는 세계화의 의미와 내용을 증강시켜주는 새로운 정신을 표현한다.
>
> — 넬슨 만델라

문명의 대화는 인류문명의 다원성을 전제로 하며 동일성과 차이를 동시에 인정한다. 동일성이 없다면 공동의 기초가 부족하게 되고 차이가 없다면 교류의 필요성이 사라진다. 동일성이 문명 대화의 기초를 확립해준다면 차이는 이러한 공동사업의 필요성을 더해주고 의의를 극대화해준다. 대화에 주력하는 가교자로서 우리는 서로 다른 전통 안에 존재하고 있는 공동의 가치를 의식해야 하는데, 바로 이러한 가치가 우리를 하나로 연결시켜 인류라는 대가족 안에서 남자가 되고 여자가 되고 아이가 되게 해준다. 우리는 이러한 가치들의 상호연관성을 발굴해가는 과정에서 다양성이 우리에게 개방적이고 활력으로 충만한 공동체를 형성해준다는 사실을 인식하게 될 것이다. 우리가 다양한 문화와 교류하고자 하는 마음을 갖고 갖가지 장애물들을 공동으로 제거하기로 마음먹는다면 우리는 곧 오랜 사회적 관심사를 해결하는 데 주력할 수 있을 것이며, 이 모든 노력이 공동체 안에서 지극히 중요한 의의를 갖는 가치들을 인식하는 데 큰 도움을 줄 것이다.

3. 공동의 가치

지금 한창 출현하고 있는 세계 공동체는 우리에게 세계의 상황에 대한 완전히 새로운 이해를 환기시키고 있는데, 이는 역사상 유례없는 일이다. 감탄해 마지않을 문화적 다양성은 우리가 공동의 운명을 타고난 인류 대가족이라는 핵심관념을 내포하고 있다. 세계의 상호의존도가 높아질수록 우리는 세계 공동체라는 정체성을 인정하게 될 뿐만 아니라 세계가 하나의 지역 공동체라는 정체감도 함께 가질 수 있다. 우리는 자신이 속한 국가의 이해관계의 공유자일 뿐만 아니라 각 지방과 국가, 지역과 세계가 긴밀히 연결된 세계 전체의 이해관계의 공유자이기도 하다. 우리가 누리는 공동의 가치가 문명의 대화에 윤리적 기초를 제공하고 이를 유지시켜줄 것이다. 어쩌면 우리는 현대생활의 복잡성이 중요한 몇몇 가치와 대립할지도 모른다는 점을 의식하고 있다. 다양성과 통일성이 원만한 화해를 이루게 하는 임무는 대단히 무거운 짐처럼 느껴지고, 사리와 공익의 충돌은 해결될 수 없는 것처럼 보인다. 눈앞의 이익과 장기적인 이익 사이의 선택도 그다지 쉽지 않을 때가 많다. 하지만 우리는 완전히 새로운 세계의 상호의존관이, 우리가 세계 전체를 대상으로 협력을 통해 지피고자 하는 희망의 불꽃에 더없이 중요한 의미를 갖고 있으리라 믿어 마지않는다.

> '모세의 십계'는 물론이요, 불교와 지나교, 유교사상과 힌두교 등 모든 종교의 경전에서는 예외없이 폭력과 거짓, 그리고 이로 인해 발생할 수 있는 상해와 잔인한 형벌, 절도 등을 거부하고 있다. 또한 폭력과 거짓, 배반에 반대하는 것은 모든 사회와 법률제도에서 가장 쉽게 찾아볼 수 있는 규범이다. 고대 이집트의 《사자의 서(*The Book of the Dead*)》나 고대 아이슬란드의 《에다(*Edda*)》, 고대 인도의 《바가바드 기타(*The Bhagavad - Gita*)》 등 아무리 다른 경전이라 해도 우리는 같은 내용을 찾아볼 수 있다.
>
> — 시셀라 복(Sissela Bok), 《공동의 가치》

우리는 서두에서 개인의 자유를 지키고 기본권을 보호하며 인류의 어떠한 가치에 대해서도 동등하게 인정하고 존중하겠다고 밝힌 바 있다. 이는 모두 근대 서양의 계몽운동에서 확인된 가치들로, 시장경제와 민주정치, 시민사회의 기초가 되고 있다. 이러한 가치들이 현존하는 어떤 사회에서도 충분히 실현되고 있다면, 적어도 한 가지 보편적인 희망을 보여준다고 할 수 있다. 확실히 자유와 권리, 개인의 존엄 등은 보편적인 호소력을 지니고 있다. 마찬가지로 중요한 가치들 가운데는 의무와 인류의 책임, 공동체의 이익 같은 것들이 포함되어 있다. 이러한 가치들을 통해 우리는 풍부한 내용을 갖는 반성과 사유를 할 수 있다. 의무감을 배양하는 것과 개인의 자유를 보호하는 것은 상보관계에 있어 하나로 두 가지 모두를 빛낼 수 있다. 개성을 표양한다고 해서 사회가 해체의 위험에 직면하는 것은 아니기 때문이다. 다시 말해 사람들의 책임의식을 고양하는 것과 기본권을 보장하는 것은 상호보완적인 것으로, 사람들의 생각과 행동에 안전한 조건을 제공하면서도 동시에 사회응집력의 기초를 위협하는 일은 없다는 것이다. 모든 행위에서 타인(공동체)에 대한 책임을 의식하는 동시에 모든 개인의 동등한 가치를 인정하고 존중하는 것은 자아와 사회의 관계에서 하나의 평형점을 찾는 행위이다.

> 개인의 격정이 없다면 공동체는 썩은 호수가 되고 말 것이고, 공동체의 공명(共鳴)이 없다면 개인의 격정은 결국 소멸되고 말 것이다.
>
> — 윌리엄 제임스

개인과 사회의 호혜적인 상호작용은 우리 시대에 완전히 새로운 의미를 얻는다. 우리는 개인과 지방, 국가와 지역 그리고 세계 전체 등 다양한 차원에서 이 상호관계를 다룰 필요가 있다. 또한 우리는 자기이익이 조성하는 충돌을 극복해야만 국가와 지역, 개인과 지방에 시야가 한정되지 않을 수 있다는 점 또한 인정해야 한다. 우리가 이해하고 있는 세계화 역량이 우리 자신의 행동을 제한할 가능성이 크기 때문에, 우리가 통제하고 있는 '민족과 종교의 충돌'에서 벗어나지 못하면 속수무책일 수밖에 없다. 어쩌면 우리는 독선과 붕괴라는 두 가지 극단적인 멸망의 형식을 피할 수 없을지도 모른다. 설령 그렇다고 해도 우리는 대화적인 세계 공동체의 출현과 더불어 처음으로 교류와 상호연계의 기초 위에서 인류 대가족의 앞날에 대해 담론하기를 희망한다. 우리는 세계화가 사람들로 하여금 생명의 외경을 느끼게 하는 측면이 있음을 강조하고자 한다. 예컨대 세계화는 패권주의와 독점주의를 가져올 수도 있지만 이는 결코 피할 수 없는 것이 아니다. 마찬가지로, 정체성 문제에서도 편견과 배타적 경향을 배제할 수는 없지만, 정체성에 대한 진정한 탐구와 모색에는 우리 세대와 후손에 대한 숭고한 포용과 교화의 체험이 포함되어 있다.

우리의 두 눈이 눈물로 막힌다 해도
맑고 밝은 시냇물이 우리에게 웃음을 줄 것이고
종달새의 노랫소리가 천국의 소식을 전해주면서
우리로 하여금 죽음의 어려움을 잊게 해줄 것이다.

지금은 육체를 통찰할 만한 것이 없지만
사랑이 있다면 모든 불안은 소리 없이 사라질 것이고
어머니의 눈길이 여전히 평안한 고요함을 가져다주면서
내가 편히 잠들도록 어루만지는 하나님의 손길을 느끼게 할 것이다.

— 가브리엘라 미스트랄

우리는 몰개성적인 보편주의와 패권주의의 통제와 독점주의적 행위를 반대하는 동시에 협애한 민족중심주의와 종교적 배타주의와 자문화우선주의도 거부한다. 우리는 적극적인 세계화 역량과 정체성에 대한 진정한 탐구와 모색이 양성(良性)순환을 이루면서 미래의 인류정신을 제고시켜줄 것이라 믿어 마지않는다. 다양성을 드러내고 공동체에 복을 더해주는 진정한 세계화 과정은 일종의 합류(合流)이자 풍부하고 다양한 인류의 유산을 서로 배우고 인정하는 조류(潮流)가 될 것이다. 이는 곧 문명들 사이의 일방적인 관계와 상호적인 관계를 동시에 고려해야만 진정한 대화가 가능하다는 것을 의미한다. 이러한 대화 모델에서는 모든 문명의 메아리가 다른 문명을 일깨우고 격려한다. 여기서 발생되는 공감이 진정으로 문화와 시간을 초월한 세계적 하모니를 이루게 되는 것이다. 이를 위해 우리가 강조해야 할 점은 가장 기본적이고 가장 보편적인 가치로서의 인성이 모든 공동가치의 기초가 된다는 사실이다.

인성의 의미를 깊이있게 이해하기 위해서 우리는 일종의 '황금법칙'에서부터 출발해도 무방할 것이다. 이 법칙은 긍정문의 형식으로 표현할 수도 있고(자신이 세상에 도를 세우고 싶으면 먼저 남으로 하여금 세상에 도를 세우게 하고, 자신의 도가 세상에 행해지게 하고자 하면 먼저 남의 도가 세상에 행해지게 하라), 부정문의 형식으로 표현할 수도 있다(자신이 하고자 하지 않은 바를 남에게 강요하지 말라). 어찌됐건간에 모든 위대한 윤리와 종교전통은 기본적으로 이러한 의식을 공유하고 있다. 이러한 취지에 기초하여 1993년 개최된 '세계종교회의'에서 이 '황금법칙'을 확정한 것이 지금 한창 출현하고 있는 세계화윤리의 기본원칙으로 자리 잡고 있다. 자기이해의 과정에서 타자의 사상을 의식하고 인정하며 기꺼이 수용하고 긍정하는 것이 바로 이 '황금법칙'이 반드시 갖추어야 하는 정신이다. 우리는 이러한 '황금법칙'이 인애지도(仁愛之道)를 배우는 데 큰 도움이 되리라 믿어 마지않는다.

4. 인성과 호혜성 그리고 신뢰

동양이건 서양이건 간에 인애지도를 배우는 것(사람의 도리를 배우는 것)은 모든 고전교육의 뚜렷한 특징이었다. 우리가 인류역사상 어쩌면 가장 야만스러웠던 한 세기를 지나왔을 때, 인애지도를 배우는 것은 오늘날의 세계에 가장 뜻깊은 도전이라 할 수 있다. 분석적 각도에서 보든 종합론적 관점에서 보든, 인성이라는 관념은 어떤 환경에 있는 누구에게도 적용할 수 있다. 우리는 이미 종족과 언어, 성별, 지역, 계층, 연령, 신앙 등을 초월한 상태에서 하나의 신념을 제시했다. 개인의 존엄이 외면할 수 없는 가치이기는 하지만 이것만으로는 충분하지 않다. 가난하고 노쇠한 백인이건 아니면 중국 상인이건, 유대교의 장로이건 이슬람의 성직자이건, 젊고 부유한 흑인 부녀자이건 다른 누구이건 간에 인애의 방식으로 사람을 대하는 법을 배워야 한다. 이러한 관념은 우리에게 차이를 위협으로만 느끼지 않고 인성을 풍부하게 하는 기회로도 볼 수 있는 능력을 요구한다.

호혜적 가치는 우리가 배워야 하는 한 가지 능력, 즉 종교적·문화적·민족적 아집과 편견, 원한과 폭력을 거부할 수 있는 능력을 배양시켜준다. 이러한 능력은 '황금법칙'(각 정신전통 내부의 인도적(引導的) 법칙)에 없어서는 안 될 중요한 요소이다. 하지만 엄격히 말해서 '황금법칙'의 부정문식 서술, 즉 "자신이 하고자 하지 않은 바를 남에게 강요하지 말라"는 명제가 호혜적 원칙의 전제가 될 수 있다. 얼핏 다소 소극적으로 보이는 이러한 태도는 타자의 완정성(完整性)을 충분히 고려해 자신이 타인에게 제공하는 것이 가장 훌륭한 방식이라고 충심으로 믿고 있다 하더라도 절대 자신의 의지를 타인에게 강제하지 않는다. 이러한 자기 약속은 자신에게 가장 적합한 것이 반드시 이웃에게도 적합한 것은 아니라는 신념을 갖게 해준다. 취미와 기호의 차이를 고려하는 것은 그리 어려운 일이 아니다. 그러나 종교다원주의의 담론에서 볼 때, 심지어 신앙이라는 것조차 이러한 호혜적 원칙을 피해갈 수는 없다. 확실히 타자의 귀의를 강요하는 의식이 경청과 학습의 필요성을 압도하면 대화정신은 곧 곤경에 빠지고 만다.

그러나 긍정문 형식으로 표현되는 '황금법칙'도 반드시 호혜적 원칙과 상충되는 것은 아니다. "자신이 세상에 도를 세우고 싶으면 먼저 남으로 하여금 세상에 도를 세우게 하고, 자신의 도가 세상에 행해지게 하고자 하면 먼저 남의 도가 세상에 행해지게 하라"는 명제 역시 우리가 남에게 강요할 수 있는 허가증이 아니다. 이는 우리에게 타자에 대해 관심을 갖고 타자의 행복을 적극적으로 도와줄 것을 요구할 뿐이다. 진정한 대화가 필요로 하는 호혜적 원칙은 우리로 하여금 진지하고 성실한 동반자 관계에서 타자를 대할 것을 요구한다. 대화의 동반자 관계에서 상호이해와 인정의 단계로 발전한 상황에서 우리는 비로소 타인을 호리호혜(互利互惠)의 공동작업으로 끌어들이기 위한 적극적인 행동에 나설 수 있다. '황금법칙'의 부정문식 서술은 우리에게 필요한 의무의식을 제공하고, 긍정문식 서술은 우리가 타자의 고통에 대해 소극적이고 애매한 태도를 보이는 것을 막아준다. 어떤 형식의 서술이든 간에 '황금법칙'은 개체 간의 신뢰를 배양할 것을 요구한다.

신뢰는 대화를 발생시키고 유지시키며 마침내 열매를 맺게 해준다. 대화야말로 진정한 교류의 기초이다. 신뢰가 없다면 아무리 의미있는 교류일지라도 시원스럽게 전개해나가기 어렵다. 신뢰는 맹목적인 것이 아니라 타자와의 교류를 위한 이성적인 선택이자, 두려움에서 벗어날 수 있는 가장 기본적인 조건이다. 자승자박의 심리상태에서 벗어나 미지의 도전을 직시하지 않는 한, 우리는 절대로 자기중심주의와 배타주의, 지역주의와 민족주의의 숨 막히는 울타리를 벗어날 수 없다. 신뢰의 결핍은 모든 문화 사이의 협력을 위한 노력에 장애가 될 뿐만 아니라 평화문화의 생장 또한 저해한다. 신뢰는 끊임없이 확대되는 공동체의 가능성을 보장함으로써 상호존중과 이해의 원천이 된다. 신뢰는 우리로 하여금 타인을 목적 달성을 위한 수단이 아니라 목적 그 자체로 대하게 해준다.

신뢰는 건강한 회의주의나 비판정신의 대립물이 아니기에 타인에 대해 적의를 품지 않고 구체적인 사안에 대해 청산하거나 말살하는 태도를 취하지도 않는다. 아무리 이 세상이 긴장과 충돌로 가득차 있다 하더라도, 신뢰는 줄곧 불변의 이기주의자로 간주되어온 타인에게서도 공동의 특징을 발굴하고 그 능력을 향유할 수 있다는 희망을 보여준다. 신뢰는 줄곧 적으로만 인식되어온 낯선 사람들과도 공동의 사업을 시작할 수 있다는 용기를 준다. 신뢰에 힘입어 우리는 타자의 완정성을 존중하는 것을 하나의 원칙이자 내재적 목적으로 삼을 수 있다. 물론 신의를 갖춘 사람도 때론 실망하거나 기만당하고 있다는 기분이 들 수 있다. 하지만 이런 기분이 그로 하여금 가정과 사회, 국가의 내부 혹은 가정과 가정, 사회와 사회 간의 교류를 계속하려는 노력을 포기하게 하지는 않는다. 신뢰는 타인에 대한 인정을 고수하고 시종여일하게 행동하는 것을 포함한다. 하지만 그보다 더 중요한 상위의 법칙이 존재한다. 그것은 다름 아닌 공정(Rightness)이다. 만일 타인에 대한 인정이 근본적으로 타자의 행복을 해치게 된다면(예컨대 마약을 살 수 있도록 돈을 빌려준다면), 그러한 인정을 거부하는 것은 정당하다. 마찬가지로, 실행하기 시작한 행위가 심각한 재난을 가져올 수 있다면(예컨대 환경에 유해한 발전소를 건설하기 시작했다면) 이러한 행위를 중지하는 것은 정당하다.

타자의 완정성에 대한 존중을 기초로 신뢰의 의미를 확정하는 것은 공정하면서도 겸손한 일이며, 이것이야말로 진정한 대화의 시작이라고 할 수 있다. 어떠한 상업적 교역이나 계약 체결도 신뢰를 필요로 하는데, 이는 주변에서 흔히 볼 수 있는 현상이다. 하지만 개체들 사이의 문화를 뛰어넘는 교류에서는 신뢰가 더욱 중요하다. 법률행위가 상업활동에서 발생한 법규 위반이나 계약 위반 등을 처리할 수 있다고 하더라도 신뢰가 없이는 어떠한 교류도 가능하지 않기 때문이다. 공정의식이 신뢰를 만들어낸다. 신뢰가 있어야만 정의가 순조롭고 합리적인 형식을 통해 구체적인 행동으로 이어질 수 있다. 마찬가지로, 인애(仁愛)를 갖춘 사람은 반드시 신뢰할 만한 사람이라 할 수 있다. 동정심과 연민의 정에서 출발하여 인애의 마음을 가진 사람은 사람과 사람 사이, 문화와 문화 사이에 끊임없이 확장될 수 있는 관계의 네트워크를 펼쳐나간다. 그리고 신뢰가 바로 이러한 관계의 매듭이 된다. 신뢰가 있는 한 법 조항은 그저 일종의 예방수단에 불과하다. 모든 인간과 문화의 교류가 선한 신뢰 위에 서 있을 때, 이를 바탕으로 보편화된 수양과 상호학습이 자연스레 이루어질 것이다. 문명의 대화를 신뢰하면 자신의 전통 속에서 지혜를 얻을 수 있을 뿐만 아니라 전체 인류 공동체의 전통에서의 지혜 또한 얻을 수 있다.

개체의 차원이든 공동체의 차원이든 간에 인성과 신뢰는 사람들 사이에 호혜관계의 정신적 기초가 된다. 이것이 바로 공동의 가치를 논하는 전제조건이다. 인성과 신뢰가 없이는 가치의 개발을 마음 깊이 새긴 동반자들 사이의 공동의 정신사업을 위한 행동 또한 기초를 결하게 된다. 이러한 생각에 기초하여 우리는 자유와 정의, 이성과 동정, 법률(Legality)과 예의(Civility), 권리와 책임 등의 공동가치에 대해 좀더 깊이있는 연구를 시도하고자 한다. 자유와 이성, 법률과 권리는 이미 오늘날의 정치철학에서 심도있게 연구된 바 있으므로, 우리는 정의와 동정, 예의와 책임 등 똑같이 중요한 가치들을 강조하고자 한다. 이러한 가치들은 세계 공동체의 출현에 있어 앞서 언급한 가치들 못지않게 중요하기 때문이다. 우리는 이 네 가지 공동의 가치가 충분히 인정받기만 하면 문명의 대화를 추진하는 데 큰 도움이 되리라 믿어 의심치 않는다. 이러한 대화는 실질적으로 세계화윤리의 실현 가능성을 높여줄 것이다.

5. 세계화윤리를 향하여

자유와 정의

우리가 다른 인류 동반자들과 더불어 의미있는 연계를 실현하는 데 인성이 도움이 된다면, 정의는 이러한 가치를 구체적인 행동으로 옮겨주는 현실적인 방법이라 할 수 있다. 인애한 세계는 반드시 공정할 수밖에 없지만 성별 불평등과 종족 차별은 공정하지 못하다. 소득과 재산, 상품의 구입과 정보, 교육의 기회 등에 나타나는 다른 유형의 불평등도 마찬가지 관점에서 인식되어야 할 것이다. 양극화는 세계화 과정에서 발생하는 의외의 부정적인 효과인 만큼, 우리는 인류 대가족 가운데 주변화되고 피해를 입으면서도 침묵하고 있는 개인과 집단에 대해 관심을 가져야 한다. 우리는 그들을 중시해야 하고 아낌없이 지원해야 한다. 우리는 개인이나 집단, 국가나 지역이 더 많은 실력과 영향력을 가질수록 인류 공동체의 복지를 증진하는 데 더 많은 책임을 져야 한다고 생각한다. 독단적인 평등주의를 사람들에게 강요하는 것이 바람직하지 못하고 심지어 불공정하기조차 하지만, 그럼에도 불구하고 세계화의 수혜자들에게 이 세계에 함께 살고 있는 다른 사람들과 그들의 자원을 나누어 누릴 것을 요구하는 것은 의문의 여지없이 정당한 것처럼 보인다. 정의란 약자에게 혜택을 베푸는 경향을 띤 공공정책을 뜻하기 때문이다. 주변화되고 곤경에 처해 있으며 피해를 입고도 침묵해야 하는 개인과 집단에게 그들이 나아갈 길을 찾아주는 것은 인애와 공정의 소치임에 의심의 여지가 없다.

공평한 정의에는 보다 높은 수준의 행위가 필요하다. 한창 모습을 드러내고 있는 세계화 공동체에서 빈곤을 퇴치하는 일은 가장 위대하고 공정한 사업이다. 그렇다면 우리는 어떻게 가난한 사람들에게 빈곤에서 벗어날 수 있는 능력을 키워줄 수 있을 것인가? 어떻게 여성들을 교육해 그들이 인구의 압박과 경제의 낙후로 인해 형성된 악순환에서 벗어나게 할 수 있을 것인가? 어떻게 하면 북방국가들과 경제 발전을 이룩한 국가의 지도자들로 하여금(어느 지역이든지 간에) 빈곤의 퇴치가 자국의 이익에 중요한 구성부분이 된다는 사실을 인식하게 할 수 있을 것인가? 어떻게 하면 전 세계를 대상으로 인간의 양지(良知)를 일깨워 사람들로 하여금 어떤 지역의 빈곤이든지 간에 모두 세계화의 관심의 초점이 되게 할 수 있을 것인가? 이러한 문제들은 지방과 국가, 지역과 세계 등 여러 차원에서 분명하게 제기되어야 할 것이다.

우리는 이러한 문제들을 제기하는 과정이 너무나 지지부진하다고 생각한다. 1995년 코펜하겐에서 열린 세계정상회담에서 결의된, "아프리카를 비롯하여 가장 낙후된 국가들의 발전을 가속화해야 한다"는 과제는 일종의 현실주의적인 상호의존 관념에서 유래한 것이다. 만일 우리가 민족적·문화적·언어적·종교적 다양성을 세계의 공동재산으로 간주한다면, 아프리카를 단지 에이즈와 빈곤, 낮은 취업률과 사회적 혼란으로 가득한 대륙으로만 보아서는 안 될 것이다. 오히려 아프리카를 인류정신과 선인들의 풍부한 지혜가 축적되어 있는 거대한 보고로 인식해야 할 것이다. 이러한 요구에 부응하여 사회 발전을 전 세계가 함께하는 공동사업으로 간주한다면 아프리카 정신은 일종의 계시적 자원이 될 수도 있을 것이다. 이런 의미에서, 남아프리카 희망봉 일대의 협소한 지역조차 지연과 생물 다양성의 관점에서 본다면 그 풍부함의 정도가 광대한 캐나다에 비해 손색이 없을 것이다. 아프리카의 운명은 비아프리카 지역에도 마찬가지로 중요하다. 인류 전체의 공동번영이 없이는 하나의 완성체로서의 세계 대가족 안에서 자기의 안전을 지키고 유지하는 것은 불가능할 뿐만 아니라 복지를 증진시킨다는 건 더더욱 어렵기 때문이다. 확실히 이 부분에서 아프리카는 우리에게 커다란 교훈을 제공하고 있다.

> 맨 처음 선지자 마호메트는 자신의 박해받는 추종자들을 아프리카 아비시니아에 있는 기독교 국가의 국왕인 니거스(Negus)에게 보내 비호를 받게 했고 그는 이들을 받아주었다. 이것이 바로 관용과 협력은 배울 만하다는 것을 보여주는 예증이 아니고 무엇이겠는가? ……
> 서로 다른 종교전통 사이의 상호작용은, 상호존중과 동반자 관계에 입각한 평화로운 세계질서에 든든한 기초를 제공할 수 있을 것이다. 하나의 대륙이 저발전으로 인해 발생한 에이즈를 비롯한 갖가지 질병과 환경재난, 빈곤 등을 상대로 필사의 고투를 벌이고 있을 때, 종교와 종교가 서로를 공격하고 죽이는 일은 대단히 잘못되었다. 반대로 관용과 협력은 우리에게 가장 절실히 필요한 도덕적 나침판이다.
>
> — 넬슨 만델라

우리가 아프리카에 대해 관심을 갖는 것은 편집광적인 낭만적 정서에서도, 감상적인 심리에서도 아니다. 진정한 동정심과 역지사지의 태도, 연민의 정에서 우러나온 관심이어야만, 우리는 곤경에 처해 있는 형제 자매들과 하나로 연결될 수 있을 것이고, 정의가 우리로 하여금 이들의 재난이 아프리카 대륙이 아니라 먼 하늘 끝에 내리고 있다 해도 우리의 행복이 위협받을 수 있다는 사실을 의식하게 해줄 것이다. 물론 협애하고 근시안적인 이성적 비교에 근거한다면, 아마도 우리는 아프리카를 비롯한 다른 지역의 문제와 우리의 이해 사이에 놓여 있는 현실적인 관계를 보지 못할 것이다. 그러나 세계 공동체 안의 상호의존이 이미 하나의 삶의 현실이 되었다는 사실은 상식에 속한다. 그러므로 세계 어느 지역에서 현실적으로 존재하고 있는 곤경을 무시하거나 회피한다면 이는 인류의 장기적인 안전에 위기로 작용할 것이다. 이 세계 공동체의 누군가가 당하는 능욕도 하나의 완성체로서의 인성이 지니고 있는 신성함을 파괴하는 것이라는 건 너무도 자명한 사실이다.

문명의 대화는 전방위적인 것으로 세계 공동체의 구성원 모두에게 초청장을 보내고 있다. 공평한 정의는 자발적인 동반자들의 가슴에서 우러나오는 차별 없는 대화를 보장한다. 또한 공평한 정의는 적극적인 노력을 통해 주변화에 처해 있는 인간집단에 대해 보다 광범위한 참여를 독려한다. 어쩌면 기본적이고 절박한 생존 문제에 부딪혀 손발을 놓고 있는 이들에게 대화라는 것은 실제로는 도로(徒勞)에 불과하거나 불필요한 사치라고 생각될지도 모른다. 하지만 그들은 적극적인 참여와 끈기있는 대화를 통해서만 이득을 얻을 수 있을 것이다. 사실 그들은 공평한 대화에 참여함으로써 자신들의 행위와 태도, 신념 등을 개선할 수 있으며 이를 통해 주변화의 곤경에서 벗어날 수 있다. 이와 동시에 그들이 다급한 문제들을 해결하려는 노력 역시 새로운 의미를 지닐 수 있을 것이다. 통상적으로 정치적 영도 분야의 불공정(투명성, 공공의 책임의식, 공정한 경쟁의식 등의 결여)이 경제와 사회를 위기로 몰고가는 가장 주요한 요인이었다. 이러한 문제는 비교문화의 입장에서 살펴보면 명확하게 인식할 수 있고 또 효과적인 처리방법을 찾을 수 있을 것이다.

이성과 동정

인간은 지금까지 줄곧 이성적 동물로 정의되어왔다. 자신의 절실한 이익을 의식하고 자유시장에서 이윤의 극대화를 실현하며 자신의 상대적 우위를 확보하는 등의 능력은 우리가 도구적 합리성을 장악하고 있다는 사실을 뜻한다. 이성은 인간관계와 지식 획득, 정치 참여와 사회적 관심 등 모든 분야에 걸쳐 실질적인 의미를 갖는다. 하지만 인애의 마음에는 동정심과 역지사지의 태도, 연민의 정 등이 포함되어 있다. 일종의 가치로서의 인성은 이성만으로 실현되는 것이 아니며, 인애의 방식으로 구체적인 인간을 대하는 것은 결코 이성이 선택한 결과가 아니라 오히려 감성과 신념, 인정과 정감의 결과이다.

가족이나 지인들과 마음으로 통하는 것은 가장 자연스럽고 보편적인 인류의 체험 중 하나이다. 사랑하는 사람이 고통받을 때 마음에 아무런 감정도 일지 않는다는 것은 있을 수 없는 일이다. 이러한 연민의 정은 보통 자신의 아이나 배우자, 부모나 가까운 친척, 친한 친구들에 국한된다. 일단 우리가 개체의 연민을 우리가 좋아하는 사람들, 우리가 관심을 갖고 있는 사람들에서 우리가 잘 모르는 사람들, 심지어 아주 낯선 사람들에까지 확대하기만 한다면 인간관계에 대한 우리의 의식은 크게 확장될 것이다. 어쩌면 우리가 인류 전체와 일체라는 고상한 관념이 진정한 체험을 결여하고 있는 것인지도 모르지만, '네 바다 안의 모든 사람이 형제(四海之內皆兄弟)'■라는 도덕적 신조가 정말로 우리를 사로잡기만 한다면, 우리는 부단히 확장되는 상호관계의 네트워크 속에 화해와 조화를 확립할 수 있을 것이다. 이처럼 문명의 대화에 대한 요구는 타자에 대한 관심에 기초한다.

사람들은 보통 이성을 객관적으로 검증할 수 있고 공개적으로 설명할 수 있는 능력으로 이해하는 반면, 영혼과 연관된 일로서의 동정은 개인적인 것으로만 이해한다. 분명하게 말할 수 있는 것은 일종의 감정 상태로서의 동정은 정확한 언어나 엄격한 계량으로 설명되지 않는다는 사실이다. 또한 인간은 동정이 인간 심리의 보편적인 특성임을 과학적으로 증명하지도 못한다. 우리는 모든 인류가 동정심을 배우기를 바라지만, 종족과 문화, 종교를 초월한 동정심이 보편적인 관념으로 자리 잡기를 기대하기는 어렵다. 예컨대 그리스 철학의 영향으로 우리는 인간은 이성적 동물이라고 충심으로 단언할 수 있지만, 동정심이 인류의 본성이라고는 자신있게 말할 수 없다.

하지만 비교문명의 관점에서는 유교든 불교든 모두, 동정심과 역지사지의 태도, 연민의 정이 인간에 대한 가장 기본적인 요구로서, 인도(人道)의 가장 높은 차원의 체현이라고 간주한다. 유교와 불교에 따르면, 인간은 감성을 지닌 동물이다. 즉 인간의 근본적인 특징은 이성이 아니라 감성이다. 나는 느끼기 때문에 존재하는 것이다(We feel, therefore we are). 감성을 통해 우리는 자신의 생존을 의식하고, 다른 사람들과의 동반자관계를 의식하며, 조수와 초목 그리고 우주만물과의 공생관계를 의식한다. 이처럼 서로 연계된 감성은 사적인 감정일 뿐만 아니라 주체들 사이에서 확증할 수 있는 동반자 의식이며, 이것이 곧 공동으로 향유할 수 있는 가치이다.

보다 심층적으로 따져보면, 동정심은 책에서 습득할 수 있는 능력

■ 공자가 《논어》, 〈안연(顔淵)〉 편에서 한 말로, 이른바 사해동포주의라는 단어의 어원이다.

이 아니라 자연적인 성정에서 우러나오는 영혼의 품격이다. 타인의 고통에 대한 반응은 자연스럽게 우러나온다. 외부에서 강제되는 곤경이 우리의 마음을 쇠처럼 단단하게 만들어놓고, 끊임없이 자행되는 잔혹한 살육이 우리를 목석처럼 마비시켜놓았다 하더라도, 비극적인 사건에 대한 우리의 동정적 반응은 완전히 사라질 수 없는 것이다. 그러나 우리를 가장 슬프게 하는 인류의 비극은 사람들이 원수로 여기는 타인 앞에서는 동정심을 완전히 상실한다는 데 있다. 테러리즘의 보복이나 복수심 안에서 희생자(항상 무고한 희생자들이지만)들은 인간이 아닌 '다른 유형의 존재'에 속한다. 그들이 당하는 고통과 아픔 또는 죽음은 그렇게 예정된 것일 뿐 아니라 심지어 경하할 만한 일이기까지 하다. 여기에는 도구적 합리성이나 자아의 정의감, 도덕적 의분 등은 결코 결여되지 않았지만(물론 이 모든 것이 극도로 비틀린 모습으로 나타나지만), 동정심이나 역지사지의 태도, 연민의 정은 전혀 찾아볼 수 없다. 바로 이런 이유 때문에 이들의 행위가 그토록 비이성적이고 파괴적인 성향을 띠게 되는 것이다. 따라서 교육을 통해 동정심을 배양하는 것은 세계 평화의 심리태도를 배양하는 데 있어 대단히 중요한 위치를 차지한다. 이렇게 해야만 인류는 비로소 본디 가지고 있던 영혼의 품성을 회복할 수 있다.

물론 우리는 단지 동정심을 배양하는 것만으로 테러리즘을 극복할 수 있다고 믿을 만큼 순진하지 않다. 하지만 부인할 수 없는 사실은, 정치가 조종하거나 '종교가 운영하는' 테러리즘이, 극단적인 폭력은 잘못된 일방에 대응하는 데 반드시 필요한 수단이라는 견고한 믿음에서 발생한다는 점이다. 만일 그렇지 않다면 건전한 양식을 지닌 남녀 신앙인들이 철저하게 세뇌당해 자살이라는 방식으로 무고한 민중을 살해할 계획을 치밀하게 준비할 수 있겠는가? 하지만 실제로는 이러한 절망적 행위의 배후에 도사리고 있는 모종의 정신병리적인 요인과 광적인 심리태도가 더 무서운 것이다. 강렬한 원한이 사람들로 하여금 죽음이나 자살 같은 극도의 고통을 전략적 수단으로 삼아 최대한의 피해를 입히는 것이다. 여기서 "자신도 살고 남도 살게 한다(Live and Let Live)"는 관념은 철저하게 무너져버리고 만다. 인간의 이지(理智)는 우리에게 이러한 테러리스트들의 정신상태를 좀더 깊이있게 탐구하여, 그들이 왜 비인간적이고 잔인한 행위를 선택하게 되는지를 이해하라고 요구하고 있다. 주목할 만한 사실은 성실과 헌신, 도덕적 의분, 이성, 희생, 정직과 담력 같은 보편적 가치들이 종종 곡해되고 남용되는 상황에서 이러한 잔혹행위의 필연성을 변호하는 수단으로 이용되는 반면, 타인에 대한 동정심이나 역지사지의 태도, 연민의 정 같은 것은 이러한 사용가치를 갖지 못한다는 점이다. 철석같은 심장을 가진 테러리스트들은 인성의 근본적인 특징을 완강히 거부하고 있는 것이다.

동정심과 역지사지의 태도, 연민의 정이 없이는 성실함이 미신이 되고, 헌신이 광기로, 도덕적 의분이 침략적인 분노로, 이성이 파괴의 수단으로 변하게 되며, 희생이 대중의 고난을 의미하게 되고, 정직이 오만으로 변하게 되며, 담력이 야수성과 동의어가 되고 만다. 일단 다른 가치들을 감성과 정감으로서의 인성 위에 두게 되면 성실과 헌신, 도덕적 의분, 이성, 희생, 정직과 담력이 우리의 내재적 자원을 풍부하게 해주고, 자아의 전환을 통해 배양되는 평화정신을 더욱 확고하게 해줄 것이다.

법률과 예의

법치는 질서를 유지하는 데서 대단히 중요하다. 시장경제에서의 투명성 요구와 민주정치 및 시민사회에서의 알 권리 보장은 법치가 없이는 안전과 정치적 투명성, 기본권 등을 확보하기 어렵다는 사실을 극명하게 보여준다. 하지만 질서 유지의 가장 기본적인 조건인 법률 자체는 공공의식과 책임의식을 배양해주지 못한다. 조화롭고 화목한 공동체 안에서 생명의 의미를 찾고자 하는 사람들에게 시민윤리의 배양은 반드시 필요하다. 다양한 전통이 세계 각 민족의 사상과 행동을 인도하기 때문에 예의를 갖추지 못한 법률은 공공의식을 환기시키기 어렵다. 시민윤리를 결여한 법률제도는 법령의 확장과 소송의 범람을 유발할 뿐이다.

예의는 법치에 대한 보완장치로서, 법률에 도덕적 기초를 제공한다. 예의는 다른 시민들과의 교통을 위한 매우 적절하고 합리적인 방식이다. 적극적인 세계화 추세(이는 상호교류와 연계를 촉진할 뿐 패권주의를 불러오지는 않는다)가 끊임없이 확장되는 관계의 통일체를 형성하는 데 도움이 된다면, 예의는 이러한 과정을 유지시켜주는 핵심장치라 할 수 있다. 예의가 없다면 진정한 대화는 시작조차 될 수 없다. 또한 예의는 문화를 초월하는 교류에 불가결한 요소이다. 판단은 잠시 보류하고 비판적으로 우리의 전제를 살펴보면 상대방의 주장을 충분히 이해할 수 있고, 또 불안전한 결론을 얻는 데 급급하지 않으면서도 관련된 문제에 대해 깊이있게 탐구할 수 있을 뿐만 아니라 교류의 진정한 의미도 깨달을 수 있는데, 이 모든 바람이 시민윤리 안에 녹아 있다.

인성이 우리로 하여금 타자와의 상호관계를 구축할 수 있게 해주고, 정의가 우리로 하여금 인애의 정감을 행동으로 옮길 수 있게 해주며, 예의가 사람과 사람 사이의 교류에 적당한 형식을 제공해줄 것이다. 예의가 없다면 경쟁은 곧 야만적인 독선과 충돌로 변질될 것이고, 다양성의 메커니즘은 너 죽고 나 살자 식의 권력의 각축장으로 변할 것이다. 법률에만 의존한다면 사람들의 복종심을 이끌어내는 데 그치겠지만, 예의를 배양한다면 화목하고 조화로운 사회가 평온한 상태로 유지될 수 있게 해줄 것이다. 우리는 이러한 세계 시민사회를 갈망하고 있고, 지금 한창 성장하고 있는 새로운 문화를 포함하여 모든 문화가 상호학습관계에 놓이기를 희망한다. 이러한 동경이 장기적인 평화에 대한 희망을 잉태하고 있는 것이다.

1992년 리우데자네이루에서 개최된 '환경 및 개발회의', 1994년 카이로에서 개최된 '인구회의', 1995년 코펜하겐에서 개최된 '사회발전회의', 1995년 베이징에서 개최된 '여성대회' 등에서 사람들은 여러 비정부기구의 창조적 상상과 적극적인 참여 그리고 강력한 추진력 속에서 세계 시민사회가 이미 초보적으로나마 모습을 드러냈음을 확인했다. 세계 시민사회는 세계 무대에 이처럼 민족과 언어, 문화와 종교의 차이를 초월한 새로운 연기자가 나타남에 따라, 새로운 게임의 법칙이 절실하게 필요해졌다는 사실을 강렬하게 드러내고 있다. 이러한 법칙은 사람들이 넉넉한 예의 안에서 협상을 통해 긴장과 충돌을 해결하는 데 큰 도움이 될 것이다. 이러한 긴장과 충돌의 영역에서 우리는 특정한 법 조문이나 각종 규정에 기대어 문제를 해결하려 해서는 안 된다. 실제로 세계의 모든 정신전통은 진실한 예의를 갖추고 친절과 성의로 타인을 대할 것을 가르치고 있다.

바로 이러한 가치들이 대화와 교류에 기초를 제공하고 있는 것이다.

예의의 관점에서 보면 국가 간의 외교술 또한 개체 간의 예의로 이해될 수 있다. 타자에 대한 두려움은 종종 건강하지 못한 독선적 욕망을 유발하고, 분노는 너무나 쉽게 폭력으로 변질되며, 지나친 의심은 타자의 권리와 이익을 침해하는 주요원인이 된다. 풍랑 속을 항해할 때 모종의 경고 메시지가 필요하듯, 건강한 인간관계를 유지하기 위해서는 군대 또는 사법행위에 의존하기보다는 차라리 예의에 의존하는 편이 더 나을 것이다. 물론 예의의 윤리학이 법치를 대신할 수는 없다. 하지만 예의가 없다면 법을 지키는 시민들은 무정하고 냉담하며 심지어 잔인한 성정을 갖게 될 것이다. 예의는 인성과 호혜성, 신뢰를 장려할 뿐만 아니라 법치와도 잘 조화될 수 있다.

권리와 책임

권리의식이 인간의 자주성과 독립성, 개인의 존엄을 배양하는 데 중요하다면, 자유의지를 지나치게 강조하면서 권리만 있고 의무나 책무, 책임은 없다는 관념을 강조하면 사회의 단결과 인류의 번영에 이룹지 못할 것이 분명하다. 1948년 유엔이 '세계인권선언'을 발표한 이후로 인권의 제창은 현대인의 의식 가운데 가장 뚜렷한 특징으로 자리 잡아 왔다. 인권에 대한 국가의 장려는 몇몇 선진국에 국한된 것이 아니다. 유엔 회원국 대다수가 국제인권협약에 서명을 했고, 인권을 현저하게 위반한 전력이 있는 정권들조차 구두상으로는 이러한 권리를 인정했다. 우리 시대의 정신은 사람들이 권리의 문제를 세계 모든 구석으로 전파하도록 격려하고 있고, 종족과 성별, 신앙에 관계 없이 인권이 인류 전체에 보급되도록 노력하고 있다.

그러나 인권은 정치적 권리에서 경제적 권리로, 그리고 종국에는 문화적·집단적 권리로 발전해왔다. 유엔의 '세계인권선언'에는 삼라만상이 포함되지만 그 실현 과정은 매우 더딘데, 가장 명확한 방식으로 인권을 인류의 보편적 소망으로 간주하는 나라들조차 사정은 마찬가지이다. 모든 국가들은 제각기 다른 인권개념을 가지고 있기 때문에 그 모두에 보편적 인권의 준칙을 지킬 것을 요구하는 것은 적당하지 않다는 견해가 엄중한 비판을 받기는 했지만, 정치적 권리와 경제적·사회적·문화적·집단적 권리를 어떻게 배치하고 결합할 것인가 하는 문제는 문화를 넘어선 대화에 핵심적 의미를 갖는다.

국제 인권대화가 필요할 뿐더러 가능한 것은 대화 당사자들의 책임의식과 이것이 내포하고 있는 직책 및 의무 관념이 뚜렷히 연관되어 있기 때문이다. 만일 여러 종류의 성격과 방향을 갖는 권리의식이 최근에 와서야 비로소 인류의 역사에 출현한 것이라고 한다면, 세계의 모든 정신전통은 문명 초기에 이미 성숙한 책임 및 의무의식을 생성시켰다고 할 수 있다. 일부 정치 지도자들은 인권담론에 대한 비판이 이처럼 특정한 동기에서 나왔다고 주장하면서 권위에 대한 복종의 안정적인 기초로 삼고 있다.

서로 다른 경제 발전 단계에 있거나, 서로 다른 역사전통과 문화배경을 가진 국가들은 제각각의 인권이론과 이와 관련된 실천 모델을 보이는데, 이는 지극히 정상적인 이치이다. 하지만 현대성의 뚜렷한 특징 가운데 하나인 인권은 무슨 일이 있어도 전제나 권위주의 정권에 굴복해서는 안 된다. 권리와 책임을 동등하게 강조하는 것은 인류의 번영을 실현하는 가장 안정적인 방법이자, 문화를 초월한 대화의 효과적인 방법이기도 하다.

확실히 책임이 따르지 않는 권리는 일종의 자아방종, 즉 화목하고 조화로운 사회관계의 희생을 대가로 한 자기중심주의를 유발한다. 권리의식의 도덕적 힘은 국가의 폭력에 반대하고 개인의 존엄을 전 세계의 공동희망으로 삼는 데 있다. 통상적으로 인권 옹호자들은 자신을 위해서가 아니라 타인, 즉 혼자 움직일 만한 힘이 없어 주변화로부터 자신을 보호하지 못하면서 침묵하고 있는 사람들을 위해 정의를 찾는 사람들이라고 할 수 있다. 권리담론은 모든 인류 동반자를 인정하는 상호관계를 포함하고 있다. 이러한 인정은 자신의 권리를 보호할 힘이 없는 사람들에 대한 책임감을 뜻한다. 자기이익이라는 동기에서 출발하여 무책임한 권리관념만 갖고 있는 사람들은 자기중심주의로 빠질 수밖에 없다.

이상의 논술에서 도출해낼 수 있는 원칙은 권리보다 책임이 더 중요하다는 것이다. 그렇다면 강하고 영향력이 큰 사람일수록 가정에서 세계 공동체에 이르기까지 각 단계와 차원의 집단형식의 복지에 더 많은 의무를 갖고 있는 건 아닐까? 일부 국가들은 이미 고용보장과 경제적 성공을 비소송권(非訴訟權)으로 확정하여 이를 헌법에 명시하고 있다. 하지만 언론과 사회가 종교의 자유와 다른 점은 사람들이 정부에 대해 이러한 비소송권을 원칙으로 확정해달라고 요구할 수 없다는 것이다. 어찌됐건 간에 이는 책임감 있는 정부들이 실현하고자 하는 시민들의 보편적이고 합법적인 소망이다. 다시 한번 지적할 필요가 있는 것은 사회의 수혜자들이 약자와 곤경에 빠진 사람들에 대해 갖는 책임감은 아무리 강조해도 지나치지 않다는 사실이다. 마찬가지로, 세계 시장경제의 '승리자'들은 자신들의 실력과 영향력 그리고 기술과 정보, 관념 및 물질 자원을 취득하는 편리함의 정도에 상응하는 의무의식을 가져야 할 것이다.

6. 문화적 지혜와 윤리적 지혜

인성과 신뢰는 공동가치의 기초이다. 그것들이 없이는 자유와 정의, 이성과 동정, 법률과 예의, 권리와 책임 등이 충분히 자기를 실현할 수 있는 건강한 윤리적 환경을 획득할 수 없을 것이다. 하지만 공동가치의 획득은 일종의 개인적 지혜를 요구한다. 이는 인류의 여명기부터 지금까지 줄곧 철학의 핵심주제였다. 소크라테스의 "너 자신을 알라"는 명제에는 정신적 단련과 도덕적 자기수양 그리고 인도주의가 개인의 발전에 제공할 수 있는 학습방식이 담겨 있다. 이지(理智)가 경험으로부터 배운 능력과 지식을 획득하고 보존할 수 있는 능력, 그리고 추리를 통해 문제를 해결할 수 있는 능력을 뜻한다면, 인류는 지혜로운 인류의 이지에 의지하여 생존과 번영을 확보할 수 있을 것이다. 물종(物種)으로서의 인간의 생존을 위협하고 있는 중대한 위험들을 고려할 때, 지혜에 대한 요구는 갈수록 절실해진다.

지혜란 전체적인 이해력이자 깊이있는 자아인식이며 원대한 시각과 건전한 상식 및 판단력이다. 영감은 우연히 발동하여 세계의 어느 측면에 대해 정교하게 설명하기는 하지만, 인류의 상황을 전체적으로 완정하게 파악하기 위해서는 지속적이고 끊임없는 교육이 이루어져야 한다. 단편적인 학습만으로는 부족하기 때문이다. 이러한 지식, 즉 체험에 기초한 자기인식은 정밀한 노력을 통해서만 배양될 수 있다. 장기적인 이익을 희생하여 단기적인 실리를 추구하는 것은 영리하다고 할 수는 있을지 몰라도 결코 지혜로운 일은 못 된다. 장기적인 관점에서 사고한다는 말이 얼핏 선지적인 상상이자 지혜처럼 들릴지 모르지만 이는 공허하고 추상적인 것이 결코 아니기 때문에 항상 구체적인 결과를 가져온다. 판단을 할 때 각종 요소들을 종합적으로 고려하는 능력은 지혜의 표지가 된다. 건강한 대화를 위해서는 선입견을 위주로 하는 기존의 견해를 잠시 한쪽으로 제쳐두어야 하는데, 이러한 비판적 태도에 합리적인 판단력이 없는 것은 아니다. 지혜로운 판단은 신중하면서도 공정한 것으로, 각종 극단적인 견해를 초탈하는 중도(中道)라 할 수 있다.

과학과 기술의 발전이 이미 우리의 시야를 극한까지 확대시켜주었을 뿐만 아니라 주변 세계에 대한 우리의 인식 또한 심화시키고 있기 때문에 사람들은 갖가지 위대한 종교와 철학 전통에 담겨 있는 지혜와 우리의 현대교육은 아무런 관련이 없다고 생각한다. 확실히 세계화는 우리가 사용하고 소비할 수 있는 데이터와 정보, 지식 등을 엄청나게 증가시켰지만 동시에 무궁한 세월 속에서 형성된 학습법, 특히 지혜를 얻는 전통적인 방식을 와해시켰다. 우리는 절대로 데이터를 정보와 혼동해서도, 정보를 지식과 혼동해서도, 지식과 지혜를 혼동해서도 안 된다. 우리는 지혜를 배양하는 방법을 배워야 하지, 단순히 박학다식한 사람이 되려고 노력해서는 안 된다. 정보화시대에 지혜를 획득하는 세 가지 주목할 만한 방법이 있다.

첫째는 경청의 예술이다. 경청은 방관에 비해 훨씬 큰 인내심과 포용력을 요구한다. 인내심이 없다면 우리는 뭔가를 듣고 있어도 아무런 정보도 포착할 수 없다. 미묘한 의미를 파악하지 못하는 것은 더 말할 나위도 없다. 또한 포용력이 없다면 일부 내용을 포착했다 하더라도, 그것이 우리의 영혼 깊숙한 곳에서 여운을 자아내거나 의미를 만들어내지 못한다. 진지한 경청을 통해서만 진정으로 타자를 만날 수 있다. 원주민들은 우리에게 타인의 말이나 대자연의 소리에 귀 기울이는 법을 가르쳐준다. 정신을 집중하고 진지하게 경청해야만 우리는 비로소 들은 것 모두를 진정으로 이해할 수 있다.

둘째는 얼굴을 마주하는 교류이다. 타인과 직접 대담하는 것은 가장 보편적이고 가장 손쉬우며 가장 도전적이고 성과 또한 가장 풍부한 교류방식이다. 전화나 정교한 전자수단을 통한 대담으로 얼굴을 마주하는 대담을 대신할 수는 없다. 이러한 교류에는 동반자가 필요하다. 얼굴을 마주하는 교류는 인류의 상호활동 가운데 가장 인내심과 지구력이 필요한 방식이자 가장 적합한 가치 전달통로이다. 이러한 방법을 한쪽으로 밀어놓는다면, 지혜를 얻고자 하는 우리의 희망을 만족시킬 가능성은 아주 희박할 수밖에 없다.

얼굴을 마주하는 교류와 경청을 통해 우리는 세 번째 영원한 학습의 길로부터 이익을 얻을 수 있게 된다. 그것은 다름 아닌 과거의 뛰어난 인물들이 축적해놓은 지혜이다. 현대 세계에서는 엄청난 양의 데이터와 정보, 지식을 눈앞에 두고도 과거보다 더 지혜를 갈망한다. 갖가지 위대한 종교 및 철학 전통은 우리에게 완정한 인간이 되는 법을 제시하고 있다. 과거의 뛰어난 인물들이 축적해놓은 지혜는 우리에게 삶의 예술을 제공하는데, 이러한 예술은 과거 사회의 전범(典範)이 되었던 인물들의 사상과 행동에서 체현해낸 것이다. 전범적인 전수를 통해서, 즉 뛰어난 인물들이 말이 아닌 온몸으로 전달하는 가르침을 통해서 우리는 온전한 인간이 되는 법을 배울 수 있다. 우리는 우리 자신의 삶에 풍성한 의미를 더해주는 정신의 자원을 완전히 잘라버릴 수 없다. 우리가 그 훌륭한 시범자들을 본받을 때 가장 바람직한 형태의 완정한 인간이 될 수 있다. 이처럼 훌륭한 사람들을 본받는 것은 머리로 되는 것이 아니라 마음과 몸 전부를 던져야 가능하다. 이처럼 심신이 융화되는 배움은 단순한 모방을 통해 이루어지는 흉내 내기가 아니기 때문이다. 언어와 역사, 고전 문헌, 철학, 종교, 문화인류학 등 모든 분야의 인문학이 우리가 지혜를 얻도록 도와준다는 사실에는 의심의 여지가 없다. 이러한 지혜야말로 영원한 것으로서 시대에 구애받지 않는다.

완정한 인간이 되는 법을 배우는 취지는 인격의 수양에 있지, 단순히 지식을 쌓거나 기예를 연마하는 데 있지 않다. 오늘날 문화능력과 기술능력은 둘 다 똑같이 중요하다. 개인의 성장에서는 윤리적 이해력과 인지적(認知的) 이해력이 똑같이 중요하다. 전자가 없다면 사회의 도덕적 기초가 와해되기 때문이다. 인류 공동체의 복지 증진을 놓고 말하자면, 정신적 수양은 물질적 조건의 충족과 마찬가지로 없어서는 안 될 요소이다. 마찬가지로 강조되어야 할 것이 바로 문화능력이다. 아무리 글을 많이 알아도 역사감각이나 문학적 정서와 취미 또는 예술에 대한 기본지식이 없다면, 시민에게 요구되는 기본적인 기준은 만족시킬 수 있겠지만 시민생활에 전적으로 참여하는 데는 어려움이 따를 것이다. 윤리적 이해력은 사회의 응집력에 대단히 중요한 기능을 한다. 유한계급에게 정신적 수양은 불요불급한 사치품이 아니라 삶과 영혼을 채워주는 중요한 구성요소로서, 문화에 특수한 품격과 독특한 기질을 부여해준다.

지금까지 논증한 것들은 필자가 임의로 고른 부분적 가치들이다.

이러한 가치들의 실천은 효과적이고 풍부한 문명의 대화를 실현하는 데 있어 대단히 필수적인 요소이다. 다른 각도에서 보자면 이러한 가치들은 구체적인 대화 과정에서 배양된다. 때문에 위대한 정신 전통들은 다른 언어환경과 역사배경 아래에서 이러한 공동의 가치들을 생산해냈던 것이다. 사람들은 전범과 이야기의 서술, 종교의 교리, 윤리적 가르침 그리고 대화라는 가장 중요한 방식을 통해 이러한 가치들을 학습한다.

끝으로 우리는 두 가지 명제를 통해 이 글의 기본관점을 요약할 수 있다. 첫째, 세계화가 몰개성적인 동질화를 가져올 수 있다는 것이다. 이는 차이를 무시하고 지고무상의 권력을 추구한다. 대화를 통해서만 우리는 진정한 의미의 세계 공동체를 실현할 수 있다. 둘째, 정체성의 추구는 다른 민족에 대한 배타감을 유발할 수 있다는 것이다. 이는 협애한 민족중심주의나 타자에 대한 배척, 폭력 등으로 나타난다. 대화를 통해서만 우리는 진정한 세계 교류방식을 찾을 수 있고, 다양성의 보존을 진정으로 존중할 수 있을 것이다.

이 글은 2001년 12월 21일, 일본의 중국사회과학학회 제14차 연례회의에서 발표한 주제 강연으로, 《세계화 속의 중국과 일본 : 국내외 학자들의 다원적 사유》(北京: 社會科學文獻出版社, 2003, 17~30쪽)에 수록된 글입니다.

05

중국의 부활,
중국의 홍기가 세계에 전하는 메시지

미조구치 유조(溝口雄三)■ 교수님, 와마시타 다케시(濱下武志)■ 교수님, 그리고 여러 동료 여러분, 재일 중국사회과학학회(中國社會科學學會) 주최 제14차 연례회의에 참석하게 된 것을 매우 큰 영광으로 생각합니다. 먼저 3년 전 출간된《백년중국철학경전》(5권)의 서문을 나눠드렸습니다만 오늘 발표할 '중국의 부활, 중국의 홍기가 세계에 전하는 메시지'는 이 서문을 바탕으로 하고 있습니다. 하지만 내용에서는 직접적인 관련은 없습니다.

제 생각에는 중화민족의 재생 또는 중국의 홍기가 가져올 문화적 메시지는 이런 이해를 바탕으로 하고 있습니다. 중화민족의 재기는 특히 '문화중국'의 관점에서 볼 때 중국 내에만 국한되는 것이 아니라 타이완과 싱가포르, 말레이시아 등을 비롯한 해외 중국인 사회까지도 포함하고 있습니다. 그리고 분명한 것은 이러한 홍기 또는 재

■ **미조구치 유조** 일본의 역사학자로 도쿄대학 명예교수이다.
■ **와마시타 다케시** 일본의 역사학자로 도쿄대학 동양문화연구소 소장을 맡고 있다.

기가 경제적 현상에 그치는 것이 아니라 정치적·군사적 의미까지 내포하고 있다는 사실입니다.

1. 현대성을 구현하는 가치들

현대 중국의 지식인들은 지난 160여 년 동안 줄곧 서양을 모방해왔습니다. 이는 일본도 마찬가지지요. 아편전쟁 직후의 지식인인 캉유웨이(康有爲)나 량치차오(梁啓超), 탄쓰퉁(譚嗣同), 장타이옌(章太炎), 류스페이(劉師培), 그리고 특히 옌푸(嚴復)와 왕궈웨이(王國維), 쑨원(孫文) 등을 비롯하여 5·4 시기의 차이위안페이(蔡元培), 후스, 천두슈(陳獨秀), 리다자오(李大釗), 량수밍(梁漱溟), 장쥔마이(張君勱) 등은 물론, 심지어 불교계의 어우양징우(歐陽竟無)나 타이쉬(太虛) 같은 인물도 서양의 문물을 배워 중국을 현대화하는 데 주력했습니다. 그 후 민국(民國) 시기의 신유학자인 슝스리(熊十力)나 량수밍, 지식론을 제기한 진웨린(金岳霖), 미학자 주광첸(朱光潛)과 쭝바이화(宗白華) 같은 이들이 고민했던 문제 역시, 어떻게 하면 중국을 서구화하고 현대화할 수 있느냐 하는 것이었지요. 중화인민공화국 건국 이후, 특히 홍콩과 타이완에서 활동하던 탕쥔이(唐君毅)와 쉬푸콴(徐復觀), 머우쭝싼(牟宗三), 그리고 중국 대륙에 있던 장다이니엔(張岱年)과 펑시에(馮契), 런지위(任繼愈), 더 나아가서는 오늘날의 지식인들에 이르기까지 국내외를 막론하고 서양을 배우는 것이 여전히 절대적인 우세를 보이면서 주류의 지위를 점하고 있습니다.

때문에 우리는 1980년대 '신계몽'에 대한 요구를 제시한 바 있지만 여전히 연구를 보완할 필요가 있다는 점을 언급하고 있는 것입니다. 일본의 지식인들이 '난학(蘭學)'■을 시작으로 영국과 프랑스, 독일을 학습한 데 이어 최근에는 특히 미국을 배우고 있다는 점은 잘 알려진 사실입니다. 문화적 관점에서 볼 때 이러한 학습 과정은 매우 느리고 지난한 여정으로, 현재의 단계는 시작에 불과하다고 할 수 있습니다. 불교를 예로 들자면, 인도 문화가 중국에 전래되고 나서 8백여 년의 소화 과정을 거친 뒤에야 비로소 '격의(格義)'를 통해 중국의 기본관념으로 발전했습니다. 예컨대 도(道)나 무(無)로써 범어의 순야타(Sunyata; 空)를 이해하고, 불교 경전을 먼저 중국어로 옮긴 다음 점차 중국적 특성을 지닌 불교 문명으로 발전시켰던 것입니다. 실례로 화엄종과 천태종의 흥기에서, 더 나아가 훗날 전래된 선종에 이르기까지, 이른바 중국 문화의 특색을 지닌 불교전통을 비롯하여 민간에 널리 전파된 정토종에 이르기까지 하나같이 수백 년의 역사를 지니고 있습니다. 경전의 번역 자체로만 본다면 고대 중국어로 씌어진 지금의 범어와 바리문 경전은 현존하는 범어와 바리문 불경을 모두 합한 것을 훨씬 뛰어넘습니다. 이것은 인도에서 전래된 불교가 이미 중국 문화 속에서 분리할 수 없는 불가분의 측면을 이루고 있다는 사실을 잘 보여주는 예라 할 수 있지요. 물론 불교는 한 걸음 더 나아가 베트남과 조선, 일본에까지 전파되고 발전했습니다.

언제쯤이면 영어와 독일어, 불어, 이탈리아어, 심지어 라틴어와

■ 난학 네덜란드 문화에 관한 학문.

희랍어까지 포함하는 서양 언어의 문헌에 중국어 번역의 수가 서양의 현 발전단계의 10%, 20%, 30%에 달할 수 있을지 한번 생각해보십시오. 이는 대단히 느리고 지난한 노정이라, 세기 단위로 계산해야 될지도 모릅니다. 경전의 해석에 비추어보면 지난 백 년 동안의 서구화 운동은 이제 막 걸음마 단계에 이르렀다고 할 수 있습니다. 때문에 당시 사람들은 이러한 견해가 상당히 단편적이라고 여겼음에도 불구하고 후스 선생 같은 이들은 자신의 선배인 천쉬징(陳序經)이 제시한 전반서화를 지지했던 것이지요. 당시 그들이 이러한 관점을 제시했던 것은 중국 문화의 구조적 타성이 너무 컸기 때문입니다. 즉 전반서화라고 말하기는 하지만 모든 역량을 기울여 번역한다 해도 실제 성과는 10% 또는 20%에 불과하다고 할 것입니다. 그런데 만일 40%나 50%의 역량으로 서구화를 추진한다면 실제 성과는 아마 10%나 5%에 그칠 것입니다. 따라서 이것은 일종의 책략적 고려라 할 수 있습니다. 지나친 전반서화로 인해 오히려 일을 그르치는 교왕 과정(矯枉過正)의 결과에 이르는 것이며, 실제 문화의 유통과 서양에 대한 중국의 이해라는 측면에서 볼 때 이 길은 아직도 느리고 멀기만 하다고 할 수 있습니다. 우리가 이해하는 서양은 여전히 상당히 일방적입니다. 따라서 서구화로부터 현대화를 거쳐 세계화에 이르기까지 서구화는 하나의 뿌리이자 출발점입니다. 이러한 각도에서 본다면 이 임무는 대단히 어렵고도 막중한 것이지요.[1)]

1920, 30년대, 즉 1919년부터 1949년까지 중국의 《신보(申報)》에

(1) 철학을 예로 들면, 서양의 주요 사상가 가운데 마르크스와 엥겔스를 제외하고 전집이 중국어로 번역된 예는 극히 드물다. 이는 일본학계와 비교해본다면 더욱 우려스러운 일이 아닐 수 없다.

서는 몇 차례 전국적인 대변론이 벌어졌지만, 문헌 파악이 쉽지 않아, 40년 동안 홍콩과 타이완, 대륙 지식계로부터 전혀 주목받지 못했습니다. 타계한 베이징대학의 뤄룽취(羅榮渠) 선생은 일찍이 이런 변론의 자료를 수집하여 '서구화와 현대화'라는 제목의 책으로 엮어 낸 바 있습니다. 이 책에 따르면, 당시 세 차례 유명한 논쟁이 있었으며 뛰어난 학자들 상당수가 참여했습니다.[2]

제1차 대변론의 주제는 중국의 현대화와 서구화가 농업을 위주로 해야 하는가 아니면 공업을 위주로 해야 하는가였고, 제2차 대변론의 주제는 중국의 현대화와 서구화가 사회주의 모델을 위주로 해야 하는가 아니면 자본주의 모델을 위주로 해야 하는가였습니다. 그리고 제3차 대변론의 주제는 중국의 현대화와 서구화가 중국 문화를 본위(本位)로 해야 하는가 아니면 전반서화를 위주로 해야 하는가였습니다. 변론을 살펴보면 그 중 상당수의 논쟁 수준이 1960년대 타이완에서 진행된 중서(中西) 문화 논쟁이나, 1980년대 중국 대륙에서 벌어졌던 전반서화 논쟁 수준을 훨씬 뛰어넘는 것이었습니다. 더욱 주목할 만한 사실은 제가 1962년 미국에서 유학할 당시 하버드대학의 파슨스 교수가 '현대화(Modernization)' 개념으로 '서구화'라는 단어를 대체하자고 제안했다는 것입니다. 현대화로 서구화(Westernization)를 대체하는 것은 1950년대 후반에서 1960년대 초반에 걸쳐 미국에서 시작된 흐름이었습니다. 다시 말해서 현대화이

(2) 안타깝게도 몇몇 학자들이 일찍이 고명한 견해를 제시하기도 했으나 도리어 지식계에서는 우담바라가 잠시 나타났다 사라지듯 아무런 흔적도 남기지 못했다. 군벌이 할거하고 전쟁이 빈번하던 민국 시기에 학술이 축적된다는 것은 매우 어려운 일이었음에 틀림없다. 붓을 버리고 전쟁터로 뛰어들거나 이처럼 쫓겨나는 지식인들이 비일비재했기 때문이다.

론은 제2차 세계대전이 끝난 이후에야 나타난 것이라고 할 수 있지요. 당시 우리는 모두 이 이론을 받아들였습니다. 하지만 만약 뤄롱취가 편집한 1919년에서 1949년 사이의 중국관련 논쟁자료를 본다면 우리는 '현대화'라는 개념이 20세기 초에 이미 제시되었을 뿐만 아니라 격렬한 토론조차 이루어졌다는 사실을 알 수 있습니다. 예를 들면 후스 선생은 처음 전반서화를 제창한 이후로 여러 차례 사고의 변화를 거쳐 본래 자신의 의견을 수정하고 '충분한 현대화'를 제창했습니다. 펑유란 선생은 당시 《신원인(新原人)》이라는 책을 저술했지요. 이 책은 이른바 '정원육서(貞元六書)'[3)]에 포함되어 있습니다. 그는 중국이 서구화되어야 하지만 그것이 반드시 서양의 종교전통을 받아들여야 하는 것은 아니라는 점을 지적했지요. 가령 우리가 기독교를 받아들이지 않는다고 해도 여전히 서구화는 가능합니다. 때문에 펑유란은 중국이 현대화되어야 하지만 그것이 반드시 서구화를 의미하지는 않는다고 말했던 것입니다. 당시 지식인들이 중국에서 벌인 토론에서도 이미 서구화와 현대화를 구분했던 것이지요.

1950년대 서양의 현대화이론이 미국에 출현한 이후 이 이론은 서구는 물론 세계 각지에 커다란 영향을 미쳤습니다. 이러한 공통된 인식이 있다는 전제하에서 이른바 현대화 또는 현대성(Modernity)을 지향하는 현대화는 서로 불가분의 관계에 있는 네 가지 요소를 포함합니다. 그것은 다름 아닌 시장경제, 민주정치, 시민사회 그리고 개인의 존엄이지요. 저는 지금 이른바 개인주의, 즉 개인의 자주

(3) 육서는 《신리학(新理學)》(1939), 《신세론(新世論)》(1939), 《신세훈(新世訓)》(1940), 《신원인(新原人)》(1943), 《신원도(新原道)》(1944), 그리고 《신지언(新知言)》(1946)을 말한다. 이른바 '정원(貞元)' 이라는 것은 《역경》의 원형이정(元亨利貞)의 전고를 취한 것이다.

와 독립, 존엄을 포함하는 개인주의에 대해 설명하고자 합니다.

현대화된 사회에 시장경제의 메커니즘이 없다는 것은 상상하기 어려운 일입니다. 활기가 없는 시장경제에는 현대성이 존재하기 어렵기 때문이지요. 소련의 해체와 중국의 개혁개방을 통해 시장경제가 이미 현대화의 지표가 되었음을 분명하게 알 수 있습니다. 이런 이유로 다보스에서 개최된 '세계경제포럼'에서도 경제의 현대화는 현대 자본주의의 중요한 지표라는 의견이 제시되었던 것이지요. 물론 이러한 논점은 논쟁의 여지가 있지만 이를 확신하고 있는 이론가 또한 상당합니다.[4]

이 밖에 현대화된 사회가 민주사회가 아니라는 것 또한 상상하기 어렵습니다. 하지만 민주주의에도 다양한 유형이 있습니다. 예컨대 프랑스의 혁명식 민주주의가 있는가 하면, 영국의 전통이 점차 변화한 민주주의도 있으며, 독일의 강렬한 민족주의적 민주주의도 있고, 시민사회가 특별히 발달한 미국식 민주주의도 있습니다. 하지만 선거와 다당제, 국민 참여 등과 같은 여러 공통점도 있지요. 민주주의를 지향하지 않는 현대성의 발전은 불가능합니다.

이른바 시민사회란 대부분의 사회 발전동력이 중앙정부의 통제를 받지 않는 매체의 역량과 민간역량, 기업역량, 종교역량 그리고 기타 각종 단체의 역량과 다양한 풀뿌리 조직과 민간사회의 운동을 말합니다. 예컨대 환경보호운동이나 여권운동, 소수민족 권익운동 등

(4) 다보스에서 열린 '세계경제포럼'은 줄곧 자유시장경제가 전 세계에 극단적인 빈부 격차를 조성한다는 의견을 지지했으나, 물이 불어나면 배가 올라가듯 종합적으로 보자면 재물과 부를 창조하는 것이 결국엔 빈곤에서 벗어나는 좋은 방법이긴 하지만 최근 3년 동안 이런 낙관적인 논조는 엄중한 비판을 받은 바 있다.

이 이에 해당하지요. 이러한 운동들은 단순히 출현한 것에 그치지 않고 다양하고 풍부한 내용을 보여주었습니다. 그리고 모두가 정부로부터 비교적 독립적일 뿐만 아니라 중앙정부에 압력을 행사함으로써 전체적인 국력을 크게 증가시키는 데 이바지했지요. 이러한 메커니즘이 존재해야 비로소 활기있는 시민사회라 할 수 있습니다. 물론 전 세계를 대상으로 한다면 진정으로 활기있는 시민사회는 찾아보기 어렵습니다. 1989년 이탈리아에서 교황이 직접 참여한 학술 토론회에 참석한 적이 있습니다. 이 자리에 모였던 영국과 독일, 이탈리아, 프랑스 그리고 폴란드를 포함한 서구의 학자들은 한결같이 진정으로 시민사회를 충분히 구현한 지역은 서구가 아니라 미국이라고 판단했습니다. 19세기 중반 토크빌(A. Tocqueville)은 미국을 여행하면서 미국의 민주주의가 매우 특수하다는 사실을 발견했습니다. 그 중 가장 두드러진 특징은 바로 시민운동이 유럽보다 훨씬 활발하다는 점이었지요. 헤겔의 표현을 빌자면 시민사회의 활동공간은 가정의 상위, 정부의 하위에 있습니다. 이렇게 보면 동아시아의 시민사회는 유럽(하버마스로 대표되는 독일)만 못하다고 할 수 있지요. 만일 시민사회가 발전하지 못한다면 현대성은 출현하기 어려울 겁니다. 그리고 개인의 존엄을 망각해서도 안 되겠지요.

시장경제와 민주정치, 시민사회와 개인의 존엄을 안내자로 삼는데서 혹자는 최대성의 본질적인 특성의 이면에 더 많은 가치가 숨어있을 수도 있다고 말합니다. 이러한 예는 중국에서 분명하게 드러났는데, 5·4운동 이후 끊임없이 강조된 과학과 민주주의는 현대성에서 빼놓을 수 없는 주요가치입니다. 사실 5·4 신문화 운동 초기에 유행한 가치 가운데에는 과학과 민주주의 외에 자유와 민주주의도 있었습니다. 하지만 과학과 민주주의가 제시된 이후로 자유와 인권은 점차 냉대를 받기 시작했지요. 하지만 세계의 커다란 흐름에서 보자면 자유, 특히 언론의 자유와 도구적 합리성, 법치, 인권 등은 모두 현대성을 구현하는 기본가치입니다.

2. 중화민족이 겪어온 현대화의 대가

사실 거시적 관점으로 볼 때 중화민족은 아편전쟁 시기부터 거의 선택의 여지가 없는 발전의 길을 걷기 시작하여, 서구화와 현대화를 거쳐 같은 뿌리에서 나온 세계화에 이르렀습니다. 현단계 중국의 지식인들에게는 이 과정이 더욱 적극적으로 진행되고 있으며 또 대단한 노력들을 하고 있습니다. 이에 많은 자유주의 학자들은 중국의 개혁개방을 지지하면서 개혁개방과 시장경제, 세계무역기구 가입과 세계화 진입을 비난하는 태도를 용인하지 못하는 것입니다. 그러나 현대성과 현대화를 보다 전면적으로 고찰해보면 신좌파가 누차 강조했듯이 분명 대가(代價)의 문제가 따릅니다. 현대화를 실현하기 위해서는 상당한 대가를 지불해야 하는 것이지요. 이는 단순히 중화민족의 대가에 그치는 것이 아니라 인류문명의 대가가 될 것입니다. 이처럼 무거운 대가는 국제사회 구성원이라는 거시적 관점을 통해 엿볼 수 있습니다. 우리는 세계 전체의 시야 속에서 중국을 바라보아야 합니다. 우리는 '충분한 세계화'를 지향할 수도 있지만 그럴수록 빈부 격차는 커질 것입니다. 특히 극빈층(1인당 하루 생활비가 1달러에 불과한 생활조건)의 수는 결코 줄어들지 않을 것입니다. 생태

환경 파괴 또한 매우 심각해질 것이고, 그 밖에 자원의 부족과 소비가 가져오는 일련의 문제들 역시 발생할 것입니다. 중국 대륙에서 개최된 한 학술 토론회에서 지셴린 선생은 뼈 있는 농담으로, 20세기의 많은 전쟁이 석유로 인해 발생했다면 21세기의 전쟁은 수원(水源) 쟁탈로 인해 발생할 것이라고 예언한 바 있습니다. 생태계 파괴로 우리가 상당한 대가를 치르게 될 수도 있음을 암시하는 지적이지요.

이런 이유 때문에 서양의 계몽주의적 가치를 대표로 하는 현대성이 중국에서 곤경에 처했을 뿐 아니라 세계 각지에서 숱한 비판을 받고 있는 것입니다. 중국 대륙에서의 신좌파의 출현과 자본 분배의 문제, 포스트모더니즘, 해체주의 등의 각도에서 볼 때, 현대 서양 문명은 인류세계가 만들어낸 커다란 곤경에 처해 있다고 할 수 있습니다. 바로 이런 이유 때문에 저는 서구화에서 현대화, 그리고 현대화에서 세계화로의 과정을 하나의 연속으로 간주하지 않습니다. 실제로 그 중간에는 꽤 큰 비약이 있었습니다. 서구화와 현대화의 가장 큰 차이점은 지역관념과 시간관념입니다. 공간관념을 시간관념으로 변화시키는 것은 서양에서 발전해나온 이 모델을 세계의 모델로 전환시키는 것이라 할 수 있는데, 이를 통해 다른 지역에서의 발전도 가능해집니다. 서양에 뿌리를 두고 발생한 것인 만큼 어느 정도 서양의 낙인이 찍혀 있기는 하겠지만, 각기 다른 지역에서 서로 다른 발전 형태를 보일 수 있는 것입니다. 그래서 최근 우리는 미국의 한 문리대에서 '다원적 현대성'이라는 학보의 제목을 주제로 하여 우리가 서로 다른 현대성을 가질 수는 없는가 하는 문제를 제기한 바 있습니다.[5] 사실 이러한 발상은 우리 모두 익히 들어 알고 있는 것이지만 서양에서는 여전히 커다란 논쟁거리로 남아 있지요. 일본과 중국 연해지역 및 홍콩, 타이완, 한국 등을 포함한 동아시아 사회는 모두 각자가 어떤 것을 지표로 삼고 있는지에 상관 없이 어느 정도 현대성이 두드러진 문명입니다. 이들 지역들이 갖추고 있는 시장경제와 민주정치, 시민사회와 개인의 존엄 등은 모두 현대성의 요소인 만큼, 모두가 서양 문명의 영향을 깊이 받았다고 할 수 있지요. 하지만 각자가 구현하는 생명의 양상은 서양의 여러 지역들과 크게 다릅니다. 다시 말해서 서양의 영향을 받은 것은 사실이지만 그 구체적인 형태에서는 제각기 다른 양상을 보이고 있기 때문에 현대성과 서구화는 동일한 개념이 될 수 없으며, 현대화는 서로 다른 문화형태를 가질 수 있다는 것이지요.

세계화와 현대화는 어떻게 다를까요? 저는 그 둘 사이에 아주 큰 차이가 있다고 생각합니다. 그렇다면 어떤 차이가 어디에 존재하는 것일까요? 1950, 60년대에 현대화를 토론할 때는 절대다수의 사람들이 현대화란 일종의 동질화 과정이기 때문에 수많은 문화와 지역, 제도, 조직, 정치문화의 차이가 해소될 것이라고 생각했습니다. 하지만 세계화 단계에 진입한 이후에도 상황은 별로 달라지지 않았지요. 즉 세계화가 정체성을 크게 강화시키고 지역성을 더욱 심화시켰다는 것입니다. 따라서 세계화가 오히려 지역화를 초래했다고 할 수 있지요. 비유를 들어 설명하자면 세계화와 지역화는 사실상 쌍둥이 형제로서 완전히 하나로 연결되어 있다고 할 수 있습니다. 세계화로 인해 각 지역의 상황 변화가 초래되었다는 것이지요. 다른 각도에서

(5) *Multiple Modernities*, *Daedalus*, Winter 2000.

말하자면 지역성의 강화와 세계화는 동시에 진행되는 과정입니다. 따라서 최근 20, 30년 사이의 세계화의 출현이 서양, 즉 미국과 서유럽 등 발전이 비교적 빠른 국가들로 하여금 서구를 위주로 하는 근원의식을 점차 강화시켰으니 다른 지역들은 더 말할 필요조차 없겠지요. 근원의식이란 무엇을 말하는 걸까요? 언어와 성별, 연령, 지역, 계층 또는 계급, 더 나아가서 신앙에 이르기까지 모두가 근원성입니다.[6] 우리는 일상생활에서 부딪치는 기본문제, 예컨대 집단 문제 같은 것들을 잘 해결해야만 합니다. 가령 미국이 흑인과 백인의 관계를 잘 해결하지 못한다면 미국은 연방 상태에서 분열을 향해 나아가게 될 것입니다. 또한 캐나다가 영어와 불어의 관계를 제대로 해결하지 못한다면 지금의 형세는 크게 달라질 수 있겠지요. 성별의 문제는 동아시아에서는 그다지 강렬한 반응을 보이지 않지만 서구와 미국에서는 아주 중요하게 받아들여지고 있습니다. 이 모든 것이 전체 구성원의 생활환경과 권력구조, 인간관계, 더 나아가 개인 생명에 대한 이해이지요. 예컨대 미국 사회의 최대 쟁점 중 하나가 바로 여성이 아이를 낳을 권리가 있느냐 하는 등의 선거와 생존의 문제입니다. 이러한 문제의 등장은 전 세계의 직업과 권력구조, 생활환경 등에 모두 충격을 주었지요.

이전에는 모두들 30년을 한 세대로 간주했지만 이제는 10년이 한 세대인 셈입니다. 심지어 형제 자매 사이, 대학교 1학년과 4학년 사이에도 세대 차이가 존재하지요. 지역과 주권의 문제 또한 전 세계에 보편적으로 나타나고 있습니다. 주권을 갖고 있는 모든 지역이 유엔 회

(6) 나는 이 주제에 대해 오랫동안 관심을 가져왔으며 여러 차례에 걸쳐 반복적으로 강조해왔다.

원국으로 가입할 수 있게 해달라는 요구를 유엔이 받아들인다면 그 회원국 수는 백여 개에서 1,000~2,000개, 심지어 3,000~5,000개까지 늘어날 것입니다. 이어서 계급과 남북 문제를 살펴볼까요. 이전까지 우리는 남북 문제가 바로 세계의 문제라고 생각했습니다. 북방이 일본을 포함한 서양을 대표하고, 그 나머지를 남방으로 구분했던 것이지요. 하지만 이제는 북방 안에 남방이 있고 남방 안에 북방이 있다는 사실을 발견하게 되었습니다. 지역과 국가, 나아가 동일한 지역이나 대학 내에도 남북 문제가 존재하지요. 예컨대 필자가 소속된 대학의 상대(商大)는 '북방'이고 문리대는 '남방'에 해당합니다. 이전에 우리는 민족 및 종교 문제의 충돌을 염려하곤 했습니다. 예컨대 이슬람교와 기독교, 또는 이슬람교와 유대교 사이의 충돌이 바로 그것이지요. 하지만 지금은 모두들 종교 내부의 충돌을 우려하고 있습니다. 서로 다른 종교 간의 충돌 외에 종교 내부의 충돌이 때로는 더 엄중할 수 있지요. 예컨대 라빈 총리를 암살한 유대교 내부의 원리주의자들이 바로 이러한 우려의 대상이지요. 원리주의자 유대교도와 자유주의자 유대교도의 갈등은 유대교도와 이교도의 갈등을 훨씬 능가합니다. 심지어 평화를 중시하는 불교계 내에서도 이런 문제가 존재하지요. 또한 신흥종교의 흥기가 테러의 발생에 도화선으로 작용하기도 합니다. 이 점은 일본에서 가장 두드러지게 나타났지요.

요컨대 민족과 언어, 성별, 나이, 지역, 계층, 신앙 등의 근원적 문제들이 세계화 과정에 제각기 그 위력을 드러내고 있는 것입니다. 판강(樊綱)과 함께 참가했던 세계경제포럼에서 원래는 경제를 위주로 하여 전 세계의 일체화를 추구하는 비정부기구의 영향력이 가장 켰습니다. 2천 개 이상의 다국적기업이 이 포럼에 참가했기 때문이지요. 하지만 2년 전 개최됐던 회의에서는 21세기 종교 문제가 가장 큰 토론주제로 부상했습니다. 21세기에는 종교 문제가 점점 단순해질 것인가(예컨대 우리는 인류문명의 발전이, 미신적 종교가 형이상학적 철학을 거쳐 과학이성에 도달하는 과정을 거쳤으며, 그 단계에 도달한 뒤에는 철학이든 종교든 간에 더 이상 쟁론의 필요성이 사라지게 된다고 믿었습니다), 아니면 21세기 세계화의 발전이 종교 문제를 더욱 부각시킬 것인가 하는 것이 주요화두였지요.

3. 중국의 부활에 담긴 문화정보

이처럼 복잡한 세계화의 구도 아래에서 우리는 중국의 흥기와 중화민족의 재기에 대해 어떤 기대를 할 수 있을까요? 만일 이러한 경제 현상이 정치적·군사적 의미를 담고 있다면 심층적인 문화정보도 담겨 있지 않을까요? 저는 중국의 지식인들에게 이런 질문을 던지고 싶습니다. 나아가 중국에 대해 깊은 관심을 보이고 있는 일본과 한국 그리고 세계 각지의 지식인들에게도 묻고 싶습니다. 이러한 현상의 배후에는 어떠한 문화정보가 내포되어 있는 걸까요? 사실 미조구치 교수의 발언 속에는 현대 일본 지식인의 시각에서 이 문제를 다룬, 지극히 심각하고 절박한 사유가 담겨 있습니다. 중화민족의 재기가 이른바 현대 선진국들에 위협이 되어선 안 된다는 것이 저의 최소한의 요구입니다. 서양에게 중국은 어디까지나 협력 파트너입니다. 클린턴 대통령 시절 미국은 중·미 관계를 전략적 협력 파트너

관계로 규정했으나 부시가 당선된 이후로는 전략적 경쟁 파트너 관계로 변하고 말았습니다. 경제적 측면에서 말하자면 중국보다 발전이 더딘 지역, 예컨대 남아시아나 라틴아메리카, 아프리카 같은 지역에서는 자원에 대한 공유가 자원의 쟁탈을 의미하지 않습니다. 저는 이것을 화(禍)가 아니라 복(福)이라고 생각합니다. 물론 중국 정부와 국민들이 바라는 건 중국이 부강하고 안전한 국가가 되는 것이지요. 중국은 또한 세계의 다른 국가들, 특히 동북아와 동남아의 인접 국가들과 우호적 발전 관계를 구축할 수 있기를 희망하고 있습니다. 최근 중국은 일본, 한국 등과 함께 동남아국가연합(ASEAN)에 참여하기를 희망하고 있지요. 몇 년 전 마하티르도 이와 유사한 제의를 한 적이 있습니다. 하지만 일본과 한국은 미국의 압력으로 인해 가입하지 않았지요. 1997년 아시아 금융위기 때, 미국 등 서양 국가들은 한국의 금융위기에 대해 어떠한 책임도 지지 않았습니다. 태국과 인도네시아, 말레이시아 등도 같은 운명을 겪어야 했지요. 중국은 튼튼한 인민폐(人民幣)에 의지하여 간신히 난관을 벗어날 수 있었습니다. 이번 아세안 회의는 한국의 김대중 대통령이 제안한 것으로 중국과 일본의 동의를 얻어냈지요.

우리는 아시아태평양 지역이 공동의 발전을 이루어 평화적 질서를 형성할 수 있기를 희망합니다. 하지만 이러한 이상이 현실화되기에는 여전히 많은 어려움이 있습니다. 이와 관련하여, 중화민족의 재기가 국제사회의 게임의 법칙을 재정립할 수 있을 것인가 하는 것이 커다란 문제이지요. 지난 150여 년 동안 중화민족은 '남이 칼이고 내가 생선이 되는' 굴욕과 공격, 상해, 유린의 과정을 겪었고, 대부분의 사람들이 무능하고 무력하며 무기력하다고 느끼는 비통한 세월을 경험했습니다. 깊고 두터운 문화전통을 지닌 국가가 1839년부터 1949년까지 10년마다 한 차례씩 뿌리를 뒤흔드는 충격 또는 격변을 겪었던 것입니다. 2천만 명이 휘말렸던 태평천국운동과 일련의 불평등조약에서 시작하여, 중일전쟁 이후 제2차 세계대전의 참상과 일본의 침략을 거쳐 다시 국공내전이 1949년까지 이어졌습니다. 1949년에서 1979년까지 30년 동안 거의 5년에 한 번씩 거대한 변화가 일어났지요. 한국전쟁이 끝나자마자 대약진운동이 벌어졌고, 곧이어 3년간의 대기근 그리고 집체화운동이 이어졌으며, 이는 다시 '문화대혁명' 전기와 후기로 이어졌습니다.

서양 언론이 제기하는 '중국 위협론'의 근거는 이렇습니다. 중국인들은 지난 수세기 동안 내부 분쟁과 외부 제국주의로부터의 굴욕을 경험했기 때문에 그들에게는 두 가지 심리가 뿌리 박혀 있다고 생각합니다. 하나는 보복이고 다른 하나는 탈권(奪權)이라는 것이지요. 중화민족의 재기는 바로 이런 두 가지 심리를 강하게 반영하고 있다는 겁니다. 구체적으로 말하자면, 첫 번째 심리태도는, 이제 다시 일어선 중국인들은 과거에는 '남이 칼이고 자신들이 생선이었지만' 이제는 더 이상 외세로부터 업신여김을 당하지 않겠고, 심지어 네가 나를 한 대 치면 나는 세 배로 갚아주겠다는 것입니다. 또 이제는 중국인들에게 세계무대에서 발언할 수 있는 힘이 생겨서 "이제는 설사 내 목소리가 너보다 크지 않더라도 반드시 내 목소리를 내고야 말겠다. 그러니 내가 입을 열지 못하도록 막지 말아라." 하고 외치고 있다는 것입니다. 이러한 생각은 일종의 자만심이자 통한이라고 할 수 있습니다. 이는 심각한 왜곡임에도 불구하고 상당히 보편적인 양상을 보이고 있지요. 그러면서도 서방 언론들은 중국보다 발달하지 못한 국가들에 대해서는 여전히 오만과 무지를 드러내고 있습니다. 이들은 미국과 마찬가지로 9·11 사건 이후 지금까지 심층적인 반성이 없었습니다. 9·11 사건의 발생이 미국 정치문화의 오만과 무지와 아무런 관련도 없는 걸까요? 저는 그렇지 않다고 생각합니다. 하지만 미국 사회의 동력은 매우 광범위합니다. 때문에 정치문화에서의 오만과 무지 또한 계속 악화되지만은 않을 것입니다. 시기와 미움의 감정은 협애한 민족주의에 이르게 되는데, 오늘날의 중국은 다분히 이러한 토양을 갖추고 있습니다. 저는 이것이 현실로 나타나지 않기를 간절히 바랍니다.

또한 중국은 내부 소모(內耗)가 상당히 심각합니다. 중화민족의 재기와 중국의 흥기를 위해서는 최소한 내부 문제로 제약을 받아선 안 될 것입니다. 하지만 실제로 내부 소모의 사례는 너무나 많습니다. 가장 위험한 내부 소모 중 하나가 바로 양안관계(兩岸關係)* 이지요. 원래 중화민족은 2천여 년의 문명을 유지해왔고 아편전쟁 이후로는 확실하게 해양중국의 길을 걸어왔습니다. 하지만 이제 푸른 해양에 진입한 것이지, 대서양이나 태평양에 진입한 것은 아니지요. 해양에 진입한 이후 중화민족은 다양한 문제에 봉착했습니다. 일본과 한국, 베트남과 타이완 등 여러 국가와 지역 들은 중국 대륙의 구체적인 정황과는 크게 다르지요. 하지만 해양으로 진입해야 한다는 것에는 선택의 여지가 없습니다. 정부의 통계에 의하면, 상하이에 거주하는 타이완인 수가 30만 명에 달하고 비공식적인 추산으로는 50만 명에 이른다고 알려져 있습니다. 타이완은 중국 대륙 최대의

* 양안관계 중국 대륙과 타이완 사이의, 주권과 영토를 둘러싼 정치 문제.

투자자인 셈이지요. 2,300만 타이완 주민 가운데 이미 1천만 명이 대륙을 여행했습니다. 그러다 보니 타이완 경제의 공동화(空洞化) 문제가 바로 눈앞에 닥쳐왔지요. 한족과 소수민족의 내부 소모도 상당히 심각합니다. 중국인들은 소수민족이 중국 전체에서 차지하는 비중은 약 6%에 불과하지만 국토의 3분의 2에 걸쳐 분포하고 있다는 사실을 잘 알고 있습니다. 이처럼 복잡한 문제들은 오로지 문명의 대화를 통해서만 해결할 수 있지요. 특히 주변에 있는 한국과 일본, 베트남 등과 평등하고 호혜적인 대화를 진행해야 할 것입니다.

하지만 이것만으론 부족합니다. 저는 앞으로 중국인들이 배워야 할 대상은 중국 자체가 중심이 되어서도 안 되고, 서구와 미국, 일본 등에 치우쳐서도 안 되며, 인도와 라틴아메리카, 이슬람 국가와 아프리카를 중시해야 한다고 생각합니다. 인도를 중시해야 하는 이유는 무엇일까요? 예를 하나 들어보겠습니다. 인도는 여러 분야에서 중화 문화 발전의 원천 가운데 하나이고, 중화민족은 인도 문화의 수혜자라고도 할 수 있습니다. 인도가 없었다면 불교 또한 없었을 것이고, 불교가 없었다면 송·명의 유학 및 현대 중국의 학술도 없었을 것입니다. 후스 선생은 일찍이 서구화를 주장하면서 이런 말을 한 적이 있습니다. "중화민족은 인도의 영향을 받았기에 서구와 경쟁할 방법이 없다. 가령 인도 불교 문화의 영향을 받지 않았다면 중화민족은 지금 부강해질 수 있었을 것이다"라고 말입니다. 인도 문명은 중국에 전래된 8백여 년 동안 중국 각지에 인도 사원의 흔적을 남겼습니다. 또한 경제학자들은 여러 가지 기본적인 경제제도, 예컨대 은행이나 전당포 등이 모두 중국의 사원문화에서 발전해나온 것이라는 사실을 발견했습니다.

5·4운동 이래로 중국이 제창해온 과학과 민주주의만으로는 현대 사회가 직면한 복잡한 문제들을 순조롭게 해결할 수 없습니다. 저는 1995년 인도철학회의 초청으로 국가강좌(國家講座)를 맡아 인도에 한 달 가량 체류하면서, 타이완과 홍콩을 포함한 중국 전체가 인도를 배워야 하며 점차적으로 인도를 이해해야 한다고 생각했습니다. 이러한 저의 관점에 반대하는 견해도 적지 않았지요. '세계경제포럼'에 막강한 영향력을 행사하고 있는 홍콩 실업가 천치종(陳啓宗, Ronnie Chan)은 저의 견해에 반박하면서, "뚜 교수의 말씀은 제가 들은 얘기 중 가장 황당하군요. 인도에 민주주의라는 것이 있다면 우리는 그런 민주주의를 원치 않습니다. 인도인들도 영어를 사용하지만 영국인들은 그들의 영어를 알아듣지 못합니다. 인도의 정신문명은 온통 미신입니다"라고 말했습니다. 우리가 미국과 일본, 영국, 프랑스, 독일 등 선진국에게서는 배울 수 있지만, 도처에 가난뱅이 투성이인 인도를 배워야 할 필요가 어디에 있단 말인가 하는 것이 홍콩 사람들과 베이징 사람들의 보편적인 심리태도입니다. 그런데 중국의 문화 발전추세를 자세히 살펴보면, 타이완에서 가장 영향력 있는 민간종교는 불교입니다. 특히 타이완 경제가 발전하는 데 불교의 역할이 대단했지요. 타이쉬(太虛)의 인생불교에서 발전한 인순(印順)의 인간불교, 여기서 다시 발전한 성엄(聖嚴), 성운(星雲), 자제(慈濟)의 인간정토는 타이완 최대의 민간조직이라 할 수 있습니다. 예컨대 타이완 대지진이 발생했을 당시 이재민을 구휼하고 사회질서를 유지하는 데 투입된 정부의 힘은 민간의 힘에 미치지 못했습니다. 저는 인도를 이해함으로써 중화민족이 자신의 문화전통 내부의 자원에 대해 새롭게 인식할 수 있으리라 믿습니다. 그렇게 함으

로써 대승불교를 낙오된 정신문명이 아닌 중요한 문화자원으로 활용할 수 있을 것입니다.

중화민족의 재기는 경제와 정치, 군사력에만 의지해서는 불가능하고, 반드시 총체적인 국력, 사회자본, 문화능력 등의 배양을 통해 일반인들이 자신의 문화전통에 대해 체감할 수 있어야만 가능합니다. 또한 양심적이고 이성적인 지식인들이 문화연구에 전념할 수 있도록 적극 격려해야 합니다. 아주 오랫동안 중국의 대학생들은 중국의 문화를 이해하는 것을 자랑스럽게 생각하지 않았습니다. 다행히 1990년대부터 전통자원의 가치가 사회의 공인을 받기 시작했지요. 우리는 지능지수뿐만 아니라 감성지수와 윤리적 지혜 또한 배양해야 합니다. 현재 중국은 심각한 윤리 문제에 직면해 있는데, 이러한 배경 아래에서 계몽적 인문주의에 의해 해체된 유학의 인문정신은 새로운 발전의 계기를 맞고 있습니다. 계몽이 가져다준 서양의 현대성은 두 가지 측면에서 발전할 수 없습니다. 첫째, 계몽의 심리태도는 종교를 이해할 수 없습니다. 하버마스의 학설에서 종교에는 어떠한 지위도 주지 않았다는 것이 이 점을 증명합니다. 둘째, 계몽의 심리태도는 자연에 대한 약탈과 정복에 대해 해석하지 못합니다. 반면 유학의 인문정신은 개인과 사회, 자연과 천도(天道)라는 네 가지 분야에서 전개되지요. 개인과 집단 간의 건전한 상호작용, 인류와 자연의 지속적인 조화, 나아가 인심(人心)과 천도의 상호보완에서 발전되어나온 인문적 시각은 인간의 일상생활과 자연, 종교를 이해하기 위한 중요한 참고자료로서의 가치를 지니고 있습니다.

2001년은 유엔이 정한 문명 대화의 해입니다. 아난 사무총장은 문명의 대화를 위한 포럼을 조직했지요. 2001년 5월, 아일랜드의 더블린에서 포럼 위원들이 모여 여러 문명들이 어떻게 대화할 수 있을 것인가 하는 문제에 관해 토론하는 자리에서 독일의 신학자인 한스 큉은 문명의 대화가 유학의 두 가지 기본가치와 이념을 기점으로 발전해야 한다는 의견을 제시했습니다. 첫째는 "자신이 하고자 하지 않은 바를 남에게 강요하지 말라"는 것으로, 대화의 목적은 설득이 아니라 이해이고, 이해의 전제는 자기반성이라는 점을 강조한 것입니다. 둘째는 인도주의 원칙으로, 《논어》에서 말한 "자신이 세상에 도를 세우고 싶으면 먼저 남으로 하여금 세상에 도를 세우게 하고, 자신의 도가 세상에 행해지게 하고자 하면 먼저 남의 도가 세상에 행해지게 하라"는 가르침입니다. 이는 공공의 번영과 발전을 위한 건강한 심리상태입니다.

수천 년의 문화가 축적된 대국이 몇백 년의 굴욕적인 역사를 가졌다고 해서 속좁은 복수심리나 탈권심리에 좌우되어서는 안 될 것입니다. 적어도 지식인이라면 문화를 중시하고 사회에 참여하며 정치에 관심을 가짐으로써 보다 넓은 시야를 지녀야 할 것입니다. 제 관점은 새로운 인생관과 우주관의 출현이 있어야 비로소 중화민족의 재기가 세계에 희망을 가져다주게 될 것이라는 미조구치 교수의 논점과 거의 일치합니다.

이 글은 쉬신지엔(徐新建) 선생이 뚜웨이밍 교수와 스촨(四川)대학의 일부 교수들과의 좌담회 기록을 정리했습니다. 2001년 8월《중외문화와 문론(中外文化與文論)》(54~87쪽)에 처음 발표되었습니다.

06

중화 문명과 세계 문명,

주변과 중심 · 전통과 현대 · 지방과 세계

● 오늘 좌담회의 첫 번째 주제는 '주변비평'에 관한 것입니다. 이 주제는 이른바 '세계화' 담론과 밀접한 관계가 있지요. 이 담론을 빌어서 우리 자신의 이야기를 할 수 있을 것 같습니다. 그런 이유로, 《중외문화와 문론(中外文化與文論)》에 몇 차례에 걸친 대담을 발표하고 있습니다. 지금은 주로 스촨 지역의 일부 젊은 학자들이 의견을 피력하고 있지요. 물론 발표된 의견도 각양각색입니다. 이렇게 하는 데는 몇 가지 의미가 있는데, 첫째 개성있는 의견을 발표하자는 것이고, 둘째 주변 지역 학자들의 의견을 발표함으로써 학술상의 '천하통일'을 타파하자는 것입니다.

언제부터 이런 활동을 해오신 겁니까?

●《중외문화와 문론》의 창간과 동시에 시작했지요.

어느 정도 반응이 있습니까?

● 비교적 반응은 큰 편입니다. 물론 국내 학자들의 반응은 제각기 다른 각도에서 '주변비평'의 의미를 깊이 이해하는 것이지요. 예컨대 베이징대학의 왕이촨(王一川)은 '포스트모던'의 입장에서 주변비평을 이해하고 있습니다. 또 다른 사람들은 주류 이데올로기 구도를 극복한다는 의미에서 주변비평을 강조하고 있지요. '지역문화'의 각도에서 이를 강조하는 학자들도 있습니다. 구이저우(貴州)의 일부 학자들은 "스스로 자신의 목소리를 낸다"는 데 공감을 표하고 있지요. 전체적으로 반응이 큰 편입니다. 하지만 지금은 문화다원화 시대이기 때문에 중국에 전국적이고 보편적인 쟁점이 나타나기는 어렵습니다. 이런 문제가 학자들의 관심을 불러일으킨다는 건 쉽지 않은 일이지요.

반응을 볼 때, 사람들의 관심이 '다원화'와 '일체화', '세계화'와 '지방화'에 집중되어 있는 것 같습니다.

1. '지방화'와 '세계화'

저는 이것이 대단히 의미있는 주제라고 생각합니다. 약 28년 전쯤의 일인데요. 누군가가 소련의 한 사상가를 소개하면서 그가 '러시아 사상사'를 연구하는 학자라고 하더군요. 그런데 그분을 직접 만나 물어보니 자신은 '러시아' 사상사를 연구한 게 아니라 '그루지야(Georgia)' 사상사를 연구했다는 겁니다. 1970년대의 일이었지요. 당시 저는 이 말을 아주 흥미있게 받아들였습니다. 현재의 추세로 볼 때, 이 '지방화'(우선 '주변화'라고 말하지 않겠습니다)라는 것이 이와 유사한 현상을 유발할지도 모르겠습니다. 나중에는 모두들 자신이 '중국 문화'를 연구하는 것이 아니라 '파촉(巴蜀)■ 문화' 또는 '영남(嶺南)■ 문화', '오(吳)■ 문화', '동북(東北)■ 문화', 심지어 '해외 문화'를 연구한다고 말할지도 모르지요. 이는 대단히 흥미로운 문제입니다. 제가 원래 제기했던 '문화중국'이라는 개념은 '정치중국'과 '경제중국'에 대응하기 위한 것이었습니다. '문화중국'의 중심 역시 대단히 다원적이지요. 창조적 문화를 가진 지방이면 어디든 중심이 될 수 있습니다. 예컨대 한동안 국외 도교 연구의 중심은 파리였습니다. 때문에 도교 연구에 관해 얘기할 때면 모두들 파리를 떠올리곤 했지요. 지금의 파리는 이미 '중심으로서의 지위'를 상실했지만 말입니다. 이른바 '중심'이라는 것은 얼마든지 변할 수 있습니다. 때문에 그때 제가 제시했던 관점이 바로 '주변으로 중심을 삼는다'는 것이었습니다.

● '지방담론'과 '지역담론'은 실제로 충분히 중시되지 못했습니다. 현재 중국 문화의 구도로 볼 때, 여전히 베이징과 상하이 등 대도시들이 문화의 주도적 지위를 점하고 있지요. 기타 수많은 '주변지역'들의 목소리는 대단히 미미한 실정입니다. 때문에 우리는 '주변비

■ **파촉** 지금의 스촨성 지역을 말함.

■ **영남** 오령(五嶺) 남부 일대를 총칭하는 말로, 지금의 광둥성(廣東省)과 광시성(廣西省) 지역을 말함.

■ **오** 전국(戰國)시대 12열국 가운데 하나로, 지금의 장수성(江蘇省) 남부와 저장성(浙江省) 북부 지역을 말함.

■ **동북** 산둥성(山東省)과 랴오닝성(遼寧省), 지린성(吉林省), 헤이룽장성(黑龍江省) 등지를 말함.

평'을 제창하여 문화의 다원구조를 형성하고자 하는 것입니다.

이는 배경의 문제와도 연관되는 사안이지요. 국제적인 시각에서 보자면 제 동료인 헌팅턴이 제시한 '문명충돌론'이 커다란 영향력을 발휘하고 있는 상황입니다. 저는 그와 여러 차례 토론을 벌인 적이 있습니다만 최근에는 그의 관점에 약간의 변화가 생겼습니다. 그는 비교적 문명의 대화를 받아들이는 편이지요. '문명의 충돌'은 상당히 위험하기 때문에 '문명의 대화'가 필요하다는 겁니다. 헌팅턴이 제시했던 견해의 장점은 '문화의 다원성'을 강조한 것입니다. 그런데 이러한 문화 다원화의 배후에는 전제가 하나 있는데, 이것은 미국의 엘리트 사회에 대단히 유리한 것입니다. 그것은 미국이 아무리 강하다고 해도 완전한 동질화는 이루어질 수 없다는 것이지요. 다시 말해 세계화는 동질화 과정이 아니라는 겁니다. 미국은 세계에 다른 문화들이 존재한다는 사실을 인정하고, 이들과 평화공존을 해야 한다는 것이지요. 지금의 서양 문화는 기독교 위주의 문화입니다. 그 가운데는 당연히 미국의 프로테스탄티즘도 한 축을 이루고 있고, 유럽과 기타 지역의 교파들도 한 부분을 형성하고 있습니다. 예컨대 라틴아메리카의 천주교나 러시아의 그리스정교 같은 것이지요. 이 모든 것들이 바로 대화의 기초인 셈입니다.

● 중국 영토 안에서는 홍콩도 아주 특별한 사례로 간주해야 할 것 같습니다. 홍콩은 아주 오랫동안 주변이었지만 그 성격상 일종의 '쌍방향적 주변'이었지요. 영국에 대해서도, 중국 내지에 대해서도 주변이었습니다. 이러한 '이중 주변성'으로 인해 하나의 교차점이

될 수 있어서 '주변'이 오히려 더 중요한 의미를 가질 수 있는 것이지요. 수많은 새로운 문물이 서로 모이는 과정에서 충돌을 일으키곤 합니다. 한편으로는 세계화의 의미를 가지면서, 다른 한편으로는 문화 창신(創新)의 의미도 갖는 것입니다.

일본은 어떻습니까? 일본은 유교 문화에 속하지 않나요? 수많은 일본인들이 자신들은 유교 문화와 관계가 없다고 말합니다. 때문에 미국은 지금 어떻게 해서든 일본을 끌어들여 서양의 일부분으로 삼고, 남아시아와 아프리카 등은 잠시 고려대상에 넣지 않으려 하는 것이지요. 남아시아나 아프리카는 힘이 약하기 때문입니다. 이렇게 볼 때, 진정으로 미국을 상대로 비판을 하거나, 대등한 위치에서 대응할 수 있는 세력은 '유교 문화권'과 '이슬람 문화권'밖에 없습니다. 지금 미국이 가장 우려하는 것도 바로 이 두 문화권의 연합이지요.

바로 이런 이유 때문에 이슬람의 유명한 사상가인 나스(Nasr)는 1995년 저와 만난 자리에서 "우리는 손을 잡아야 할 것이 아니라 대화를 해야 한다"고 역설했던 것입니다. 덕분에 케임브리지에서 개최된 제1차 '이슬람-유교 대화모임'은 대단히 성공적이었습니다. 이 모임이 성공을 거둔 덕분에 말레이시아의 친구들이 자발적으로 저를 찾아와 '이슬람과 유교의 대화' 문제를 놓고 토론할 수 있었고, 또 말레이시아 화교들을 위해 아주 커다란 문화 발전공간을 조성할 수 있었습니다. 말레이시아의 가장 지배적인 신앙은 이슬람교입니다. 이런 나라가 다원화로 나아가는 것이 가능할까요? 이러한 '매듭'들을 잘 풀어내기만 한다면 동아시아 전체에 커다란 도움이 될 수 있을 것입니다.

유대 문화에도 이와 유사한 부분이 있습니다. 지금 우리는 유대 문화를 '디아스포라(Diaspora)'■라고 부르고 있습니다. 유대 문화는 2천 년 전에 조국을 잃으면서 세계 각지로 흩어져버렸기 때문이지요. 그래서 유대인들은 서로 만날 때마다 "다음 해에 예루살렘에서 다시 만나자(Next year in Jerusalem)"라고 말하는 겁니다. 2천 년 이래로 예루살렘은 유대인들의 땅이 아니었다가 1945년 이후 이스라엘이 건국하면서 모든 사정이 바뀌었습니다. 이스라엘에 있는 유대인 수는 멀리 미국 뉴욕에 있는 유대인 수보다 훨씬 적습니다. 때문에 미국에 있는 유대인들의 영향력이 훨씬 더 클 수밖에 없지요. 하지만 미국의 유대인들은 이스라엘의 정서를 지니고 있기 때문에 미국의 정책에는 이스라엘에 대해 무척 우호적인 경향이 있습니다.

그럼 이제 다시 유대인과 중국인을 비교해볼까요. 양자의 가장 큰 차이는 중국인들에 대한 '조국'의 흡인력이 특히 강하다는 것입니다. 이전에 해외에 거주하던 화교들은 대부분 '낙엽귀근(落葉歸根)'을 갈망하면서 자신이 조국으로 돌아가지 못하면 유해라도 조국에 묻히기를 원했지요. 이에 비해 유대인들의 응집력은 전적으로 문화와 종교에, 특히 종교에 의존하고 있습니다. 때문에 전 세계의 유대인들이 강한 단결력을 보이고 있는 것이지요. 세계 어느 곳에서든 유대인들을 차별하거나 박해하면 유대인들은 반드시 단결하여 엄청난 힘을 과시합니다. 현재 세계 각지에 흩어져 살고 있는 중국인들

■ **디아스포라** 로마제국으로부터 박해를 받던 유대인들은 70년 제1차 유대전쟁을 일으켰으나 로마에 패하여 예루살렘이 정복당했으며 신전 또한 소실되었다. 135년 제2차 유대전쟁에서도 패하여 유대지역은 황폐해졌고 유대인은 세계 각지로 흩어졌다. 이것을 디아스포라(離散)라고 한다.

은 점차 '낙지생근(落地生根)'으로 변해가고 있는데, 이는 서로 다른 지역에 집단적으로 거주하면서 작은 사회를 형성하고 있다는 것을 뜻합니다. 때문에 최근 10, 20년 사이 들어서야 비로소 '문화중국'이라는 관념이 나타나게 된 것이지요. 이는 세계 각지의 중국인들이 하나의 네트워크로 연결될 수 있다는 것을 의미하기도 합니다. 이전까지 싱가포르나 말레이시아, 인도네시아 등지의 중국인들은 친척이나 친구 사이에만 서로 연계할 수 있었을 뿐, 모든 중국인을 하나로 결집시키는 어떠한 조직도 없었습니다. 지식인 집단의 형성은 말할 것도 없었지요. 우리 세대에서야 비로소 세계 각지의 중국인 지식인들을 하나로 연결하게 된 것입니다.

이러한 상황에서 여러분들이 제기한 '주변 문제'는 대단히 의미있다고 할 수 있습니다. 여러분들이 스촨을 주변이라고 말씀하신다면 '해외'는 더더욱 주변일 수밖에 없습니다. 게다가 어떤 의미에서는 중국도 주변이라고 말할 수 있지 않을까요? 왜냐하면 모든 중요한 담론들이 서양에 의해 독점되고 있으니까요. 그래서 최근 우리는 '지방지식의 세계적 의의'라는 문제에 관해 관심을 갖고 토론을 진행하기 시작한 것입니다. 지금은 세계적 의미를 갖는 '지방지식'의 절대 다수가 서양의 것입니다. 예컨대 파리의 '아날학파(Annales School)'■와 '포스트모더니즘 사조' 그리고 케임브리지에서 출현한 '문명충돌론' 등이 모두 세계적인 담론이 된 것이지요. 사실 이러한 담론들은 모두 원래 지방적 산물이었습니다.

■ 아날학파 1929년 이후 해마다 《사회경제사 연보》를 편찬해온 사학자들이, 랑케로 대표되는 전통사학에 반대하여 새로운 역사관과 연구영역을 주장함으로써 현대 서양 사학에 중대한 영향을 미쳤다.

하버드대 옌칭연구소도 미국의 조직이기는 하지만 동아시아의 정서를 지니고 있습니다. 따라서 인문학의 시각에서 볼 때, 과연 우리 세대 또는 21세기 전반기에 세계적 의의를 갖는 '지방조직'이 동아시아에 생겨날 수 있을까 하는 의구심을 품게 되지요. 이러한 목표를 실현하기 위해서는 지방색과 세계에 대한 관심이라는 두 가지 조건이 필요하다고 생각합니다. 이러한 목표를 실현하는 일은 문을 걸어 잠그고 수레를 만드는 것도, 남들의 지혜를 들고 들어와(나래주의(拿來主義))* 손쉽게 사용하는 것도 아닙니다. 이는 대단히 힘들고 고된 작업임에 틀림없습니다. 일본의 교토 학파나 미국과 인도의 일부 전통적인 지역지식들도 이러한 가능성을 갖고 있다고 생각합니다. 중국의 유교와 도교, 또는 다른 학파도 마찬가지 가능성을 갖고 있지요.

과거에 중국의 불교는 일본과 한국, 베트남 등에 커다란 영향을 미쳤습니다. 이는 지역적인 지식의 '지역화'이기는 하지만 아직 '세계화'되지는 못한 상황이지요. 그러나 오늘날의 불교는 이미 세계 각지로 보급되었습니다. 따라서 유학의 제3기 발전이 이루어진다면 이것의 추진과 변천은 동아시아 문명의 체현이 될 것입니다. 게다가 일단 앞을 향해 추진되기 시작하면 유럽 사회로도 진출하게 될 것이고, 충분히 세계화될 수도 있을 것입니다. 물론 대단히 힘든 작업이기는 하겠지만 말입니다.

● 이 점에서 모든 문제에 대해 새로운 변별과 판단을 내릴 필요가

* 나래주의 뤄쉰(魯迅)이 다른 나라의 문화사조를 아무런 분별 없이 마구 받아들이는 행태를 비판하여 한 말.

있지 않을까요? 우리가 '지방담론의 세계적 의의'에 관해 얘기할 때 실제로는 먼저 '지역적인 지식'이 가능할 뿐만 아니라 그것이 보편타당한 의미를 지니고 있다고 가정하면서, 이처럼 가정된 보편적 의미를 파들어가고 확대해가기를 희망하는 것이지요. 동서양이 줄곧 불평형 상태를 지속해온 것은 서양 담론의 세계화 때문이었습니다. 이제 사람들은 '하나'에서 '여럿'에 이르기까지 세계적 의미를 갖는 수많은 지방성 문물을 발굴해내기를 희망하면서 일종의 관용과 확대의 국면을 이루고 있는 것입니다. 이러한 노력은 지방담론의 보편성을 가정하면서 이를 더욱 강조하는 경향으로 나타나지요. 하지만 세계를 인식하고 인류를 인식하는 과정에서 세계 각지의 독창적인 이론들은 실제로는 근본적인 차이를 보여주고 있습니다. 이러한 '차이'들은 여전히 대화와 연구, 교류의 대상이 될 수는 있지만, 늘 '보편타당한' 수준으로 발전할 수 있는 것은 아닙니다. 중국의 역사전통에는 수많은 약소 지방의 목소리들이 줄곧 노력하고 있는 목표가 있는데, 그것은 다름 아닌 중심으로부터 인정받고 자신들이 갖고 있는 지방성을 초월하는 역량을 발휘하는 것입니다. 사실 이러한 노력의 결과 '대통일(大統一)'을 이루었지만 최종적으로는 '대통일'의 형식을 바꿔 '하나의 중심'을 찾거나 대체하는 것이지요.

때문에 지방문화 연구는 또 다른 흐름을 확보해야 합니다. 그것은 다름이 아니라 사람들이 갖고 있는 이러한 '중심구조'에 대해 반성적 사유를 진행하는 것이지요. 뚜 선생께서는 싱가포르에서 프로젝트를 진행하시면서 '계몽운동' 이후 서양 문명이 세계 문명에 미친 부정적 영향들을 점검해야 한다고 지적하신 바 있습니다. 이는 실제로 서양 문명의 보편화에 문제가 있다는 것을 의미하지요. 저는 이런 관점에서 주변과 중심의 문제를 고찰해보면 뭔가 새로운 돌파구를 찾을 수 있으리라 생각합니다.

주변과 중심의 관계는 대단히 복잡합니다. 또다시 '문화중국'을 예로 들어보지요. 이전에는 '문화중국'이라는 개념이 몇 가지 대단히 상징적인 의미를 포함하고 있었습니다. 첫째는 화인(華人)* 또는 한인(漢人)*을 중심으로 중국 내지와 타이완, 마카오와 싱가포르를 의미하는 것이고, 둘째는 미국과 유럽, 아프리카 등지를 포함하여 세계 각지에 흩어져 있는 중국인을 의미하는 것입니다. 셋째는 혈연관계도 없고 혼인관계도 없는 외국적 사람들이지요. 이들은 서로 다른 언어로 중국을 해석하고 또 이해하고 있습니다.

저는 나름대로 이 '세 가지 세계'가 건강한 상호작용을 할 수 있다는 견해를 갖고 있었는데 이제 와서 생각해보니 너무 순진했다는 생각이 듭니다. 건강한 상호작용을 위해서는 반드시 공통인식이라는 기초가 있어야 합니다. 이른바 '문화중국'은 기껏해야 일종의 '상상의 공동체(Imagined Community)'*인 셈이지요. 첫 번째 개념의 세계에 포함된 소수민족을 어떻게 이해할 것인가 하는 문제는 커다란 도전이 아닐 수 없습니다. 예컨대 티베트를 한번 살펴보지요. 티베트인들은 한(漢)문화에 대해 정체성을 느끼지 못하지만 중화민족의 구성부분임에는 틀림없습니다. 위구르족 가운데 중국어를 사용하지 않는 이슬람교도들 역시 마찬가지 경우이지요. 물론 중국어를 사용

* **화인** 중국 내지의 한족과 소수민족 그리고 해외 화교들을 전부 포괄하는 지역적 개념.
* **한인** 화인 가운데 한족만을 지칭하는 종족적 개념.
* **상상의 공동체** 베네딕트 앤더슨이 민족주의의 허구성을 제기하는 데 사용했던 개념.

하는 회족(回族)의 사정은 또 다른 경우라 할 수 있겠지만, 어쨌든 민족관계는 여전히 복잡한 양상을 보이고 있습니다. 중국의 50여 개 소수민족을 전부 합쳐도 이들이 전체 인구에서 차지하는 비중은 그리 크지 않지만 중국 영토에서 이들이 차지하고 있는 토지의 면적은 대단히 큽니다. 평화공존이 절대적으로 필요한 대목이지요.

또 한 가지, '화인(華人)'의 문제도 있습니다. 싱가포르는 인구의 절대다수가 화인입니다. 하지만 이들은 자신들은 '중국인'이 아니라고 말하지요. '중국인'과 '화인'을 영어로 쓰면 구별이 되지 않습니다. 'Chinese'라는 단어는 '중국인'을 뜻하기도 하고 '화인'을 뜻하기도 하지요. 아주 흥미로운 대목이 아닐 수 없습니다. 때문에 혹자는 '문화중국'이라는 개념을 인정할 수는 있지만 그러기 위해서는 '중국'이라는 단어를 '중화(中華)'로 바꾸어야 한다고 말하기도 합니다. '중국'이라는 단어에는 '중심'이라는 의미가 담겨 있기 때문이지요.

● 중심과 주변, 다원의 문제에서 중화 문명이 세계 문명과 자기 내부를 동시에 대면해보면 일종의 이중성이 존재한다는 것을 발견할 수 있습니다. 한편으로는 자신이 세계 문명의 주변에 처해 있다는 사실을 인식하게 되고, 다른 한편으로는 중국 내부에서도 '다원일체'를 인정하게 되는 것이지요. 중화 문명은 세계 문명 속에서 '일원(一元)'의 지위를 확보하길 원하는 반면 자기 내부의 '다원'의 혼란은 피하려 하고 있습니다. 이는 대단히 복잡한 국면이지요. 학술이론적으로 중심과 주변을 어떻게 정의할 것인지, 지방화와 보편성의 기준이 무엇인지는 깊이있게 연구해봐야 할 과제가 아닐 수 없습니다.

이런 문제를 토론하는 것은 대단히 가치있는 일이지요. 사실은 저도 현단계에서는 수많은 문제들을 고려하고 있지 못한 실정입니다. 아직 '유학의 창신' 문제에 제 연구가 집중되어 있거든요. 하지만 반드시 보다 진일보한 사유가 필요하다고 생각합니다. 유학을 서로 연결되어 있는 일련의 연구대상으로 간주한다면 이를 고립된 과제로 대해선 안 되겠지요.

유학을 일종의 지역적 문화로 간주하는 견해는 받아들일 수 있습니다. 하지만 그것이 어떤 의미에서 지역적인 지식인가 하는 문제는 깊이있게 따져볼 필요가 있지요. 서양의 '포스트모더니즘' 또는 '현대화' 이론도 맨 처음 발전하기 시작했을 때 '지역적인 지식'으로 간주되었을까요? 물론 아닙니다. 때문에 선생의 그러한 분석은 사실 항의성 분석이 되고 말지요. 이러한 항의성 분석은 받아들여지기 어려울 겁니다. 케임브리지의 학자들은 자신들은 세계 전체에 대한 문제를 연구하고 있고, 베이징에서 연구하고 있는 것은 중국의 문제에 불과하다고 말합니다. 그 사이에는 커다란 거리가 있다는 것이지요.

이런 거리는 변화시킬 수 없는 걸까요? 여기에서 권력의 문제가 제기됩니다. 중국 내지의 전위적인 학자들은 '세계화'와 '지방화'의 관계를 서양과 서양 이외의 관계로 규정하고 있습니다. 이러한 이해는 케임브리지 이론가들의 생각과 완전히 일치하지요. 역사 분야에서 말하자면 베이징의 학자들 역시, 프랑스의 아날학파는 대단히 깊이있는 내포를 갖고 있는 반면, 중국의 인문 연구는 지역적인 지식의 범주를 벗어나지 못하고 있다고 생각합니다. 지역적인 지식이 보편적 의미를 갖게 하고 학술이론적 고찰을 거치게 하는 것은 대단히 복잡한 일이지요. 제가 방금 유학을 세계적이고 보편적인 의미를 갖는 학문으로 변화시킬 수는 없는가 하는 문제를 제기했지만, 아마도 이는 우리 세대에서는 완수하기 어려운 과제일 것입니다. 우리 세대는 새로운 계기들을 만들어놓고 한 걸음 한 걸음 천천히 전진하는 수밖에 없지요. 하지만 유학이 일종의 문화현상으로서 다양한 특성을 갖고 있다는 사실을 잊어선 안 될 것입니다. 그 가운데 하나가, 처음에는 취푸라는 지방에서 출발하여 여러 지역으로 확대되고 나중에는 중화 대지로 발전하여 송·명대 이후로는 중국을 벗어나 일본과 베트남, 한국으로 전래됐다는 사실입니다. 일본의 시마다 겐지(島田虔次)를 비롯한 몇몇 학자들은 유학을 '동아시아 문명의 체현'으로 규정하고 있지요. 유학이 한 걸음 더 나아간 발전을 이루려면 중국 또는 동아시아에 머물러 있어선 안 되고 반드시 서양 학술과의 접목을 시도해야 합니다. 유학이 서양 세계로 진입할 수 있느냐의 여부는 그것이 '지역적인 지식'에서 '세계적이고 보편적인 지식'으로 발전하는 데 중요한 지표가 될 것입니다. 이러한 기대와 염원이 실현될 수 있을 것인가의 여부는 우리 자신에게 달려 있지요. 일례로 '파촉(巴蜀) 문화'를 살펴볼까요. 저는 이번에 삼성퇴(三星堆)■ 문화 유적지를 둘러보고 나서 삼성퇴의 문화가치는 세계적이고 보편적 가치로서의 잠재력을 갖고 있다는 생각을 했습니다. 이러한 과제를 어떻게 실현할 수 있느냐는 우리의 노력에 달려 있겠지요.

■ **삼성퇴** 1986년 스촨성 광한(廣漢)시에서 서주(西周) 시대의 유물들이 대거 발견되었다.

2. 러시아와 인도, 일본의 경우

● 러시아인들이 19세기에 이룩한 것이 바로 이런 일들이었지요. 19세기 초, 러시아의 급진세력은 서양을 배워야 한다는 문제를 제기했습니다. 서양에 가보고 나서 러시아가 너무 낙후되어 있다는 사실을 깨닫고 서양으로 가야 한다는 주장을 제기했던 것이지요. 이러한 사상을 대표하는 인물로 알렉산드로 게르첸(Gertsen)■과 투르게네프 등을 들 수 있습니다. 이들은 장기간 유럽의 중심인 파리에서 생활하면서 러시아의 제도를 폐지하고 서양식 제도를 수립해야 한다고 주장했지요. 그러나 1848년 혁명에서 그들은 한 가지 결론을 내렸습니다. 유럽의 자본주의적 인간관계가 러시아의 그것보다 못하다는 것이었지요. 그리하여 러시아의 지역문화에서 우수한 것들을 발굴해내기 시작했습니다. 게르첸은 러시아인들의 토지제도에서 원시공산주의의 '부락공동체제도'를 발견하고는 러시아가 서양의 자본주의 노선을 걷지 않고 곧장 사회주의로 진입할 수 있으며, 심지어 인류를 구원할 수도 있다고 확신했습니다. 그러나 제 주관적인 생각이지만, 나중에 레닌이 게르첸을 비판한 것은 실제로는 같은 사상을 계승한 것으로서, 러시아가 서양을 뛰어넘어 곧장 이상사회로 진입할 수 있다고 레닌 또한 판단한 것입니다.

러시아가 19세기에 진행했던 현대화는 이처럼 일종의 탐색이었습니다. 나중에 우리는 러시아의 이러한 탐색이 실패로 끝을 맺게 되었음을 알게 되었지요.

■ 게르첸 러시아의 혁명적 민주주의 사상가이자 문학가.

5·4 이후로 중국에서는 미국과 서양, 일본에 대한 연구가 가장 기본적인 흐름이 되었습니다. 이것이 이른바 현대화의 흐름이었지요. 하지만 당시의 현대화는 부(富)와 강(强)이라는 두 가지 틀을 설정하고 있었습니다. 우리보다 부유하고 강한 것이면 무엇이든 학습 대상이었고 다른 가치들은 일단 접어두었던 것입니다. 하지만 지금 우리는 인도를 주목하고 있습니다. 향후 10, 20년의 상황은 차치하고 최근 4, 5년 동안의 정황만 보더라도 인도는 엄청난 변화를 했지요.

저는 인도에 두 번 가보았습니다. 그곳에서 우리가 배울 만한 세 가지 특징을 발견했지요. 첫째는 인도의 지식계층입니다. 인도에서 교육을 받은 계층은 1억 2천만 명 정도 됩니다. 이들은 기본적으로 영어교육을 통해 양성되지요. 때문에 그들은 각종 지방언어에 능통할 뿐만 아니라 영어 또한 잘합니다. 그러다 보니 구미 지역과의 교류에서 우리보다 훨씬 더 유리하지요. 이는 의심의 여지가 없는 사실입니다. 둘째, 인도의 민주주의는 아주 잘 이루어지고 있다고는 할 수 없지만, 오래 전부터 중시해왔고 문제가 발생하면 이를 해결할 수 있는 합리적인 법률을 갖추고 있습니다. 이러한 환경의 결과, 지식인들은 자신들의 기풍과 기질, 학문적 수양을 유지하는 데 비교적 훌륭한 조건을 갖출 수 있었지요. 셋째, 인도는 문명을 수출하는 대국으로서 수천 수만 가지의 신비한 정신문명을 보유하고 있습니다. 음악과 예술, 문학, 철학 등 여러 분야에서 눈부시게 활약하고 있지요. 장기간의 식민지 통치를 경험했지만 인도의 정신적 기둥은 쓰러지지 않았고, 또 자신들의 정신적 자원이 미래의 인류에게 커다란 가치를 갖게 될 것이라고 믿어 의심치 않았습니다. 인도의 한 뛰어난 철학자는 마르크스주의자이면서도 한때 저의 사유를 이끌어주기도 했습니다. 저와 함께 인도를 여행하면서 그는 사원을 만나면 반드시 들어가 절을 했고 어떤 신이든 가리지 않았습니다. 제가 당신은 마르크스주의자가 아니냐고 묻자 그는 망설임없이 그렇다고 대답했습니다. 그러면서 자신이 인도인이라는 사실 또한 잊지 않고 있다고 한마디 덧붙이더군요.

● 어떤 의미에서는 러시아도 그와 유사한 특징을 갖고 있다고 할 수 있을 겁니다.

현재 러시아는 무너진 상태입니다. 실패한 것이지요. 하지만 그렇다고 러시아를 무시해선 안 됩니다. 러시아는 다시 일어설 것이고 그 힘 또한 아주 대단할 겁니다.

다시 일본을 예로 들어보지요. 일본은 한편으로는 몹시 오만하면서도 다른 한편으로는 벗어날 수 없는 곤경에 빠져 있습니다. 어떤 곤경일까요? '세계화'(혹자는 서구화라고도 합니다만)와 '지역화'의 상호작용이라는 곤경이지요. 일본은 서구화될수록 더 지역화되고 있다는 겁니다.

일본의 서구화는 이미 성공했다고 할 수 있습니다. 현재 일본은 이미 서양의 일부로서 이른바 'G7' 국가들 가운데 하나지요. 또한 문화적으로도 미국 문화에 대해 동질감을 느끼고 있습니다. 현재 일본에 있어 가장 큰 도전은 '아시아로 돌아가는 것'입니다. 일본이 아시아로 돌아가지 않는다면 장차 심각한 문제에 봉착하게 될 겁니다. 하지만 아시아로 돌아가자면 중국과 한국의 도전에 직면하게 되지요. 일본은 이 길을 가고 싶지 않은 겁니다. 일본은 지금 이른바 '경도(經度)와 위도(緯度)'라는 대단히 기묘한 책략을 갖고 있습니다. 경도는 수직적인 책략을 의미하고 위도는 경사진 책략을 의미하지요. 일본은 지금 위도의 방식으로 21세기 일본을 발전시키려 하고 있는 겁니다.

가장 먼저 이런 구상을 제시한 것은 '교토학파'였습니다. 이전에 선종을 제창하던 교토학파가 아니라 현재 일본 경제학계의 교토학파를 말합니다. 이들은 태평양 상에서 위도를 따라 발전해야 한다는 전략을 제시했습니다. 광둥(廣東)과 홍콩, 타이완을 포함한 중국의 남방을 거쳐 곧장 호주와 동남아로 나아간다는 것이지요. 이것이 바로 위도 발전전략입니다. 경도로 가면 반드시 중국의 도전에 부딪히게 되지요. 이것이 일본에게는 거대한 장애물인 것입니다. 때문에 일본은 우선 '2차 대전'의 부채를 인정하지 않고 중국과 멀고도 가까운 관계를 유지하면서, 중국의 보상요구에 응해 진정한 아시아의 동반자로 발전하기를 거부하고 있는 것이지요. 진정한 동반자가 된다면 결국 아시아에서의 두 번째 자리로 물러나야 하기 때문입니다. 그래서 일본은 미국과의 관계를 더욱 돈독히 하고 있는 겁니다.

3. '동아시아의 현대성'

'냉전' 이후 소련이 붕괴되고 베를린 장벽이 무너진 데 이어 동유럽도 많이 변화했습니다. 이에 따라 이제는 유럽과 미국으로 대표되는 현대성이라는 가치를 바탕으로 한 세계화가 가능하다는 견해가 대두하게 되었지요. '현대성'이란 시장경제와 민주정치 그리고 개인주의를 의미합니다.

동아시아를 한번 살펴보도록 하지요. 사람들이 '아시아적 모델'을 어떻게 비판하고 유교와 동아시아의 이른바 유교 문화권을 어떻게 비판하든지 간에 만일 '동아시아의 현대성'이라는 모델이 출현한다면 '30년 하동(河東), 40년 하서(河西)'* 라는 개념이 아니라 '하나'에서 '여럿'으로의 개념을 갖게 될 것입니다. 다시 말해 서양의 모델이 유일한 것이라면 현대화 전체가 서구화 또는 동질화가 되고 만다는 것이지요. 이런 생각은 이미 오래 전에 비판을 받은 바 있습니다. 지금 만일 동아시아 모델이 출현하고 이어서 남아시아 모델, 라틴아메리카 모델 등이 속속 출현한다면, 이 동아시아 모델은 대단히 깊은 의미를 갖게 됩니다. 여러분들이 방금 제시하신 주변과 중심의 관계나 일원과 다원의 관계와 마찬가지로, 하나에서 여럿으로 이행한다는 것은 갑에서 을로 건너가는 것처럼 그렇게 간단하지가 않지요.

2000년 미국의 인문사회과학아카데미에서는 '다원적 현대성(Multiple Modernities)'이라는 주제를 놓고 토론을 벌인 적이 있습니다. 서양의 현대성은 원래 아주 복잡하고 다원적인 모습을 하고 있습니다. 이제 확실해진 건 유로화의 탄생이 미국을 겨냥한 것이라는 사실입니다. 미국 달러가 성공할 수 있었던 것은 세계를 통일시킨 데 있다고 할 수 있습니다. 미국이 아무리 어려워진다 하더라도 감히 미국을 파산시킬 세력은 아무도 없을 것입니다. 미국이 파산하면 모두가 끝장이기 때문이지요. 유로화가 출현한 이후 서서히 서유럽

* **30년 하동, 40년 하서** 중국 문명을 상징하는 황허(黃河)의 물길이 유동적이라서 30년은 하동, 즉 산시(山西)에, 40년은 하서, 즉 산시(陝西)에 있다는 뜻으로, 여기서는 중국 사회의 초안정 구도를 뒷받침하는 전통적 유교 문화를 지칭한다.

과 미국의 대화가 시작되었습니다. 이제는 동아시아로 눈길을 돌릴 때이지요. 동아시아의 한 가지 중요한 변수는 중일(中日) 문제입니다. 따라서 중일관계는 동아시아 발전에 직접적인 영향을 미친다고 할 수 있지요.

● 하지만 서양은 동아시아의 발전에 어떻게 대응할까요?

저는 이 문제가 '동아시아 현대성'의 출현과 그것이 내포하고 있는 의미를 어떻게 평가하느냐와 직접적으로 연계되어 있다고 생각합니다. 현대화가 서구화와 다르다는 견해는 최근에 제시된 것이 아닙니다. 5·4 이후 중국의 지식인들은 이미 서구화와 현대화를 구분하기 시작했을 뿐 아니라, 당시의 토론은 1980년대나 1990년대에 비해 훨씬 깊이가 있었습니다. 1980년대에 저는 중국 국내의 한 학자와 얘기를 나누면서 이런 질문을 던진 적이 있습니다. "중국의 전통에 대한 당신의 반대는 충분히 격렬하지 않았습니다. 정말로 격렬하게 반대했다면 나와 중국어로 얘기하는 것이 무슨 소용이 있겠습니까? 한자를 폐지했어야지요. 한자의 부담이 더 큰 거 아닌가요?"라고 말입니다. 〔웃음〕 그는 어떻게 그럴 수 있겠느냐고 하더군요. 모든 토론과 글이 중국어로 이루어졌으니까요. 〔웃음〕

저는 파오쥔신(包遵信)■에게 그가 직면하고 있는 문제 가운데, 우리가 잘 알고 있고 익숙하며 충분히 이해할 수 있는 것들은 전부 우

■ **파오쥔신** 중국의 학자이자 사회평론가로, 스촨에서 '미래총서(走向未來叢書)'를 기획, 출판하여, 신자유주의와 중국의 미래, 계몽의 반성 등을 주요 주제로 깊이있는 사유를 전개하고 있다.

리가 원치 않은 것들이라고 일깨워주었습니다. 그런 것들이 모두 부담으로 작용하고 있기 때문이지요. 우리가 우리를 구할 수 있고 민족을 구할 수 있으며 나라를 구할 수 있다고 생각하는 것들은 모두 우리가 알지 못하고 익숙하지 않은 것들입니다. 왜냐하면 한번도 경험해보지 못했으니까요.

걸프전 이후 미국인들은 한 가지 아주 오만한 생각을 갖게 되었습니다. 현재 서양이라는 단 하나의 모델이 있는데 이것이 이미 충분히성공했다는 것입니다. 하지만 오늘날 우리는 다시 생각해볼 필요가 있습니다. 만일 동아시아 현대성이 출현했는데, 이 현대성 모델이 서양 문명의 영향, 특히 미국과 유럽의 영향을 깊이 받았지만 서양의 현대성과 본질적인 차이가 있다면 이를 어떻게 평가해야 할까요? 한동안 말도 안 되는 허점투성이 관점들이 쏟아졌습니다. 21세기는 중국인의 세기네, 아시아태평양의 세기네, 동아시아 모델의 세기네 하는 관점들 말입니다. 이는 '30년 하동, 40년 하서'와 다를 바 없는 생각입니다. 다행히 최근에는 바뀌었지요. 더 이상 이렇게 말하는 사람은 찾아보기 어렵습니다.

● 아주 오랫동안 사람들에게는 사유의 한계가 존재했고 항상 세계에 하나의 '중심'을 세우려는 생각이 있었지요. 이러한 중심 가운데 가장 이른 것이 그리스였고 로마가 그 뒤를 이었으며 아주 오랜 세월이 흘러 모스크바와 워싱턴이 그 뒤를 이었습니다. 그럼 앞으로는 동아시아가 그 중심의 자리를 차지하게 될까요? 꼭 그렇지는 않겠지요.

4. '현대화', '대화' 그리고 '서양의 초월'

● 현재 중국 문화는 '전근대' 단계에서 어떻게 앞으로 나아갈 것인가, 어떻게 '현대성'의 폐단을 극복할 것인가 하는 문제에 직면해 있습니다. 따라서 뚜 선생께서 말씀하신 문화 다원화의 의미는 세계에 몇 가지 커다란 주요문화가 존재한다는 사실을 지적하는 데 국한되는 것이 아니라, 지방문화 자원에 대한 보다 충분한 발굴이 이루어져야 한다는 점을 강조하는 데 있다고 할 수 있겠지요.

수많은 지방문화 자원이 '전근대'의 그늘에 가려 있고 '전근대'의 지식 배경 아래 묻혀 있습니다. 예컨대 '파촉 문화'가 그렇지요. 현재 이런 문화를 연구하는 사람들은 많지만 서양의 현대과학으로써 우리의 전통을 이해하는 쪽으로 변질되기 십상입니다. 스촨 지방전통의 가장 두드러진 측면 가운데 하나가 '의(義)'를 중시하는 것입니다. 친구를 수족처럼 아끼는 것이 그 실례이지요. 이는 민간의 시각에서 본 것입니다. 저는 각 지방의 문화전통이 모두 문자나 문헌, 민간의 습속에 반영되어 있다고는 생각지 않습니다. 이러한 습속은 사회생활에서 대단히 중요한 기능을 하지요. 현대사회에서는 교류를 중시하고 있고 세계화의 전체적인 문화구조 또한 바로 교류로써 다원화된 대화를 제창하고 있지요. 뚜 선생께서 말씀하신 '문명의 대화'도 바로 이런 것일 겁니다. 대화란 무엇일까요? 대화는 일종의 교류입니다. 그렇다면 이러한 교류에 대해 과거의 지방전통은 자원을 제공할 수 없는 걸까요?

또 한 가지 중요한 문제는 현재 우리의 대중매체를 가득 채우고 있는 것은 거의 모두가 서양의 '언어'들일 뿐, 우리 자신의 목소리는 아주 희박하다는 사실입니다. 앞으로도 자신의 언어로 대화를 진행할 수는 없는 걸까요?

'현대화'와 '대화'에 관해서는 중국 지식계의 토론도 아주 많았고 쟁론 또한 적지 않았습니다. 어떤 학자는 우리는 아직 '전근대' 상태에 처해 있고 '현대'로 진입하지 않았다고 말하면서, 우리의 목표는 '포스트모던'이지만 '전근대' 이데올로기를 '포스트모던'과 결합시켜 '현대'를 비판함으로써 국제사회로 진입한다는 것은 미치광이의 어리석은 꿈으로, 절대 불가능하다고 주장하기도 합니다. 하지만 제 생각은 다릅니다. 대화의 조건은 지난 20세기부터 서서히 무르익어 왔습니다. 대화할 장소도 있고 의지도 있으며 무대도 이미 마련되어 있지요. 하지만 현재의 대화는 대등하지 못하다고 하는 것이 정확한 견해일 겁니다. 한쪽에서는 죽어라고 얘기하는데 한쪽에서는 그냥 듣기만 하고 있으니까요.

5·4시기 후스나 펑유란과 듀이의 관계는 대등한 관계가 아니라 사제(師弟) 관계였습니다. 현재 우리는 서양의 학자들에게서 이런 인상을 받지는 않습니다. 그들은 모두 스승이고 우리는 모두 학생이라 그들에게서 일방적으로 배워야 한다는 생각은 없지요. 우리 사이에는 대화가 가능합니다. 하지만 전체적인 추세로 볼 때, 쌍방의 차이는 아직 매우 큽니다. 이런 차이 역시 어떤 의미에서는 주변이라 할 수 있겠지요. 커다란 주변 위에 각종 주변 사이에 있는 주변이 더해지는 것입니다.

예를 하나 들어보겠습니다. 5·4시기 중국 엘리트들이 마주해야 했던 곤경은 강렬한 배반과 강렬한 애국주의, 강렬한 민족주의 등이 형성하는 복잡한 사상의 소용돌이였습니다. 그리하여 이들은 대승불교든 도교든, 아니면 유교의 전통이든, 중국 전통문화의 어떤 자원도 중국을 구할 수 없고, 심지어 중국 현대화의 발목을 잡는 걸림돌이 될 것이라는 결론을 내렸습니다. 또한 서양으로부터 강력한 식민주의적 간섭을 받았기 때문에 격렬하게 서양에 저항하기도 했지요. 아울러 모든 자원을 현대화와 건국, 통일에 동원했습니다.

그런 상황에서 레닌이 해석한 마르크스주의가 중국에 커다란 영향을 미치게 된 것입니다. 그 외에 자유주의나 무정부주의, 후스 등이 주장한 점진주의 등은 마르크스주의만한 힘을 갖지 못했지요. 사실 레닌의 이론은 서양의 중심에서 흘러나온 사조이면서도 서양에, 서양의 제국주의에, 서양의 식민주의에 반대하는 성격을 지니고 있었습니다. 그래서 당시의 중국에서 러시아는 독일이나 프랑스, 영국, 미국과는 다른 것을 대표한다는 인상을 갖게 되었지요. 러시아에 대한 기본적인 인정은 쑨원으로부터 시작되었습니다. 당시 쑨원은 영국과 미국에 크게 실망한 상태였지요. 1920, 30년대 이르러 중국의 일류 지식인들은 대부분 마르크스주의를 신봉하였습니다. 실제로 마르크스주의는 세계적인 조류였지요. 당시에는 미국도 경제위기를 겪고 있었습니다. 1929년 이후 그들은 여러 가지 사회주의적 방식을 활용하여 자본주의를 구제했지요. 당시 미국의 일부 지식인들은 소련을 여행하고 돌아와, "소련에 가서야 비로소 미래를 보았다. 이러한 미래는 반드시 실현될 것이다"고 말하기도 했습니다.

● 당대(當代) 서양의 상황은 어땠습니까?

당대에는 한 가지 이상한 현상이 나타났지요. 다름 아닌 1968년의 '붉은 5월'입니다. 당시에는 세계 전체가 변화하고 있었습니다. 모든 대학생들이 시위와 폭동에 참가했지요. 이는 중국의 '문화대혁명' 이후의 일이었습니다. 지금은 '포스트모더니즘' 사상가들이라 불리는 이들의 영향은 정말 대단했습니다. 푸코로부터 시작해서 데리다에 이르기까지 이들은 모두 '마오쩌둥파'들이지 사회주의파가 아닙니다. 당시 사르트르(J. P. Sartre)는 현대 지식인이면서 적극적으로 사회에 참여하여 사회를 변화시키지 않고 마르크스주의를 지지하지 않으면 마르크스주의자가 아니라고 주장하는 사람들도 있는데 이는 자가당착적인 견해가 아닐 수 없다고 지적한 바 있습니다. 당시 외국의 일부 학자들이 갖게 된 인식 가운데 하나는, 중국의 '문화대혁명'이 서양과 다른 현대화 모델을 만들어냈으며 사회의 평등과 공의를 제창하면서 인성에 대한 전혀 새로운 형상을 만들어냈다는 것입니다. 이는 자본주의 전체가 대표하는 분배의 불평등과 사회문란, 마약복용 등과는 선명한 대비를 이루었지요. 아마도 '문화대혁명'은 중국의 역사에서 가장 거친 시기였을 겁니다. 하지만 외국인들은 이를 가장 좋았던 시기라고 평가합니다. 이후 중국은 개혁개방 덕분에 여러 분야에서 꽤 큰 개선이 있었지만 국제적인 이미지에는 또다시 편차가 생겼습니다. 이는 확실히 반어적 풍자라 할 수 있지요.

● 다원화가 제창하는 것은 다양성의 병존과 상호대화입니다. 단일문화는 종종 문화의 쇠락을 가져오지요. 사실 인류의 역사에는 단일문화가 없었습니다. 단 한번도 없었지요.

하지만 주류 문화와 비주류 문화의 차이는 있습니다. 이른바 '문화 패권'은 너무나 분명한 사실이지요. 서양의 탁월한 지식인, 예컨대 비교문화학을 연구하는 지식인들도 서양을 해체하여 세계의 모든 사람들이 발언할 수 있도록 해야 한다고 주장하고 있지요. 그들은 전통의 수혜자이면서도 전통을 비판하려 합니다. 수혜자이기 때문에 우리 같은 위기감, 즉 외부로부터의 위기감이 없지요. 그들이 아무리 노력한다 해도 서양 문화의 강세를 저지하진 못할 것입니다.

흥미로운 것은 제1차 세계대전 이후 서양에는 확실히 뛰어난 지식 엘리트들이 있어 행위와 실제직업에서 해체가 이루어졌다는 점입니다. 당시에는 베를린대학도 그 중 하나였지요. 또한 프랑크푸르트 대학의 '중국문화연구센터'에서는 전문적으로 《역경(易經)》에 담긴 철리(哲理)를 분석하기도 했는데, 여기에 참여한 융(C. Jung)이나 부버(M.Buber) 같은 인물들(아마도 하이데거와 관련이 있는 것 같습니다)은 모두 유럽 최고의 지식 엘리트들이었습니다. 그들은 《역경》을 연구함으로써 중국 문화를 유럽의 중심을 해체하는 진정한 자원으로 삼고자 했던 것이지요. 제2차 세계대전 이후 미국 문화가 흥기하면서 다른 나라에서는 배울 만한 게 아무것도 없다는 대단히 오만한 태도를 드러냈습니다. 그리하여 유럽도 미국을 따라가게 되었지요. 그래서 지금까지 푸코에서 데리다에 이르는 유럽의 가장 뛰어난 지식인들조차 동양에 대해서는 거의 아는 게 없습니다. 뿐만 아니라 동양에 대해 뭔가 배우지 않으면 안 되겠다는 필요성조차 느끼지 못하고 있지요. 이는 5·4시기로 되돌아가도 마찬가지입니다. 존 듀이 같은 사람도 중국에서 가르칠 것만 있지, 배울 만한 것은 없다고 생각했거든요. 그런데 이제는 그런 상황이 바뀌고 있습니다.

저는 하버마스와 대담을 가진 적이 있는데 그는 세 가지 분야에서 맹점을 드러냈습니다. 첫째는 비교문화 분야이지요. 최근 그는 한국을 몇 번 방문하고서 느낀 바가 있다고 했지만 이미 몸이 말을 듣지 않습니다. 다음 단계로의 전환이 불가능해진 것이지요. 데리다도 마찬가지입니다. 데리다의 태도는 그나마 개방적인 편이지요. 프레데릭 제임슨은 스촨을 방문한 적도 있고 베이징에서 강의한 적도 있습니다. 중국을 체험하는 동안 그가 했던 가장 훌륭한 표현은 중국 문화를 배우기 시작했다는 것입니다. 그는 사회주의자이자 비판능력이 대단히 뛰어난 사람입니다. 하지만 동시에 최고의 향수를 필요로 하는 사람이지요. 그는 항상 최고의 강연료와 최고의 여행을 요구합니다. 완벽한 자본주의자인 셈이지요. 〔웃음〕

● 그의 책에서는 자본주의 문화방식을 비판하고 있더군요.

그건 사실입니다. 서양에서는 많은 학자들이 자본주의 문화의 모순에 대해 강력하게 비판하면서 동시에 자본주의를 향수하고 있습니다. 이는 바뀌기 힘든 심리태도이지요.

● 서양 사상의 거물 가운데 중국어를 배운 사람은 하나도 없는 것 같습니다.

배우는 건 고사하고, 그런 생각을 가졌다고 하더라도 어떤 위기의식 같은 건 없는 실정입니다. 지금 제임슨 같은 사람에게 어떻게 위기의식이 있겠습니까? 우선 여러분들 모두가 그를 배워야 합니다. 그를 배운 다음에는 그보다 더 빨라져야 하겠지요. [웃음] 이러한 예는 너무나 많습니다. 벨라(R. Bellah) 같은 사람은 저와 사우(師友)지간입니다. 그는 한 번도 중국을 방문한 적이 없지요. 그는 동아시아에 대한 이해가 없는 사상가가 세계적인 사상가가 된다는 건 믿을 수 없는 일이라고 말한 바 있습니다. 1960년 조교수로 있을 때 했던 말이지요. 나중에 미국 문제에 관한 논쟁에 휘말렸을 때 그는 동아시아에 관해서는 전혀 듣지도 묻지도 않았습니다. 지금 그의 나이는 이미 78세나 됐습니다. 그의 예언은 실현되지 못한 것이지요. 지난 30년 동안 서양패권의 중심이 된 학설들은 해소되지 않았을 뿐만 아니라 오히려 베이징과 도쿄, 타이베이(臺北), 홍콩 그리고 뉴델리 등에서 더 강력한 영향력을 행사하고 있습니다.

● 그렇게 말씀하시니 선생께서는 마치 중국 문화의 수호자이신 것 같군요?

저는 '수호'란 표현에는 동의하지 않습니다. 수호할 필요가 없는 것이지요. 하지만 발굴하고 이해하고 서술할 필요는 있습니다.

● 정확히 말해서 '재건'이라고 할 수 있겠군요?

서양에 대해서도 연구가 계속 진행되어야 합니다. 그리고 이를 바탕으로 대화의 형식이 마련되어야 하겠지요.

● 지방문화 자원을 발굴하여 현대성에 대한 해석을 진행한다는 것

은 대단히 중요하고 의미있는 일 같습니다. 이전에는 '가져오기주의(拿來主義)'였지만 이제는 '보내기주의(送出主義)'가 되어야 하지 않을까요?

'보내기' 전에 우선 새롭고 집단성과 비판성을 동시에 지닌 자아의식이 필요할 것 같습니다. '보내지' 않아도 저절로 흘러갈 수 있게 하는 것이지요. 하지만 지금으로서는 '발굴' 작업조차 충분하지 못한 상태입니다.

● 중국이 서양에 가장 깊은 인상을 준 것은 아마도 음식점 같습니다.

음식점도 차이가 있지요. 음식점은 맨해튼에만 해도 수천 집이 있지만 대부분이 중국인들끼리 악성 경쟁에 시달리고 있습니다. 우리는 프랑스 음식점이나 이탈리아 음식점을 상대로 경쟁하면서 이를 통해 중국 음식점의 수준을 크게 향상시키고 각자 서로 다른 영역을 확대해나가야 합니다. 현재로서는 이러한 작업이 너무나 부족하지요. 하지만 이러한 작업을 중소기업이나 요식업에 종사하는 사람들에게만 전적으로 의존해서는 안 됩니다. 여기에도 문화적 반성을 통한 지식인들의 공감대가 필요하지요. 다시 말해서 학술계뿐만 아니라 기업과 매체, 정부의 적극적인 관심이 필요하다는 겁니다.

유대인들은 처음부터 이런 양상을 보였습니다. 그들은 미국에서 천천히 발전해나갔지요. 1958년 한 무리의 유대인 지식 엘리트들은 유대인이 미국에서 발전하기 위해서는 무엇보다 교육이 중요하다는 견해를 제시했습니다. 아울러 그들은 유대인들을 교육하는 일류대학을 설립했지요. 이것이 바로 '유대인의 하버드'라 불리는 브랜다이스(Brandeis)대학교로서 유대인 대법관의 이름을 따 명명되었지요. 위치는 케임브리지 근처로 엄청난 돈을 들여 건립되었습니다. 이 대학이 건립된 지 10년, 20년이 채 안 돼 원래의 역할은 더 이상 필요없게 되었습니다. 왜냐고요? 유대인들이 미국의 모든 엘리트 대학에서 이미 주도적인 지위를 차지했기 때문이지요. 1950년대 후반 유가에 대한 비판이 가장 대단했던 요제프 레빈슨은 버클리대 역사학과에 부임하여 교편을 잡음으로써 버클리대 역사학과 교수자격을 획득한 첫 유대인이 되었습니다. 나중에는 기업과 정부, 특히 언론매체와 오락 등의 분야에서 활약하는 유대인의 수가 갈수록 증가해 서로 돕고 키워주면서 발전해나갔습니다. 저는 아주 감동적인 이야기를 하나 기억하고 있습니다. 유대 문화를 대표하는 위대한 사상가 가운데 하나인 마이모니데스(Maimonides)는 유학에서의 주희(朱熹)에 해당하는 지위를 갖고 있는데, 매년 뉴욕의 맨해튼에서는 그에 관한 회의가 열립니다. 일류 철학자에서 서민들까지 유대인이라면 누구나 이 회의에 참석할 수 있지요. 다양한 좌담회에서 어떤 사람은 철학사상을 얘기하고 어떤 사람은 생활의 실천을 논하며 어떤 사람은 역사를 이야기합니다. 사흘에 걸쳐 계속되는 이 회의에 수많은 음식점 종업원들도 휴가를 내서 참가하지요. 유대인들은 지식 엘리트들이 대중과 아주 친밀하게 결합되어 있어 서로 못하는 얘기가 없습니다.

반면 중국인들은 지식인층이 그다지 두텁지 않으면서도 공통된 인식을 형성하기 위한 조건이 아직 갖추어져 있지 않지요. 제가 가장 걱정하는 건 내부적인 소모가 너무 크다는 점입니다.

● 이 또한 자기 '중심'이 빚어내는 괴이한 현상이라 할 수 있겠군요.

물론 우리가 '중심'을 비난할 수는 있겠지만 '중심' 자체도 매우 다양하고 다원화되어 있습니다. 지금은 서로 다른 관점의 학술 경향이 각자의 잡지에만 발표되면서 잡지들마다 제각기 다른 관점을 대표하고 있는 상황이지요. 같은 무대 또는 같은 논단(論壇)에서의 대화가 없다는 겁니다.

1990년대의 학술은 다양하고 다원화되어 있어 뜨거운 쟁점이 형성되기 어렵고, 집단적이고 비판적인 자아의식 또한 발생하기 어려웠습니다. 지금 여러분들이 진행하고 있는 '주변토론'이 이처럼 큰 호응을 얻고 있는 것만으로도 대단한 일이라 할 수 있지요.

● 중국의 국내 학계에는 1990년 이래 두 명의 서양 학자가 적잖은 영향을 미치고 있는데 하나는 헌팅턴이고 다른 하나는 사이드(Edward Said)입니다. 사이드의 이론은 한동안 국내 일부 학자들의 반서양 요구와 맞아떨어지면서 큰 호응을 얻었고, 헌팅턴은 동양 학자들의 민족주의적 입장을 자극했던 것이지요.

아주 재미있는 현상이군요. 이 두 학자는 저도 잘 아는 분들이고 헌팅턴에 대해서는 비교적 잘 이해하고 있는 편이지요. 그는 문화를 중시하지 않는 골수 정치학자로서 민주주의를 생각하면서도 문화적 특성은 고려하지 않고 지역정치에만 매달립니다. 그는 계량화 방식과 분석적 방법, 그리고 선거행위를 기준으로 비교와 해석을 진행했기 때문에 '문명의 충돌'이라는 문제를 제기할 수 있었습니다. 하지만 헌팅턴은 문화를 전문적으로 연구한 학자가 아닙니다. 그는 이러한 관점을 제시하면서 비교문화적 연구도 없었고, 비서양 문화에 대한 사려 깊은 고려도 없었습니다. 그는 냉전적 관점에서 이런 가설을 제시했던 것에 불과하지요. 미국 학술계에서도 특히 문화와 종교를 중시하는 사람들은 그의 관점을 받아들이지 않습니다.

사이드의 상황 또한 대단히 복잡합니다. 그의 정체성은 팔레스타인으로서 일찍이 팔레스타인해방기구에도 참여한 적이 있지만, 그 자신은 애당초 이슬람의 뿌리를 갖고 있지 않습니다. 그는 레바논의 한 기독교 가정에서 성장하면서 서양 문화의 영향을 깊이 받은 대단히 뛰어난 문학이론가입니다. 그는 피아노 연주 솜씨도 뛰어나고 서양 음악에 대한 조예도 아주 깊지요. 그는 '오리엔탈리즘'이라는 개념을 제시함으로써 미국의 이슬람교 및 이슬람 연구계에 커다란 충격을 주었습니다. 그 안에는 "남들은 너(이슬람교)를 인정하지 않으면서도 너를 장악하고 있다"는 대단히 복잡한 관계가 얽혀 있지요. 때문에 이슬람 학자들은 더더욱 '실어증'을 느끼는 겁니다. '실어증'을 느끼는 데 그치는 것이 아니라 적에게 장악되어버리는 것이지요. 그들은 "성전의 참여자로서 너 사이드는 자신의 이슬람 문화에 대해 얼마나 알고 있느냐?"고 힐문합니다. 그가 아랍 문화도 모르고 이슬람교의 영향도 받지 않은 상태에서 팔레스타인 해방운동에 참여한 것은 주로 정치적인 항의표시였지요. 때문에 사이드 자신도 질책을 면할 수 없는 것입니다. 대단히 중요한 한 문화강좌에서 누군가 그에게 "당신의 문화적 정체성은 무엇입니까?" 하고 물었습니다. 그는 거의 아무런 답변도 할 수 없었지요. 이 문제에 대해 한번도 생각해보지 않았기 때문입니다. 이 문제는 그의 삶에서 매우 큰 공백이었습니다. 결국 이번 두 차례의 토론에서 가장 미묘했던 부분은 문화를 전혀 모르는 헌팅턴이 '문화의 충돌'을 표명했다는 것과, 이슬람 문명에 대해 마음과 몸으로 체감하지 못한 사이드가 이른바 '오리엔탈리즘'을 제시했다는 것입니다.

● 중국의 일부 학자들은 헌팅턴의 사상은 미국의 다원문화가 오늘날의 현실에서 갖게 되는 우려를 반영하고 있다고 지적하면서, 이른바 '문화의 충돌'이란 미국 문제의 세계화일 뿐이라고 말하기도 합니다. 이런 견해를 어떻게 평가해야 할까요?

미국 자체에 문제가 많다는 것은 엄연한 사실입니다. 미국은 강력한 세력이자 일종의 패권이기 때문에 미국의 '지방 문제'가 전 세계 논단의 뜨거운 쟁점이 될 수 있겠지요.

지방문화의 세계적 의미에 대해서는 제가 미국에 있는 동안, 특히 대학에서 강의를 하면서 자주 부딪칠 기회가 있었습니다. 그래서 혹자는 제가 대표하는 것은 미국의 유학 또는 '보스턴 유학'이라고 말하기도 합니다. 사실 저는 이것이 보편적 의미를 가질 수 있는 지방문화라고 생각합니다.

얼마 전 일부 서양 학자들은 신유학이 1980년대에 커다란 영향을 미칠 수 있었던 것은 동남아시아의 경제가 비약적인 발전을 이룩한 데 힘입은 바 크다고 생각했는데, 지금은 동남아시아가 금융위기에 휩싸여 고전을 면치 못하고 있습니다. 또 다른 관점은 5·4운동을 겪은 이후로 유가의 역량이 갈수록 줄어들어 중국에서는 더 이상 전망이 없다는 것입니다. 이러한 단정은 유학이 세계 경제의 발전과 밀접한 연관을 갖는다는 명제를 배경으로 하고 있지요. 하지만 그들은 이른바 '현대 신유학'운동이 실제로는 3대에 걸친 노력의 결과라는 사실을 모르고 있습니다. 중화민족은 서양의 도전에 직면하여 자신들의 문화적 뿌리로부터 충분한 자원을 찾아내 반성을 진행한다는 창의적인 반응을 내놓고 있는 것입니다.

최근 제기된 더 흥미로운 문제는 바로 중화민족의 재기입니다. 이전에는 '남이 칼이고 내가 생선이었는데' 지금은 상황이 바뀌었지요. 저도 참가자로서 질문을 하나 하고 싶습니다. 중화민족의 재기가 근거로 삼고 있는 문화정보는 무엇일까요? 만일 중화민족의 문화정보가 국제적인 게임의 법칙을 변화시키지 못하고 그저 관점을 바꾼 것에 불과하다면 이러한 재기가 과연 새로운 의미를 가질 수 있을까요? 그저 더 이상 남에게 속지 않고 남을 속일 수 있는 권리를 장악하겠다는 시도에 불과한 것일까요? 아니면 남이 우리를 치면 우리도 남을 되받아치겠다는 걸까요?

저의 바람은 아주 분명합니다. '문화중국'을 실현한다는 관점에서 볼 때, 우리가 지금 갖고 있는 정신자원은 충분하지 않으므로, 빈약한 자원을 넉넉하게 증강하고 그 가치를 확대함으로써 협애한 과학주의와 현대화 모델에서 탈피해야 한다는 것입니다. 저는 유가사상이 중국 지식인들의 자아 정립과 자기 이해를 위한 대단히 중요한 참고자료가 될 것이라고 믿습니다. 여기에는 전통문화를 어떻게 평가하고 처리할 것인가 하는 대단히 어려운 문제가 내포되어 있지요. 우리의 '기(氣)'가 원활히 통하지 않으면 적극적으로 자연을 대하고 신선한 공기를 호흡할 수 없을 것입니다. 우리에게는 협애한 민족주의는 필요 없고 혼자 우뚝 솟으려 애쓸 필요도 없습니다. 오히려 오만하지도, 비굴하지도 않은 심리태도를 유지하는 것이 바람직하지요. 얼마 전 러다이윈(樂黛雲) 교수가 '신인문주의'라는 관점 아래 토론을 진행한 데 대해 저는 매우 고무적인 일이라고 생각했습니다. 이러한 '신인문주의'가 개발되어 나가기만 한다면 중국의 지식계에 집단성과 비판성을 동시에 갖춘 새로운 자기의식을 제공할 수 있을 것입니다. 그렇게 되면 중국의 '기'가 다시 원활하게 소통될 수 있을 겁니다. 루쉰 시대에는 전통을 통렬하게 비판하고 배척했던 것이 지금은 서서히 새로운 발견으로 전이되어가고 있는 모습을 보면 틀림없이 상황이 변화한 것 같습니다. 유학의 인문정신과 현재 발전하고 있는 '신인문정신', '인간중심주의'적 성격이 매우 강한 서양의 인문정신, 그리고 기독교의 인문정신과 불교의 인문정신 사이에 어떤 관계가 있는지 이해하고 해석하고 연구하지 않으면 안 될 것입니다. 물론 이것이 또 다른 새로운 중심과 패권을 조성하게 될지도 모르지요. 신중하게 생각해야 할 문제가 아닐 수 없습니다.

'대화'의 시각에서 보자면 유교도 독특한 자원들을 얼마든지 제공할 수 있습니다. 유교에는 "무고한 사람을 죽이면 천하가 그를 외면한다"는 신념이 있지요. 얼핏 듣기에는 황당한 얘기일 수도 있습니다. 천하를 얻으면서 어떻게 사람을 죽이지 않을 수 있겠습니까? 그렇다면 왜 이런 견해를 제시한 것일까요? 이러한 신념에는 옛 성현들이 말씀하신, "옛날의 학자는 자기를 위해 공부하지만 오늘날의 학자는 남을 위해 공부한다"는 관점과, '독선기신(獨善其身)'이라는 문제가 내포되어 있습니다.

또한 저는 지금 우리가 처한 곤경이 서양이 처한 곤경과 같다고는 생각지 않습니다. 우리에게도 우환의식이 있고 그들에게도 우환의식이 있지요. 하지만 그들이 가는 길과 우리가 가는 길은 분명히 다릅니다. 항의정신이 대단히 강한 해체주의자 데리다 같은 이를 포함하여 제가 접했던 서양 학자들 그 누구도 예외가 아니었습니다. 그들은 하나같이 매우 깊은 전통의 계보를 갖고 있었는데, 이러한 계보는 대단히 엄격합니다. 어느 정도로 엄격하냐고요? 만일 이 계보 가운데 어느 하나라도 통과하지 못하면 학술계에 발을 붙일 수 없을 정도입니다. 플라톤이나 아리스토텔레스, 성 아우구스티누스…… 등 이러한 계보를 구성하고 있는 인물들은 수십 명에 달합니다. 이들이 어떤 유파에 속하고 어떤 학문에 전념했든지 간에, 그리고 자신이 주장하는 견해가 구조주의든 해체주의든, 전근대에 속하든 포스트모던에 속하든 간에 반드시 이 계보에 속한 인물들을 이해하고 그들의 정신자원을 받아들여야 한다는 것입니다. 이것이 바로 서양 지식계의 공통된 인식이지요.

지금 우리는 어떻습니까? 우리의 문제는 계보가 강하지 못할 뿐만 아니라 갈수록 약해지고 있다는 것입니다. 우리의 젊은 학자들 가운데는 계보가 전혀 없는 사람들도 있지요. 《맹자》나 《순자》도 읽지 않고 선종이나 불교 따위에는 관심이 없으면서 읽는 거라곤 전부 번역된 서양의 저작들입니다. 하버마스도 한국에 갔을 때 자신을 연구하는 사람들에게 포위되었던 경험을 한탄조로 얘기하더군요. 그는 자신이 그들에게 무슨 얘기를 할 수 있겠느냐면서 자신이 말할 수 있는 건 자신에 대한 그들의 곡해뿐이었다고 했습니다. 그는 최근 두 차례 한국을 방문했는데 처음 방문했을 때는 한국의 '하버마스 전문가'들과 만났습니다. 그리고 두 번째로 한국을 찾아갔을 때는 그가 먼저, 한국의 유학자들을 만나 그들이 자신들의 조상인 퇴계에 관해 어떤 토론을 펼치는지 보고 싶다고 말했지요. 하버마스와 한국의 유학자들이 어떤 대화를 할 수 있었겠습니까? 하버마스가 칸트를 읽지 않고 아리스토텔레스와 플라톤을 읽지 않았다면 어떻게 자신의 관점을 제시할 수 있었겠습니까? 여기에는 우리가 심각하게 고민해야 할 엄청난 차이가 놓여 있다고 생각합니다.

이에 비해 인도는 자신들의 정신자원을 체현하고 있습니다. 그들은 정신적 골간은 단절되지 않았지요. 인도의 학자들은 시를 말하건 철학을 논하든 간에 자신들의 경전을 읽지 않거나 자신들의 전통을 이해하지 못한다는 건 도저히 있을 수 없는 일이라고 생각합니다. 그들은 이러한 태도가 바로 자신들의 기본교육이라고 말하지요. 이런 것도 모르면서 어떻게 인도인이라고 할 수 있겠느냐면서요.

5. 과학기술과 사회자본

● 1990년대 이후 중국 국내에서 자연과학과 하이테크를 강조하는 사람들이 늘어나면서 최근에는 '지식경제시대'를 대단히 강조하고 있습니다. 서양에서 말하는 '지식경제'가 자연과학만을 가리키는 것일까요?

결코 그렇지 않습니다. 제가 확실한 예를 하나 들어보지요. 미국은 대단히 현실적인 국가로서 인문정신은 그다지 깊지 못합니다. 하지만 전체 대학의 배치에서 문화 전반을 고루 이해하는 '보편인식 교육'을 강조하면서 이를 통해 자신들의 지도적 인재들을 양성하고 있지요. 때문에 미국의 지도적 인재들은 대부분 문과(인문학과 문화를 중시하는 사회과학을 포함함) 출신입니다.

지금 보편적인 이해는 이렇습니다. 아무리 복잡한 현대 국가라 해도 경제자본의 발전 외에 사회자본의 발전을 필요로 하지요. 사회자본은 소통을 필요로 합니다. 우리는 이를 네트워크라 부르지요. 네트워크가 많아질수록 사회자본도 많아집니다. 이는 전적으로 과학기술에만 의존하는 것이 아니라 인문과학에도 의존해야 한다는 것을 뜻합니다. 과학기술 능력 외에 반드시 문화능력을 배양하여 자신들의 언어와 역사는 물론, 사회 각 분야의 지식과 이해, 분석과 연구에 의존해야지요. 또한 '지상(智商)'■ 이외에 최근에 유행하고 있는 '정상(情商)'■을 포함한 윤리적 지혜가 있어야 하고, 물질적 조건 외에 정신적 가치가 있어야 합니다. 이 모든 것들이 조화롭게 배합되어야 하지요.

과학기술 분야의 자원은 아주 빠르게 변화하지만 문화능력과 정신자본 그리고 정상(情商) 등은 오랜 세월에 걸친 축적이 있어야 합니다. 싱가포르는 최근 몇 년 동안 아주 심도 깊은 인문적 반성을 진행했습니다. 그들은 과학기술만 중시하여 문화능력과 사회자본의 축적에 소홀하면 장차 싱가포르 전체가 심각한 위기에 처할 수도 있다고 판단했지요. 그래서 그들은 'Thing School and Learning Nation'이라는 구호를 제창하게 되었습니다. '생각하는 학교'와 '학습하는 국가'를 건설해야 한다는 뜻이지요.

■ **지상** 상업 및 경영의 지식.
■ **정상** 일종의 감성경영.

● 이런 부분에서 서양의 상황은 어떻습니까?

1999년 노벨 경제학상 수상자인 아마티아 센은 인도인으로 하버드에서 교편을 잡은 데 이어 지금은 영국 케임브리지대학에서 학장직을 맡고 있습니다. 캘리포니아대학 버클리캠퍼스의 총장은 세계사가 전공이고 컬럼비아대학 총장의 전공은 신학입니다. 하버드대학의 총장은 영문학이 전공이고 MIT공대의 총장은 경제학자이지요. 또한 스탠퍼드대학의 총장은 법학이 전공이고 도쿄대학 총장은 프랑스문학이 전공이며 옥스퍼드대학의 총장은 뛰어난 사학자입니다. 국가의 역량이 무엇을 바탕으로 하여 발전하는지 아십니까? 어떤 전문가들은 가장 중요한 영향력은 자신의 가치를 남들이 받아들이게 하는 것이라고 말합니다. 그런데 자신의 가치를 다른 사람들은 타인의 가치라고 말하지요. 이런 식으로 자신의 가치가 확대되어나가는 겁니다. 이러한 영향력은 '소프트웨어'에 속하지요. 그래서 사람들은 이를 'Soft Power', 즉 부드러운 힘이라고 말하기도 합니다. 그리고 이 '부드러운 힘'은 모두 인문적인 것이지요.

문제는 중국 지식계에 아직도 자신들의 전통문화를 긍정적인 가치를 지닌 것으로 새롭게 발양하는 분위기가 조성되기 어렵다는 점입니다. 이 관문을 넘기가 아직도 어렵다는 것이지요. 이 문제는 대단히 중요합니다. 전통문화의 연구에서 가장 중요한 관문은 고대 중국어입니다. 예컨대 순자를 이해하고자 한다면 반드시 《순자》라는 고전 전적을 읽어야 하지요. 여기에는 아주 많은 시간이 소요됩니다. 미국 학술계에서도 플라톤에 대해 적극적으로 이해하고자 한다면 고대 그리스어에 의존하는 수밖에 없지요. 고대 그리스어를 배워야 플라톤 전문가가 될 수 있고, 사람들로부터 '지혜의 원천'이라는 칭송을 들으면서 대학에서 남들보다 우월한 발언권을 행사할 수 있습니다. 화이트헤드(Whitehead)는 모든 서양 철학은 플라톤에 대한 주석이라고까지 말한 바 있습니다. 그러나 그렇게 많은 시간을 들여 《순자》를 연구하는 중국의 학자들은 기껏해야 소박한 유물론을 장악하는 데 불과하지요. 학술계에서의 지위가 이 정도에 불과한데 무슨 권위가 있겠습니까? 이러한 태도가 변하지 않는 한, 중국 전체의 학문이 발전할 수 없다는 것이 바로 문제입니다. 가장 훌륭한 인문학자들을 두고도 그들의 기능과 역할을 무시하기 때문이지요.

현단계 중국 학계에서는 이러한 문제들이 너무나 쉽게 '발전'과 아무런 연관도 없고 현실적이지 못한 것으로 간주되고 있습니다. 이러한 견해는 대단히 협애하고 편협합니다. 우리는 정말 경제자본만 있으면 되고 사회자본은 완전히 무시해도 되는 걸까요? 자연과학만 있으면 되고 인문과학은 필요 없는 걸까요? 해답은 절대 그래선 안 된다는 것입니다. 그러나 유감스러운 것은 중국의 인문과학은 완전히 주변화되어버렸고, 심지어 '실어' 상태에 있다는 것입니다. 인문학자들에게는 이미 사회적 발언권이 없습니다. 몇 년 전 미국의 10대 대학과 중국의 10대 대학 총장들이 한 자리에 모여 대화를 나눈 적이 있었지요. 이 자리에 참석한 중국의 총장들 가운데 런민대학 총장을 제외한 모두가 이공대학, 특히 공과의 인재들이었습니다. 반면 미국의 총장들은 캘리포니아 공과대학의 학장을 제외한 모두가 문과 출신이었지요. 미국은 이미 경제자본의 축적만으로는 21세기에 다가올지도 모르는 곤경을 해결할 수 없고 반드시 사회자본의 축적이 수반되어야 하며 그를 위해서는 인문학이 필요하다는 사실을 인식하고 있었던 겁니다. 현대의 어떠한 사회라도 과학기술 능력만 발전시키고 언어와 역사를 포함한 문화능력, 비판정신과 상호소통 능력의 배양과 발전을 포기한다면 이런 사회는 장차 커다란 문제에 봉착할 것입니다.

6. 유학의 '인문주의' VS 서양의 '계몽주의'

서양 계몽주의의 인문정신은 사실 하나의 강력한 인간중심주의라고 할 수 있습니다. 계몽주의는 한편으로는 신권(神權)에 반대하면서 다른 한편으로는 자연을 정복하고 자연의 인간화를 실현하면서 자연을 인류를 위한 자원으로 변화시켰지요. 량치차오의 말을 빌려 표현하면 이러한 사조는 '동력으로 천하에 대항하는' 것이라 할 수 있습니다. 오늘날 시장경제단체와 각종 민주정치단체, 직업단체, 모든 대학(현재 중국의 모든 대학은 전통적인 서원(書院)과는 아무런 연관도 없이 완전히 서양의 대학 모델을 추종하고 있음), 정부조직, 당파 등을 포함하여 거의 모든 이익집단이 이러한 정신을 기초로 하고 있는 것 같습니다. 철학적 이념으로 볼 때 계몽주의적 관점은 비이익(非利益) 영역에서도 가장 가치있는 것입니다. 이러한 가치에는 이성, 자유, 평등, 인권, 법치 등이 포함되는데, 각각 경제와 정치, 사회, 문화 등 각 분야에 두루 나타나지요.

최근 우리가 토론했던 주제는 계몽주의적 심리태도로써 유학에 대한 반성을 진행할 수 있는가 하는 것입니다. 저는 가능하다고 생각합니다. 그 이유는 환경의식과 페미니즘, 사회윤리, 종교의 다원화, 세계적이고 보편적인 윤리 등 각종 논역의 출현이 우리에게 계몽주의에 대한 반성의 기회를 제공하고 있기 때문입니다. 만일 '계몽주의를 통한 유학의 반성'이 가능하다면, 이는 곧 이후에 계몽주의를 통한 도가의 반성이나 기독교의 반성, 유대교의 반성, 그리스 철학의 반성, 중세의 반성 등도 가능함을 의미합니다. 이들 사이의 상호협력은 아직 그리 크지 않은 것 같습니다만 시간이 흐르면서 대화를 통해 현실로 나타날 수도 있을 것입니다.

저의 대선배이신 쉬푸콴 선생은 평생 동안 중화 문화와 유가사상을 위해 헌신하셨습니다. 이를 왕용계(王龍溪)■의 말을 빌리자면 '기백승담(氣魄承擔)'■이라고 할 수 있습니다. 이런 심리태도에는 위험요소도 없지 않지요. 이치는 진실하지 못하면서 기세만 요란할 수도 있으니까요. 이는 우리가 전통자원을 발굴해나가면서 열린 자세로 그 가치를 이해할 뿐 아니라 자기반성과 자기비판을 게을리하지 않는 태도와는 확연히 구분됩니다. 만일 전통문화에 '진, 선, 미'가 있다면 마치 우물을 파는 것처럼 파고들어가 그 아름다움을 찾아내야 합니다. 파고들어가지 않으면 찾을 수 없을 테니까요. 이는 보편적인 신앙에 의지해서가 아니라, 진지하고 성실한 자원의 발굴을 통해 해결할 수 있습니다. 사실 쉬푸콴 선생의 사상 및 학술 작업은 전통의 자산을 개발하는 것이었습니다. 또 한 가지 중요한 전제는 이러한 중화민족의 전통 정신문화를 창조하는 큰 스승들에게는 오만하지도 비겁하지도 않으면서 멀리 내다보는 거시적인 안목이 있

■ **왕용계** 명대 중기의 좌파 심학 사상가이자 왕양명(王陽明)의 제자로, 전통적인 성선설에 반대하여 자증자오(自證自悟)를 주장했다.

■ **기백승담** 강인한 기개로 꿈을 현실로 이룸.

었다는 것입니다. 사실 우물을 파는 일은 늘 모험일 수밖에 없습니다. 석 자를 파고 나서 그 다음 여섯 자를 파기도 전에 벌써 파산해버릴 수도 있습니다. 하지만 아홉 자를 파들어가는 경우도 있을 겁니다. 물론 우리의 작업이 우물을 파는 일과 완전히 같지는 않지요. 큰 스승들이 구축해놓은 자원의 보고를 대하다 보면 그 안에 담긴 신념들이 우리 자신들에 대한 인정임을 깨닫게 됩니다. 우리는 이러한 담론체계 안에서, 특히 지난 백 년 동안 너무나 미미했던 목소리와 온갖 세력의 간섭 속에서 이제 우물을 파고자 하는 겁니다.

혹자는 저를 칭찬하면서 제가, '육경(六經)은 내게 물을 대고 나는 육경에 물을 대는' 길을 가고 있다고 말하기도 합니다. 아마도 제가 정치적인 제약을 받지 않고 비교적 자유로운 논설공간을 갖고 있기 때문 같습니다. 이러한 말들이 제게는 칭찬으로 들리지 않고 오히려 엄한 비판으로 들리기도 합니다. 제가 운이 좋아서 아주 유치하고 천진난만하게 보물을 찾고 있다는 뜻으로 말입니다.

저는 유학을 마땅히 세계적 의미를 가져야 하는 지역적인 지식이라고 생각합니다. 이런 각도에서 볼 때 사유가 필요한 문제는 유가가 앞으로 발전해나가는 과정에서 어떤 곤경을 만날 것이며 이를 어떻게 해결할 것인가 하는 것입니다.

일반적으로 5·4시대 중국의 일류 지식 엘리트들 이후로 오늘에 이르기까지 아직도 모두들 유학에 대해 엄한 비판을 가하고 있습니다. 최근에는 유학 연구에 종사하는 일군의 청년 학자들이 이러한 비판에 대해 반격을 가하기 시작했지요. 이들은 유학에 대한 비판이 지나치게 격렬하다고 판단하고 새로운 평가를 시도하고 있습니다.

저는 전통문화에 대한 비판이 전면적이지 못하고 깊이 또한 부족하다고 생각합니다. 당시 사람들은 전통이 봉건의 잔재이자 보자기라고 생각했지요. '보자기'라는 관념 자체가 전통과 우리가 아주 먼 거리에 있다는 사실을 설명해줍니다. '보자기'는 일종의 신외지물(身外之物)로서 사용하지 않을 때는 구석으로 던져버리게 되지요. 그러다 보니 필요할 때는 처음부터 다시 시작하게 되는 것입니다. 루쉰이나 후스 등을 포함한 5·4시기의 지식 엘리트들은 유학전통에 대해 비판하면서 수많은 문제들을 나열했습니다. 그러나 이러한 문제들은 1980년대까지도 완전히 사라지지 않고 오히려 더 심해졌습니다. 이는 이러한 문제들이 '보자기'라 일거에 없어지지 않는다는 것을 말해주지요. 어쩌면 이러한 문제들은 우리의 핏줄과 골수에, 심지어 민족의 영혼 깊숙이 스며들어 엄청난 부정적 작용을 하고 있는 것인지도 모릅니다. 어떤 전통이든 간에 생명력이 있다면 자기비판의식이 더 깊을 것이므로, 전통 자체를 하나의 대상이나 외부적 사물로 여기지 않고 더욱 깊이있는 자기비판을 진행할 것입니다.

수많은 학자들이 중국 자체의 곤경이 너무도 크기 때문에 외부로부터, 발전한 서양 문명으로부터 새로운 가치를 도입해야 한다고 생각해왔습니다. 이러한 견해는 오늘날까지도 꽤 설득력이 있지요. 많은 사람들이 어떤 전통자원도 서양의 현대화 도전에 대처하지 못할 것이라고 생각하고 있습니다. 유교뿐만 아니라 대승불교와 도교, 모든 민간종교, 심지어 전통중국의 모든 역사와 철학, 윤리, 미학 등 모든 문화적 자원이 부드럽고 유약하여 현대화의 도전에 대항할 만한 힘이 없다는 것이지요. 그래서 반드시 외부로부터 가치를 받아들여야 한다는 겁니다. 하지만 이러한 주장 역시 전면적이지 못하고 깊이 또한 충분치 못합니다.

● 그렇다면 유학의 '인문주의'와 서양의 '계몽심리'에 대한 초월을 어떻게 평가해야 할까요?

유학의 인문주의는 포용적입니다. 여기에는 인심(人心)과 천도(天道), 인간과 자연, 개인과 집단이라는 다양한 차원이 있지요. 동시에 일종의 사조이자 인생관으로서 유학의 인문주의는 소농경제와 사회, 가족제도 등과 대단히 복잡한 관계를 맺고 있습니다. 유학은 만청(晩淸)이라는 특수한 역사시기에 서양 계몽주의의 인문사조와 마주치면서 온갖 결점이 그대로 노출되었지요. 그래서 서구화와 현대화 과정을 거쳐 새로운 창조와 변화의 계기를 찾으려 했던 것입니다.

5·4운동이 가장 먼저 도입한 서양의 가치는 자유와 인권이었습니다. 이러한 서양 가치의 핵심들이 나중에는 과학과 민주주의로 변하게 된 것이지요. 그러다 과학은 점차 도구적 합리성으로 변하고 민주주의는 일종의 군중노선으로 변하고 말았습니다. 이러한 전제 아래에서 오만하지도 비굴하지도 않은 마음자세로 서양의 '현대성'이 낳은 갖가지 문제에 대해 반성해야만 결실을 얻을 수 있을 것입니다. 유학이 대표하는 인문정신은 이러한 반성을 위한 자원을 제공할 수 있는 요소들 가운데 하나일 뿐입니다. 기독교 전통이나 그리스 전통, 유대 전통, 인도 전통 등 민간과 원주민의 전통을 포함한 모든 전통을 동원할 수 있다면 서양의 계몽주의 심리태도에 대처하기 위한 새로운 전기를 충분히 마련할 수 있을 것입니다.

● 이렇게 많은 견해들이 어떻게 하면 서양, 예컨대 미국 같은 데서 구체적으로 실현될 수 있을까요?

저는 하버드대학에서 유교윤리를 가르치고 있습니다. 최근 몇 년 동안 저는 학생들에게 충돌에 대처하는 가치를 어떻게 선택할 것인가 하는 문제를 제기했지요. 이사야 벌린은 "만일 두 가지 가치가 모두 가장 좋은 것이라면 반드시 서로 충돌하게 될 것이다"고 말한 바 있습니다. 이러한 가치로는 자유와 공의, 이지(理智)와 동정, 권리와 책임, 법치와 예악(禮樂)의 교화, 고립되고 절연된 개인과 네트워크 관계 속의 중심점으로서의 개인 등이 있지요. 10년 전만 해도 미국 대학생들은 대부분 자유와 이지, 권리와 법치, 그리고 고립되고 절연된 개인을 택했습니다만 지금은 변했습니다. 중국 내지의 상황은 아마 정반대일 겁니다. 1985년 제가 베이징대학에서 유교윤리를 강의할 때는 절대다수의 학생들이 공의와 동정, 예악의 교화와 의무 등을 택했지요. 지금은 어떨까요? 역시 변했습니다. 이미 수많은 학생들이 자유와 이성, 법치와 권리, 고립된 개인을 선택하고 있지요. 이런 점으로 미루어볼 때, '대화'는 절대적으로 가능하다고 할 수 있습니다. 하지만 '절대 평등한' 대화는 바람직하지만 아직 이에 다가가지는 못하고 있지요. 호혜적인 환경에서 대화를 진행하는 것이야말로 대단히 중요하면서도 어려운 임무라 할 수 있습니다.

2부

신유학의 **새로운 사유**

이 글은 2005년 12월 26일 KBS TV 광복 60주년 '세계의 지성과의 대담' 시리즈 중 '21세기 유교의 미래'라는 주제로 진행된 대담을 녹취 정리한 것입니다. 이 대담은 오랫동안 유학의 현대적 계승 가능성을 위해 학문적 · 실천적 활동을 벌이고 있는 뚜웨이밍 교수와 한국사회의 통합에 대해 연구해온 한상진 교수가 동양의 유가사상을 토대로 21세기를 이끌 새로운 비전과 그 역할을 무엇인가에 대해 이야기를 주고받았습니다.

07

오래된 미래-유학,

21세기! 과연 유교 문명을 논할 수 있는가

● 반갑습니다. 뚜웨이밍 교수님.

반갑습니다.

● 한국 광복 60주년을 기념하는 이번 대담 시간에 이렇게 함께 자리해주셔서 정말 감사합니다. 이번 시간에 우린 21세기 유교의 미래에 대해서 얘기를 해보고자 합니다. 무척이나 도전적인 주제인 듯싶은데요.

저도 기쁩니다. 네, 도전적이면서도 개인적으로 매우 흥미로운 주제입니다.

● 우선 이번 주제의 배경부터 살펴볼까요? 그동안 일본과 함께 놀라운 경제 성장을 이룬 한국과 타이완, 싱가포르, 홍콩, 즉 소위 네 마리의 작은 용들은 큰 주목을 받아왔습니다. 또한 정치적인 면에서

도 한국과 타이완의 민주화로 대변될 수 있는 여러 가지 변화들도 가져왔습니다. 따라서 아시아는 빠르게 성장하는 역동적인 곳으로 여러 가지 면에서 매우 전도유망한 지역으로 여겨지고 있습니다. 그런 점에서 볼 때 아시아인들은 지금까지 이룬 성과에 대해서 커다란 자부심을 느끼고 있는 것 같습니다. 선생께서도 지금까지 이룬 성과들에 대해서 아시아가 만족해도 된다고 생각하시는지요?

1. 유교 문명, 고대의 지혜와 21세기 사상들의 조화

아니에요. 저 역시 수십 년 전에는 상상조차 할 수 없었던 이 모든 새로운 가능성과 발전에 흥분을 감출 수가 없습니다. 하지만 한편으로는 앞으로 나아가야 할 미래의 방향이 어디인지, 또 그것이 동아시아뿐만 아니라 전 세계에 어떤 의미가 있는지에 대해 심히 우려하고 있습니다.

● 그렇습니다. 그래서 세계 유수 학자들이 동아시아에서 세계에 새로운 비전을 제시할 때가 되지 않았는가 하는 연구를 하고 있는데요. 이 경우 단순히 경제와 정치만으로는 충분치 않고 문화와 문명에 대한 심도있는 통찰이 필요하다고 봅니다. 이런 점에서 유교 연구의 권위자이시자 세계종교의 비교연구 분야의 깊은 이해와 통찰력으로 유명하신 뚜웨이밍 교수님을 이 자리에 모시게 돼서 영광입니다. 괜찮으시다면, 매우 대담한 질문으로 얘기를 시작해보고 싶군요. 현 정치적·사회적 발전상으로 볼 때 과연 동아시아가 세계에 어

떤 비전을 제시할 수 있다고 보시는지요? 또 21세기에 유교 문명을 논하는 게 적합하다고 생각하십니까?

글쎄요. 저도 중국을 여러 번 방문한 적이 있는데요. 중국에서도 경제적 성공과 사회 여러 분야에 대한 개방의 척도와 더불어서 중국의 재등장이 지닌 문화적 메시지가 무엇인가에 관해서 커다란 의문이 제기되고 있습니다. 저는 동아시아 전체, 나아가서 아시아 태평양 지역을 위해서도 똑같은 문제에 대한 해답이 주어져야 한다고 봅니다. 혹자는 이제 주도권이 대서양에서 태평양으로 넘어왔다고 합니다. 전 한 가지 특정 비전이 지배적인 비전이 되면 다른 비전들은 모두 무시되어야 한다는 생각에는 동의하지 않습니다. 따라서 저는 문화적 다양성이라는 다원론적인 시각에서 이 문제가 논의되어야 한다고 생각합니다.

동아시아, 소위 유교 문화권의 아시아에 새로운 주도권이 있다는 사실은 분명합니다. 문화주도라는 관점에서 보면 당연히 동아시아는 뿌리 깊은 유교 문화의 영향력 아래 있어왔습니다. 따라서 21세기의 새로운 삶의 방식, 새로운 비전으로서의 유교의 재구성에 대한 논의가 활발합니다. 그러나 다원론적인 시각이라는 측면에서 볼 때, 이 새로운 유교적 비전이 21세기의 인류의 생존뿐만 아니라 인류의 번영에 적합한 세계를 만드는 데 똑같이 공헌할 수 있는 다른 비전들과 어떻게 협력할 수 있을지에 대해서는 다양한 견해들이 존재합니다. 저는 유교 문명이라는 단어를 기독교 문명, 불교 문명, 힌두와 이슬람 문명 등과 같은 맥락으로 사용하고 싶습니다. 따라서 고대의 지혜와 21세기의 새로운 사상들을 조화시킬 수 있는 유교 문명이란 무엇인가 하는 것은 매우 흥미로운 주제입니다.

● 네, 아주 매력적인 주제 같군요. 오랜 세월 동안 우리는 서방 국가들이 우리보다 앞서 있다고 여겨왔습니다. 따라서 부지런히 그 뒤를 쫓아가야 한다고 생각했습니다. 현대화 따라잡기라는 표현대로 말입니다. 그러나 요즘 많은 사람들이 서구 문명의 위기를 거론하면서 일각에서는 새로운 상상력과 발전의 원천으로 동아시아를 주목하고 있습니다. 이런 맥락에서 유교의 의미가 무엇이라고 보시는지요?

네, 아주 흥미로운 질문입니다. 지난 몇 세기 동안, 특히 18, 19세기, 근대 유럽국가의 계몽운동 이후의 유럽 문화, 또 최근에는 북미의 서구 문화가 일반적으로 세계의 지배적인 문화로 규정되어왔다는 사실에는 의문의 여지가 없습니다. 또한 이 문화가 과학과 기술은 물론 공통경험이라는 거의 모든 분야에 걸친 인간개발에서 긍정적인 결과를 가져왔다는 사실도 틀림없습니다. 동시에 유럽우월주의라는 파괴적이고 부정적 요소들도 내재되어 있습니다. 동아시아인들, 특히 동아시아의 지식인들은 아주 오랜 세월 동안 서구의 문명을 배워왔습니다. 일본을 예로 들어보면 처음에는 네덜란드, 이어서 영국과 프랑스, 독일, 가장 최근에는 미국 문화를 학습해왔습니다. 서구 문명을 열정적으로 학습해온 우리는 동아시아인들이 비록 완벽하게는 아니지만 밑바닥 깊은 곳에서부터 서구화되어 있다는 사실을 잘 알고 있습니다. 따라서 우리의 문화유산 또는 문화전통 안에 퇴적되어온 서구 문명의 학습은 그 층이 매우 두텁고 깊다고 할 수 있습니다. 그래서 이제는 이것이 한국과 일본, 중국, 아시아 전체에서 문화의 일부가 되었다고 봅니다. 그러나 이와 동시에 그동안 어느 정도 해체되고 소외되어왔던 아시아의 토착문명들이, 우리 자신을 이해하고 타인과 우리의 관계, 자연과 우리, 더 나아가서 세계와 우리의 관계를 이해하는 중요한 방식으로 새롭게 등장하고 있습니다. 새로운 영감의 원천으로 떠오르고 있는 것이지요.

이 같은 맥락에서 참고기준들 중 하나로 유학이나 유교의 인문주의적 통찰에 초점을 맞추는 것은 매우 유용한 일이라고 생각합니다. 저는 유교를 좀더 다원론적이고 문화적 맥락에서 바라보고 싶은데요. 야스퍼스가 언급한 기축시대의 문명들, 예를 들어서 남아시아의 힌두교와 불교, 동아시아와 중국에서 번성한 도교는 물론이고 유대교, 기독교, 이슬람교, 더 나아가 다른 많은 토착종교들과 같은 선상에서 유교를 바라보고 싶습니다. 따라서 서구 세계와 나머지 세계라는 단순한 구분만으로는 서구 세계를 이해할 수 없다는 사실을 아는 것이 중요합니다. 서구 세계는 인류 공동체의 출현이라는 좀더 전체론적인 관점에서 이해되어야 할 것입니다. 아마도 인류역사상 처음으로 전체적 공동체라고 부를 수 있는 인류 공동체가 실현된 것이라고 할 수 있습니다.

● 알겠습니다. 선생님도 말씀하셨듯이 우리는 문화적 다양성의 시대에 살고 있습니다. 따라서 우리가 어떤 문화적 정체성을 가지고 있든지, 불교나 기독교 같은 다른 모든 문화전통과 함께 어울려 살아가는 것이 필요합니다. 현 서구 문명과 현대화가 겪고 있는 심각한 위기와 한계 때문에 일각에서는 우리 아시아가 새로운 발전의 원

천을 제공해서 서구 문명에 비전을 제시해야 한다고 생각하고 있습니다.

그렇다면 선생님께서는 유교가 오늘날 서구 문명이 직면한 문제에 대해서 그러한 해답이나 해결책을 제시할 수 있다고 보시는지요?

여러 가지 선택 중 하나로, 하나의 참고기준으로, 또는 대안적인 비전으로 공헌할 수 있다고 생각합니다. 몇 년 전 일본에서 '서구 모더니즘에 대한 대안은 있는가'라는 주제로 학회가 개최되어 참석한 적이 있는데요, 그곳에서 저명한 사회학자인 다니엘 벨 교수와 나누었던 얘기가 생각이 납니다. 그에게 이 대안적 비전에 대해서 어떻게 생각하느냐고 물어봤어요. 그러자 벨 교수는 수많은 가능성과 대안들이 있지만 그 하나하나가 모두 끔찍하다는 농담 섞인 대답을 했어요. 벨 교수는 서구 세계에서 처음 시작된 현대화 또는 현대화 과정에 커다란 역동성과 실현 가능성이 존재한다고 굳게 믿고 있습니다. 따라서 현대 서구 사회의 계몽 프로젝트를 계속 추진해나가는 것이 매우 중요하다는 겁니다. 반면 이슬람 근본주의나 유교의 본의주의(本義主義) 같은 다른 대안들은 성공하지 못할 거라고 보았지요. 어떤 점에서는 저 또한 그 생각에 공감을 합니다. 만약 이슬람이나 유교이념이 정치적 통치이데올로기로 변질된다면 그것은 서구 세계에 참고기준이 될 수 없을 뿐더러 실패한 대안이 될 것입니다. 저는 현대 서구 사회의 계몽 프로젝트가 인류 공동체의 공동유산이라고 여기고 싶습니다. 우리는 이 계몽 프로젝트를 존중하고 개발하고 또한 계속 추진해나아가야 하며 실현해야 합니다. 동시에 우리 전통유교

속에 녹아 있는 풍부한 사고를 통해서 이를 비판적으로 바라보아야 합니다.

어떤 면에서 유교적 전통은 세속적 인본주의와 매우 효과적인 상호작용 관계를 맺을 수 있습니다. 무엇보다도 통치이데올로기로 변질되어 청나라 말기까지 지속된 유교이념은 중국의 5·4운동을 기점으로 해체와 소외의 과정을 거치면서, 더 나아가서 타파의 대상으로 전락했습니다. 한국의 경우는 1919년 3·1운동을 기점으로 시작된 것으로 알고 있습니다. 이런 해체의 과정 속에서 유교적 전통은 소외되고 무시되어왔습니다. 버클리 대학의 조엘 레빈슨은 유교 중국과 중국 근대화의 운명을 논하면서, 중국이 다시는 세계의 주도세력으로 떠오르지 못할 것이라고까지 했습니다. 실제 이야기는 훨씬 더 복잡합니다.

● 선생님이 말씀하시는 유교는 구시대적 유교가 아닌 것 같네요. 자기비판 같은 현대 계몽주의 전통과 잘 어울릴 수 있는 매우 새로운 형태의 유교로서, 새로운 가능성을 제시하는 것 같습니다.

그렇습니다. 사실 중국에서 유교이념이 해체·붕괴된 이후 많은 유가 사상가들이 유교전통을 근본부터 다시 생각하기 시작했습니다. 따라서 유교전통은 대략 1919년 5·4 운동부터 시작해 1949년 중화인민공화국이 건국될 때까지 서구적 근대화 과정을 거치게 됩니다. 그 30년 동안 유학자들은 자유와 합리성, 인권, 정당한 법 절차, 개인의 존엄성 같은 서구적 가치들을 유교적 사고방식에 봉합시키려 했습니다. 또한 유교적 지배구조, 남녀 불평등 사상 같은 봉건적이고 정형화된 요소들은 제거하려고 했지요. 따라서 유가 사상가들은 현대화, 또는 적어도 서구화를 이루기 위해서 무척 노력했다고 할 수 있습니다. 그러나 1949년 이후 중국은 소위 근대화 발전을 시작한 이후로 사회주의와 마오쩌둥 사상에 초점을 맞추고 유교전통을 거부했습니다. 반면에 타이완과 홍콩의 유교학자들과 미국으로 이주한 중국인들은 유교적 인문주의가 계몽주의와 대립되는 사상이 아니라 일맥상통하며, 더 나아가서 계몽주의를 보완할 수 있는 가능성을 갖고 있다고 생각하기 시작했습니다. 이것이 바로 우리가 논하고 있는 유교입니다. 저는 인류의 생존과 번영에 대한 비전으로 유교적 자원들을 하나의 참고기준으로 이용하는 것이 충분히 가능하다고 믿습니다.

2. 서구 계몽주의와 유교 인문주의

● 예, 잘 알겠습니다. 그러면 동아시아 발전의 구체적인 사례를 살펴볼까요? 우선 일본의 경우 매우 독특한 노사관계 시스템으로 유명한데요. 미국의 실리콘밸리 모델과는 전혀 다른 도요타 모델, 렌 모델 등을 그 좋은 예로 들 수 있겠습니다. 일본의 노사관계는 시장 기반의 대인중심주의라기보다 신뢰를 기반으로 한 상호호혜관계라고 할 수 있습니다. 이러한 일본형 시스템은 일본 전통과 서구식 가치관 및 제도가 혼합된 매우 특이한 형태 같습니다. 일본은 적응력이 매우 뛰어나죠. 그렇다면 일본의 발전에서 이런 부분들이 선생님이 주장하신 유가사상의 부정적 측면과 밀접한 관계가 있다고 생각

하시는지요?

그렇습니다. 이는 제 개인적인 견해만은 아닙니다. 일본 주재 미국 대사를 지낸 바 있고 일본학과 중국학의 권위있는 학자인 라이샤워(Reischauer)는 1974년 한 잡지 기고문에서 일본도 유교 문화권의 일부로 봐야 한다는 일본 예외주의를 반복하고 나선 바 있습니다. 라이샤워는 서구 문명의 물결에 일본이 훌륭하게 적응할 수 있도록 도와준 유교적 전통가치들을 제시했습니다. 또한 동아시아가 이러한 유교적 가치들을 공유했다고 주장하면서 그 중 특히 네 개의 국가를 지적했습니다. 바로 한국, 타이완, 홍콩, 싱가포르입니다. 그러면서 라이샤워는 만약 이들 국가들이 일본이 그랬던 것처럼 유교 문화라는 똑같은 자원을 이용할 수 있다면 역시 성공을 거둘 것이라고 전망했습니다. 또한 베트남에 대해서는, 비록 지금은 형편없는 모습이지만 다시 평화가 회복된다면 베트남 역시 동아시아처럼 발전할 가능성이 있다고 보았습니다. 또한 중국에 대해서도 언급했는데, 만약 중국이 계획경제의 한계를 깨닫고 시장경제와 민주제도의 장점을 취한다면 중국 역시 발전할 수 있다고 예측했습니다.

● 네, 그것은 또 다른 측면이 있지요.

아직까지 결과는 모르겠지만 라이샤워는 북한도 언급을 했어요. 만약 북한이 정치체제나 국제정세의 변화 또는 내부의 어떤 변화가 생길 경우 북한 역시 개발도상국에 합류할 수 있다고 보았습니다. 이 같은 관점에서 저는 새로운 가치의 지향으로서 유교적 인문주의가 일본이 변화에 적응할 수 있도록 도와주었다고 생각합니다.

구체적으로 일본산업의 아버지라고 불리는 시부자와 에이치를 예로 들어볼까요? 시부자와는 유교윤리와 상인의 이윤 추구를 결합시킨 《논어》와 주판에 관한 저술로 유명한데요. 시부자와는 《논어》를 언급하면서 이윤 추구와 유교의 윤리적 이상을 접목시킨 도덕 경영론을 평생에 걸쳐 강조했습니다. 따라서 일본의 산업문화가 형성되는 데 유교윤리가 매우 중요한 역할을 했다는 데에는 의심의 여지가 없습니다.

미쓰비시의 회장이 몇 년 전 이런 말을 했어요. 그의 일가는 지체 높고 명망있는 가문 출신인데 그의 일가도 무라하치부(村八分)■에 관여했다는군요. 이러한 전통이 경제를 보는 자신의 태도에 어떠한 영향을 미쳤는지도 언급을 했습니다.

● 네, 그렇다면 한국은 어떻습니까? 제가 볼 때 한국은 이와는 다른 가능성을 대변하고 있는 것 같은데요. 한국에서는 지식인들이 정치와 정부 운용 또 여론 형성에서 중요한 역할을 담당했습니다. 오래전부터 한국에서는 공적 토론이 활발히 이루어져왔으며, 특히 나라가 외세의 침략을 받았을 때 의병운동 같은 민족주의운동과 민중운동의 자극제가 되어왔습니다. 이런 참여전통은 최근 들어 인터넷이라는 새로운 정보통신기술을 통해서 더욱 강화되고 있습니다. 그렇

■ **무라하치부** 에도 시대 이후, 마을의 공동 작업에 태만하거나 도둑질 등의 비행을 저지른 자에게 가해지는 집단응징의 관습. 마을에서 필요한 공동행사, 즉 농사일·혼례·수해·화재 진압·장례식 등의 열 가지 기본행사 중, 불이 났을 때 도와주는 것과 누군가 죽었을 때 함께 장례를 치러주는 일 이외의 여덟 가지에 대해서는 일절 거들떠보지도 않을 뿐만 아니라 의도적으로 괴롭히고 따돌려서 소외감을 맛보게 했다.

다면 한국의 이러한 참여전통의 발전에서 유교가 어떤 의미를 가진다고 보시는지요?

잠깐 배경부터 설명할까요? 제가 1980년대에 5개 도시를 대상으로 유교윤리에 대한 친밀도를 알아보는 조사를 한 적이 있습니다. 조사대상은 서울과 일본의 센다이, 홍콩, 타이페이, 상하이였죠. 조사결과에 따르면 가장 유교적인 도시는 서울이고 그 뒤를 이어 센다이, 홍콩, 타이페이, 마지막으로 상하이 순이었습니다. 한국이 가장 유교적인 사회로 나타난 것이죠.

● 어떤 면에서 그런지 궁금한데요.

모든 동아시아 지역들은 저마다 각기 다른 종교적 윤리전통을 가지고 있습니다. 여전히 대승불교는 동아시아의 주요종교이고, 일본에는 신토가, 중국에는 도교가 널리 보급되었습니다. 또 한국은 샤머니즘과 최근 급격히 증가한 기독교는 물론 대승불교 세력도 강합니다. 그러나 한국 문화의 유교윤리는 양반문화의 전통에서 그 특징을 찾을 수 있습니다.

지식인은 정치에 관심이 많고 사회참여에 적극적이며 문화적 감수성이 뛰어난 사람들로, 그들은 책임감이라는 윤리의식도 배양해야 합니다. 권력과 영향력이 클수록, 정보에 접근하고 교육받을 기회가 많을수록, 사회 전체의 안녕을 위해서 더 큰 책임감과 의무감을 갖는 것이 지식인들에게 요구됩니다. 이런 책임감이 한국 문화와 지식인 속에 깊이 자리 잡고 있기 때문에 학생들, 특히 한국 대학생들은 스스로를 사회의 양심이라고 생각합니다. 그래서 힘없고 제 목소리를 낼 수 없는 소외된 사람들 편에 서서 지식인으로서의 의무를 다하려고 합니다. 그러므로 한국의 정치적 역동성은 자의식이 강하고 헌신적인 학생 및 지식인 계층의 활발한 정치사회적 참여와 밀접한 관계가 있습니다. 단순히 학원공동체뿐만 아니라 정보와 매스미디어 체계, 모든 지역계층은 물론이고 환경운동이나 여성운동 같은 사회운동들 역시 한국의 정치적 역동성에서 빠뜨릴 수 없는 요소들입니다. 따라서 한국 사회의 역동성은 참여민주주의라는 비전과 밀접한 관계가 있습니다.

공자의 후계자인 맹자는 백성이 나라의 근본이라고 했습니다. 이 개념은 '국민에 의한'이라는 현대적 민주주의는 아니지만 '국민의, 국민을 위한'이라는 의미를 내포하고 있습니다. 이러한 개념은 현대 정보통신 분야의 발달을 통해 참여민주주의 형태로 발전될 수 있습니다. 분위기가 무르익었고 의지도 충분하며 정치적 구조와 절차 또한 조성되었다고 생각합니다.

● 중국을 여러 번 방문하셨는데, 선생님이 중국에서 하신 활동과, 오늘날 중국에서 유교가 가지는 의미에 대해 간략히 말씀해주시겠습니까?

중국은 다시 한번 커다란 전환의 시기를 거치고 있습니다. 중국의 경제 성장은 잘 알려져 있죠. 하지만 문화적 측면에서 중국은 중국판 르네상스를 겪고 있으며, 새로운 문화적 정체성 또는 문화적 주체성이 매우 흥미로운 문제로 떠오르고 있습니다. 다행히도 문화적 주체성의 추구가 국수주의로 흐르고 있지는 않지만 그럴 가능성은 늘 존재합니다. 중국은 문화적 다양성을 포용하는 것이 국제평화에 필수적인 요소라는 것을 인식하고 있다고 생각합니다. 또한 내부적으로 56개의 소수민족을 어떻게 다룰 것인가 하는 문제에서도 문화적 다양성의 포용은 매우 중요합니다. 동시에 문화적 정체성과 다원주의의 추구에서 대화의 중요성도 인식하고 있습니다. 그 결과 중국 지식인 계층이 유교를 바라보는 시각에 커다란 변화가 일어났습니다.

저는 중국에서 태어나 타이완에서 성장을 한 뒤 미국에서 대학교육을 받았습니다. 1978년과 1980년 중·미학자 교류프로그램으로 베이징에서 1년 동안 생활한 적이 있습니다. 1985년에는 베이징 대학에서 유교철학을 가르쳤습니다. 그로부터 벌써 20여 년이 지났습니다. 지난 20여 년 동안 저는 중국을 주의 깊게 지켜봤습니다. 1990년대 들어 놀라운 변화가 일어났는데요. 런민대학이 국학원을 설립했으며 산둥대학, 베이징대학, 또 최근 들어서는 난징대학과 우한(武漢)대학, 종산대학에 유학 연구센터들이 속속 세워지고 있습니다. 이런 추세는 학자들이 유교를 현대 중국 문화의 일부로 진지하게 받아들이기 시작했음을 보여줍니다. 개인이 가지고 있는 정치적 신념이 좌파이든 우파이든 그건 전혀 상관이 없습니다. 중국의 문화 정체성을 다시 생각할 수 있게 하는 문화자원의 일부로서의 문화적 전통, 특히 유교 문화를 복권시켜야 한다는 견해는 이제 커다란 공감대를 형성하고 있습니다.

학회뿐만 아니라 중국 정부도 이를 진지하게 받아들이고 있는데요. 그것은 현 체제가 화합을 바탕으로 한 조화로운 사회 건설이라는 국정이념을 내세우고 있기 때문입니다. 또한 재계에서도 유교적 도덕경영, 유교적 기업정신을 발전시키려는 움직임이 활발하게 일어나고 있습니다. 물론 매스미디어도 이와 유사한 상황입니다. 중국 상황이 새롭게 전개되고 있기 때문에 앞서 언급한 유교윤리에 대한 친밀도 조사에서 최하위를 차지한 중국에서 20년 뒤에는 전혀 다른 상황이 벌어질지도 모릅니다.

● 최근에 조사하신 적은 있습니까?

없습니다. 하지만 많은 단체들이 지속적으로 중국의 진행 과정을 관찰, 연구하고 있어, 가까운 시일 안에 흥미로운 연구결과들이 나올 것이라 예상합니다.

● 지금까지 일부 동아시아 국가의 유교가 미친 긍정적인 측면들을 살펴보았습니다. 하지만 불평도 많다고 생각되는데요. 특히 여성들의 경우, 유가사상을 여전히 비판적으로 바라보는 것 같습니다. 선생님께서는 유교가 남성우월주의로부터 벗어나는 것이 가능하다고 보시는지요? 어떻게 하면 성적 편견에 기반을 둔 유교적 요소들을 제거할 수 있을까요?

이 문제는 유교적 전통이 스스로의 안위와 생존을 위해 꼭 극복해야 할 시급한 사안이라고 생각합니다. 저는 살아 있는 전통으로서 유교 전통이 여성운동에 도전해 적극적으로 대처하지 못한다면 새로운 비전으로서의 유교적 장점이 크게 훼손될 것이라는 점을 여러 차례 강조해왔습니다.

제가 3, 4년 전 한국을 방문했을 때 다섯 개의 주제를 가지고 강연을 한 적이 있습니다. 그 중 하나가 여성학자들의 비판에 대한 유교의 답변에 관한 것이었죠. 주최 측의 노력으로 강연은 이화여자대학교에서 열렸습니다.

● 예, 그러셨군요.

저로선 세 번째 한국 방문이었습니다. 그 강연은 제게 도전적이며 큰 자극이 되었으며 여러 가지를 생각하게 하는 매우 유용한 시간이었습니다. 여성운동의 유교 비판에 대응하는 데 유교의 입지와 지위가 변화될 가능성은 뛰어난 여성주의 유학자들에게 달려 있다는 게 제 신념입니다. 한국에서도 많은 여성학자들이 과거는 물론 현재까지 지속되고 있는 유교적 남성우월주의를 크게 비판하고 있습니다. 여성학자들은 유교의 많은 측면들을 비판하면서도 여성들 고유 유산의 일부로서의 유교전통과 여성의 밀접한 관계를 인정하고 있습니다. 또한 가장 탁월한 이론적 방법들을 통해서 유교전통을 변형시켜 해석하고 있습니다.

예를 들어서 저명한 철학자인 이화여대의 김혜숙 교수는 남녀 간의 성적 구분이 아니라 인간 상호작용의 원리라는 관점에서 음과 양의 관계를 정립하려고 했습니다. 가령 제 상관이 여성일 경우 제게는 양이 됩니다. 자식들에게 아버지는 양이지만 아버지가 늙고 쇠약해지면 음이 됩니다. 이런 음양 관계가 훨씬 더 융통적이라고 할 수 있습니다.

역사적으로 볼 때 유교에도 성적 편견에 기반을 둔 숱한 사례들이 있었습니다. 그러나 유교 인문주의적 전통 안에서 유교는 가톨릭이나 불교에서 논란이 되고 있는 성별에 따른 구분에 이론적으로 정당성을 부여하지는 않는다고 생각합니다. 예를 들어 가톨릭에서는 여성이 신부가 될 수 있느냐의 여부를 놓고 논란이 계속되고 있습니다. 또한 불교사상에 따르면 깨달음의 경지에 이르기 전에 남자가 되는 윤회의 과정을 거쳐야 한다고 생각합니다. 유교에는 이런 내용이 없습니다. 유교전통 아래서는 능력이 있으면 유교를 해석할 수 있는 권리가 주어집니다. 만약 여성이 뛰어난 유교 고전학자가 된다면 자신이 적합하다고 생각하는 방식으로 유교전통을 해석할 수 있습니다. 그러나 한국의 가족관계라는 측면에는 여전히 유교적 관습에 따른 남녀 간의 역할 구분이 남아 있는 것도 사실입니다. 예를 들어서 남녀차별에 근거해 유교 성현들을 모시는 제사에 여성들은 아직까지 예를 올릴 수가 없습니다. 일본은 이런 경우가 적지만 아직도 상당 부분 남아 있지요.

반면 중국의 상황은 완전히 변했습니다. 예를 들어서 중국 여성들은 처녀 적 이름을 그대로 유지합니다. 또 점점 많은 남성들이 부엌일을 하고 자녀양육을 도맡아하고 있습니다. 이러한 성역할의 변화는 특히 상하이와 베이징에서 두드러지게 나타나고 있습니다. 성역할이 급속히 변화하고 있어 유교인문주의의 특성인 남녀평등은 실현 가능할 뿐만 아니라 실제로 실현되고 있습니다. 따라서 이러한 추세는 유교전통에서 매우 큰 변화라 할 수 있습니다.

● 네, 알겠습니다. 하지만 이상적인 유교인문주의에도 불구하고 현

실에서는 여전히 많은 여성들이 유가사상에 심각한 염증을 느끼고 있습니다. 그래서 많은 여성들이 가부장적 가족제도라는 덫에서 빠져나오고 싶어 기존의 가족체제에 반발하고 있으며 많은 비판과 불만을 쏟아내고 있습니다. 하지만 기본적인 수준에서 재구성될 필요가 있는 유용하고도 흥미로운 유교적 구성요소들이 여전히 남아 있다고 생각하는데요. 그 한 예를 인간의 창의성과 협력이 가장 중요하다고 여기는 지식기반사회와 관련지어 들어보고 싶습니다. 유교는 교육의 역할과 인간기반을 강조하고 있다는 점이 특징입니다. 그렇다면 지식기반사회를 향한 미래지향적인 전망에서 유교가 지닌 의미를 어떻게 보시는지요?

유교전통에서 두드러진 특성 중 하나는 배움입니다. 예를 들어서 공자는 자신을 학문을 좋아하는 사람이라고 규정했습니다. 또 수제자인 안회야말로 진정으로 배우고 학문하는 것을 좋아하는 사람이라고 인정했어요. 끊임없는 배움은 인격의 완성에 초점이 맞추어져 있기 때문에 인문 교양 교육을 중심으로 이루어져 왔습니다. 육예, 즉 관례와 음악, 활쏘기, 말 타기, 글쓰기, 셈하기 등은 심신을 통합한 수련방식이었습니다. 하지만 인간이 되기 위한 배움에 초점을 둔다면 모두에게 배움의 기회가 제공되어야 합니다. 한편 지금 여기에 실제하는 인간에 초점을 둔다면 모든 인간은 민족과 인종, 성별, 연령, 출생지, 심지어 사회적 계급과 기본적으로 사용하는 언어의 측면에서 특정한 사람이 되도록 운명지어져 있습니다. 따라서 특정한 사람이 되기 위해서는 자기계발과 자기성찰과 같은 과정이 필요하며 이는 남녀노소 모두에 해당합니다. 바로 이 점이 황제에서 일반 백성에 이르기까지 모든 인간이 자기계발을 근본으로 삼아야 하는 이유입니다. 따라서 우리는 특정한 상황적·관계적·맥락적 환경 속에 포착되어 있습니다. 하지만 동시에 공공의 책임성과 공공심이라는 개념 역시 중시되어야 합니다. 우리는 정착된 상태 그 이상으로 넘어가야 합니다. 개인과 공공의 관계를 예로 들어볼 수 있습니다. 사적인 제 개인에 대해 제 가족은 공적인 존재입니다. 사적인 가족에 대해 마을은 공적이고 마을이 사적이면 사회가 공적이고 등 이런 사적·공적 관계는 국가와 인류 공동체에까지 확대할 수 있습니다. 한편 인류 공동체 역시 동식물을 포함한 모든 생명체에 대해서 사적인 존재가 될 수 있습니다. 또한 모든 생명체들도 사적인 존재로 여겨질 수 있는데, 산이나 자연을 포함한 천지만물이 더 큰 공적 존재로 여겨질 수 있기 때문입니다.

그런 점에서 개인의 신체와 가족, 지역사회, 국가, 나아가 이 지구에 뿌리내린 고착성의 측면은 그대로 유지한 채 모든 사람은 공공의 영역에 도달하기 위해 이 모든 한계를 넘어서야 할 의무가 있습니다. 따라서 한편으로는 공공심을 유지하고, 다른 한편으로는 그 고착성을 유지하는 것이 유교의 중요한 도전과제입니다. 유교가 이기주의와 족벌주의, 지나친 민족주의나 자민족우월주의로 훼손되었다고 부정적으로 볼 수도 있지만, 규범적인 측면에서 볼 때 초월성 개념은 항상 유교 안에 존재해왔습니다. 인간이 되기 위한 배움은 역동적인 변화 과정이기 때문이죠.

3. 지식사회에서의 유교

● 아주 멋진 생각이십니다. 고착성과 공공심(公共心)이라는 유교의 이중적 측면은 무척 훌륭한 생각 같네요. 자, 그럼 이제 다른 질문을 하나 드려볼까요?

유교에서는 인간이 관계적 존재라는 것을 강조합니다. 그래서 유교는 늘 관계의 윤리를 주장해왔죠. 만약 그 윤리에 따른다면 주류사회에서 배제된 채 이방인으로 남아 있는 사람들을 우리가 책임질 수 있다고 생각하십니까? 최근 이 문제가 심각하게 대두되고 있습니다. 관계의 윤리가 그 자체로는 훌륭함에도 불구하고 사회로부터 의도적으로 배제된 사람들을 보편적인 인권원칙에 따라 표현하기에는 부족하다는 주장도 나올 수 있는데요. 이 문제에 대해서는 어떻게 보시는지요?

저는 20여 년 동안 엄청난 에너지를 쏟아부으며 이 문제를 연구해왔습니다. 하지만 아직까지도 만족할 만한 답을 찾아내지는 못했습니다. 그러나 이 문제는 유교가 반드시 직면해야 할 도전과제입니다. 우선 세속적 인본주의의 결과 실제로 일어난 일들 때문에 유가사상은 상당히 많은 매력적인 요소들을 제공하고 있습니다. 세속적 인본주의는 자민족중심주의, 도구적 합리주의, 공격적 이기주의 같은 많은 문제들을 안고 있고 진정한 공동체라는 의미도 없습니다. 저는 세속적 인본주의의 가장 큰 문제점이 반정신적·반자연적인 점, 즉 자연에 대한 공격성 및 초월성의 거부라고 생각합니다. 인류의 생존과 번영에 대한 포괄적인 비전인 유교적 인문주의에는 인간의 몸과 마음, 영혼과 정신, 네 차원이 존재합니다. 공동체 문제에 있어서 공동체는 가족과 사회, 국가, 세계, 나아가서 그 너머까지의 개념으로 다양하게 이해될 수 있습니다. 따라서 사람과 공동체 간의 풍부한 상호작용은 인간과 자연의 조화로운 관계로 이어질 수 있습니다. 그 다음에는 인간의 마음과 정신, 하늘과의 상호관계 또는 상호반응으로 이어질 수 있습니다. 따라서 유교적 인문주의는 인간되기의 포괄적 비전이라고 할 수 있죠. 그렇다면 선생님이 제기한 관계적 윤리에서 타인의 문제, 나와 아무런 관계가 없는 타인을 어떻게 대할 것인가 하는 문제가 남습니다.

'신뢰'에 대한 연구에서 후쿠야마는 중국에서는 상거래에 있어 신뢰도가 매우 낮다면서 문제를 제기했습니다. 그러나 신뢰는 단순히 계약상 필요한 도구가 아니라 개개인의 태도 안에 깊숙이 뿌리박고 있는 것이기 때문에 그의 입장을 비판할 수도 있습니다. 그러나 오늘날 중국에 가 보면 실제로 사람들이 타인을 신뢰하지 않고 관계 또한 거의 없다는 사실에는 의문의 여지가 없습니다. 기독교 전통은 인류 보편적인 사랑을, 불교와 이슬람교 전통은 타인에 대한 동정심을 내세우고 있는데, 그렇다면 유교는 타인과의 문제를 어떻게 다룰까요?

덴 마이어 교수 역시 레비나스 문제라고 부르며 이 문제를 제기한 바 있죠. 레비나스는 개인의 윤리를 구성하는 요소로서 타인의 중요성을 역설했습니다. 리쾨르 역시 타인으로서의 나, 나로서의 타인이라는 개념을 정립한 바 있습니다. 우리는 배타주의, 특히 공격적인 성향의 근본주의에 관해 반박하는 방식에는 모두 익숙합니다. 하지만 일반적으로 포괄주의에는 반박하지 않습니다. 유교는 모든 사람을 포용하기 때문에 전 세계에서 가장 큰 포괄주의의 하나입니다. 그러나 문제는 포괄주의 역시 근본적 타자는 받아들일 수 없다는 것입니다. 따라서 유교에서는 모든 것이 서로 연관되어 있기를 바라며 관계가 성립된 후에야 비로소 그 의미를 인정할 수 있는 것이죠. 그것이 가장 큰 문제입니다.

한 홍콩 기업인이 낯선 타인과는 거래하기 싫다면서 친구들하고만 사업을 하고 싶다고 말한 게 기억납니다. 그렇다면 우리는 급진적 타자를 어떻게 이해할 수 있을까요? 또 급진적 타자와 마주쳤을 때 배타감에서 어떻게 벗어날 수 있을까요? 유교전통은 타인과의 관계에서 큰 문제점을 안고 있죠. 유교사회에서는 개인과 공동체가 매우 긴밀한 관계를 맺고 있습니다. 중국의 예를 들어보면 가족 구성원끼리 사업체를 운영하지만 사실 지속되기가 무척이나 어렵습니다. 유교사회에서 우리는 정부와 기업과도 긴밀한 관계를 맺고 있죠. 모두 친구들이고 직간접적으로 연결되어 있습니다. 따라서 이러한 인적 관계의 자본주의는 재벌자본주의로 변질될 수 있으며, 그 결과 투명성과 신뢰성, 공공의 책임의식이 부족하게 되는 것입니다.

저는 이러한 개념들이 결국 유교전통 안에 본질적으로 내재되어 왔다고 생각합니다. 그러나 이 문제를 극복하기 위해서 유교는 모든 사물, 모든 인간을 통합할 수 있는 충분하고 총체적인 비전을 가져야 한다고 생각합니다. 다시 말해서 상호연관적 관계라는 측면은 단순히 친지나 같은 나라사람 또는 내가 아는 사람 들과의 관련성을 의미하는 것이 아닙니다. 공동체주의를 가지고 전 인류를 포용해야 합니다. 그것이 하나입니다. 또한 공동체주의의 한계를 넘어야 합니다. 공동체 윤리의식을 통해 이익을 얻을지는 몰라도 자연과 조화를 이루지 못하면 자연을 완전히 파괴할 수 있기 때문이지요. 지금 이 시대는 모든 자연자원을 이용하기 때문입니다. 따라서 전 유학이 그 한계를 뛰어넘을 수 있다고 봅니다.

● 만족할 만한 답을 찾아내시기 바랍니다.

네, 시간이 좀 걸릴 것 같습니다.

● 시간이 오래 걸려도 그 무대에서 선생님의 활동을 보고싶군요. 자, 그럼 다음 질문으로 넘어가볼까요? 몇 주 전 방콕에서 국민중심 정치에 관한 흥미로운 세미나에 참석한 적이 있는데요. 참석한 학자들 대부분이 현재의 간접민주주의식 정치에 만족하지 못하고 있다는 인상을 받았습니다. 학자들은 국민들의 보다 직접적인 정치참여를 주장하고 있었습니다. 대학에서 사회과학을 가르치는 입장으로서 유교가 그 자체의 이론적 테두리 안에서 참여민주주의의 특성을 포용할 만큼 스스로를 급진적으로 개혁할 수 있을지 궁금하군요.

포크 교수가 지구시민에 대해 논한 바 있습니다만 참여민주주의는 특정국가나 지역에 한정된 것이 아니라 전지구적인 것입니다. 또한 과학과 기술의 발전, 특히 인터넷 기술의 발전으로 빠른 속도로 성장하고 있습니다. 참여민주주의라는 새로운 비전은 개념상으로도 매우 매력적입니다. 이는 모든 시민의 직접 참여가 이루어졌던 고대 폴리스의 개념과 유사합니다. 이제 폴리스는 지구촌으로 확대되었고 모두가 이에 동참하는 것 같습니다.

민주주의를 어떻게 이해할 것인가에 관해 우리가 선택할 수 있는 한 가지 방법은 슘페터의 민주주의 정의 방식으로, 슘페터는 투표를 통한 정권 교체와 민주주의가 밀접한 관련이 있다고 설명했습니다. 따라서 매년, 또는 몇 년 단위로 국민들에게 새 정부를 선출할 투표권이 주어지는데 이를 민주주의라고 정의하고 있죠. 물론 민주주의의 이런 점도 중요합니다. 그러나 민주주의는 새로운 정책들을 만들어내기 위한 방식으로, 공공장소에서 공개적인 논의와 토론, 집단토의를 허용하는 체제를 뜻합니다. 또 모든 시민에게 정책 구성을 위한 의견을 표현할 수 있는 권리가 주어집니다.

● 토의식 민주주의 말이군요?

네, 토의식 민주주의죠. 그러나 동시에 시민 개개인은 책임의식을 가져야 합니다. 인터넷을 예로 들어보죠. 인터넷에서 익명으로 단순히 생각을 표현할 게 아니라 이것이 내 입장이며 내 주장에 대해 책임을 질 수 있다고, 개인 혹은 소속단체의 일원으로 실명으로 서명을 해야 합니다. 무작위로 내놓은 주장이 아니라 이에 책임을 지겠다고 약속하는 겁니다. 앞에서 언급했듯이, 그 사회의 가장 힘있고 영향력이 있으며 정보와 교육에 더 많이 접근할 수 있는 사람들이 그에 합당한 윤리적 책임의식을 갖거나 갖도록 한다면, 그리고 그 사회에서 가장 힘없고 소외된 사람들이 공공영역에 대해 자신들의 의견을 표현할 수 있는 자리가 마련된다면 참여민주주의의 가능성은 충분하다고 봅니다.

한국은 동아시아에서도 가장 활기 넘치는 사회입니다. 예로부터 러시아, 일본, 중국 등 열강들 틈에 끼여 있다는 자의식 때문인지는 몰라도, 한국에 들어온 것은 무엇이든 좀더 발전된 모습으로 변형시킨다는 생각을 갖고 있는 것 같습니다. 예를 들면 중국에서 들어온 유교는 이제 역으로 중국에 수출될 준비를 하고 있습니다. 중국에서 방영되는 한국 드라마를 예로 들고 싶은데요. 드라마 제목이 한국말로 정확히 뭔지는 모르겠는데요. '대장금'인 것 같군요. 아무튼 인기가 대단합니다. 왜일까요? 대장금이 유교윤리를 생생하게 보여주고 있기 때문에 중국인들은 놀랄 수밖에 없죠. 아마 일본에서도 이 드라마가 꽤 인기 있을 겁니다. 전통적 주제와 사상이 현대화와 성공적으로 결합된 사례라고 할 수 있죠. 몇 년 전 한국인 친구가 '한(恨)'이라는 말을 가르쳐준 적이 있는데요. 한은 강력한 힘이지만 증오가 아닌 후회와 비탄, 깊은 슬픔이 합쳐진 것이라고 하더군요. 따라서 한국은 온갖 종류의 도전에 직면해 있기 때문에 깊이있는 문화자원과 함께 참여민주주의가 실현될 가능성이 매우 높다고 봅니다. 한국에서는 현대화의 과정에서 전통과 현대화를 결합하는 것이 특징적인 문화 형태를 띠고 있기 때문입니다. 이 문화 형태는 한국 문화에 뿌리를 두고 있는 동시에 세계적인 의미를 가져야 합니다. 한 가지 문화에만 뿌리를 두고 있어서는 안 된다는 것이죠. 이것이 제가 한국 같은 유교사회에서 참여민주주의의 가능성을 바라보는 시각입니다.

● 오늘 이 시간은 여러 가지 가능성을 탐구하는 자리였습니다. 비록 몇 가지 문제들과 모호성도 존재할지 모릅니다. 그럼에도 불구하고 저는 그러한 가능성들을 실현하기 위해서 동아시아가 세계에 어

떤 비전을 제시할 수 있는지 생각해봐야 할 때가 되었다고 믿습니다. 따라서 유교에 진지한 관심을 보여야 한다고 생각합니다. 유교에는 재구성이 필요한 잠재적 가능성을 지닌 규범들이 풍부하게 남아 있기 때문이죠. 이러한 잠재 가능성들은 구시대적 유교를 정당화하기 위해서가 아니라, 오히려 위계적 지배보다는 좀더 인간중심적인, 자연을 착취하기보다는 좀더 자연친화적인, 권위주의적이기보다는 좀더 참여적인 새로운 형태의 유교를 재건하기 위한 것입니다. 이러한 측면에서 동아시아는 현대화의 경험은 물론 유교전통에 기반을 둔 새로운 비전을 전 세계에 제시할 수 있을 것입니다. 선생님, 감사합니다. 선생님의 견해와 제언에 깊은 인상을 받았고요, 무척 유익한 시간이었습니다. 다시 한번 감사드립니다.

이 글은 뚜웨이밍 교수가 중국 저장(浙江)대학에서 진행했던 시리즈 강연을 정리한 것입니다. 2004년 2월 《저장대학학보》(5~12쪽)에 처음 발표되었습니다.

08

유학전통의 현대적 전환, 세계윤리의 기본원칙이 될 수 있는가?

유교의 서도(恕道 : 자신이 하고자 하지 않는 바를 남에게 강요하지 말라)와 인도(仁道 : 자신이 세상에 도를 세우고 싶으면 먼저 남으로 하여금 세상에 도를 세우게 하고, 자신의 도가 세상에 행해지게 하고자 하면 먼저 남의 도가 세상에 행해지게 하라)는 세계윤리의 기본원칙이 될 수 있다. 이는 필자 한 사람만이 제시한 견해가 아니라 인류 문명 대화의 해에 코피 아난이 조직했던 세계 저명 지식인 포럼 가운데 스위스의 신학자인 한스 큉 선생도 제시했던 관점이다. 따라서 우리는 먼저 이와 관련된 핵심가치들을 살펴볼 필요가 있다.

1. 유학의 핵심가치, '인' '의' '예' '지' '신'

이른바 유학의 핵심가치는 맹자의 사단(四端), 즉 인, 의, 예, 지와 한대에 발전된 오상(五常), 즉 인, 의, 예, 지, 신을 말한다.

인이란 일종의 차등적 사랑으로, 이러한 관점은 이미 수많은 비판을 받은 바 있다. 비판자들은 묵자(墨子)의 '겸애(兼愛)'나 기독교의 '박애'가 유교의 '차등적 사랑'보다 평등의 원칙에 더 부합한다고 말한다. 이른바 차등적 사랑이란 공자와 맹자로부터 시작된 것으로, 보편적이고 분류되지 않은 사랑에 대응하기 위해 나온 관념이라 할 수 있다. 유학의 한 가지 기본전제는 사회를 하나의 동심원으로 이해하여 개인으로부터 가정과 가족, 사회, 국가, 인류사회를 거쳐 생명 공동체로 곧장 확장되는 것이다. 이리하여 인(仁)이란 자기를 남에게 발휘하여 안에서 밖으로, 사적인 차원에서 공공의 차원으로 확장하는 것을 말한다. 이러한 관념은 일정한 현실성을 담보하고 있다. 묵자의 겸애설은 어떤 낯선 사람에게도 자기 부모에게와 똑같은 사랑을 베풀 것을 요구한다. 물론 이는 대단히 고상한 이상이고, 이러한 이상은 기독교뿐만 아니라 다른 이상주의에서도 선명하게 부각되는 가치이다. 프랑스대혁명의 3대 기본가치에도 박애가 포함되어 있다. 하지만 실천 과정에서 자발적인 자각이 아니라 강제로 낯선 사람들을 자신의 부모나 형제 자매 또는 자식처럼 사랑하라고 한다면 그 결과는 자기 가족에게마저도 길가는 사람을 대하는 것처럼 소원해진다는 것이다. 따라서 차별적인 사랑도 하나의 보편적인 원칙, 실천 과정에서 점차 외부로 펼쳐지는 보편적 원칙이라 할 수 있다.

일반적으로 사람들은 의(義)와 이(利)를 상반되는 것으로 이해하고 있다. 맹자도 사람(人)과 짐승(獸)을 구별했고 오랑캐(夷)와 화하(華夏)민족을 구별했으며, 왕도와 패도를 구별했고 의와 이를 구별했다. 의와 이가 서로 충돌한다는 것은 분명한 사실이다. 때문에 일부 학자들은 현대 경제윤리의 관점에서 이것이 현대 시장경제에 부합하지 않는다고 비판하고 있다. 실제로 의와 이의 관계는 의는 이를 포용할 수 있지만 이는 의를 포용할 수 없다고 표현할 수 있다. 이른바 대리(大利)는 협애하거나 단기적이지 않고 장기적이고 전면적인 가치이다. 유학에서 말하는 대동(大同)이란 글자 그대로 큰 조화를 의미하는 것으로, 차이 속에서도 대동을 찾고 '서로 다른 것 속에서 조화를 찾는 것'을 말한다. '조화(和)'는 갖가지 서로 다른 정황의 종합을 통해 이루어진다. 따라서 대동은 조화(和)이지 동질화(同)가 아니다.

예(禮)의 관념은 특별히 현대에 들어서 엄청난 비판을 받아야 했다. 그것은 5·4시대에는 루쉰(魯迅)에 의해 식인(食人)의 예교로 묘사되기도 했다. 현대에 들어서는 경제자본과 기술능력뿐만 아니라 사회자본과 문화능력 또한 매우 중시되고 있다. 어떤 사회든지 간에 법으로만 사회를 안정시키고자 한다면, 활력 넘치고 사람들 사이의 교류의 폭과 깊이가 큰 사회를 이룩하기 어려울 것이다. 그렇다면 비공식적 인간관계의 필수적인 지지대이자, 측량 불가능한 행위규칙으로서의 예는 법률 위에 세워진 구조물로서, 사회가 보다 높은 차원으로 상승할 수 있게 해주는 사회자본이자 문화능력이라 할 수 있다.

지(智)는 서양의 'Wisdom'과 유사한 개념으로 이해될 수 있다. 우리가 당면하고 있는 상황과 곤경을 해결하기 위해서는 데이터(Data)와 정보(Information), 지식(Knowledge)과 지혜(Wisdom)의 구별과 연관성을 분명히 할 필요가 있다. 지(智)는 지식과 정보, 데이터를 모두 포함하는 개념이고, 지식은 정보와 데이터만 포함한다고 할 수 있다. 또한 정보의 확장과 지식의 확대가 지혜를 증진시킬 수 있는가 하는 것도 모두의 관심사 중 하나이다. 지혜는 경청의 예술뿐만 아니라 사람과 사람 사이의 소통을 통해서만 획득될 수 있으며, 또한 역사적으로 축적된 지혜, 즉 이른바 지혜의 원천에 대한 개발도 함께 이루어져야 한다. 하지만 이 세 가지는 모두 계량화가 불가능한 것이다. 지혜의 획득과 증강은 지식의 전환 및 향상과 밀접한 관계를 갖고 있다. 때문에 오늘날 과학기술은 날마다 새로워지고 있는 데 비해 역사와 철학, 문학 등은 여전히 과거로 돌아가 선조들의 지혜를 구하고 있다. 예컨대 플라톤은 노예제사회의 사상가였는데도 모두들 그가 대단히 풍부하고 깊이있는 지혜를 지녔다고 평가한다. 아무리 뛰어난 연구자들이라도 플라톤의 지혜를 새롭게 이해하기 위해서는 반드시 대단히 복잡한 자기수련 과정을 거쳐야 할 것이다. 그래서 화이트헤드는 서양 철학 전체가 플라톤에 대한 주석이라고 말했던 것이다. 우리도 유학전통 전체가 공자에 대한 주석이라고 말할 수 있을 것이다. 《논어》, 《중용》, 《맹자》, 《대학》 같은 지혜의 원천은 시간이 흘러도 참고가치를 상실하지 않고 중요성을 잃지 않는다. 때문에 이러한 텍스트와 지혜의 원천에 대한 이해와 인식이 절실하게 필요하다.

신(信)에 대해서는 여기서 깊이있는 토론을 피하고자 한다. 한 가지 지적하고 넘어가야 할 것은 상업윤리 분야에서 성실과 신의가 없고 투명도와 공신력이 없으며 공동으로 준수해야 할 진정한 기본원칙이 없다면, 상업행위는 물론 첨예한 경쟁을 특징으로 하는 시장경제 또한 제대로 유지될 수 없다는 사실이다.

2. 유학전통의 이해, 시간·공간·계층

오늘 우리가 토론하고자 하는 주제는 유학전통의 현대적 전환이다. 먼저 설명해둘 필요가 있는 문제는 유학전통을 어떻게 이해하느냐 하는 것이다. 여기서 우리는 시간과 공간, 계층이라는 세 가지 범주를 설정하여 이를 설명하고자 한다.

첫째, 시간의 흐름으로 보자면 유학전통은 사상의 대하(大河)라 할 수 있다. 그 전제는 어떤 정신전통이든 간에 발전하거나 확대되지 못하면 곧 죽고 만다는 것이다. 정신의 전통은 결코 정태적인 구조가 아니라 동태적인 과정이기 때문이다. 다만 이러한 동태적 과정이 충격을 받으면 잠재적 흐름으로 변하여 때로는 사상계에서 주변화되기도 하지만 항상 발전 과정 중에 있다는 사실만은 변함이 없다. 심지어 때로는 단절되기도 하지만 그 영향력은 다양한 사회계층에 여전히 존재하게 된다. 유학은 선진(先秦)시기의 유학, 한대의 유학, 수당(隋唐)시대의 유학, 송·명·청대의 유학, 아편전쟁 이후 서양의 충격을 받은 이후의 유학 등으로 구분할 수 있다. 좀더 간단히 요약하면 통상 유학은 3기로 구분된다. 제1기는 선진 및 한대의 유학으로, 취푸의 지방문화가 점차 중원(中原) 문화로 발전하여 중국 문화의 주류를 이루게 되는 시기의 유학이다. 그러나 이러한 전통은 불교와 도교의 영향을 받으면서 점차 잠재적 흐름으로 변한다. 위진남북조와 수당은 기본적으로 불교와 도교의 세계였다. 당말송초(唐末宋初)까지 유학은 줄곧 중국 문화의 떼려야 뗄 수 없는 부분으로서 동아시아 문명의 체현자로 성장했고 이러한 전통이 서서히 베트남과 한국, 일본, 해외의 화인(華人)사회로 확대된 것이다. 이것이

제2기의 발전이다. 이른바 제3기는 아편전쟁 이후 유학이 서양 문화의 충격을 받으면서 주류학문에서 갑자기 주변화되고 심지어 철저히 해체되어 생명력을 완전히 잃어버린 시기이다.

캘리포니아대학의 레빈슨 교수는《유교중국과 그 현대적 운명》이라는 책에서 5·4시기 이후 유학은 중국 엘리트 지식인들로부터 전면적이고도 심각한 공격을 받았고 그로 인해 계속 생존해나갈 수 없었다고 지적한 바 있다. 때문에 그는 5·4시기 이후 유학은 기본적으로 중국에서뿐만 아니라 동아시아 내지 인류사회에서 사라졌다 나중에 사회주의 또는 자본주의 사상의 영향으로 포스트유학을 형성하게 되었으나 이는 본래의 유학과는 전혀 다른 별개의 전통으로 적어도 유학은 더 이상 전승될 수 없었다고 평가했다. 내가 여러 해 동안 미국에서 생활하면서 지속해온 작업은 레빈슨의 이러한 견해가 착오라는 점을 증명하는 것이었다. 지금 내릴 수 있는 결론은 그의 관점이 착오가 아니라면 지나친 편견이라는 것이다. 그가 중국에서 유학전통이 이미 거의 포기되었다고 판단한 것은 물론 강 건너 불구경하듯 대단히 안이한 태도로 고찰한 결과가 아니라 깊이있는 비극적 정서에서 우러나온 것이다. 왜냐하면 그는 만일 유학전통이 현대화와 서양 문화의 충격을 받아 점점 주변화되고 해체되었다면, 기독교 전통과 불교 전통, 이슬람 전통, 또는 그가 인정하는 유대교 전통을 포함한 세계의 모든 정신문명들 역시 앞으로 얼마든지 해체될 수 있기 때문이다. 이러한 관점은 1960년대에 대단히 유행한 바 있다. 현대화는 하나의 동질화 내지 이성화 과정이고, 이른바 인류문명 발전법칙에 따르면, 인류문명은 미신적 종교에서 형이상학적 철학을 거쳐 과학적 이성으로 발전하기 때문이다. 수많은 국내 학자들은 여전히 문명 전체가 과학적 이성의 시대에 도달하면 모든 종교는 미신이 된다고 믿고 있는데, 그렇다면 일종의 정신문명으로서의 유학 역시 이러한 주변화의 운명을 면하기 어려울 것이다.

유학이 한 걸음 더 발전해나갈 수 있느냐 하는 문제는 이른바 제3기 유학의 문제이기도 하다. 나는 대단히 신중한 자세로 유학의 제3기 발전의 문제를 처리하면서, 이러한 가능성은 개인의 주관적 바람에 의해 이루어질 수 있는 것이 아니라고 생각한다. 부연하자면 나는 유학의 3분기설을 주장하고 있고 리쩌허우(李澤厚) 선생은 선진과 한대, 송대와 당대(當代)의 4분기설을 주장하고 있다. 물론 이러한 분류법에 따르자면 우리는 유학의 변천 과정을 선진과 한대, 위진남북조, 수당(비록 사상 엘리트들에게 유학의 영향은 크지 않았지만 일반 백성들이 가훈과 가규에 영향을 받았던 것처럼 정치문화와 사회 그리고 정신활동에 대한 영향은 여전히 존재했다), 송대, 요(遼) · 금(金) · 원(元), 명대, 청대, 아편전쟁에서 5 · 4시기까지의 근대 유학, 5 · 4시기에서 1949년까지의 현대 유학, 1949년 이후의 당대 유학* 등 10기로 구분할 수도 있다.

둘째, 공간으로 말하자면 아무리 불교와 도교의 충격을 받았다 하더라도 유학의 전통은 여전히 중국 문화 정체성의 분리할 수 없는 주요 구성부분으로 자리 잡고 있다. 하지만 중국 문화가 2천년 넘게 발전해오는 동안 유학독존의 양상을 보였고 유학이 줄곧 중국 전통 문화의 주류를 이루고 있었다고는 말할 수 없다. 왜냐하면 위진남북조에서 당말송초에 이르는 시기는 불교의 전성기였기 때문이다. 불

* 중국과 타이완에서는 정식으로 지금의 국가가 성립된 1949년을 기준으로 현대와 당대를 구분하고 있다.

교는 중국에 들어와 8백 년 넘게 발전해오면서 화엄(華嚴)과 천태(天台), 선종(禪宗), 정토(淨土) 등 중국적 특성을 갖는 불교전통의 발전을 기초로 유학을 뒤덮어버렸다.

사실 나는 당시 중국에서 가장 영향력있는 지식인은 공자나 주희(朱熹)가 아니라 현장(玄奘)이었다는 스쥔(石峻) 교수의 견해에 동의한다. 현장이 인도에서 돌아온 이후 3천 명이나 되는 방대한 인원이 그의 연구작업에 참여했다. 때문에 어떤 지식인도 그와 비교가 되지 않았다. 중국의 전통문화를 진정으로 이해하려면 반드시 현장 같은 지식인을 이해해야 한다. 따라서 유학은 중국 문화의 한 지류일 뿐이며, 때로는 주류였지만 때로는 작은 지류에 지나지 않았다고 말하는 편이 옳을 것이다. 중국 문화는 불교와 도교, 각종 민간종교, 원대 이후의 이슬람교, 명대 이후의 기독교(즉 초기 천주교) 등을 모두 포함한다. 비록 유학이 중국 전통문화의 일부분이기는 하지만 중국 전통문화가 유학을 완전히 덮을 수는 없었다. 우리가 베트남과 일본, 한국이 중국 문화의 일부분이라고 말하지 않는 것은 유학에는 일본 유학과 베트남 유학, 한국 유학의 구분이 있기 때문이다. 어쩌면 우리는 이렇게 말하고 싶을지도 모르지만, 이는 역사적 사실에도 부합하지 않을뿐더러, 베트남과 일본, 한국의 학자들 역시 이런 견해를 인정하지 않을 것이다. 어떤 학자는 유학전통을 몹시 싫어하면서도 오늘날의 유학이 적어도 민족적 응집력을 높이거나 애국심을 고취시키는 데 기여할 수는 있으리라고 생각하기도 한다. 하지만 베트남 최초의 유학은 모든 외래사조에 대한 맹목적 자국우선주의로서, 중국과 프랑스, 미국을 포함한 모든 문화에 자국우선주의적 저항의 태도를 견지했다. 때문에 베트남의 유학이 베트남의 응집력과 애국정신을 발전시킬 수 있을지는 몰라도 우리의 애국정신을 발전시키지는 못한다.

셋째, 유학전통에는 여러 가지 차원이 있다. 우선, 민간전통은 실제로 유교와 도교, 불교가 혼합된 형태로 나타난다. 예컨대《채근담(菜根譚)》은 유교와 불교, 도교의 사상이 고루 담겨 있다. 전체적으로 일관된 사상을 보이고 있지만 외피는 유교, 가운데는 도교, 그리고 심층은 밀교(密教)가 자리하고 있다. 하지만 유학의 가치는 시종 민간에 대단히 큰 역할을 해왔다. 유학이 민간에 전파된 것은 언어와 문자를 통해서가 아니라 구전을 통해서였다. 그 다음으로, 민간의 유학전통 외에 지식인들의 유학전통, 즉 이른바 사군자(士君子)들의 유학전통이 있다. 하지만 이는 유학전통의 한 측면일 뿐이다. 이 측면은 깊이있게 연구해볼 만한 가치가 있다. 그 다음으로 정치상의 유학전통도 있다. 예컨대 모두들 당대 유학전통은 이미 불교의 전통으로 대체되었다고 말하지만《정관정요(貞觀政要)》■를 자세히 살펴보면 이 책이 기본적으로 유학의 정신을 바탕으로 하고 있음을 알 수 있다. 또한《오경정의(五經正義)》■ 역시 당대에 저술되었으며, 당 현종(玄宗) 같은 인물도 효로써 천하를 다스리려 했다. 물론 우리도 유교중국은 좋지 않고 도통(道統)과 심성(心性)의 학문이 좋다고

■ **정관정요** 당 태종 이세민(李世民)의 치세를 위징(魏徵)을 비롯한 여러 신하들과의 관계를 통해 칭송한 오긍(吳兢)의 저서.

■ **오경정의** 중국 당대(唐代)의 다섯 가지《경서(經書)》의 관찬(官撰) 주석서(注釋書). 당 태종(太宗)이 공영달(孔穎達)·안사고(顔師古) 등을 시켜《주역(周易)》,《상서(尙書)》, 모시(毛詩)》,《예기(禮記)》,《춘추좌씨전(春秋左氏傳)》5경의 해석서를 만들게 하고 '오경정의'라는 이름을 하사했다. 이 책은 관리 등용시험 및 학자에게 있어 절대적인 권위를 가졌으며, 위(魏)·진(晉) 이래 분열되었던 학설이나 사상을 통일하는 역할을 했다.

말하면서, 심성의 학문을 발전시키기 위해서는 정치화된 유학에 대해 비판해야 한다고 생각해서는 안 된다. 주의해야 할 점은 정치화된 유학이 중국에 엄청난 영향을 미쳤다는 사실이다.

그 다음으로 경제 분야에서 유학은 일반적으로 중농경상(重農輕商)을 제창한 것으로 이해되고 있으나, 사실 이는 유학의 기본정신에 부합하지 않는 견해이다. 법가는 경전(耕戰)을 특별히 부각시키면서 사회에서 농부와 군인이 가장 중요하고 상인(商人)과 사인(士人)은 중요하지 않다고 하여 이른바 중농억상의 경향이 생기게 된 것이다. 유학은 중농(重農)하기는 하지만 경상(輕商)하지는 않는다. 예컨대 맹자는 특별히 분업관념(분업이란 아주 단순한 관념이 아니다. 분업이 인류 발전사에 하나의 커다란 비약을 제시했기 때문이다. 뒤르켐은 자신의 중요한 저작인 《사회분업론》에서 분업을 통해서만 유기적이면서도 기계적이지 않은 사회를 이룰 수 있다고 지적한 바 있다)을 부각시켰다. 그는 복잡한 사회에는 농민 외에 공인(工人)과 상인도 있어야 한다고 생각했다. 농민은 밥 먹는 문제를 해결하고 공인은 제조의 문제를 해결하며 상인은 물자를 소통시키는 것이다. 이들은 어떤 사회에도 없어서는 안 될 중요한 직업이다. 유일하게 해석을 필요로 하는 문제가 바로, 생산하지도 않고 제작하지도 않으며 소통시키지도 않는 지식인에게 어떤 가치가 있느냐 하는 것이다. 맹자가 보기에, 선비와 군자 들을 존중할 만한 것은 그들이 정신적 가치의 창조자들로서 사회가 유기적인 응집력을 필요로 할 때 그것을 유지할 수 있게 해주기 때문이다. 지식인은 정치에 종속된 부수적인 존재가 아니라 광대한 일반 백성들의 소리를 상층집단에 전하고, 독립적인 인격을 지니고 있어 자기 집단의 자각적인 노력을 통해 사회를 정상적인 발전의 길로 인도하는 존재이다. 마지막으로 언급하고 싶은 것은 유학 내부도 상당히 복잡하다는 사실이다. 1980년대 미국의 인문사회과학아카데미가 조직한 당대(當代) 유학에 관한 학술토론회에서 당대 유학을 어떻게 이해할 것인가 하는 문제에 대해 깊이있게 토론한 바 있다. 이 토론회에 초빙된 학자들 중에는 중국과 일본, 한국은 물론, 구미 지역에서 온 이들도 있었다. 이들은 철학과 종교, 역사학, 정치학, 인류학, 심리학 등 각 분야를 대표하여 논문을 발표했는데, 주목할 만한 점은 서로 다른 학문 영역을 가지고 서로 다른 지역에서 온 학자들이라 유학에 대한 이해 또한 서로 달랐다는 사실이다.

철학과 종교는 유학의 심성(心性)의 학문을 연구하되 유학의 기본이념에 대한 관심이 특히 많았다. 역사학자들은 유학을 하나의 발전 과정으로 간주했다. 경학가(經學家)이자 역사학자인 주웨이정(朱維錚) 선생은 공자는 학자들의 수만큼 많고 공자와 주희에 대한 해석은 학자들마다 다르다고 지적했다. 정치학자들은 유학의 정치적 측면을 부각시키면서 유학은 전제적이고 권위적이라고 지적했다. 사회학자들은 유학에 대해, 특히 민간사회와 가족제도 같은 부분에 비교적 민감한 반응을 보였고, 인류학자들과 심리학자들의 견해 또한 제각기 달랐다. 이런 점으로 미루어볼 때, 유학은 대단히 복잡하게 뒤엉킨 난해한 전통이라고 할 수 있다. 때문에 유학의 전통을 구성하고 있는 가장 뛰어난 사상가들 사이에도 내부적인 갈등과 충돌이 대단히 컸다. 예컨대 맹자와 순자, 주희와 왕양명, 한국의 이퇴계로 대표되는 이학(理學)과, 이율곡으로 대표되는 기학(氣學) 사이에는 엄청난 갈등과 충돌이 있었다.

펑유란 선생은 송명 유학을 이학과 심학(心學)으로 구분한 가장 중요한 학자이다. 필자도 일찍이 펑유란 선생과 토론을 벌인 적이 있는데, 그분은 사실 기학(氣學)이 있어야 마땅한데 이러한 견해가 없는 것이 안타깝다고 말했다. 이에 대해 필자는 중국의 유학에는 없지만 한국의 유학에는 있다고 답했다. 실제로 이런 현상은 대단히 정상적이다. 독점력이 아무리 강한 문명도 상황은 매우 복잡한 법이다. 예컨대 기독교에는 천주교와 신교의 구분이 있고 신교 안에는 적어도 백 가지가 넘는 유파가 있다. 이슬람교 역시 매우 복잡하다. 불교 또한 최소한 소승과 대승의 구분은 있다. 대승불교가 중국과 일본, 한국에 커다란 영향을 미치기는 했지만 소승이라는 또 다른 불교전통이 있다. 하지만 실제로는 태국과 캄푸치아, 베트남 등에서 발전한 불학을 그들은 소승불교라 칭하지 않고 원로들의 전통이라 부르고 있다.

3. 공자가 죽어야 나라가 산다, 유학전통의 해체 과정

유학의 전통은 대단히 복잡하고 다양한 측면과 층차를 가지고 있음에도 불구하고 아편전쟁 이후로는 모두 해체의 운명에 놓였다. 중국의 가장 뛰어난 일부 지식인들조차 유학을 생명력이 없는 전통으로 간주했다. 오늘날에도 동아시아에는 유학에 찬성하는 사람보다 반대하는 사람이 더 많다. 더 심각한 문제는 유학에 대해 아무런 관심도 없는 지식인들이 너무나 많다는 것이다.

1980년대 하와이대 동서센터에서 실시한 '현대사회의 유학가치'

라는 제목의 조사프로젝트에서 서울과 홍콩, 타이베이, 일본, 상하이 칭푸(青浦) 등에서 유학의 가치를 비교해본 결과, 서울의 유학가치가 가장 완정한 것으로 나타났고 그 다음이 일본과 홍콩, 타이베이와 칭푸의 순이었다.

최근 한국의 학술계에서는 한 차례 쟁론이 벌어졌다. 공자가 죽어야 나라가 산다는 견해가 있는가 하면 공자가 살아야 나라가 산다는 견해도 있었다. 이러한 토론은 유학이 서양의 충격을 받은 후에 그 해체 과정이 다르게 나타난다는 것을 잘 보여주는 사례라 할 수 있다. 어쩌면 한국은 아직도 유학전통의 영향을 가장 크게 받고 있는 곳인지도 모른다. 지식인들이 유학을 포기하는 것이 가장 두드러지고 전체적으로 나타나는 현상이기는 하지만 민간사회나 상인집단을 포함한 다른 집단들 역시 유학의 전통에 대해 기본적으로 포기하는 태도를 보이고 있다. 그 정도는 지역에 따라 다르기는 하지만 일반적으로 말하자면 유학은 서양 문명의 충격, 특히 서양 계몽주의의 충격을 받은 뒤부터 해체되기 시작했다고 할 수 있다.

이른바 계몽이란 일반적으로 17, 18세기에 시작된 일종의 문화운동이었다. 계몽은 일종의 이념이라고도 할 수 있는데 이러한 이념은 지금도 계속 발전하고 있다. 하버마스가 말한 것처럼 계몽의 이념과 계몽의 대계획은 여전히 진행되고 있는데, 그가 제시한 소통이성이 바로 계몽을 진일보시킬 수 있는 동력이다. 또한 계몽은 일종의 심리태도이기도 한데, 필자는 이 점을 특히 중시하고 있다. 계몽은 일종의 이성적 운동으로, 특히 칸트의 '감히 생각하는 것(Dare to Think)'이 그렇다. 일반적으로 말해서 계몽의 시대는 이성의 시대이자 종교와 형이상학적 철학이 점차 주변화되던 시대였다. 이러한 계몽은 20세기까지 줄곧 영향을 미치면서 우리 모두는 계몽으로부터 받은 영향이 전통문화로부터 받은 영향보다 훨씬 더 크고 많다. 계몽이 대표하는 가치는 유교와 도교, 불교보다 더 큰 영향력을 갖고 있다. 이 점은 아주 쉽게 이해할 수 있다. 우리가 지금 사용하고 있는 철학, 문학, 경제, 정치 등의 명사는 전부 외래어이고, 사회주의든 자본주의든, 현존하는 모든 대학과 시장경제, 민주정치 등도 모두 계몽에서 발전되어나온 것이다.

하지만 계몽은 또한 인간중심주의이기도 하기 때문에 생태환경보호에 대해서는 기여하는 바가 없고, 목적이성이 아닌 강렬한 도구적 합리성을 가지고 있다. 오늘날까지 줄곧 우리가 말하는 시장경제와 민주정치, 시민사회 등은 모두 계몽의 심리태도가 점차 영향을 미치면서 형성된 것이다. 계몽의 가장 중요한 가치는 다름 아닌 인간의 존엄과 인간 해방, 인간의 자각, 인간의 독립성을 부각시킨다는 점이다. 때문에 일부 학자들은 개인주의가 현대화 과정에서 나타난 가장 대표적인 이데올로기라고 생각하기도 한다. 비록 프랑스대혁명 시대에 개인주의가 비판의 대상이 되면서 모두들 개인주의를 무가치한 것으로 여기기는 했지만, 점차 서구화와 현대화, 세계화를 거치면서 개인의 선택이 갈수록 중요해짐에 따라 개인의 독립과 존엄이 중시되기 시작했다. 물론 그 가운데는 자유와 이성, 법치, 권리 등 몇몇 깊이있는 가치들도 숨겨져 있다.

이처럼 계몽을 통해 발전되어나온 가치들은 보편타당한 것이 되었고 우리들의 가치가 되었다. 이러한 가치들은 실제로 인, 의, 예, 지, 신에 비해 우리 심성구조 속에서 더 큰 설득력과 영향력을 발휘하고 있다. 때문에 우리는 대단히 노력해 인, 의, 예, 지, 신을 완전히 새롭게 해석할 필요가 있다. 하지만 인, 의, 예, 지, 신에 대해 비판적 태도를 취하는 사람들이 많고, 중국의 뛰어난 지식인들이 자유와 법치, 이성, 권리, 개인의 존엄 등에 대해 비판적 태도를 취할 가능성은 희박하다. 중국에서 가장 영향력이 큰 이념은 부강(富强)이다. 이른바 부강이란 배가 튼튼하고 대포가 매서운(船堅砲利) 것을 의미하는데 주로 경제력과 군사력을 가리킨다. 그리고 그 배후에는 파우스트 정신과 사회진화론이 버티고 있어, 그 강렬한 경쟁 메커니즘은 이를 받아들이지 않는 모든 이념과 제도, 게임의 법칙과 철저하게 충돌한다. 현대에 이르러 식민주의와 패권주의를 통해 서양 문명은 중국 문명과 인도 문명, 페르시아 문명, 이슬람 문명, 아프리카 문명, 라틴아메리카 문명에 대해 거대한 독선을 자행했다. 때문에 튼튼한 배와 매서운 대포를 갖춘 서양의 군사 및 정치제도 그리고 문화이념은 기본적으로 유학전통을 해체한 것이다. 만일 유학전통이 재건을 거치지 않고 내부적인 비판을 수용하지 않는다면 서양의 부강한 제도와 가치에 대해 건설적인 대응을 할 수 없을 것이고, 그렇게 되면 지식계와 문화계, 학술계는 소리 소문 없이 사라지고 말 것이다.

옌푸(嚴復)■는 처음으로 수많은 서양의 주요 전적들을 번역하기 시작했다. 당시 5·4시기에는 자유와 인권이라는 서양 사상의 두 가지 핵심가치가 특별히 부각되었기 때문에, 옌푸도 자유를 근본으로

■ **옌푸** 청나라 말기의 사상가. 청일전쟁 이후 서유럽의 학술·사상을 번역 소개하는 한편, 중국의 위기를 호소하고 변법운동(變法運動)을 비롯하여 청말(淸末)의 개혁운동에 많은 영향을 미쳤다. 당시 그가 번역·소개한 작품 가운데에는 헉슬리의 《진화와 윤리》, 몽테스키외의 《법의 정신》, 스미스의 《국부론》 등이 있으며, 특히 진화론은 열강침략하의 중국의 위기를 이해시키는 이론적 매개가 되었다.

삼고 민주주의를 자유의 적용으로 삼아야 한다고 말했다. 그러나 얼마 지나지 않아 과학과 민주주의가 자유가 인권을 대체하게 되었다. 이러한 전환에는 한 가지 중요한 전제가 있는데, 그것은 모두의 주요관심이 구망(救亡)과 생존의 도모에 모아져 있었다는 것이다. 일찍이 리쩌허우 선생은 이것이 바로 구망이 계몽을 압도하는 것이라고 말한 적이 있는데, 여기서 말하는 계몽이란 서양의 계몽이 아니라 지식계와 문화계를 포함한 중국의 학술계가 서양에서 배워온 것으로, 서양 계몽의 정신을 중국으로 들여온 것이다. 하지만 구망에 대한 염원이 너무 강하다 보니 계몽의 실천이 철저하게 이루어지지 못했고 지금에 와서도 여전히 이를 완성하지 못하고 있다. 나는 기본적으로 이러한 관점을 수용하지만 한 걸음 더 나아가 설명하고 싶은 것은 당시의 지식인들이 중국은 반드시 일어서야 하며 중국을 일으켜 세울 수 있는 유일한 길이 바로 계몽이라는, 질의가 불가능한 결론을 내렸어야 한다는 점이다. 전체적인 서양의 전통에서 볼 때, 유학전통은 전부가 거칠거나 아니면 대부분이 거칠다. 5·4시기의 지식인들 가운데 유학전통에서 정신적 자원과 가치를 발굴하려고 생각했던 사람은 극소수였다. 우리가 마땅히 주목해야 할 사실은 당시의 지식 엘리트들이 모두 유학전통의 영향을 깊게 받았던 사람들이라는 점이다. 그들은 그 고통을 뼈저리게 겪으면서 의욕적으로 전통문화 속의 거친 부분을 제거했던 것이다. 바진(巴金)이 가정을 논한 것이나 루쉰이 국민성을 논한 것, 그리고 나중에 보양(柏楊)이 장항아리문화를 논한 것 등이 모두 그 예라 할 수 있다. 후스는 처음에는 전반서화(全盤西化)를 주장하다 나중에는 '충분한 현대화'를 제시했다. 그러나 그가 전반서화를 주장했던 이유는 당시 지식 엘리트들이 너무 타성적이었기 때문이다. 바로 이런 이유로 굽은 것을 바로잡는 교왕(矯枉) 과정이 필요했던 것이다. 흥미로운 점은 당시의 수많은 지식인들이 자발적으로 서구화의 필요성을 자각하기는 했지만 그들이 받은 전통문화의 영향 또한 무척 컸다는 사실이다. 예컨대 '공가점(孔家店)'■을 타도한 늙은 영웅 우위(吳虞)가 자유연애를 주장하는 딸을 향해 "설마 효도도 염두에 두지 않은 건 아니겠지?"라고 따지는 대목은, 후스의 혼인이 구도덕을 그대로 반영했다는 점과 마찬가지의 자가당착을 범하고 있다고 할 수 있다.

4. 유학에 대한 두 가지 비판

유학에 대해서는 소농경제와 가족제도, 권위적 이념, 도구적 합리성, 인간의 자각적 발전 등 여러 차원에서 엄중한 비판을 가할 수 있다. 유학에 대한 두 가지 비판의 예를 들어보고자 한다.

첫 번째 예는 성왕(聖王)에 관한 관점이다. 유학의 기본적인 신념 가운데 하나가 내성외왕(內聖外王)인데, 이는 자신의 내적 수신을 거친 후에 경세(經世)를 통해 천하를 다스린다는 의미이다. 하지만 중국의 전통문화, 특히 한대 이후의 전통문화는 성왕을 실천한 것이 아니라 왕성(王聖)을 실천했다. 다시 말해서 수신을 거치지 않고 권력을 손에 넣은 인물들이 있었는데, 이들은 정치권력을 요구하는 데 그치지 않고 이데올로기의 권력과 도덕의 권력까지 요구했다는 것

■ **공가점** 유학전통을 비판의 대상으로 희화화한 말.

이다. 이로 인해 유학의 성왕 사상이 왕성의 실천으로 변질된 것이다. 나는 인애를 비롯한 갖가지 아름다운 어휘들 같은, 최고의 이상과 최고의 상징부호 들이 복잡한 권력관계의 네트워크에 실현된다면 루쉰이 언급했던 '부드러운 칼'처럼 대단히 잔혹한 결과가 나타나리라는 벤야민의 관점을 믿는다. 성왕의 관점은 범도덕주의나 우상숭배운동과 관련이 있다. 나는 철저하게 정치화된 유가사회가 단순한 법가사회보다 인간에 대해 박해와 압박이 훨씬 더 심하다고 생각한다. 순수한 법가는 기본적으로 규범인의 행위이다. 이른바 규범인의 행위란 사람이 법률에 저촉되었을 때만 치죄를 하고, 범법자가 아닌 한 절대로 치죄를 하지 않는다는 것을 의미한다. 하지만 철저하게 정치화되고 권위화된 유가사회에서는 인민에 대한 통치자의 통제가 행위에 그치는 것이 아니라 태도와 신앙 또는 잠재의식 측면에까지 미친다는 것이다. 어떤 사람의 행위가 아무리 정확하다 해도 통치자는 여전히 의심을 품을 수 있다. 태도가 안 좋을 수도 있기 때문이다. 태도가 좋다고 해도 통치자의 사회 전체의 최고이념에 대한 신앙이 확고하지 않을 수도 있다. 앞에서 말한 세 가지가 모두 훌륭하다 해도, 인민의 하부의식에 문제가 있을 수도 있고 건강하지 못한 꿈을 꾸고 있을 수도 있다. 때문에 철저한 유가사회는 가장 잔인하다. 순수한 법가사회보다 잔인할 수밖에 없다. 또한 철저하게 유가화된 정치지도자는 정치권력만을 요구하는 것이 아니라 이데올로기와 도덕적 역량 또한 요구한다. 다시 말해서 이른바 신 만들기 운동을 통해 상대적인 존재에서 절대적인 존재로 변화하는 것이다.

유학에 대한 기독교의 비판은 받아들일 필요가 있다. 기독교에서는 하나님만이 절대자이고 어떤 인간이나 집단 또는 사건도 절대적인 것이 아니라 상대적인 것이다. 하지만 만일 기독교에 초월적이고 외재적인 하나님이 없다면 기독교의 전통은 상대적인 것이 아니라 절대적인 것으로 변할 것이다. 때문에 나는 5·4의 비판이 지나치게 부족하고 지나치게 표면적이었다고 생각한다. 우리는 이념에 대해 보다 깊이있는 비판을 진행해야 하고, 특히 민족의 영혼 내부에 축적된 어두운 면들을 파헤쳐야 한다. 루쉰이 말한 국민성을 무엇에 의지해 비판할 수 있을 것인가? 지식 엘리트들의 힘으로 이러한 국민성을 개조할 수 있을 것인가? 사실 수많은 5·4의 엘리트들이 개조하고자 했던 국민성은 민국시대에 더욱더 본색을 드러냈다. 어째서 잠재적인 악의 세력이 그렇게 큰 영향력을 행사할 수 있었을까? 그 원인은 유학에 대한 비판이 충분하지 못했고 아주 거칠게 전통 전체를 지양했기 때문이다. 우리가 예상치 못했던 것은, 좋은 것들을 던져버리고 나니 유학의 조악한 부분들이 우리의 영혼 깊숙한 곳으로 들어와버렸다는 것이다.

두 번째 예로 '삼강(三綱)'에 대한 이해를 들 수 있다. '삼강'은 한대에 법가를 통해 유가에 들어왔다. 《한비자(韓非子)》에서는 "만일 신하가 군주를 공경하지 않고 자식이 부모를 공경하지 않으며 지어미가 지아비를 공경하지 않으면 사회는 반드시 혼란해지고 만다"고 했고, 《백호통의(白虎通義)》에서는 한대의 유학자들이 이러한 관점을 받아들여 '군위신강(君爲臣綱), 부위자강(父爲子綱), 부위부강(夫爲婦綱)'의 강령을 제시했음을 알 수 있다. '군위신강'은 명백히 전제주의이고 '부위자강'은 권위주의이며 '부위부강'은 남성중심주의이다. 하지만 현대문명이 자유, 민주, 평등의 관념을 중시하는 상황에서 어떻게 전제주의와 권위주의, 남성중심주의를 받아들일 수 있겠는가? 유학에 대한 페미니즘의 비판은 정말 대단했다. 이런 점에서 볼 때, 유학이 비판을 받고 서양 계몽주위가 가져다준 충격을 겪어야 했던 것은 쉽게 이해될 수 있다.

더 복잡한 것은 인권에 관한 문제이다. 인권이란 인간이 태어나면서 갖게 되는 권리로서 유학에서는 책임과 공의(公義)를 강조하고 있다. 서양의 전통에서 개인의 권리는 주권에 우선한다. 모든 분야에서 개인의 권리가 사회와 국가의 요구에 우선한다는 것은 불변의 원리이다. 만일 어느 한 개인의 권리를 침해한다면 사회 전체의 메커니즘이 파괴되고 말 것이다. 볼테르가 말한 바와 같이, 내가 너의 의견을 처음부터 끝까지 부정하고 너의 의견이 사회에 전적으로 유해한 것이라 해도 나는 너의 발언의 권리를 보호하기 위해 목숨을 바칠 수 있어야 한다. 이러한 이념이 서양에서는 매우 신성한 것으로 여겨지고 있다. 이는 또한 유학의 해체를 촉진한 더욱 근본적인 원인이기도 하다. 나는 중대한 사상전통에서 일찍이 대단한 영향력을 지녔던 관점이 시대를 거치면서 도태되어 완전히 사라져버릴 수도 있다고 생각한다. 예컨대 기독교의 전통에서 중세의 신학자들은 반드시 교회를 통해서만 면죄될 수 있다는 사실에 대해 한번도 의문을 제기한 적이 없었지만 루터가 신앙을 통해 죄 사함을 받는다는 견해를 제시하자 약 2천 년 동안 유지되었던 문화관념이 완전히 사라져버린 것이다. 따라서 '삼강'은 5·4운동의 영향을 받아 철저히 해체되는 것이 당연했다. 하지만 최근 왕위엔화(王元化)는 내게 천인거(陳寅恪) 선생이 왕궈웨이(王國維)에게 바친 묘비명에서, '삼강육기(三綱六紀)'는 중국 문화의 명맥으로서, 심지어 플라톤의 '이데아'처럼 절대로 포기할 수 없는 것이라고 말했던 데 관심을 갖게 했다. 이는 보다 심원한 사유를 필요로 하는 명제이다. 하지만 나는 '오륜(五倫)'이 현실적인 의미를 갖고 있다고 생각한다. '부자유친(父子有親)'은 자애로운 부모와 효성스런 자식을 의미하고, '군신유의(君臣有義)'는 어진 군주와 충성스런 신하를 의미하며, '부부유별(夫婦有別)'은 분업의 관념을 담고 있다. '붕우유신(朋友有信)'과 장유유서(長幼有序)' 또한 이와 궤를 같이하는 관념이라고 할 수 있다.

5. 신유학! 그 가능성을 묻는다

중국 지식인들이 서양의 강력한 충격에 대해 반격을 가하는 데는 여러 세대에 걸친 노력이 필요했다. 우선 5·4 이전에 캉유웨이와 량치차오, 탄쓰퉁 등이 있었고, 5·4 시대에는 슝수리와 량수밍이 있었으며, 그 뒤를 이어 해외 및 홍콩, 타이완 지역의 일부 학자들이 유학의 근본적 입장에 서서 이러한 문제들에 대한 새로운 반격을 계속했다.

신유학의 발전도 3세대에 걸친 노력의 결과였다. 제1세대는 1919년부터 1949년까지이고 제2세대는 1949년부터 1979년까지이며 제3세대는 1979년 이후이다. 이는 대단히 험난하고 먼 길이었다. 서양의 강세에 대응하기 위해서는 경제적·군사적 부강에 그치는 것이 아니라 보다 깊이있는 가치관을 갖추어야 했다. 유학이 현대화를 거치지 않았다면 현대에 진입해서도 생명력을 회복할 방법이 없다. 유학이 폐쇄적인 태도를 견지하면서 외부 영향의 수용을 거부하는 것 또한 불가능하다. 유학 발전의 전체적인 과정에서 맹자는 묵자에 대해 비판을 가했고, 송명 시대에는 불교에 대한 반격이 있었으며, 현대에 들어와서는 서양 문화에 대한 반격이 있었는데, 이 모두가 하나의 맥락으로 이어지고 있다. 하지만 과거의 반응과 현대의 반응 사이에 나타나는 차이는 중국 역사에 대한 서양 문화의 충격의 크기가, 8백 년에 걸친 중국에 대한 불교의 융화와, 80년에 걸친 원대 몽골의 쇠 말굽 통치가 가져다주었던 충격이 30년으로 농축된 것처럼 크다는 것이다. 서양 문화의 충격은 군사와 패도에 그치는 것이 아니라, 합리적인 제도를 갖고 있고 개인의 발전에 대단히 적극적으로 작용하는 깊이있는 이념을 갖춘 전면적인 것이어서 우리는 서양의 전통에 대해 반응하지 않을 수 없다. 이러한 반응이 성공할 수 있을지의 여부는 지금으로선 알 수 없다. 100~200년의 반응으로도 턱없이 부족한데 우리는 이제 막 반응을 시작한 셈이나 마찬가지이다. 가장 간단한 예로, 중국이 인도의 불교 문명을 소화해낸 과정을 들 수 있다. 지금 우리가 불교 문명이 중국 문화의 일부라고 말하는 것은 고대 중국어로 번역된 경전이 양적으로나 질적으로 초(楚)문화의 경전들을 훨씬 능가하고 있다는 것을 의미한다. 우리는 언제쯤 서양 문명을 중국 문명의 일부라고 말할 수 있을 것인가? 이런 문제를 생각하다 보면 서양에 대한 이해가 아직 초보 단계에 머물러 있다는 사실이 명백하게 드러난다.

현대 신유학에서는 줄곧 서양의 자유와 민주, 독립 같은 이념들을 어떻게 하면 유학전통의 건강한 이념인 인, 의, 예, 지, 신 등과 결합시켜 최고의 차원에서 반성을 진행할 수 있을 것인가 하는 문제를 고민해왔다. 현재까지의 경과를 보면 이렇다 할 이론을 형성하지도 못했고 근거로 삼을 만한 논리도 없지만 어느 정도 설득력이 있다는 점만은 분명하다. 1982년 하와이에서 개최된 주자학회에서는 타이페이의 학자들이 《차이나 포럼》을 통해 현대 신유학이 3대에 걸쳐 노력한 결과 지금은 어느 단계에 이르렀는가 하는 반성을 시도한 바 있다. 이런 반성을 진행하게 된 애초의 목적은 민주사회에서 유학은 이미 시대착오적인 것이므로, 타이완의 민주와 발전은 유학과 아무런 상관도 없다는 결론을 얻기 위한 것이었다. 그 결과 오늘날 유학 연구에 종사하는 학자들은 이미 떠도는 영혼이 되었다. 그들이 연구하는 과제는 당대(當代)의 정치와 경제, 사회와 아무런 상관도 없기 때문이다. 그러나 대단히 역설적인 것은 1982년 싱가포르에서 유교윤리와 관련된 교재를 제작하기 시작했을 뿐 아니라 유학 연구를 중심으로 하는 동아시아 철학연구소를 발전시키고 있고, 일본 문부성에서도 10년 계획으로 수십 명의 일본학자들을 초청하여 일본에서의 유학의 발전상황을 평가하는 프로젝트를 지원하고 있으며, 한국의 이퇴계 국제학술회의 역시 한창 발전하고 있다는 점이다. 1980년대에 베이징에 있는 동안 나는 두 가지 문제로 고심했다. 하나는 중국 대륙에서 유학의 발전전망이 어떤가 하는 것이었고, 다른 하나는 중국 대륙의 지식인들이 상대적으로 독립된 자아의식을 갖고 있는 집단인가 하는 것이었다. 국내 학자들과 1년간 교류한 끝에 나는 이 두 가지 문제의 답이 모두 긍정적이라는 사실을 깊이 깨달았다. 하지만 1980년대 유학의 생명력과 유학 연구에 종사하는 사람들 사이에 직접적인 관련이 있었던 것은 아니었고, 주요한 체현은 일본과 동아시아의 네 마리 용의 사회 발전으로 나타났다. 싱가포르가 가장 전형적인 사례였다. 일본이 발전하게 된 원인을 깊이있게 고찰해보면 학자들은 유교 문화의 영향을 폭넓게 받은 싱가포르 사람들에게서 유학이 가장 중요한 자원이었다는 사실을 발견할 수 있을 것이다.

아리프 딜릭(Arif Dirlik) 교수는 나의 관점에 대해 엄준한 비판을 가하면서 유학은 이미 세계무대에서 사라진 지 오래라고 말했다. 동아시아 문명의 출현과 함께 유학이 또다시 중시되기 시작했지만 상업화의 거대한 조류에 밀려 철저하게 괴멸당하고 말았으며 이러한 괴멸은 5·4운동 이후의 괴멸과는 전혀 다른 양상이라는 것이다. 이와 동시에 그는 유학 연구에 종사하는 사람들이 동아시아의 흥기와 더불어 일시적으로 빛을 보기는 하겠지만 시간이 지나면서 그 영향력은 점차 사라질 것이라고 지적했다. 1997년의 아시아 금융위기에서 특히 한국이 심각한 충격을 받은 이후로 모두들 유교윤리에 큰 문제가 있다고 생각했다. 이전에는 유교의 윤리가 동아시아 경제와 결합하여 대서양에서 태평양으로 경제의 발전이 옮겨가기 시작했다는 관점이 있었다. 금융위기 이후 자본주의와 관련된 이른바 규벌주의(閨閥主義)* 는 대대적인 질문을 받았다. 한국에 문제가 발생하자 서양의 철학자들과 사상가들은 복잡한 현대사회에서 건전한 경제발전과 관리를 위해서는 반드시 공신력과 투명성이 전제되어야 한다고 말했다. 이와 동시에 한국이 유교 문명의 영향을 받은 것이 정경유착과 가족제도를 바탕으로 하는 재벌과 정부 사이의 대단히 복잡하고 애매한 관계로 나타났고, 자본주의와 관련된 측면에서 지연과 학연을 중시하는 인간관계로 나타났다고 지적했다. 이는 초보적인 자본축적 단계에서는 어느 정도 힘을 발휘하지만 법률의 감독과

* **규벌주의** 처가의 세력을 중심으로 결성된 파벌관계.

국제금융의 관리를 받는 현대 서양 문명이 이끄는 다국적기업들과는 비교될 수 없는 현상이라는 것이다. 이러한 문제가 제기된 후 서양에서는 특히 미국을 대표로 하는 발전전략이 사람들의 관심을 끌었는데, 그 주요특징은 시장경제와 민주정치, 시민사회, 그리고 이러한 요소들이 대표하는 가치였다. 이런 관점에서 볼 때 유학전통의 재생 기회는 철저히 말살당한 셈이었다.

또 한 가지 새로운 문제는 유학전통이 현대화와 세계화, 지방화가 복잡하게 상호작용을 하고 있는 다원화된 현실에서 새로운 발전계기를 확보할 수 있느냐 하는 것이다. 이러한 문제의식에 담긴 핵심내용은 유학전통이 민주주의와 과학에 대해 창조적인 반응을 할 수 있느냐 하는 것이다. 우리는 기독교가 민주주의와 과학을 발전시켜주기를 기대하거나 불교가 민주주의와 과학을 발전시켜줄 것을 요구하는 것이 아니라, 기독교와 불교가 21세기에도 충분히 발전할 수 있기를 바랄 뿐이다. 그렇다면 우리는 왜 꼭 유학이 민주주의와 과학에 반응할 수 있기를 기대하는 것일까? 이유는 간단하다. 기독교와 불교가 갖고 있는 핵심적인 가치는 이 세상에 존재하는 것이 아니기 때문이다. 기독교는 미래의 천국을 추구하고 불교 또한 피안을 추구하기 때문에 양자 모두 외재적인 세계를 초월한 일련의 관념과 궁극적인 동경의 대상을 갖고 있다고 할 수 있다. 반면 유학은 세속에 바탕을 둔 입세적(入世的)인 전통으로서 경세치용(經世致用)을 추구하기 때문에 민주주의와 과학의 도전에 대응하지 못한다면 진일보한 발전이 어렵다. 다행히 유학전통은 민주적 자원을 확실하게 보유하고 있다. 예컨대 민주주의를 선거문화(헌팅턴은 민주주의를 선거권으로 규정하면서 선거가 없고 돌아가면서 정치적으로 중요한 자리를 차지할 수 없다면 이는 민주주의가 아니라고 말한 바 있다)가 아니라 인간의 소질을 개발하고 삶의 방식을 개선하는 것으로 간주하고, 민주주의의 발전을 인간의 가치와 존엄(인권)을 긍정하고 사람들의 기본생활을 보장한 다음, 이를 바탕으로 공공공간을 확대하고 법치를 확립하며 갖가지 유형의 자유를 보장하는 과정이라고 간주한다면, 이러한 관념을 바탕으로 선거문화에 창조적인 조건을 조성하고 사회 다원화와 권력의 하부 이양을 촉진함으로써 시민사회에 충분한 활력과 동력을 제공할 수 있을 것이다. 이러한 시각에서 볼 때, 일본과 한국, 중국 등을 포함하여 유교 문명의 영향을 받은 어떤 나라에도, 유학의 자원과 민간 지식인들의 자원을 잘 활용하고 언론의 자유를 발전시키며 법치를 확립하고 삶의 질을 향상시키는 것은 대단히 적극적인 도전이라 할 수 있다. 또한 실제로 과학이성은 유학전통과 별다른 갈등이나 충돌요소를 갖고 있지 않다. 그렇다면 과학이성이 대표하는 기본가치들과 유학전통에서 제시하는 기본이념들이 잘 조화될 수 있는가, 그렇다면 어떻게 조화시킬 것인가 하는 것이 중대한 도전으로 다가온다.

마지막으로 유학이 한 걸음 더 발전하기 위해서는 중국과 동아시아에만 머물러 있을 것이 아니라 세계를 향해 나아가는 과정이 필요하다. 세계로 나아가기 위해서는 반드시 엄청난 자기변화를 겪어야 하고, 다른 언어로 유학의 경전들을 철저하게 해석해내야 한다. 나는 영어로 유교의 윤리를 설명하는 것이 뚜렷한 예증이 될 수 있다고 생각한다. 영어를 사용하지 않는다면 유학의 경전은 인류문명의 구성부분이 될 수 없기 때문이다. 기독교의 경전이 그리스어는 물론 한국어와 영어, 중국어로 번역되어 있고, 불교의 경전 역시 여러 언어로 번역되어 있는데, 어째서 유학의 경전만 유독 중국어로 서술되어야 한단 말인가? 영어로 번역할 경우 원래의 맛이 다소 손상될 수도 있겠지만 얼마든지 새로운 가능성을 찾을 수도 있을 것이다. 보스턴대학의 일부 기독교 학자들은 '보스턴 유학'이라는 관점을 제시하며 유학이 미국에서도 발전할 수 있다고 주장한다. 이들은 이와 관련하여 다음 세 가지 이유를 제시한다. 첫째, 인간을 네트워크의 중심점에 놓는 것이 인간을 아무런 인연도 없는 고립무원한 개체로 간주하는 것보다 더 가치있다는 것인데, 이러한 관념은 미국 사회에서 훌륭한 인도자 역할을 할 것이다. 둘째, 유학전통 가운데 인도(仁道)는 경쟁이 특히 강하고 인정이 특히 희박한 시장경제에 충분한 조절작용을 할 수 있을 것이다. 셋째, 팽팽한 힘의 균형을 이루고 있는 서양 사회에 법률이 복잡한 상호작용을 보장하고 있기는 하지만 만일 책임감과 동정심이 없이 법률에만 의지한다면 이는 장기적으로 안전을 보장할 수 있는 방법이 되지 못한다. 이와 관련하여 유학의 책임윤리와 예의정신은 충분히 받아들여 참조할 만한 가치가 있다.

이 글은 2003년 12월 26일 뚜웨이밍 교수가 상하이 사회과학원 분원에서 한 연설을 녹취하여 정리한 것입니다.

09

유학의 창신,
유학 인문주의의 현대적 의미

유학의 전통은 시간과 공간, 다양한 사회계층 그리고 다양한 방법과 경로에 따라 다르게 이해될 수 있다.

내가 이해하고 있는 유학전통은 대단히 다양하고 다원적인 것으로서, 기독교 전통이나 이슬람교 전통, 불교 전통 등과 유사한 점이 있다. 유학이 종교라고 말하고자 하는 것은 아니지만 하나의 정신문명으로서 유학은 다양하고 다원적인 성격을 갖고 있다.

시간이라는 관점에서 보자면 나는 일찍이 유학의 제3기 발전 구상을 제시한 바 있는데, 이 구상은 사실 아주 간단해 대단한 쟁론을 야기하지는 않을 것이라 생각한다. 유학의 전통은 하나의 지방문화, 즉 취푸의 지방문화로 출발해 점차 중원 문화로 발전하여 중국에 거대한 작용을 하게 되었다. 이런 과정 중 선진시기부터 한대까지를 제1기라 할 수 있다. 그 이후 불교와 도교의 영향을 받아 한동안 중국의 뛰어난 사상가나 지식인들 가운데 유학과 유학전통을 인정하려 들지 않는 사람들도 나타났다. 그들은 불교나 도교를 인정했다. 이러한 흐름은 위진(魏晋)시기부터 수당시대에 이르기까지 계속되었는데, 이 시기가 바로 불교가 크게 융성하던 때이다. 당시에도 유학은 여전히 영향력을 행사하고 있었지만 기본적으로는 잠재적 흐름에 지나지 않았다. 그러다 송명(宋明)대에 이르러 유학이 한 걸음 더 발전하면서 유학전통이 점차 중국 문화의 구성부분에서 일본의 시마다 겐지(島田虔次)가 말한 이른바 동아시아 문명의 체현으로 발전하게 되었다. 이는 곧 유학의 전통이 중국 문화에서 한국과 베트남, 일본 또는 해외 중국인 사회에까지 영향을 미치게 되었음을 뜻하는데 이것이 바로 유학의 제2기 발전이다. 근대에 이르러 아편전쟁이 시작되면서 유학전통은 서양 문명으로부터 중대한 충격을 받아 퇴조하고 해체되는 경향을 보였는데, 그것도 아주 철저한 해체 경향을 보였다. 당시 중국의 뛰어난 지식 엘리트들 사이에는 유학을 비판하는 커다란 흐름이 형성되었다. 예컨대 후스나 천두슈(陳獨秀), 리다자오(李大釗), 루쉰 그리고 우위(吳虞) 같은 인물들이 힘을 합쳐 '공가점(孔家店)'을 타도하고 유학을 비판했으니, 유학이 국내의 뛰어난 학자들로부터의 내부적 비판을 이겨내지 못한 것은 너무나 당연했다. 때문에 유학전통은 기본적으로 해체되었다고 말할 수 있는 것이다. 그렇다면 해체 이후, 즉 5·4운동 이후에 다시 재기할 수 있는 기회도 있지 않았을까? 만일 재생의 기회가 주어졌다면 어떻게 변했을까? 이런 의구심에 근거하여 나는 유학 발전의 전망 문제를 제기하고자 한다. 나는 이를 하나의 문제로서 제시하는 것이지, 유학이 반드시 발전해야 한다고 역설하는 것은 아니며, 절대적인 가치를 지닌 전통으로 자리 잡아야 한다고 주장하는 것은 더더욱 아니다. 천인즈(陳引馳) 선생은 이와 관련된 나의 관점을 엮어 《일양래복(一陽來復)》이란 제목의 책으로 출간한 바 있다. 이른바 '일양래복'이란 대단히 어려운 상황에서 어린 싹을 틔우면 이 싹은 짓밟혀 죽기 십상이기 때문에 커다란 배양과 양육 과정이 필요한데, 이것이 바로 내가 말하는 유학의 제3기 발전이다.

중요한 문명들은 모두 긴 강물과 같아서 정태적인 구조가 아니라 동태적인 과정으로 나타나며, 다른 수많은 문명들과 복잡한 학술적 소통을 진행한다. 공간적으로 말하자면 유학은 물론 중국 문화의 구성부분이다. 나는 일찍이 '문화중국'이란 개념을 제시한 바 있는데, '문화중국' 안에 담겨 있는 자원은 대단히 풍부하고 유학은 그 중 일부에 지나지 않는다. '문화중국'에는 도교의 전통과 불교의 전통, 민간종교의 전통 또는 이슬람교의 전통(이슬람 문화는 원대 이후부터 중국 문화의 일부분이 되었다), 그리고 기독교 전통도 포함되기 때문이다. 기독교 전통은 멀리 마테오 리치 이전의 당대(唐代)에 이미 경교(景敎)*의 발전이 있었고, 마테오 리치 이후의 천주교는 예의 문제에 따른 쟁론에 부딪혀 혹독한 탄압을 받았으나, 그럼에도 불구하고 계속 발전해나갔다. 19세기 중엽에 이르러, 특히 미국 선교사들이 대거 중국에 발을 들여놓은 뒤로 신교는 커다란 발전을 이룩했다. 백 년이 넘는 동안, 기독교의 양대 유파라 할 수 있는 천주교와 신교는 모두 중국에서 대단히 빠른 속도로 발전하여 현재까지도 중국 내에서 (지하교회와 관방에서 승인한 교회를 포함하여) 그 세력을 크게 확장하고 있어 중국 문화의 일부분으로 포함시킬 수 있다. 일부 학자들은 중국 문화를 유, 불, 도, 3교로 개괄하기도 하지만, 사실 이는 정확한 관점이 아니다. 엄격히 말하자면 적어도 명대 이후부터

* 경교 기독교의 일파로, 당 태종 때 중국에 전래되었다.

는 이슬람교와 기독교를 포함한 5교로 정리하는 것이 더 정확한 관점이다. 또한 민간종교와 다양한 민족들이 체현하고 있는 갖가지 가치들을 추가한다면 훨씬 더 다원적이고 다양해질 것이다. 따라서 유학전통은 넓은 의미에서의 문화중국의 아주 많은 자원 가운데 하나에 지나지 않는다. 때론 커다란 영향력을 발휘하다가 때론 그다지 영향력을 행사하지 못하기도 하는 것이다.

하지만 중국 또는 문화중국의 개념을 어떻게 확대하든지 간에 유학전통의 전모를 보여줄 수는 없다. 그 이유는 무엇인가? 유학전통은 일본 문화의 일부분일 뿐 아니라 한국 문화나 베트남 문화의 일부분이며 해외 중국인 문화의 일부분이기도 하기 때문이다. 해외 중국인 사회가 체현한 유학전통이라 해도 그 상황과 양태는 대단히 복잡하다. 예컨대 인도네시아에도 유교가 있고 한때는 국가가 인정하는 종교 가운데 하나로 약 백만 명의 신도를 보유하고 있었다. 한 가지 주목할 만한 사실은 인도는 종교국가로서 종교단체에 속하지 않으면 개인의 합법성마저 의심을 받는다. 중국인들도 이슬람교를 믿거나 불교 또는 기독교를 믿어야 한다. 그러나 수많은 중국인들은 자신의 전통을 믿기를 원하고 유교를 신봉하려 한다. 수하르토 이전에는 유교를 믿는 것이 합법화되어 있었다. 그러나 1965년부터 수하르토의 반중국인(反中國人) 정서가 대단히 강해지면서 유교를 믿는 것이 불법화되고 말았다. 지금 인도네시아의 화교들은 유교를 회복시키기 위해 중국의 수많은 학자들을 초빙하여 유교 회복을 위한 지원을 기대하고 있지만, 인도네시아에 도착한 중국의 학자들은 유교는 절대 종교가 될 수 없으며 종교와는 아무런 관계도 없다고 말한다. 하지만 이런 생각이 그들에게는 실로 커다란 피해를 입히고 있다. 와히드(Abdurrahman Wahid)는 대단히 영향력 있는 이슬람 학자로서 인도네시아 대통령을 지낸 바 있는데, 그는 유교가 종교의 지위를 회복해야 한다고 주장했다. 그의 이런 주장은 몇몇 반대에 부딪히기도 했지만 그것은 대세의 추이를 따른 결과였다. 현재 인도네시아의 유교는 이미 재생의 계기를 확보하고 있다. 따라서 공간적 관점에서 볼 때, 중국 문화든 문화중국이든 간에 유교전통 전체를 아우를 수는 없다.

또한 계층의 관점에서 볼 때, 우리는 유학이 항상 지식 엘리트들과 연계되어 있다고 말하면서 그것이 민간사회에 미친 영향을 제대로 모르고, 다른 종교나 문화와의 교류 상황이 어떤지도 잘 모르고 있다. 적어도 명대 이후부터는 유교의 가치가 사회의 최하층에까지 보급되어 있었다. 예컨대 《태상감응편(太上感應篇)》* 은 도교의 관념을 담고 있는 것으로 알려져 있지만 그 안에는 유교의 가치도 상당 부분 포함되어 있다. 《태상감응편》이 중국의 민간사회에 보급되어 있는 상황은 한 선교사의 주장을 통해 알 수 있다. 이 선교사의 조사에 따르면, 19세기에 《태상감응편》이 민간에 보급된 정도는 《성경》이 서양에 보급된 정도보다 몇 배나 더 많았다고 한다. 물론 이는 대단히 불공평한 상황이다. 《성경》은 〈구약〉과 〈신약〉을 합치면 대단히 방대한 양인 데 비해 《태상감응편》은 아주 얇은 책자로 《채근담》 정도의 분량에 불과하다. 일본의 사카이 다다오(酒井忠夫) 교수의 연구에 따르면, 민간에 유전되고 있는 '선서(善書)'* 의 종류는 3천 종이 넘는데, 이러한 '선서'들이 민간사회에 미치는 영향은 대단한

* **태상감응편** 중국 민중의 종교윤리 사상에 관하여 설명한 민간 도교의 성전(聖典).
* **선서** 중국 송대 이후 일반 민중을 대상으로 쓴 도덕서(道德書)의 총칭.

것으로 나타났다. 그 속에는 기본적으로 삼교의 가치가 담겨 있는데, 유교의 윤리를 위주로 하면서 불교의 인과응보관념과 도교의 양생(養生)관념 등을 담고 있다.

1. 어머니의 신교(身教), 문화가치의 전달매체

전체적인 역사 발전 과정에서 볼 때 유학의 가치가 한 세대, 한 세대 전승되는 상황은 주로 지식 엘리트들에 의존하는 것 같지만 사실 그들의 역할은 그다지 크지 않고 오히려 가장 중요한 전파자들은 어머니들이 온몸으로 하는 교육(身教)으로 나타났다. 중국에는 문자교육을 받지 않고 텍스트 훈련을 받지 않은 어머니들이 무수히 많다. 하지만 우리는 문맹과 문화가치의 체현자를 대립적인 것으로 보아서는 안 된다. 문맹자도 문화가치의 가장 두드러진 체현자가 될 수 있기 때문이다. 분명한 것은 하와이도 그렇고, 아메리카인디언의 각종 전통도 그렇고, 대부분의 민간전통이 구전을 통해 전승되며 문자의 서술 없이도 문화가치가 전승될 수 있다는 점이다. 예컨대 하와이의 일부 종교 지도자(Kahunas)들은 자신들의 문화전통을 담고 있는 천여 구의 장시를 완전히 암송하고 있다. 따라서 어머니의 신교는 문화가치의 실질적인 전달매체가 되기에 충분하다. 오늘날까지 중국사회의 문화적 가치에서 가장 큰 영향력을 지닌 존재는 어머니이다. 어머니의 신교를 통한 문화가치의 전달은 대단히 의미있는 것으로, 유학전통에서는 한번도 이를 소홀히 한 적이 없다. 17세기의 유명한 사상가의 어머니는 아들에게 이렇게 말했다. "너는 일생 동안 우리

전통 속의 두 명의 아비 없는 아들에게서 뭔가를 배우기를 바란다."
두 명의 아비 없는 아들이란 세 살 때 부친을 잃은 공자와 맹자이다. 특히 맹자는 우리가 잘 아는 '맹모삼천(孟母三遷)'의 이야기에서 아들에 대한 어머니의 영향력을 잘 알 수 있다. 전통의 발전 속에서 악비(岳飛)의 충정보국(忠精報國)과 구양수(歐陽修)의 모친이 갈대로 모래밭에 글씨를 써서 아들에게 글을 가르친 이야기는 상당한 영향력을 발휘했다. 어느 학자의 연구에 따르면, 20세기 사상계나 정계 등 여러 분야에서 두각을 나타낸 뛰어난 인물들 가운데 어머니의 영향을 받은 사람이 특히 많고 이러한 비율은 놀라울 정도로 높은 것으로 나타났다. 때문에 우리가 유학을 이해하고자 한다면 지식 엘리트들의 유학에만 관심을 기울일 것이 아니라 민간사회, 특히 엘리트들과 하층 민중 사이의 지식인 계층에 관심을 가져야 한다. 예컨대 대중에게 널리 보급되면서 커다란 영향을 미친 저작물들의 작자는 유학의 엘리트에 속하지는 않지만 이들이 유학의 전파에 기여한 공로는 엄청나다고 할 수 있다. 《유림외사(儒林外史)》■나 《삼언(三言)》■ 같은 작품들은 민간에 대단한 영향을 미쳤다. 이와 관련하여 버클리 대학의 데이비드 존슨(David Johnson) 교수는 중간계층을 전문적으로 연구하면서 엘리트들의 문화가치가 민간에 전파되는 양상과 그 공헌을 집중적으로 조명하고 있다.

■ **유림외사** 청대 오경재(吳敬梓)가 쓴 장편소설로, 봉건사회의 각종 지식인들의 모습을 묘사하면서 부패한 유생들의 행태에 대한 풍자를 주요 내용으로 하고 있다.
■ **삼언** 명대 통속문학가인 풍몽룡(馮夢龍)의 화본(話本)소설인 〈유세명언(喩世明言)〉, 〈경세통언(警世通言)〉, 〈성세항언(醒世恒言)〉을 통칭하는 이름이다. 세 작품은 인간의 욕망과 봉건도덕의 모순에 대한 지적, 자연 숭상, 인간의 기본적 성정의 인정 등을 주요 내용으로 한다.

또 하나 주목할 만한 사실은 다른 학과에서도 전통에 대한 연구와 토론을 진행하고 있다는 것이다. 10년 전, 나는 미국 인문과학아카데미에서 한 차례 학술토론회를 주재한 바 있는데, 논문은 발표하지 않고 사흘 동안 줄곧 토론만 벌였고 나중에 그 결과를 《유교 세계의 투시(*Confucian World Obsreved*)》라는 제목의 책으로 출판했다. 이 토론회에 초청된 학자들 중에는 중국과 일본, 한국에서 온 사람도 있었고 북미와 유럽에서 온 사람도 있었다. 이들은 모두 역사학과 철학, 정치학, 종교학, 경제학, 사회학, 인류학 등 다양한 학과를 대표했다. 이 토론회 결과 우리는 학술계의 진정한 차이는 비교문화의 차이가 아니라는 사실을 알 수 있었다. 일본의 학자나 한국의 학자, 중국의 학자 들 사이의 토론은 충분히 소통이 가능했지만, 학과를 달리하는 학자들 사이에는 소통이 매우 어려웠다. 예컨대 역사학자들의 유학 연구는 철학자들의 그것과는 큰 차이가 있었다. 때때로 농담 삼아 역사학을 하는 동료들 앞에서는 나도 역사를 연구한다고 말하고 철학을 연구하는 동료들 앞에서는 나도 철학을 연구한다고 말했다. 그 결과 모든 사람들이 나를 친구로 여겼다. 적이나 비판자들을 만날 때면 역사학을 연구하는 사람에게는 철학을 연구한다고 말하고 철학을 연구하는 사람에게는 역사학을 연구한다고 말했다. 역사와 철학 사이의 충돌은 현저했다. 역사학자들은 내가 사실 묘사는 하지 못하고 현상 분석에 그친다고 말한다. 일종의 비판인 셈이다. 또 철학자들은 내가 역사인물들의 사상을 연구할 뿐이라고 지적한다. 이 또한 비판인 셈이다. 종교 연구와 철학 연구 사이에도 커다란 차이가 있다. 종교 연구에서는 체험을 연구해야 한다고 말하지만 철학 연구에서는 체험을 연구하는 것은 주관주의라고 비판한다. 정치학의 각도에서 유학을 바라보면(미국에서는 정치학자들의 영향력이 매우 크다) 유학은 정치문화의 한 부분으로 간주되어 관료시스템이나 전제시스템만 크게 부각된다. 사회학의 각도에서 유학을 고찰하면 가족제도나 사회가치의 전승에만 관심을 기울이게 된다. 또한 홍콩의 마이클 본드(Machael Bond)처럼 심리학의 관점에서 유학을 연구할 수도 있는데, 예컨대 유학의 심리학적 모델로 서양의 인문주의 모델에 도전하다 보면 그 사이에서 수많은 논거와 다양한 시험방법을 발견할 수 있다.

이렇게 볼 때, 시간과 공간, 서로 다른 사회계층, 새로운 과학 연구의 각도에서 바라보는 유학전통은 복잡하게 착종된 양상을 띤다. 하지만 내가 지금 하고자 하는 연구와, 지금 해답을 얻고자 하는 문제는 이처럼 복잡하게 뒤엉킨 형상들 가운데 하나의 사로(思路)를 찾는 것이다. 나는 많은 부분을 이해하고 있지 못하기 때문에 완벽한 개괄은 불가능하다. 심지어 나는 유학을 주요 연구대상으로 하는 전문학자도 아니다. 어떤 사람이 기독교 전문가이고 불교 전문가이며 이슬람교 전문가인지 이해하기 어렵다. 기독교와 불교, 이슬람교의 전통이 모두 그토록 복잡하게 뒤엉켜 있는데 어떻게 감히 전문가를 자처할 수 있겠는가? 이 점에서는 유학도 예외가 아니다. 이러한 인식을 바탕으로 우리는 유학이 현대와 당대에, 즉 5·4 이후에 어떻게 발전해왔는지 그 양상을 살펴볼 수 있을 것이다.

그러나 한 가지 보충해야 할 점이 있다. 5·4시대에는 유학에 대해 엄준한 비판이 이루어졌고 심지어 일부 학자들, 예컨대 후스나 천쉬징(陳序經) 같은 이들은 전반서화를 주장하기도 했다. (나중에 후스는 생각을 바꿔 전반서화를 주장하는 것은 너무나 절대적이었다고 반성하면서 '충분히 현대화'하는 것이 마땅하다고 지적했다.) 하지만 그들은 전반서화를 주장하면서도 전통에 대해 매우 익숙했지만 대부분의 사람들은 서구화에 대해 생소했다. 결국 당시의 서구화는 일종의 예시적 성격을 띤 것이었다. 미래를 생각할 때 서양을 배워야 하는데 모두들 서양을 배우려 하지 않으니 우리라도 서양을 배워두어야 한다는 태도였다. 지금은 서구화가 대세를 이루고 있어 전통을 논하는 것이 더 낯설게 느껴진다. 따라서 당시의 상황에서는 후스를 비롯한 여러 학자들이 특별히 중국 문화, 특히 유학의 영향을 받은 부정적인 요소들을 강조했던 것이다. 유교 문화는 중국 사상의 긴 흐름 속에서 적지 않은 부정적 작용을 했는데, 이는 반드시 인정하고 넘어가야 할 대목이다. 손실이 너무나 컸기 때문에 우리는 서양을 배워야 했고 100% 서구화된다 해도 기껏해야 40% 정도를 배울 수 있다고 생각했던 것이다. 만일 우리들 가운데 절반은 중국 문화를 배워야 한다고 말하고 절반은 서양을 배워야 한다고 말한다면 우리는 고작 서양의 10%를 배우게 된다. 때문에 잘못된 것을 바로잡으려다 너무 지나쳐 상황을 더 악화시키게 된다. 결국 문제를 최대한 극단으로 몰고가야만 서양의 가치인 자유와 인권, 민주주의와 과학을 가져올 수 있게 되는 것이다. 후스는 충분히 현대화할 것을 주장하면서 바로 이런 심리태도를 가졌다. 천두슈나 루쉰 등도 전통문화의 영향을 깊게 받은 인물이다. 그렇기 때문에 이들은 전반서화를 주장했던 것이고, 이 점에서는 지금의 우리와는 완전히 다르다.

2. "조화를 이루되 동화되지 않는다"

지금 우리에겐 이미 전통문화의 축적이 없다. 전통은 이미 타파되어 버린 것이다. 5·4시대의 지식 엘리트들이 아무리 편향된 격정을 가졌다 하더라도 그들의 전통문화의 바탕은 대단히 깊은 것이었고, 그들의 비판적 성향이 너무도 강했기 때문에 유학전통의 어두운 면을 포함하여 전통문화 전체가 망원경으로 확대하여 보듯이 남김없이 폭로되었던 것이다. 예컨대 '삼강' 문제와 전제정치 문제, 사회의 각종 관습 문제, 루쉰이 말한 국민성 문제, 후스가 언급한 전족(纏足) 문제, 축첩(蓄妾) 문제, 아편 흡연 문제, 게으름과 산만함 문제, 쑨원이 지적한 '쟁반 위의 모래알' 문제 등등 모든 문제가 문화전통이 극도로 깊고 두터운 상황에서 토론되었다. 후스는 나중에 '신문화 속의 구도덕의 대표'라 불리기도 했다. 그의 혼인은 부모가 정해준 것으로, 대단한 박사로서 서양에서 가장 좋은 교육을 받기는 했지만 사람이 되는 도리에서는 아내에 대한 감정 등 모든 면에서 전통의 한계를 벗어나지 못했다. 서양 문화의 충격을 받은 현대사회에서 그가 전통적 가치를 지킬 수 있었다는 사실을 사람들은 대단하게 생각했다.

중국과 무관한 예를 하나 들어보자. 모두들 알고 있듯이 일본의 현대화는 메이지(明治) 유신으로부터 시작되었다. 당시 일본은 유학의 전통을 송두리째 포기하고 전심전력으로 서양 문화를 받아들이면서 점차 서구화 이론을 발전시켜 서양 문명의 일부분이 되었다. 일본 지식인들은 이를 '탈아입구(脫亞入歐)'* 라 칭했는데 여기서 '아(亞)'는 중국 문화에 다름 아니었다. 대부분의 일본 지식인들은 중국 역사의 부담이 너무 크다고 생각하지만 일본은 이를 일거에 던져버리고 곧장 세계문명의 일부로 자리 잡으면서 세계문명의 중요한 참여자가 되었다. 일본의 현대화에 영향을 미친 지식계의 인물들 중 가장 뛰어난 학자는 바로 후쿠자와 유키치(福澤諭吉)였다. 하버드대학의 올 크레이그(Al Craig) 교수는 후쿠자와 유키치에 관한 연구를 필생의 지업(志業)으로 삼아 이미 25년째 계속하고 있다. 2년 전 하버드대 옌칭연구소가 중국 수저우(蘇州)에서 학회를 개최했을 때 그는 특별히 후쿠자와 유키치에 관한 논문을 발표했는데 여기서 그가 제시한 한 가지 사실이 모두의 관심을 끌었다. 후쿠자와 유키치는 중국 문화, 특히 유학전통으로부터 깊은 영향을 받았다는 것이다. 하지만 그 역시 '탈아입구'를 주장하면서 5·4시기의 지식 엘리트들과 마찬가지로 중국 문화를 포기하고 유학전통을 비판했다. 올 크레이그 교수는 이와 관련하여 다음과 같은 이야기를 덧붙였다.

후쿠자와 유키치는 중국의 고대 전적에 대해 대단한 열정을 보였는데 이에 관해서는 예를 하나 들어 설명할 수 있다. 그는 동료들을 원망하면서 "우리들 가운데 적지 않은 친구들이 자신의 한학(漢學) 수준을 과장하여 떠벌이고 있네. 그들은 《좌전(左傳)》을 읽었다고 말하지만 사실은 《좌전》의 몇 단락을 발췌하여 읽었을 뿐이지. 나는 《좌전》을 열세 번이나 읽었지만 한 번도 자랑한 적이 없네"라고 말한 바 있었다. 《좌전》을 열세 번이나 읽은 사람이 중국에 얼마나 될지 모르겠지만 외국에서는 아주 드물 것이다. 뿐만 아니라 그는 사서(四書), 오경(五經) 같은 가장 기본적인 전적들에도 아주 정통했

▪ **탈아입구** 아시아를 벗어나 유럽으로 진입한다는 뜻.

다. 아마도 사서는 줄줄 외울 정도였을 것이다. 서구화를 강력하게 주장한 후쿠자와 유키치는 유학의 영향을 깊게 받은 학자였다. 이토 히로부미(伊藤博文)나 메이지 유신을 둘러싼 유신의 지사들을 보면 하나같이 유학에 조예가 깊었던 인물이었다. 교토대학 부총장인 와다나베 히로시(渡邊博史)는 마루야마 마사오(丸山眞男)의 후계자로서 일본 사상을 연구하는 뛰어난 학자이다. 그는 일본에서 진정으로 유학이 발전한 것은 메이지 유신 이후라고 말한 바 있다. 하지만 유학의 부정적인 영향도 없지 않았다. 유학의 전통과 일본의 신토가 결합하여 훗날 일본의 협애한 군국주의를 조성한 것이다. 때문에 이들은 유학에 대한 반성적 연구를 시작하면서 유학이 일본의 민족적 응집력을 강화하는 중요한 요소가 되었지만 신토와 결합함으로써 일본이 제국주의국가가 되는 중요한 요인으로 작용했다고 간주한다. 일본의 신토는 일본의 국학(國學)과 고학(古學)에서 온 것이라고 하지만, 역으로 신토의 영향을 받았다 하더라도 이른바 국학 연구의 전통에는 유학의 요소가 많이 남아 있기 때문이다.

일본이 서양을 학습한 정황과 우리가 서양을 받아들인 정황은 크게 다르다. 일본 학자들은 무척 신중하고 조심스럽게 서양의 몇몇 가치를 받아들였다. 일본에서 해외로 여행을 하거나 조사활동을 벌이는 사람들은 목적의식이 매우 강해 독일이나 영국, 프랑스, 미국 등지를 돌아다니다 돌아오기 무섭게 아주 세밀한 토론을 전개한다. 그럼에도 불구하고 서양에 대한 일본의 이해는 상당히 자의적인 경향을 지니고 있다. 우리에게 이처럼 자발적인 자각이 없다면(자발적 자각이란 우리 자신에 대한 문화적 정체성과 문화적 전승에 대한 깊이있는 이해를 말한다) 전통문화에 대한 계승과 발양작업을 제대로 진행할 수 없고, 서양 문화의 도입과 배척 또한 불가능할 것이다. 전통문화에 대한 태도가 조악한 상태에서는 서양 문화에 대한 태도 또한 마찬가지일 수밖에 없다. 전통문화를 어떻게 이해하고 그 정수를 어떻게 개발할 것인가, 전통문화의 잘못된 부분을 어떻게 비판할 것인가, 서양 문화와 그 담론들을 어떻게 받아들일 것인가, 어떻게 하면 표면적인 현상에 대한 무분별한 도입에 그치지 않고 깊이있는 수용을 할 것인가 하는 네 가지 문제는 동시에 해결해야 하며 별다른 첩경이 있는 것도 아니다. 바로 이런 이유 때문에 강력한 비판이 없이는 전통문화의 정화에 대한 개발도 불가능하고, 조악한 부분에 대한 포기도 불가능하며, 서양 문화에 대한 수용과 배척도 불가능하다. 이러한 비판정신은 대단히 강력해, 누구든지 자신이 정체성을 느끼는 전통문화에 대해 먼저 인식하고 이해하고 분석하기 전에 자신이 살고 있는 곳에서 크게 발양되기를 기대하는 것은 있을 수 없는 일이다.

중국의 일부 학자들은 나를 칭송하면서 뚜 교수가 유학을 선전하고 발양하고 있다고 말하기도 하지만, 나는 오히려 이런 평가를 나에 대한 엄준한 비판으로 받아들이고 있다. 만일 나에게 유학에 대한 충분한 이해가 없고 그 내부의 긍정적인 면과 부정적인 면에 대한 충분한 이해가 없다면 나는 그 정수를 현대적인 언어로 해석하지 못할 것이다. 그런데도 유학을 선전하고 홍양하는 것이 가능할까? 기독교를 예로 들자면 방방곡곡으로 돌아다니며 기독교를 전파하는 선교사들은 학술사상에서는 하나같이 저급한 수준이고 진정으로 기독교에 대해 반성적 사유를 전개할 수 있는 사람들은 신학자들뿐이다. 그리고 신학은 기본적으로 철학과 연결되어 있다. 예컨대 칼 라너(Karl Rahner)* 는 20세기 천주교에 커다란 영향을 미친 인물로 교황보다 영향력이 컸다고 한다. 당시 나는 그를 몹시 만나보고 싶었지만 애석하게도 1주일 차로 그런 기회를 갖지 못했다. 그가 세상을 떠났기 때문이다. 그에 대한 사실들은《뉴욕타임스》와 그의 서평을 통해 알게 된 것이다. 물론 교황의 영향력은 대단하다. 어느 곳엘 가든지 수천수만의 인파가 몰려나와 그를 환영한다. 하지만 천주교 발전의 긴 흐름에 비추어볼 때, 그 영향력은 점차 축소되고 있다. 특히 페미니즘에 대한 천주교의 이해는 턱없이 부족한 상태이고 세계의 각종 복잡한 문제들을 이해하는 능력도 부족한 상태에서, 오로지 천주교의 교리를 선전하는 일에만 전념하고 있다. 최근 교황은 라틴아메리카를 방문했다. 라틴아메리카 국가들은 대부분 천주교 국가들이지만 적지 않은 사람들이 이미 신교를 받아들이기 시작했다. 이에 위기감을 느낀 교황이 직접 포교에 나섰다. 그가 천주교를 전파하는 가장 중요한 인물임에는 의심의 여지가 없지만 학술사상의 측면에서는 칼 라너와 비교도 되지 않는다. 중국의 학자들 가운데 라너를 아는 사람은 극히 드물지만 그가 신학계의 최고거물임에는 틀림이 없다. 때문에 나는 비교문화, 비교종교에 관한 연구를 시작하면서부터 서양의 뛰어난 신학자들의 사상을 이해하려 노력했고 그들의 저작물을 읽기 시작했다. 그리고 그들과 대화하면서 그들로부터 뭔가 새로운 인식을 얻을 수 있기를 희망했다. 그러나 일반적인 선교사들과 그들이 교회에서 하는 설교에 대해서는 별로 아는 바가 없다. 빌

■ **칼 라너** 독일의 가톨릭 신학자이자 예수회 수사(修士). 1934~1936년 프라이부르크대학의 하이데거에게 서양 철학을 배우고, 1949년 오스트리아의 인스부르크대학 신학 교수를 시작으로, 1964년 독일의 뮌헨대학 교수가 되었다. 뮌헨대학에 있으면서 토마스 아퀴나스를 실존주의적(實存主義的)으로 해석하였으며, 교회일치운동의 가톨릭측 실무자로 활약하면서 신학교육의 개혁을 주창하기도 했다.

리 그레이엄(Billy Graham) 같은 사람이 한 번 설교를 하면 백만이 넘는 청중들이 모일 정도로 엄청난 영향력을 갖고 있지만, 거리를 두고 생각해보면 그가 기독교를 위해 새로운 신학을 창조한 바는 거의 없다고 할 수 있다.

이러한 시각에서 출발하여 나는 5·4시기 유학이 일군의 뛰어난 지식 엘리트들로부터 비판을 받았던 것이 유학전통의 지속적인 발전에 커다란 공헌을 했다고 생각한다. 이들의 엄준한 비판이 없었고 유학의 밝은 면과 어두운 면이 모두 노출되지 않았다면 유학의 진정한 가치는 체현되기 어려웠을 것이다. 때문에 나는 유학에 대한 가장 잔인한 압박은 군벌과 관료 또는 일부 권력자가 온갖 방법을 동원해 그 내부를 부식시켰던 일이라고 하는 것이다. 위안스카이(袁世凱)나 장종창(張宗昌)■이 유학을 적극적으로 선전하고 제창할수록 그 생명력은 수많은 지식인들의 마음속에 아무런 진보의 가능성도 만들어내지 못했다. 하지만 유학에 대한 이들의 태도는 구분하여 평가해야 한다. 장종창과 위안스카이는 유학에 대해 아무것도 모르면서 이를 이용하려 했지만 얀시샨(閻錫山)은 꼭 그렇다고만 볼 수는 없기 때문이다. 나는 얀시샨이 유학의 가치에 대해 해석한 글을 읽어본 적이 있는데 그가 유학에 대해 대단히 공을 들였던 것은 분명하다. 따라서 그를 장총찬이나 위안스카이와 함께 싸잡아 매도하는 것은 적절치 못하다. 국민당도 타이완에 정착한 이후 유학에 대해 정치화된 선전을 진행했는데 이는 타이완 지식계로부터 커다란 의

■ **장종창** 1900년대 초반 중국을 혼란으로 몰아넣은 북양군벌(北洋軍閥) 가운데 지금의 랴오닝성 봉천(奉天)을 중심으로 위력을 떨치던 장쭤린(張作霖)을 우두머리로 한 봉계군벌의 주요 구성원.

혹을 샀다. 정치적인 선전이 되다 보니 정치적 압력이자 상징시스템의 장치로 변질되면서 일반 지식인들에게 압력으로 작용했던 것이다. 하지만 천리푸(陳立夫)는 만년에 유학에 대해 깊이 연구해 그 결과물로《사서도관(四書道貫)》이라는 책을 저술했다. 이는 꼭 한번 읽어볼 만한 가치가 있는 책이다.

상하이 화둥(華東)사범대학의 펑시에(馮契) 교수는 고금(古今)과 동서(東西) 논쟁을 제기한 바 있다. 그는 이것이 근현대 중국이 직면한 네 가지 문제라고 생각했는데, 고금과 동서 논쟁은 전통의 계승과 포기, 서양 문명의 수용과 거부 사이의 복잡한 관계 문제라 할 수 있다. 이 부분에서 일본은 비교적 성공적이었다는 것이 일반적인 평가이다. 일본은 지역화와 국제화가 비교적 잘 배합되어 조화를 이루고 있어, 국제화될수록 일본 고유의 특성과 지역화가 더 강조된다는 것이다. 이것은 일본에 직접 가 보면 확실히 체감할 수 있다. 1967년 나는 탕쥔이 선생과 함께 교토를 방문하여 덴리(天理)와 나라(奈良)를 지나면서 이런 느낌을 깊이 받았던 적이 있다. 교토 어느 곳을 가든지 당대(唐代)에 전래된 묘우(廟宇)의 풍격과 일본인들의 생활습관, 다도(茶道), 서도(書道), 그리고 중국의 감진화상(鑒眞和尙)* 이

* **감진화상** 중국 당나라의 승려이자 일본 율종의 창시자. 어려서 출가해서 천태종 승려의 항경(恒景)의 제자가 된 후 양저우의 대명사(大明寺)에서 율(律)을 강의하고 불법을 전했다. 742년 일본 유학승 영예(榮叡)와 후쇼(普照)의 요청에 따라 일본으로 가서 계율을 크게 펴고자 했으나 다섯 차례나 일본행에 실패했다. 그 사이 두 눈을 실명했다. 753년 일본 견당사(遣唐使) 후지와라 노키요카와(藤原清河) 등이 양저우에 와서 다시 초청하자 감진은 "흰머리는 변하지 않았으니 멀리 푸른 바다를 건너리라"고 하며 사람들을 놀라게 하는 의연한 기백으로 여섯 번째 일본행을 시도했다. 다음해에 오늘날 일본 규슈 남부에 도착했고, 그 다음해에 수도 나라(奈良)의 도다이사(東大寺)에 들어갔다. 감진은 중국의 건축, 조소, 미술과 의약도 일본에 전했다.

전해준 무수한 중국 문화의 가치들이 아직도 중요한 역할을 하고 있다는 것을 확인할 수 있다. 결국 일본의 서구화는 항상 지역화 방식을 통해 이루어졌고, 어떻게 해서든지 외래문화를 내면화해 일본 문화의 일부분으로 만들었던 것이다. 물론 그들은 이와 관련된 경험을 갖고 있었다. 그들은 일본 문화가 원주민의 전통(Indigenous Tradition)에 속한다고 말한다. 일본은 기축시대 문명이 아닌 것이다. 기축시대 문명이란 무엇을 말하는가? 그것은 그리스와 인도, 중국과 유대 문명을 말한다. 예컨대 인도의 힌두교와 불교, 중국의 유교와 도교, 중동에서 시작된 유대교와 나중에 여기에서 변천되어나간 기독교와 이슬람교 등이 모두 기축시대 문명에 속한다. 이것이 바로 야스퍼스가 말한 기축시대 문명들이다. 일본은 기축시대 문명이 아니라 지방성이 강한 문명이라 할 수 있다. 예컨대 일본의 신토와 신화 등은 지방성이 무척 강하다. 일본은 두 가지 기축시대 문명을 소화했지만 소화불량 증상을 보이지는 않았다. 그 첫째가 유학전통으로, 이는 확실히 일본 문화의 일부분으로 자리를 잡았다. 우리는 일본의 유학이 중국의 유학과 확연히 다르다는 사실을 이해해야 한다. 중국의 유학은 인, 의, 예, 지, 신을 핵심가치로 삼지만 일본에서 유학의 영향을 가장 깊게 받은 것은 무사도(武士道)이다. 일본의 무사도는 오랫동안 전쟁을 수행할 수 없다 보니 관료 시스템으로 진입할 수밖에 없어, 유학의 영향을 많이 받게 되었다. 일본은 '효(孝)'는 그다지 강조하지 않으면서 '충(忠)'은 무척이나 중시한다. 또한 종법(宗法)의 혈연관념이 아주 희박하여 양자(養子)제도를 갖추고 있다. 이처럼 중국인들이 거의 절대적인 것으로 여기는 유학의 각종 가치들이 일본으로 건너가서는 모두 다른 모습으로 변했지만 그렇다고 일본의 유학은 유학이 아니라고 말하는 사람은 아무도 없다.

일본은 충분한 국제화와 충분한 지역화에서 대단히 성공적이었고 '탈아입구' 또한 성공적이었다. 일본은 이른바 세계 8강 가운데 하나로, 유럽 문화권으로 진입한 유일한 아시아 국가이다. 헌팅턴은 문명의 충돌을 논하면서 세계를 여러 개의 상이한 구역으로 구분하고 서양 문명에 도전하는 문명권으로 이슬람 문명과 유교 문명을 들었다. 하지만 이 문제에 관해 토론하면서 그는 일본을 유교 문명권에서 제외시켰다. 그가 일본은 유교 문명권에 속하지 않는다고 말한 이유는 무엇일까? 일본의 경제력은 세계에서 두 번째로, 일본을 유교 문명권에서 제외시킨 것은 냉전시대 심리태도의 표현이라 할 수 있다. 하지만 일본이 정말로 유교 문명권에 속하지 않을까? 이는 일본 학자들 사이에서 줄곧 논쟁의 대상이었다. 아주 오랫동안 '탈아입구'의 성공으로 인해 유교와 관련된 것들은 최대한 무시되고 잊혀져 왔다. 이른바 '탈아'의 '아'는 중국을 가리키는 것으로 '중국화의 길'을 뜻했다. 이는 지금 타이완의 문화추세와 유사하다고 할 수 있다. 중국화의 길을 가면서도 일본은 역사적으로 중국의 상황과 확연히 다른 모습을 보였다. 미국의 일본 연구에서 가장 뛰어난 업적을 보이고 있고 한때 하버드대 옌칭연구소의 책임자이자 주일 미국대사를 지내기도 했던 라이샤워는 중국의 한학과 일본 연구에서 가장 뛰어난 학자로, 1974년 《포린어페어스》에 대단히 영향력 있는 논문을 한 편 발표하여 이 문제에 대한 견해를 제시하면서 이른바 '일본 예외론(Japanese Exceptionalism)'을 비판한 바 있다. 그는 일본을 계속 '중화 문화권' 안에 두고 이런 각도에서 일본을 이해해야 한다고 역설했는데, 당시 일본 학자들은 이러한 견해에 대대적인 반격을 가했다. 이 논문에서 라이샤워는 일본이 발전할 수 있다면 한국과 타이완, 홍콩, 싱가포르 등도 발전할 수 있고, 이런 국가와 지역 들이 발전할 수 있다면 장차 베트남도 발전할 수 있을 것이라고 말했다. 1974년은 베트남 전쟁이 아직 끝나지 않았던 시점이다. 그는 베트남이 발전하면 중국도 발전할 것이고, 특히 계획경제에서 시장경제로의 전환이 이루어질 것이라고 예언했다. 그다지 길지 않은 이 논문의 논지는 아주 분명했다. 이 논문에 담긴 예언 가운데 아직 실현되지 않은 것은 북한도 발전할 수 있다는 것인데, 이들 국가와 지역 들이 바로 유교 문화권이다. 유교 문화권은 일본과 아시아의 '네 마리 용', 베트남과 중국대륙, 북한을 포함한 사회주의 동아시아 등을 아우른다. 최근 미국 미시건대학의 잉글허드(R. Inglehard) 교수는 이른바 '세계문화지도'를 제시했는데, 여기에서 지목한 '유교권'도 바로 이들 지역이었다. 그렇다면 일본도 여기에 포함될까? 일본은 국제화에 성공하고 지역화에도 성공한 데 이어 지금은 '구역화'를 서두르고 있다. 현재 일본의 가장 큰 도전은 '재아시아화(再亞洲化)' 또는 '아시아로의 귀환'이다. 일단 아시아로 돌아가면 한국과 중국의 도전을 받게 되는데, 장차 아시아 문화의 일부분이 될 것인가, 아니면 여전히 서구 문화에 가까운 상태로 남아 있을 것인가 하는 것이 일본이 직면한 가장 큰 도전이다.

3. 신유학의 문화적 의미

중화민족의 재기 또는 중화민족의 비상에 내포된 의미는 매우 풍부하다. 경제적 함의뿐만 아니라 정치적 함의, 심지어 혹자는 군사적 함의까지 존재한다고 말할 만큼, 향후 중화민족의 재기가 야기할 문화정보는 대단히 복잡하다. 국제사회의 재구성에 대해, 국제사회의 새로운 질서의 출현에 대해, 신인문주의의 발전에 대해 우리는 어떠한 정신자원을 제공할 수 있을 것인가? 이 문제에 대한 답은 정부나 소수의 지식인들의 능력만으로는 불가능하고 상당히 복잡한 단계를 거쳐야만 한다. 다양한 유형의 대중 지식인, 예컨대 정부와 학술계, 기업, 언론, 나아가 각 분야의 사회단체나 사회조직의 지식인들이 공동으로 이러한 이념과 희망을 구축해야 한다. 만일 이것이 공허한 이론에 불과하여 정치와 정책, 외교에 아무런 영향도 미치지 못한다면 구체적인 실현방법을 찾을 수 없을 것이다. 하지만 설사 그렇다고 해도 나는 이것이 한낱 공상에 불과한 것이 아니라 어느 정도 현실적 의미를 갖고 있다고 생각한다. 예컨대 신인문주의의 현실적 의미가 외교로 실현된 것이 바로 1979년 이후 중국의 외교정책이 '화이부동(和而不同 : 조화를 이루되 동화되지 않는다)'의 관점을 유지하게 된 것인데, 여기에는 놀라운 탄력성이 갖추어져 있다. 중국의 외교정책이 어느 정도 성공을 거둘 수 있었던 중요한 까닭도 바로 여기에 있다. 하지만 중화민족의 재기가 내포하고 있는 문화적 메시지는 앞으로 어떻게 전개될 것인가? 서양의 학술계와 지식계, 문화계, 그리고 일본이나 베트남, 한국 사회의 각 분야에서 모두 관심을 갖고 있는 문제가 바로 중국의 문화가 어디에서 와서 어디로 갈 것인가 하는 것이다.

여기서 이와 관련된 배경을 간단히 언급할 필요가 있을 것 같다. 17, 18세기부터 서양에서는 이른바 계몽주의가 발전하기 시작했다. 우리가 말하는 '계몽'이란 일종의 문화운동으로, 아직도 발전 과정에 있는 이념이자 복잡한 심리상태를 뜻한다. 하버마스는 계몽을 계속 발전시켜나가야 한다고 말했는데 나 역시 이것이 인류문명에서 가장 영향력 있는 사유의 방향이라고 생각한다. 사회주의건 자본주의건 모두 계몽에서 발전해나온 것이다. 현재 우리의 대학제도나 시장제도, 민주정치, 시민사회의 출현 모두 계몽과 관련이 있다. 하지만 이 거대한 흐름이 지금 커다란 난관에 봉착해 있다는 사실 또한 모두가 주지하는 바이다. 계몽은 본질적으로 인간중심적인 경향을 갖기 때문에 이를 바탕으로 한 물질주의의 발전에 대한 관심은 심각한 생태환경보호 문제를 야기한다. 또한 계몽은 강력한 개인주의여서 현대사회의 다양한 이론들이 이에 대해 비판하고 있다. 뿐만 아니라 계몽은 침략성을 띠는 파우스트 정신으로 '부강(富强)의 추구'를 목표로 하기 때문에 과거 식민주의에서 제국주의로의 발전에 이르는 모든 것이 이와 관련을 맺고 있다. 현대사회가 드러내고 있는 생태환경보호 및 전쟁, 전 세계적인 빈부 격차, 그리고 세계화가 유발한 각종 반세계화 운동 등이 우리뿐만 아니라 서양의 뛰어난 지식인들로 하여금 계몽으로 대표되는 계몽이성이 인류를 21세기로 이끌고갈 수 없다고 생각하게 했다. 이 때문에 해체주의와 포스트모더니즘, 페미니즘 등이 하나같이 계몽에 대해 혹독한 비판을 가한 것이다.

유학, 특히 신유학은 5·4 이후 점진적으로 발전하여 이제는 '일양내복'의 단계에 도달했다고 할 수 있다. 그렇다면 대체 현대 신유학이 갖는 의미는 무엇이며 그 문화적 의미는 또 무엇인가? 현대 신유학에 대한 이해와 관련하여, 1980년대 중반 팡커리(方克立) 선생이 주재하고 중국 교육부가 후원한 10년간의 대형 연구 프로젝트가 매우 적극적인 역할을 했다. 당시 그들이 연구대상으로 제시한 인물은 모두 열 명이었고, 이를 위해 17, 18개 기관에서 40, 50명의 학자가 동원되었다. 이들은 장쥔리(張君勱)와 허린(賀麟), 펑유란, 량수밍, 슝스리, 첸무, 팡동메이(方東美), 탕쥔이, 머우쭝싼, 쉬푸콴 등에 대해 집중적인 연구와 토론을 진행했다. 그 프로젝트에서는 30권의 책을 저술하되, 우선 모두가 학안(學案)* 을 하나씩 작성한 다음 각자 한 권의 논문집을 출간하여 이들의 사상을 소개하고, 다시 10권 분량의 책을 더해 이들에 대한 비평을 진행하자는 계획을 세웠다. 이러한 작업의 기본취지는 유학을 선양하는 것이 아니라 해외에 보급된 유학에 대해 전면적인 이해와 연구를 진행한 다음 이를 근거로 철저한 비판을 하자는 것이었다. 연구대상이 된 열 명의 학자는 모두 익히 잘 알려진 이들로, 우리는 그들의 사유와 행적을 살펴봄으로써 유학의 현대적 전환과 창조적 가능성을 읽어낼 수 있을 것이다.

장쥔리는 1차 세계대전 이후 량치차오와 함께 유럽을 두루 순회하고 돌아온 다음 이른바 '과학과 현학(玄學) 논쟁'을 불러일으켰다. 사실 과학과 현학 논쟁은 그에게 매우 불리했다. 그가 제시한 것은 인생관의 문제였기 때문이다. 당시 후스나 딩원장(丁文江) 등은 과

* 학안 어떤 학파(學派)의 원류 및 학설(學說)을 소개하고 논한 책.

학주의의 인도하에 인생관에 대해 엄격한 비판을 가해서, 모두들 과현(科玄) 논쟁에서 과학이 승리할 것이라고 생각했다. 다시 그때의 논쟁을 돌이켜보면, 장쥔리가 제기했던 많은 문제들, 예컨대 인간의 가치에는 과학적 이성 외에도 계량화할 수 없고 이해하기 어려운 능력들이 있다는 등, 그가 제시한 수많은 관점은 오늘날까지도 여전히 시대에 뒤지지 않은 것으로 받아들여지고 있다. 그는 일찍이 독일에서 유학한 덕분에 독일의 이상주의에 대해 커다란 흥미를 갖고 있었고, 나중에는 미국에서 송명 이학(理學)에 관한 책을 출판하기도 했다. 그는 일찍이 민국헌법을 기초하는 데 참여해 이 분야에 일가견을 가지고 있었다. 하지만 더욱 주의할 만한 것은 그의 만년(晩年)이다. 그는 삶의 마지막 십여 년 동안 캘리포니아의 오클랜드에 거주하면서 혼자 잡지《자유종(自由鐘)》을 백여 호까지 발간했다. 이 잡지를 통해 그는 중국과 서양의 문화가 어떻게 상호 보완작용을 하는지에 관한 자신의 생각과 주장을 펼쳤다.

두 번째 인물은 허린이다. 지난 1980년대에 내가 찾아갔을 때 그는 이미 유학에 대해서는 입을 다문 채 아무런 언급도 하지 않았다. 단지 나에게 서양의 사회과학에 관한 지식을 몇 가지 물었을 뿐이다. 하지만 그는 헤겔을 통해 왕양명과 헤겔을 결합했는데 이는 펑유란이 주희와 신실재론(新實在論)을 결합한 것과는 큰 차이가 있다. 이들 몇몇 학자들은 모두 서양 철학의 영향과 훈도를 받아 5·4 시기부터 시작된 유학전통이 서구화 과정인 동시에 현대화 과정이었음을 명백히 밝혔고, 서양의 가장 핵심적인 가치들을 참조하고 모방하고 비교연구함으로써 유학의 인문정신을 유감없이 발양했다.

량수밍 선생은 해외를 유력(游歷)한 경험은 없지만 1923년 저술한《동서 문화와 철학》이라는 저서에서 인류문명을 크게 인도 문명, 서양 문명, 중국 문명 등으로 나누었다. 그는 국제적인 시각을 지니고 있었고 국제 문화에 대해서도 조예가 깊었다. 나는 그와 몇 차례 만나면서 그의 궁극적인 관심이 불교라는 사실을 알 수 있었다. 그가 부득이하게 유학을 연구했던 것은 경세치용을 위해서였다. 그는 인도 문명, 서양 문명, 중국 문명을 분석하면서, 인도의 문명은 사리(捨離)의 문명이고 서양의 문명은 진취의 문명이며 중국의 문명은 중화(中和)의 문명이라고 설명한 바 있다. 또한 그는 현단계에서 중국은 반드시 서양을 배워야 하고 그렇지 않으면 살아남을 방법이 없다고 역설했다. 하지만 인류문명의 발전을 거시적으로 조망해볼 때 인도 문명을 홀시해서는 안 된다. 여기에는 불교 문명도 포함된다. 인간의 안신입명(安身立命)에 대한 인도 문명의 지혜로운 해결책이 미래의 서양, 특히 젊은이들에게 커다란 영향을 미칠 것이라는 그의 예언이 반드시 실현되지는 않는다 하더라도 일정한 깨달음을 준다는 사실은 부인할 수 없다. 슝스리 선생 같은 이도 일본의 지나(支那)■ 내학원사(內學院師)에서 공부하는 동안 어우양징우(歐陽竟無) 대사에게서 불학(佛學)을 배웠던 점을 고려하면, 그의《신유식론(新唯識論)》의 바탕이 된 자원은 역시 불교에서 온 것임을 유추할 수 있다. 먼로(Donald Munro)는《브리태니커 백과사전》에 슝스리 선생을 소개하면서 그가 베르그송 사상의 영향을 깊이 받았다고 서술했는데 이러한 견해는 전면적·종합적이지 못하다. 슝 선생 스스로, "혹자는 나의 사상과 베르그송의 생명철학이 유사하다고 여기는데 사실

■ 지나 차이나의 음역어.

나와 그의 사상은 크게 다르다. 베르그송이 말하는 심리(心理)는 인간의 일반적인 심리를 가리키는 데 비해 내가 말하는 심리는 본체론의 차원에 속하는 것이다"고 명확하게 밝힌 바 있기 때문이다. 그는 오히려 자신의 관점이 화이트헤드의 과정철학(過程哲學)에 비교적 가깝다고 평했다. 때문에 슝스리 선생은 동양의 언어환경, 특히 중국의 언어환경 속에서 사고하면서도 서양 철학에 대해 무관심하지 않았을 뿐만 아니라 오히려 서양 철학을 깊이 이해하고 싶어했다. 그래서 1919년에서 1949년까지의 현대 신유학 사상에는 새로운 것을 받아들이지 않고 맹목적으로 전통만을 인정하는 태도는 없었지만, 서양에 대해 배타적인 태도를 취했던 것도 사실이다. 우리는 그들의 저술을 통해 이 점을 확인할 수 있다.

다시 지난날을 돌이켜보자면, 위원(魏源)이나 공자진(龔自珍)에서 무술정변의 캉유웨이와 량치차오 같은 인물들도 모두 서학(西學)에 대한 강렬한 학습욕구를 지니고 있었음을 알 수 있다. 심지어 쩡궈판(曾國藩)조차 예외가 아니었다. 중국에서는 이미 그에 대한 재평가가 시작되고 있다. 쩡궈판은 전통문화의 훈도를 깊이 받은 대유학자로, 자강운동 가운데서도 양무(洋務)에 힘쓰면서 자식들을 미국으로 유학 보내기도 했다. 이처럼 그는 서양의 문물을 적극적으로 받아들여 공업을 발전시키려 했으며, 심지어 각종 제도와 인재 양성 분야에서조차 적극적인 서구화를 추진했다. 나는 일본에서는 진정 개방된 마음으로 서양을 배우고자 했던 이들 가운데 유학자가 아닌 사람은 거의 없다는 와타나베 오사무(渡邊治)의 관점을 받아들일 만하다고 생각한다. 우리는 유교 문화의 영향을 그토록 깊게 받은 사람들이 어떻게 서양에 대해 그처럼 개방적일 수 있는지 생각해볼 필요가 있다. 캉유웨이는 워싱턴을 매우 좋아했다. 그는 워싱턴이 국가의 지고무상의 지위에 있으면서도 끝내 황제가 되기를 원치 않았던 것은 요순선양(堯舜禪讓)과 매우 유사한 풍모라고 지적한 바 있다. 이런 관점을 어떻게 이해해야 할 것인가? 물론 왜인(倭仁)처럼 유교 문화의 영향을 깊이 받아 서양 문화를 특히 싫어했던 수많은 청대의 고관들이 있었고, 그들이야말로 유교 문화를 대표하는 사람들이라고 생각하는 학자들도 있었지만, 서양을 배울 것을 주장하는 지식인들은 결코 유학자로 인정하지 않았던 량치차오 등의 태도를 나로서는 받아들이기 어렵다.

1949년 중화인민공화국 건국 이후, 진정한 유학의 발전은 해외와 홍콩에서 이루어졌다. 홍콩에서는 주로 신아학원(新亞學院)을 중심으로 이루어졌고 타이완에서는 동하이대학(東海大學)을 중심으로 하여 이루어졌으며 타이완대학에도 몇몇 학자들이 있었다. 이들 중 팡동메이 같은 인물은 평생 동안 그리스 철학을 연구한 학자로, 그가 타이완대학에서 강의한 과목 역시 그리스 철학과 관련된 것들이었고, 그가 '과학철학과 인생'에서 설파했던 지혜 또한 대부분 그리스 철학에 뿌리를 두고 있었다. 그는 방포(方苞)의 후예이자 동성파(桐城派)에 속하는 학자로 매우 고아한 문필을 자랑했다. 하지만 고대 중국어를 제대로 이해하지 못한다면 그의 글을 읽을 수 없을 것이다. 훗날 그는 미국에 가 강의하면서 미국 학자들에게서 자극을 받아 유학을 강의하기 시작했다. 영어로 씌어진 그의 저작물들은 아시아 철학 및 비교철학계에서도 일정한 영향력을 행사하고 있다. 류수시엔(劉述先)이나 청중잉(成中英), 촨웨이쉰(傳偉勛) 등 팡동메이의 몇몇 제자들은 모두 그에게서 직접 가르침을 받은 인물로, 이들이 서양의 학술에 대해 깊이 이해하고 있다는 점에는 의심의 여지가 없다.

탕쥔이 선생은 홍콩의 신아학원에서 활동한 바 있으며 서양 철학, 특히 헤겔 철학에 조예가 깊은 학자이다. 1969년 미국 컬럼비아대학 송·명유학센터의 드 베리(W. T. de Bary)와 오카다 다케히코(岡田武彥)가 주재하여 열린 '송·명 유학 연구'는 진정으로 현대 유학의 정보를 미국에 전하는 역할을 했고, 이들의 영향으로 미국의 학술계는 커다란 진전을 이룰 수 있었다. 하버드대학의 페어뱅크(John King Fairbank)와 예일대학의 아서 라이트(Arthur Wright)가 주관한 미국학회연합회에서는 우선 유학 관련 서적 다섯 권을 연이어 출간했다. 여기에는 《유학의 인격》, 《유학의 정치》, 《유학의 실천》 등이 포함됐는데, 이는 유학에 대한 당시 미국 학자들의 이해를 보여주기에 충분했다. 이 다섯 권의 책에서는 유학을 정치 이데올로기로 간주하거나 권위주의의 산물로 평했다. 하지만 탕쥔이나 오카다 다케히코, 드 베리, 특히 천룽지에(陳榮捷) 같은 학자들은 그 당시 이미 유교 문화의 내재적 자원을 발굴하기 위해 노력하면서 유학을 정치문화로만 볼 수 없다는 데 천착하기 시작했다. 핵심적인 유학자들 가운데 유학의 정치문화를 연구하는 사람은 거의 없었다. 1966년 일리노이대학의 울바나 광장(Urbana-Champaign)에서는 이 대학 주최로 '명대(明代) 사상 : 자아와 사회'라는 주제의 학술토론회가 개최되었다. 이 학회는 내가 처음으로 참가한 국제학술회의이기도 했다. 당시 나는 하버드대학 박사과정에 재학하면서 막 인터뷰 시험을 마치고 논문을 준비하고 있었다. 이 학술대회의 논문집은 나중에 《명대 사상의 자아와 사회》라는 책으로 출판되었는데, 이는 미국 학술계에서 유학을 정치문화라는 시각에 국한시키지 않고 발상을 전환하여 유학을 지금 우리가 말하는 심성(心性)의 학문 또는 생명철학으로 사유하게 된 중요한 계기가 되었다. 이후 수많은 연구자들이 이러한 사유의 방향을 좇아 송·명 유학 연구에서 새로운 방향을 열었다. 이는 탕쥔이나 오카다 다케히코 같은 인물이 미국으로 온 것과 무관하지 않았다.

머우쭝싼 선생은 중국의 칸트 전문가로서 세상을 떠나기 직전까지 혼신을 다해 칸트의 저작을 번역했다. 그는 칸트의 세 권의 비판서를 모두 번역했다. 평생 동안 칸트의 비판서 가운데 한 권만 번역해도 대단한 일인데 머우쭝싼 선생은 세 권의 비판서를 모두 번역해냈다. 머우쭝싼 선생은 대학에 있는 동안에도 계속 칸트를 연구했다. 혹자는 그가 독일어를 모른다고 비판하기도 했지만, 그렇다면 어떻게 칸트를 연구할 수 있었겠는가? 그가 칸트를 연구한데는 나름의 문제의식이 있었다. 그는 진정으로 서양 철학의 핵심에 다가가기 위해서는 서양에서 가장 영향력 있는 학자를 찾아야 한다고 생각했고, 칸트는 그의 이러한 생각에 가장 부합하는, 서양 사상계에서 가장 중요한 인물이었다. 때문에 그는 일생을 칸트 연구에 바칠 수 있었다. 슝스리 선생에게서 영향을 받았고 탕쥔이 선생으로부터 가르침을 받은 덕분에 칸트에 대한 그의 문제의식과 연구는 그 이전 시대 칸트 연구자들과 달리 칸트를 통해 중국의 심성지학(心性之學)을 새롭게 해석하고자 했다. 그러나 그의 더 큰 야심은 중국의 전통적 심성지학, 특히 맹자의 심성지학을 통해 칸트 철학의 문제점들을 해결하려한 데 있는지도 모른다. 지금은 중국과 해외를 포함하여 수많은 학자들이 아직은 머우쭝싼 선생의 이러한 사유의 방향을 받아들이려 하지 않고 있지만, 미래를 내다보면 이러한 관점이 틀림없이 설득력을 지니리라 믿어 마지않는다. 칸트 철학은 '인학(人學)'이라는 개념에서 파생되어나온 것이지만 도덕적 감정을 중시하지는 않는다. 칸트는 '도덕법칙'을 제시하면서도 '정(情)'에 대해서는 적극적으로 논술한 적이 없다. 머우쭝싼 선생은 칸트 철학의 자율도덕과 중국의 심성지학 및 맹자가 제시한 '사단(四端)'을 결합하는 것이 바로 자신의 새로운 연구 방향이라고 생각했다. 이러한 머우쭝싼 선생의 철학은 타이완에서 대단한 영향력을 발휘하고 있다. 타이완에서 활동하는 머우쭝싼 선생의 제자들을 '아호학파(鵝湖學派)'라 부르는데 리밍후이(李明輝) 같은 이가 독일에 가서 박사학위를 딴 논문의 주제가 바로 칸트 철학에서의 '정(情)'에 관한 것이었다. 머우쭝싼 선생의 제자들 가운데는 외국 학생들도 적지 않은데 이들은 모두 미국, 독일, 프랑스 등지에서 박사학위를 받았다. 이러한 작업에 전념하는 사람들은 얼마든지 있다.

쉬푸관 선생은 겉으로는 서양 철학과 무관해보이지만 그의 저작들을 자세히 살펴보면 그가 일본어를 통해 서양의 학술사상에 대해 많은 연구를 했다는 사실을 알 수 있다. 그의 연구의 중점은 양한(兩漢) 사상이지만 《문심조룡(文心雕龍)》■, 중국의 예술정신, 더 나아가 중국의 정치 및 학술에 관해서도 많은 논문집을 출간한 바 있다.

서양의 사상과 아무런 갈등도 없었던 유일한 학자가 바로 치엔빈스(錢賓四), 즉 첸무였다. 이는 극히 예외적인 경우라 할 수 있지만 그의 저작에도 서양의 학술을 받아들인 흔적이 적지 않다.

■ **문심조룡** 남조(南朝) 양(梁)의 유협(劉勰)이 쓴 총 10권 50편으로 된 중국 최초의 문학이론서로, 대단히 체계적인 구성과 내용을 자랑한다.

4. 유학의 독자성, 개인·사회·자연·천도

이렇게 해서 우리는 유학전통이 서구화와 현대화 과정을 거쳤을 뿐만 아니라, 매우 전면적이고도 깊이있는 것이었으며, 결코 장지동(張志洞)이 말한 것처럼, "중학을 본체로 하고 서학을 그 쓰임으로 하는(中學爲體, 西學爲用)" 모델이 아니었다는 결론을 내릴 수 있다. 옌푸가 그처럼 중요한 번역작업을 마치고 나서 "자유를 본체로 삼고 민주를 이론으로 삼아야 한다(自由爲體, 民主爲論)"고 말했던 것도, 서양 학술과 현대정신에 대한 그 나름의 개괄이라 할 수 있을 것이다. 이러한 개괄은 대단히 중요하고 생명력이 있다. 5·4운동 초기 중국에서 가장 중요한 가치는 자유와 인권이었는데, 나중에서야 구망도존(救亡圖存)을 비롯한 다른 이유들로 인해 과학과 민주주의가 부각되기 시작하면서 '과학을 통한 구국'이라는 관점이 제기되었다. 그러나 민주주의는 광대한 백성들의 적극성을 그다지 자극하지 못했다. 과학의 이면에 이성적 가치의 추구가 감추어져 있다면 민주주의의 이면에는 인권과 자유라는 가치가 내포되어 있지만 양자 모두 만족스럽게 발전하지는 못했다. 때문에 나는 리쩌허우 선생의 "구망이 계몽을 압도했다"는 말에 전적으로 공감한다. 하지만 "구망이 계몽을 압도했다"는 말은 결코 5·4운동정신의 핵심을 가격할 수 없었다. 당시에는 계몽이 있어야만 나라를 구할 수 있고 서양을 배워 부강(富强)을 꾀해야만 중국을 구할 수 있다는 요구가 워낙 강했기 때문이다. 이런 관념이 너무 강하다 보니 당시 중국에서는 유학을 비롯한 여러 전통이 불공평한 질의에 마구 시달려야 했다. 이른바 불공평한 질의란 다름이 아니라 우리가 서양하면 가장 먼저 떠올리는 가치, 예컨대 과학이나 민주주의 같은 가치들로, 이것이 유학에 대한 고문을 진행했다는 것이다. 유학전통에 과학과 민주주의를 발전시키는 요소가 없다면 무가치하다는 관점이다.

당시 대부분의 사람들은 위대한 정신문명은 언제나 다양한 가치를 포함하고 있다는 사실을 알지 못했다. 자유의 가치를 충분히 구현하지 못하면서 공익의 가치를 중시했고, 이성적 가치를 인식하지 못하면서 동정(同情)의 가치를 중시했던 것이다. 법의 가치가 없으면서 예(禮)의 가치가 존재했고 인권의 가치가 없으면서 책임의 가치가 존재했으며 개인주의의 가치가 없으면 사회윤리의 가치가 존재했는데, 이들 사이의 관계는 매우 복잡하다. 천라이(陳來) 교수가 우리는 왜 기독교가 과학과 민주주의를 제창하지 못했는지를 따져 묻지 못하느냐고 힐문한 것도 바로 이런 이유에서이다. 천주교에는 교황이 있지만 그들은 여전히 여성이 최고 성직자가 되는 것을 금하고 있다. 이는 어느 모로 보나 비민주적인 행태이다. 기독교가 과학을 펼친 적은 없지만 과학자들에게 심원한 영향을 미친 것은 사실이다. 뉴턴이 과학 연구에 전념한 목적 가운데 하나가 바로 하느님의 존재를 증명하는 것이었다. 그는 결코 뛰어난 물리학자가 되려는 의지를 갖고 있었던 게 아니다. 유대교도였던 아인슈타인도 하느님이 인류를 위해 주사위를 던지지는 않았을 것이라고 생각했기에 확률을 핵심으로 하는 양자론(量子論)을 믿지 않았다. 이 모든 사실들은 우리가 유학에 대해 완전하고 정확히 이해하기 위해서는 먼저 유학의 자원이 무엇인지를 살펴보아야 한다는 것을 말해준다. 내가 방금 두 세대를 넘나들며 설명한 열 명의 사상가들이 충분한 서구화와 현대화 과정을 거치면서 유학에 대해 엄중한 내부비판을 했던 것처럼 현대의 전통 유학관념 가운데 '삼강(三綱)'은 비판받아 마땅하다. 유학의 전통을 통틀어 자유와 인권, 민주주의와 과학에 위배되는 것들은 모두 엄격한 비판을 거쳐야 했다. 그럼에도 불구하고 유학은 미래를 향하고 있는가? 아직도 거대한 생명력을 지니고 있는가? 나는 그렇다고 생각한다. 나의 이런 견해는 이론적인 면에만 국한되는 것이 아니지만 여기서는 자세히 설명할 방법이 없다. 적어도 개인과 사회, 자연과 천도(天道)라는 네 가지 차원에서 유학은 독자적인 면모를 지니고 있다. 개인의 육체와 영혼이 어떻게 하나의 완전한 인간을 이룰 수 있을까? 개인과 사회는 가정에서 시작하여 인류사회에 이르기까지 모든 관계에서 건강하게 상호작용할 수는 없는가? 인류와 자연은 오랫동안 화해 상태를 지속할 수는 없는가? 인심과 천도는 상부상조할 수 없는가? 서양의 현대이론, 특히 정치이론은 (하버마스를 포함하여) 지금까지 줄곧 개인과 사회라는 한 가지 방향의 문제만을 제기해왔다. 서양의 현대이론은 인류와 자연의 문제에 다가간 적이 없으며, 인심과 천도의 문제에는 더더욱 접근한 적이 없다. 하버마스는 종교를 제대로 이해하지 못했기 때문에 그의 이론에는 자연 생태계 보호가 자리할 특정한 자리도 없었다. 반면에 유학이 펼치는 인문정신은 이 네 가지 측면에서 모두 조화를 이루고 있다. 바로 이런 이유 때문에 나는 최소한 우주론과 인생관에서만큼은 유학의 인문정신이 밝은 미래를 보장하리라고 단언하는 것이다.

이 글은 뚜웨이밍 교수가 미국의《미국 예술 및 과학 아카데미 학보(*Journal of American Academy of Arts and Sciences*)》,《다원 현대성(*Multiple Modernities*)》(Daedalus, 2000sys 제129권, 제2기), 195~218쪽에 발표한 글을 주즈팡(朱志方) 선생이 번역한 것입니다.

10

동아시아의 흥기,

유교 문명의 현대적·문화적 의미

지난 20년 동안 줄곧 진행되어온 시대와 문화, 학과를 초월한 토론에서 유학 인문주의의 현대적 의미를 논의한 바 있다. 유학전통은 끊임없이 발전되어온 기축시대 문명의 하나로서 중대한 변화를 겪어왔다. 천주교와 신교 사이의 차이와 비교해볼 때, 고전 유학과 신유학 사이의 차이도 아주 분명하다. 게다가 주로 서양 문화의 영향으로 인해 송명(宋明) 유학에서 20세기 당대 유학으로의 도약은 전통적 기독교에서 '신의 죽음'을 천명한 신학으로의 도약을 능가한다. 현재 중국 문화를 연구하는 학자들의 일반적인 견해에 비추어 우리는 지난 2천 년 동안의 유학의 역사를 크게 고전 유학과 송명 유학 그리고 20세기 당대 유학으로 구분할 수 있다. 고전 유학은 공자(기원전 551~472)로부터 시작되었다고 알려져 있지만 공자 스스로 자신을 고대 학술전통의 전승자라고 천명한 만큼, 고전 유학의 기원은 그 이전 몇 세기까지 거슬러올라간다고 할 수 있다. 고전 유학은 3세기 한제국의 해체와 더불어 막을 내렸다.

송명 유학은 송대(960~1297)의 유학부흥으로 시작되었으며 중국의 유학이 베트남과 조선, 일본 등지로 전파된 것을 그 지표로 삼을 수 있다. 19세기 중엽, 서구 세력의 갑작스런 침입이 있기 전까지 동아시아의 정치, 사회, 문화는 유가학설과 전면적인 결합과 조화를 이루게 되었고 그 결과 중국, 베트남, 조선, 일본 등의 행정관리와 사회윤리, 심지어 심리습관과 언어행동에 이르기까지 모든 분야에서 유가사상이 주요특징으로 나타났다. 유가학설의 유연성과 서로 다른 정체(政體)와 교육, 조직(가정도 포함)에 적응할 수 있다는 특징이 다양한 환경 속에서도 하나의 조화로운 세계관을 유지할 수 있게 해주었다. 그러나 유교가 기독교나 이슬람교, 불교와 다르면서도 동아시아 문화에 대단히 유기적인 요소로 작용할 수 있었던 것은 중국어권 지역이 갖는 하나의 두드러진 특징이다. 때문에 유교는 세계적 종교가 아닌 하나의 지역현상으로 간주되기도 한다.

그러나 여러 학문 영역의 관점에서 유학현상을 살펴보면, 유학이 유발하는 문제의식들이 확실히 보편적 의미를 지니고 있음을 깊이 있게 인식할 수 있다. 다시 말해 이러한 역사 및 문화에서의 특수한 생활형식이 우리에게 지식과 정신에 갑자기 나타난 세계 공동체라는 인류의 상황에 대해 지속적인 관심을 유지하는 데 있어서 깊이있는 견해들을 많이 제공하고 있다는 것이다.[1)]

(1) 자세한 내용은 알빈드 샤르마(Alvind Sharma)가 주편하여 1993년 샌프란시스코의 하퍼 앤 로우(Harper and Row)사에서 출간된 《우리의 종교(*Our Religions*)》라는 책에 뚜웨이밍이 유학에 관해 쓴 부분을 참조할 수 있다.

1. 현대성에 대하여

현대성이란 역사현실인 동시에 개념의 틀이기도 하다. 현대성에 관한 종합적인 연구에서 유교 동아시아라는 개념은 현대화 과정에서의 전통, 현대 서양의 자아 이해에 대한 비서양 문명의 작용, 지역적인 지식의 세계적 의의 등 세 가지 커다란 문제를 분명히 이해하는 데 적잖은 도움을 줄 것이다. 이러한 문제들은 대단히 복잡하고 상호작용 또한 매우 모호하지만, 이를 하나로 종합하여 연구하다 보면 이러한 창조적 융합 과정에서 새로운 가능성을 도출할 수도 있고, 아울러 우리가 하나의 임계점에 도달해 있어 전통과 현대, 서양과 비서양, 지방과 세계 등, 아주 오랫동안 성행해왔지만 서로 배척하고 있는 세 가지 이분법적 사고를 초월하지 않으면 안 된다는 관점을 제시하기도 한다. 우리는 이 세 가지 이분법적 사고의 틀에서 벗어나기 위해 노력해야 하는데, 이는 세계 공동체 안에서 문명 간의 대화를 촉진하는 데 매우 깊은 의미가 있다. 따라서 우리는 동아시아의 흥기에 관심을 집중함으로써 이를 이러한 비이분법적 사유방식의 예증으로 삼아야 할 것이다.

헤겔의 역사철학에서 유학은 다른 비서양 세계의 정신전통과 함께 '정신의 서광'(자아의식의 단초를 의미함)으로 귀결되고 있다. 헤겔의 역사철학이 핵심적인 전환점을 의미하건 그렇지 않건 간에 문화중국에서 유교의 윤리를 '봉건'윤리로 정의하는 인습적인 관점은 헤겔의 관점 속에 포함된 역사의 필연성이라는 강력한 논제에 의존하고 있다. 우리는 '유교중국과 그 현대적 운명'[2)]이라는 고도로 농축된 형식을 해체해야 한다. 하지만 이러한 형식을 유럽중심주의를 고수하는 태도라고 무시해버린다면 이는 지나치게 경솔한 태도가 아닐 수 없다. 결국 절대다수의 동아시아 지식인들은 다른 기축시대 문명들과 마찬가지로 유교 역시 이미 한물간 것이라는 판단을 받아들이고 있다. 헤겔은 역사의 중임(重任)을 프러시아의 사상가이자 인류역사상 최초의 세계 철학가인 자신이 책임질 것이며, 설사 그렇지 못하더라도 결국 현대 서양 사상가들이 책임지게 될 것이라고 선언한 바 있다. 최근에 있었던 '역사의 종결' 논쟁에서도 헤겔의 설교가 지속적인 영향력을 발휘하고 있다고 판명되었다.[3)]

칸트의 시대구분에서는 '무엇이 계몽인가.' 하는 물음이 전체 계몽운동 계획의 핵심을 차지하고 있는데, 이러한 계획은 형성단계에서부터 서양 이외의 문화전통, 특히 유교중국을 인정하고 있다. 유교는 어떠한 계시종교의 도움도 받지 않았음에도 불구하고 질서정연한 모습을 갖추고 있다. 이는 정말로 커다란 아이러니라 할 수 있다. 19세기 들어 현대 서양의 유물론은 세계를 끊임없이 물질의 진보를 추구하는 흐름 속으로 몰아넣어, 이 시기에 발생한 일들은 직접 계몽운동 계획을 실행한 결과가 전혀 아니었다. 반대로 족쇄를 풀어버린 프로메테우스가 완전한 자유에 대한 끊임없는 추구로 이러한 진보를 철저하게 와해시켜버렸다. 동아시아를 숭배하는 사람들의 눈에는 모든 권위와 교조의 속박에서 벗어나야 한다는 해방의 요구들이 현대 서양의 유물론적 전환을 특징으로 하지만, 우리는 포

(2) Joseph Levenson, *Confucian China and its Modern Fate: Trilogy*(Berkeley: University of California, 1968).
(3) Francis Fukuyama, *The End of History and the Last Man*(New York: Liberty Press, 1997).

스트콜로니얼리즘의 사회비평가가 될 필요도, 문화비평가가 될 필요도 없다. 현대 서양 역시 정복과 패권, 노예역할을 상징하고 있다는 사실만 인식하면 되는 것이다. 이러한 배경하에서만 하버마스가 주장하는 미완의 계몽운동 계획을 계속 실행해나가기 위한 일관된 노력을 이해할 수 있을 것이다.

헤겔과 마르크스, 베버 등은 현대 서양에 얼마나 많은 결점이 있든지 간에 서양만이 의미있는 세계의 진보를 이룩할 수 있는 유일한 무대라는 공통인식과 심리태도를 갖고 있다. 정신의 전개와 역사필연성의 진행, 현대성의 강한 속박 등은 본질적으로 유럽의 곤경을 의미한다. 유교의 동아시아와 이슬람교의 중동 및 아시아, 힌두교의 인도, 불교의 동아시아와 남아시아 등은 이러한 현대화 발전 과정을 받아들이는 접촉점의 맨 끝에 위치한다. 결국 현대화가 동질화라면 이러한 문화적 차이는 완전히 무의미한 것은 아니라 하더라도 그 기능을 상실하게 될 것이다. 이러한 문제에서 유학 또는 기타 비서양의 정신전통이 현대화의 발전 과정의 형태에 영향을 미치리라고 기대하기는 어려울 것이다. 전통에서 현대성으로의 발전은 필연적이고 되돌릴 수 없다.

세계를 대상으로 놓고 볼 때, 가장 뛰어난 서양 사상가들이 자명한 진리라고 생각했던 것들조차 사실은 지역적 성격을 갖는 것들로, 그것은 지역적인 지식이기 때문에 이미 상당 부분 보편적인 가치와 호소력을 상실하고 있다. 서양에서건 비서양에서건 간에 전통에서 현대성으로의 전환이라는 계획은 한번도 실현된 적이 없었다. 전통은 현대성 속에 여전히 존재하고 이것이 하나의 규범이 되고 있다. 사실 현대화 과정 자체가 각종 특수한 전통 속에 뿌리 내리고 있는 다양한 문화형식에서 만들어져 나온 것이기 때문이다. 계몽사상가들은 (유학 인문주의 같은) 철저한 타자(Radical Otherness)가 18세기 서양의 자아 이해에 어느 정도 의미를 갖는다는 점을 인식했다. 그리고 이러한 인식은 현재의 세계 공동체의 상황에 더욱 적합하다고 할 수 있으며, 이에 대립되는 태도는 현대 서양의 심리구조가 맞딱드린 어떠한 도전에 대해서도 적절한 기능을 하지 못한다. 21세기 들어 미래를 향해 매진하고 있는 우리들에게 19세기와 20세기의 배타성에 비해 18세기의 개방성은 각 문명들의 대화에 보다 적절하고 훌륭한 방향과 방법을 제공하고 있다.

아시아의 비교종교 영역에서 사람들은 종교다원론이 피할 수 없는 현실인 만큼 여러 종교들의 대화는 절실하게 필요할 뿐만 아니라 그럴 만한 가치가 있다는 인식을 오래 전부터 하고 있었다. 확실히 인류의 정신에 관한 모든 중대한 학설들은 대도시에 보편적으로 존재하는 문화의 차이로부터 자극을 받았고 세계 각 종교에 대해 거시적인 태도를 취하고 있다. 일찍이 헌팅턴의 '곧 문명들 간의 충돌이 닥칠 것'[4]이라는 쟁론이 분분한 가설을 제시하기 전에 사람들은 이미 수많은 시험을 통해 서로 다른 신앙들 사이에서 또는 그 내부에서 교류와 협상, 수용과 융합 가능성을 탐색한 바 있다. 헌팅턴은 국제정치에서 일부 중대하게 잘못된 노선에 대해 경고하면서, 한 걸음 더 나아가 문명의 대화와 세계윤리 확립의 긴박성을 강조했다. 이러한 긴박감에는 장차 출현할 '지구촌'이 일체화된 신뢰의 공동체가 아니라 차이와 차별 그리고 극단적인 배타감이 그 특징이 될 것이라

(4) Samuel Huntington, *The Clash of Civilizations and the Remaking of World Order*(New York: Simon and Schuster, 1996).

는 의식이 포함되어 있다. 이러한 의식은 갈수록 심화되고 있다.

프랑스 대혁명이 제창했던 계몽운동의 가치들 가운데 공동체와 대등한 기능을 하는 박애라는 이념은 현대 정치사상에서 그다지 주목받지 못했다. 로크의 정부론 이후 사람들은 개인과 국가의 관계를 확정하는 데 전심전력하고 있는데, 물론 이것이 현대 정치사상의 전반적인 경향은 아니지만 부인할 수 없는 사실은 서양 학술사상의 주류에서 공동체, 특히 가정이 아무런 관련도 없는 것으로 무시되고 있다는 점이다. 헤겔이 구상했던 가정보다는 상위에 있고 국가보다는 하위에 존재하는 '시민사회'는 주로 부르주아 계급의 물질적 동력이 만들어낸 개념이자 독특한 도시현상으로서 모든 전통적 공동체를 위협하고 있다. 이는 공동체의 가치에 대한 인정이 아니라 미래에 대한 예언이었다. 게마인샤프트(공동사회)에서 게젤샤프트(이익사회)로의 전이는 하나의 커다란 약진으로 간주되고 있다. 그 결과 베버는 '세계의 모든 사람이 다 형제(四海之內皆兄弟)'라는 관념을 시대착오적인 중세기 신화라고 일축하면서, 마법이 영기를 상실한 현대 세계에서는 실현이 불가능하다고 단언했다.

최근 북아메리카에서는 공동체에 대한 관심의 고조가 사회의 해체 및 미합중국의 복지를 심각하게 위협하게 될지도 모른다는 위기감을 조성하고 있다. 하지만 민족과 언어의 차이로 인해 발생한 미국과 캐나다 사이의 국부적 현상이 (포스트모던의 세계는 아니다 하더라도) 공업화된 제1세계 전체로 확대될 수도 있다. '지구촌'의 도래는 재화와 권력, 영향력 그리고 상품과 관념, 정보를 획득할 수 있는 경로 등 여러 분야에서 불평등을 가속화할 것이다. 무역과 금융, 정보와 이민, 여행 등을 포함한 각종 '세계화' 추세와 민족문화와 언어, 지역과 계급, 종교적 신앙 등 지역주의 사이의 충돌은 피하기 어려울 것 같다.

2. 동아시아 공통의 인식구조

유학의 입장에서 볼 때, 보다 중요한 것은 자유가 아니라 평등이고, 합리가 아니라 동정이며, 법률이 아니라 예의와 양보이고, 개인주의가 아니라 인정(仁情)이다. 이렇게 볼 때 유학은 계몽주의의 가치지향과 직접적으로 대치된다. 리콴유(李光耀)나 마하티르 같은 정치지도자들이 제창하는 '아시아적 가치'가 서양에서 항상 강렬한 조소에 부딪히는 것도 결코 이상한 일이 아니다. 북미와 유럽의 인권단체들의 관점에서 보면 아시아적 가치라는 수사학은 비민주적인 전제통치를 실행하기 위한 악의적인 변호에 지나지 않는다. 하지만 가정에서 민족에 이르기까지 모든 단계의 사회 해체의 위험과 사회정의, 감정의 소통, 상호이해, 책임과 공동 구제의식 등에 대한 전 세계적 요구는 너무나 뚜렷하다. 헌킨(Louise Henkin)이 강조했듯이, 이러한 이른바 아시아적 가치 또는 유교적 가치 들은 계몽운동의 가치와 마찬가지로 보편적이고 세계적이다.[5)]

1960년대 이후의 산업화된 동아시아와 1980년대 이후의 사회주의 동아시아는 유학의 부흥을 겪으면서 유학이 정치 이데올로기가 되고 학술담론과 상업윤리, 가정의 가치로 자리 잡으면서 저항정신

(5) 헌킨, 발문, 《유학과 인권》, 드 베리, 뚜웨이밍 주편(New York : University of Colombia, 1997).

을 갖게 되었다. 이는 여러 요소들의 결합이다. 혈연적 유대에 기초한 긴장과 충돌이 존재하기는 하지만 동아시아 전체의 생활 모델은 공통된 인식구조를 갖고 있는데, 이는 현대 서양이 강조하는 계약관계의 가치와 현저히 다른 가치에 의존하고 있다. 하지만 동아시아의 지식인들이 서양 학술을 배우는 데 주력한 지 이미 한 세기가 지났다. 일본을 예로 들어 말하자면, 무사-관료(Samurai-Bureaucrats)들이 네덜란드와 영국, 프랑스, 독일 등의 문물을 배웠고, 제2차 세계대전 이후에는 미국으로부터 과학과 기술, 제조업, 정치제도 분야의 선진지식을 적극적으로 받아들였다. 마찬가지로 중국의 학자-관료, 조선의 양반(兩班), 베트남의 문사(Literati) 등도 모두 서양에서 배운 지식으로 자신들의 사회를 재건했다. 그들은 광범위하고 실천적이며 심지어 전면적인 서구화에 몸을 바쳤다. 현대 서양의 조직방식에 대한 학습과 직접적인 경험을 통해 그들은 경제와 정치, 교육제도, 심지어 사회 전체를 철저하게 변화시켰다. 이처럼 서양을 긍정적으로 인정하고 이를 '생활과 세계'에 적극적으로 적용하는 근본적 재건방식을 통해 이들의 서양 모방은 최대한의 성공을 거둘 수 있었다. 이러한 대규모 문화흡수 과정에서 동아시아 국가들은 의도적으로 자신들의 풍부한 정신자원을 무대 뒤로 방기해버렸다. 하지만 이러한 포기가 그들로 하여금 (항상 가신들도 모르게) 지역 모델에 바탕하여 서양으로부터 획득한 문물을 개조해야 한다는 필요성을 느끼게 했다. 이러한 창조적 개조 모델을 통해 그들은 전략적으로 계몽운동의 이성과 유학 인문주의의 새로운 융합을 이끌어냈다.

흥미로운 점은 19세기 중엽 서양이 중국에 영향을 미치기 백 년 전에 프랑스와 영국, 이탈리아, 독일 등 유럽 여러 나라의 지식인들은 이미 예수회 단체들의 보고를 통해 중화 문명의 찬란한 인문주의적 성취를 이해하고 있었다는 사실이다. 중국인의 세계관과 우주에 관한 사유, 인정(仁政)과 세속윤리 등이 볼테르(Voltaire)와 케네(Quesnay), 디드로(Dederot)와 중농학파를 매료시켰던 것이다. 비록 유럽의 상류사회를 한동안 풍미했던 중국 열풍이 중국의 물품에 대한 열광에 불과하기는 했지만 서양의 가장 뛰어난 창조정신을 지닌 몇몇에게 유교중국은 그들의 자기반성적 사유에 도전을 제공했던 것이다. 역설적인 것은 유럽 이성주의의 결과는 변질되고 사람들을 식상하게 만들면서 유학 인문주의의 유기적 관점과 흥미로운 대조가 되었다는 점이다.

정신과 물질, 마음과 육체, 물리와 심리, 신성과 세속, 조물주와 피조물, 주체와 객체 등 모든 것을 대립구도 속에서 생각하는 현대 서양의 이분법적 세계관은 중국의 전체주의적 사유방식과 첨예한 대비를 이루었다. 이러한 사유방식은 고대 그리스 철학이나 유대교, 초기 기독교 정신 등과는 멀리 떨어져 있다. 계몽정신이 "아는 것이 힘이다"는 베이컨의 관점과 다윈의 적자생존의 관점을 받아들인 것은 중국의 학자들이 잘 아는 어떤 사상풍격과도 천양지차여서, 어떤 차원에서 보든지 간에 중국어권 지역에 대한 도전일 수밖에 없었다. 도구적 합리성에 대한 계몽운동의 믿음이 자연을 탐색하고 연구하며 정복하는 파우스트 정신의 채찍질을 받아 과학과 기술에서 놀라운 발전을 이루기는 했지만 이것마저 제국주의 패권과 식민지 약탈을 변호하는 구실이 되고 말았다. 함포외교가 재물과 권력이 모든 것을 결정하는 국제적 게임의 법칙을 중국에 강요했을 때, 중국 지식인들은 서구화의 필요성을 받아들였고 이를 피할 수 없는 생존전략으로 간주했다.

1919년 있었던 5·4운동의 지식인들은 유학전통의 풍부한 정신자원에 대해 의식적으로 맹렬한 공격을 퍼부으면서 물질주의를 통한 구국의 길을 걸었다. 이는 현대화의 첩경은 전반서화라는 이성적 계산에 의해 도출된 선택이었다. 효과적인 행동과 가시적인 결과에 대한 요구가 이처럼 절박하다 보니 깊이 사고할 겨를이 없었고 심사숙고할 여유는 더더욱 없었다. 그 결과, 정신생활에 대한 존중은 한쪽으로 팽개쳐졌다. 그것이 철학과 종교에 미친 영향은 거의 재앙 수준이었다. 사람들이 기대하던 '첩경'은 혁명낭만주의와 전면적인 과학주의라는 굴절된 노선으로 바뀌었고, 이후 여러 세대에게는 노예의 길로 변질되었다. 인도의 지식인들은 몇 세기에 걸쳐 식민지 통치를 받으면서도 자신들의 지역정신을 그대로 보존한 반면, 중국 지식인들의 식민지적 지위는 영혼을 주조하는 화하(華夏) 정신의 전통을 전면적으로 거부하게 만들었다. 우리는 이제야 막 이러한 외부적 강제상태로 인한 역효과를 중국 사상에서 발견하기 시작했고 스스로 병증에서 회복하기 시작했다.

계몽운동이 무한한 에너지와 창조력을 갖고 있기는 하지만 고작해야 이해(利害)가 뒤섞인 신의 은사일 뿐이고, 인류의 정신을 종교교조주의의 질곡에서 해방시킬 수 있는 영원한 유산을 남겨주기는 했지만 인간 중심의 자주(自主)와 자신(自信)이 의지를 파괴하는 것처럼 인류의 창성(昌盛)에 유해하다. 생태 위기와 사회 해체의 심각성에 비추어볼 때, 고대 그리스의 자지(自知)의 지혜와 기독교의 숭고와 경건의 의식을 회복해야 하고, 이런 요구는 오늘날 서양 학술계에서도 보편적으로 인정을 받고 있다.

이와 반대로 계몽운동의 심리태도는 오늘날 중국에서 활발하고 생기있는 모습을 보이고 있는데 이는 정말 이상한 일이 아닐 수 없다. 확실히 절대다수의 중국 학자들은 사람을 이성적 동물로 간주하기를 거부하고 있고, 누구나 태어나면서부터 남에게 양도할 수 없는 권리를 갖고 있고, 자기 이익이라는 추진력을 통해 법률로써만 통제할 수 있는 시장이윤의 극대화를 추구한다는 사실을 거부하고 있다. 하지만 파슨스가 말한 현대성의 세 가지 분리할 수 없는 측면, 즉 시장경제와 민주정치, 개인주의는 오히려 중국의 학술토론에서 분명한 목소리를 내고 있다. 최근 베이징에서는 몇 차례에 걸쳐 격렬한 논쟁이 있었는데 모두 하이에크(Friedrich von Hayek)의 시장관념과 이사야 벌린의 자유에 대한 해석■, 롤스(John Rawls)의 정의론■에 관한 것이었다. 수많은 청년 학자들이 중국 현대화의 슬픈 역사 속에서 사상의 문제는 구국이라는 민족정서가 계몽운동을 이해해야 한다는 필요 속에 희석되어버린 것이라 믿고 있었다. 이러한 인식은 중국이 현대성을 향해 진군했던 슬픈 결과를 부분적으로 설명해주

■ **자유에 대한 해석** 자유의 개념과 유형에 관한 가장 대표적인 견해로는 이사야 벌린(Berlin)이 제시한 소극적 자유와 적극적 자유를 들 수 있다. 소극적 자유란 개인이 자신의 욕구를 추구하는 과정에 일정한 유형의 간섭, 특히 의도적이고 강제적인 간섭이 없는 상태를 의미한다. 이것은 자유를 '사슬과 감옥으로부터의 자유' 또는 '행동에 대한 외적 장애의 부재'로 규정했던 홉스(Hobbes)의 고전적 정의와 같이 자유의 개념을 가장 좁게 해석한 것이다.
이러한 자유는 전형적으로 개인이나 집단이 타인의 간섭 없이 될 수 있거나 할 수 있는 영역이 무엇인가에 대한 답변으로 대두된다. 이에 대하여 적극적 자유란 어떤 사람으로 하여금 Y보다 X가 될 수 있거나, 또는 X를 할 수 있도록 결정하는 통제와 간섭의 근원은 누구이며, 또는 무엇인가에 대한 답변으로 등장한다. 따라서 자유란 소극적 자유주의자들에게는 기회로 이해되는 데 비해, 적극적 자유주의자들에게는 선택능력으로 이해된다. 또한 소극적 자유주의자들은 개인과 국가 간의 관계에서 국가의 간섭이 부재하거나 최소한에 그칠 것을 요구하는 데 비해, 적극적 자유주의자들은 개인의 자아 실현에 장애가 되는 사회구조나 세력을 제거하기 위한 국가의 적극적 간섭을 요구한다.

고 있다.

여기에는 민족의 생존에 대한 갈망이 서양을 배우려는 일관된 노력에 장애물로 작용했다는 가정이 담겨 있다. 그 결과, 시간이 너무나 촉박하고 심리상태 또한 너무나 절박하다 보니, 자유와 평등, 이성, 적당한 법률질서 등 계몽주의적 관념이 중국의 정신적 토양에서는 크게 성장할 수 없었다. 서유럽과 북아메리카에서도 수세기에 걸쳐서야 비로소 과학과 민주주의를 확립할 수 있었는데 아시아의 서구화론자, 즉 현대화론자들은 불과 수십 년이라는 짧은 시간 안에 과학과 민주주의를 운용하여 정치와 사회가 해체되는 위기에서 중국을 구해낼 수 있으리라고 굳게 믿었던 것이다.

그러나 보다 심층적인 차원의 어려움은 계몽운동의 유산 자체가 다른 의미를 지니고 있다는 데 있다. 떳떳하고 당당하게 자신을 현대화의 창도자라고 생각했던 서구화론자들은 헌신성을 지녔던 정치 활동가들로서, 중국을 어둡고 낙후된 역사와 봉건상태에서 구해내려는 열정을 갖고 있었다. 불행한 것은 이들이 유학전통의 변화 잠재력을 알지 못했다는 사실이다. 예컨대 이들은 충분히 일본의 메이지 유신을 본받을 수 있었다. 메이지 유신은 지역의 자원을 동원하

■ **롤스의 정의론** 롤스는 사회제도의 제1덕목이 정의라는 사실을 확인하면서 자신의 이론을 전개한다. 롤스는 정의의 개념을 한 사회제도 안에서 모든 개인이 완전하게 평등할 수는 없다는 사실에 기초하여 사용하고 있다. 따라서 그의 정의론은 사회 구성원 간의 이익의 충돌과 갈등을 제도적 원리를 통해 해결하는 절차를 확립하는 것이다.
롤스 정의론의 핵심이 되는 정의의 두 원칙이 있다. 하나는 모든 사람은 자유에 대한 동등한 권리를 갖는다는 자유 우선성의 원칙이고, 다른 하나는 최소 수혜자에게 최대한의 이익을 보장하고 불평등의 원인이 모든 사람에게 균등하게 열려 있어야 한다는 차등의 원칙이다. 이 중 자유의 원칙은 차등의 원칙에 우선하고 차등의 원칙 중 균등의 원칙은 수혜의 원칙에 우선한다. 이러한 원초적 상태에서의 계약은 공정성과 중립성을 확보할 수 있기 때문에 여기서의 계약을 공정으로서의 정의라고 말할 수 있다.

여 현대화를 진행했던 전형적인 사례였다. 그 결과, 메이지 유신 시대의 일본은 유학이 행정관리와 사회조직, 도덕교육의 방식으로 충분한 발전 공간을 확보할 수 있었다. 비록 일본이 의도적으로 중국 모델을 거부하고 서양으로의 진입을 시도하기는 했지만 전통의 단절이나 포기를 출구로 선택하지는 않았던 것이다.

봉건시대의 아득한 메아리로서 유학의 전통은 옆으로 비켜섰고 그 제왕제도의 기초는 영원히 제거되었다. 하지만 유학전통의 근본은 여전히 농업을 기초로 하는 경제체제와 가정을 핵심으로 하는 사회구조 그리고 가부장제를 특징으로 하는 정치였다. 굳이 더 말할 필요도 없겠지만 서양의 충격으로 이 모든 것들이 새로운 조합방식을 통해 철저하게 새롭게 배치되고 말았다. 유학의 정치 이데올로기는 일본과 아시아의 네 마리 용(타이완과 한국, 중국의 홍콩 지역, 싱가포르)의 발전에 풍부한 자원을 제공했다. 유학의 정치 이데올로기는 중국과 조선, 베트남의 정치 과정에 극명하게 나타났다. 동아시아 내부에서 자본주의와 사회주의의 경계선이 모호해짐에 따라 이 거대한 혼돈이 공유하는 윤리규범은 전적으로 유학으로써 해석되었다. 동아시아와 중국(타이완과 마카오, 홍콩을 포함)에서는 경제문화와 가정가치, 상업윤리 등도 유학이라는 단어로 표현되었다. 물론 우리는 이러한 설명을 부인하면서 이를 사후의 변론으로 간주할 수도 있다. 하지만 우리의 분명한 유학 논술이 사후반성에 지나지 않는다 하더라도, 네트워크자본주의, 유화(柔和)전제주의, 집체정신, 공통인식의 정치학 등이 동아시아 전체의 경제와 정치, 사회에 광범위하게 스며들어, 유학전통이 동아시아의 현대성에 지속적인 영향을 미치고 있음을 보여준다.

이 문제를 역사의 현장에 놓고 보자면 라이샤워의 예언을 인용하는 것이 적합할 것 같다. 이 글은 1973년 씌어져 이후에 〈중국어 세계의 전망(The Sinic World in Perspective)〉이란 제목으로 《포린어페어스(*Foreign Affairs*)》에 발표되었다.

동아시아인들은 집단의 우애에 대한 강조, 정치의 통일, 고도의 조직기능, 엄격한 직업윤리, 거대한 교육적 동력 등 몇 가지 중요한 기질을 공유하고 있다. 이러한 기질 덕분에 일본인들은 전후에 아무것도 없는 상황에서 신속한 성장과 발전을 이룩했고, 19세기 중엽의 발달되지 못한 작은 민족에서 20세기 초의 거대제국으로 발전했으며, 지금은 세계 제일의 경제 초강국으로 자리 잡고 있다. …… 현재 전쟁의 피해를 입지 않고 계획경제의 영향을 받지 않고 있는 다른 모든 동아시아 국가와 지역 들도 점차 일본인들의 기록을 쇄신하고 있다. 이러한 국가 및 지역으로 한국과 타이완, 홍콩과 싱가포르 등을 들 수 있다. 싱가포르는 본질적으로 중국인들이 세운 도시국가이다.
동남아의 비동아시아 국가들에서 인구비례에 있어 소수를 점하고 있는 중국인들이 경제와 교육에서 절대적인 우위를 보이고 있어 심각한 정치 및 사회 문제를 야기하고 있다. 사람들은 만일 베트남(평화를 쟁취할 수만 있다면)과 중국, 북한의 정책에 중대한 변화가 생겨 경제 발전을 위한 충분한 공간이 제공될 수 있다면 장차 이러한 국가들의 경제 성장이 어떤 모습일지 고려하지 않을 수 없게 되었다. 이러한 국가의 국민들은 대단히 강한 경제능력을 갖고 있다는 사실은 의심의 여지가 없기 때문이다.

3. 유학전통과 현대성

라이샤워는 공업 동아시아(일본과 네 마리 용)와 사회주의 동아시아(중국대륙과 북한 그리고 문화적으로는 베트남도 포함)가 공유하고 있는 심층적 가치에 대한 통찰을 바탕으로, 놀라울 정도로 간결한 문체로 유교 동아시아 홍기의 윤곽을 그려냈다.

구체적으로 말하자면 유학전통의 영향하에서 동아시아의 현대성에는 일관된 풍경이 나타나는데 이는 최소한 다음 여섯 가지의 두드러진 특징을 갖고 있다.

(1) 시장경제에서 정부의 영도적 지위는 반드시 필요할 뿐만 아니라 대단히 바람직하다. 원칙적으로 정부는 없어서는 안 될 필요악이 아니라 사회의 안정을 유지하는 긍정적인 힘으로 간주되고 있다. 시장경제 자체가 사회질서를 수립하는 '보이지 않는 손'을 제공하고 있다 하더라도, 외부적인 조절과 분배 메커니즘이 경제활동을 감시하고 있다는 점은 쟁론의 여지가 없는 사실이다.

동아시아에서는 싱가포르의 직접참여에서 홍콩의 '적극적 불간섭'에 이르기까지 무수한 행정관리 방식이 존재한다. 하지만 가장 확실하게 공통인식을 얻고 있는 사실은 정부가 공공의 필요와 민중에 대한 복지의 책임, 사회 전체를 위한 긴장에 순응해야 한다는 것이다. 때문에 정부는 질서의 창조와 유지에서 대단히 중요한 의미를 갖는다. 게다가 모든 동아시아 국가들은, 정부는 법률과 질서의 유지에 책임을 져야 할 뿐만 아니라 생활에 필요한 최소한의 물질적 보장을 해야 하며 민중에게 교육의 기회 또한 보장해야 한다고 믿고 있다.

(2) 법률이 사회 안정에 필요한 최소한의 요구이기는 하지만 '단결과 화목'은 인애(仁愛)의 교류와 예의를 통해서만 생겨날 수 있다. 문명적 행위방식은 억지로 강제할 수 있는 것이 아니다. 몸으로 모범을 보이는 것이 표준적인 장려조치로서, 이를 통해 자발적인 참여를 유도할 수 있다. 법률에만 의존해서는 문명행위의 수치심을 지도할 수 없으므로, 예의로써 사람들로 하여금 자신들의 의지를 배양할 수 있게 해야 한다. 법률은 사회에 안정을 제공하는 최소한의 조건이다. 하지만 예의를 실천함으로써 이를 위한 품덕(品德)의 수양을 제공해야만 인류의 번영을 위한 문화공간을 창조할 수 있다.

(3) 가정은 사회의 기본단위로서 핵심적인 가치들은 가정을 통해 전파된다. 가정 내의 쌍방향적 정위(定位)관계에는 나이와 성별, 권위, 지위, 등급 등에 따른 차이가 있어 진정한 사람됨을 위한 풍부한 자연환경을 제공한다. 인간의 교류에서 호혜의 원칙은 가정 내 인간관계의 모든 형식을 규정한다. 인류가 집단거주를 시작하던 원시환경에서는 나이와 성별이 건너기 어려운, 가장 커다란 잠재적 도랑이었다. 그러나 유학은 이러한 나이와 성별을 사람과 사람 사이의 관심과 친밀감의 끊이지 않는 원천으로 만들어놓았다. 문란한 가정관계가 유발할 수 있는 예기치 못한 부정적인 결과에 대한 관심이 유교사회로 하여금 가정에서의 일들이 가정 내의 사사로운 일이 아니라 공공의 이익과 연관된 것임을 인식하게 해주었다.

(4) 시민사회가 번영할 수 있는 것은 그것이 가정보다 상위에, 국가보다 하위에 존재하며 스스로 제작하고 스스로 공연하는 극장이기 때문이 아니다. 시민사회의 내재적 역량은 시민사회와 가정 그리고 국가 간의 동태적 상호작용으로부터 나온다. 가정은 국가의 축소

판이고 국가는 가정의 확대판으로서, 가정의 안정이 치국안방(治國安邦)에 대단히 중요한 역할을 하므로 국가는 가정의 화목을 보장해 주어야 한다. 시민사회는 국가와 가정에 각종 문화제도를 제공하는데, 이들은 가정과 국가 사이에서 대단히 효과적인 조절작용을 한다. 공(公)과 사(私) 사이의 활력 넘치는 상호작용이 시민사회로 하여금 인류의 번영에 다양하고 풍부한 자원을 제공할 수 있게 한다.

(5) 교육은 사회의 모든 사람들의 신앙이 되어야 한다. 교육의 가장 중요한 목적은 성격의 연마에 있다. 교육은 완정한 인격의 배양에 주력해야 하며 지식과 윤리를 동시에 중시해야 한다. 학교는 '사회자본'의 축적과 교류를 통한 전수의 장이 되어야 한다. 학교는 지식과 기술을 제공하는 교학 외에 문화능력과 정신가치의 감상능력을 발전시키는 데 적당한 환경을 제공할 수 있어야 한다.

(6) 수신(修身)은 제가(齊家)의 바탕이다. 따라서 국가의 치리(治理)와 천하태평, 특정사회의 삶의 질은 구성원들의 자기수양 수준에 달려 있다. 자기수양을 인류 번영의 필요조건으로 여겨 이를 적극 장려하는 사회는 미덕을 중심으로 하는 정치 경향을 보인다. 이러한 사회에서는 상호격려를 수신의 공통된 방법으로 삼고, 가정을 사람됨을 배우는 도장으로 삼으며, 문명을 사람과 사람이 교류하는 규범적인 모델로 삼고, 교육을 성품을 연마하는 수단으로 삼는다.

물론 이러한 사회이상이 동아시아에서 완전하게 실현된 것은 아니다. 동아시아 사회는 늘 유학에 완전히 등을 돌린 채 반대방향으로 달려가는 행위와 태도를 보여왔는데, 이는 관념과 현실 사이의 깊은 골로서 거의 넘을 수 없는 전형적인 사례이다. 제국주의와 식민주의가 조장한 굴욕의 경험 때문에 부분적으로 동아시아의 흥기에 착취와 중상주의, 소비주의, 이기심, 악의적인 경쟁 등 서양 현대주의의 가장 부정적인 몇몇 측면이 현저하게 드러나고 있는 건 사실이다. 그러나 동아시아가 가장 먼저 현대화된 비서양 지역이라는 점에서 유교 동아시아의 흥기는 아주 깊은 문화적 의미를 지니고 있다. 현대 서양은 전 세계에 사회 변화를 위한 원동력을 제공하고 있다. 유럽과 북아메리카의 현대화 과정에 나타난 역사적 동력이 반드시 현대성의 구성요소가 되는 것은 아니다. 도구적 합리성과 자유, 권리의식, 적당한 법질서, 개인의 사적 생활권, 개인주의 등이 계몽운동의 가치로서 그 모두가 보편화될 수 있는 현대적 가치라면 유학의 범례가 표명하고 있는 동정과 분배의 정의, 책임의식, 예절, 공공심, 집체정신 등 이른바 '아시아적 가치'들 또한 보편화될 수 있는 현대적 가치임에 틀림없다. 계몽운동의 가치들이 동아시아의 현대성에 받아들여져야 하는 것과 마찬가지로, 동아시아의 가치들 또한 현대 서양의 생활방식에 대해 비판적이고 시의적절한 참고 모델을 제공할 수 있다는 것은 분명한 사실이다.

유학의 현대성은 현대화가 본질적으로 서구화 또는 미국화가 아님을 보여준다. 이런 사실이 동아시아의 흥기가 구식 모델에서 신식 모델로 대체되는 것을 의미하는 것일까? 그렇지 않다. 하지만 이러한 사실은 서양, 특히 미국이 자기의 모습을 변화시킬 필요가 있고, 가르치는 문명인 동시에 배우는 문명이 되어야 한다는 사실을 강력하게 천명하고 있다. 동아시아의 현대성이 내포하고 있는 것은 다원론이지 일원론이 아니다. 유교 동아시아가 전적인 서구화가 아니라 성공적이고 완전한 현대화를 실현한다면, 이는 현대화가 서로 다른 문화형식을 취할 수 있음을 분명하게 보여주는 사례라 할 것이다.

따라서 동남아도 서구화되거나 동아시아화될 필요 없이 독자적인 방식으로 현대화를 실현할 수 있다. 유교 동아시아는 태국과 말레이시아, 인도네시아에 선택 가능한 현대화 모델을 제공할 수 있으며, 이러한 사실은 불교적인 현대화, 이슬람적인 현대화, 힌두교적인 현대화 형식이 가능할 뿐만 아니라 얼마든지 실행에 옮겨질 수 있음을 의미한다. 라틴아메리카와 중미, 아프리카 등 세계 각국의 지역전통이 서양의 현대주의와는 다른 자신들만의 현대성을 발전시킬 수 있는 잠재력을 지니고 있다는 것은 의심의 여지가 없는 사실이다. 서양의 현대주의와는 다른 무수한 선택의 길이 있고, 일부 상무적(尙武的) 종교원리주의자들이 상상의 세계 공동체에 부정적 존재가 되었던 적도 있지만, 다원적 현대생활 모델이 출현한 것은 대단히 반가운 일이 아닐 수 없다.

분명하게 말할 수 있는 것은 우리가 다원론에 대한 강한 긍정을 통해 도출해낸 이러한 개괄적인 결론이 아직은 성숙단계에 이르지 못했을지도 모른다는 사실이다. 아마도 이러한 일이 발생할 것이고 이를 역사의 필연성으로 간주해야 한다고 믿는 견해는 지나치게 단순하고 즉흥적인 것인지도 모른다. 하지만 우리는 고집스런 현실주의자가 되어 이러한 상황이 발생할 가능성이 거의 없다고 말할 필요는 없을 것이다. 만일 제1세계가 과도한 발전의 특권을 고집하지 않고 동아시아가 앞을 향해 보다 빠른 속도로 나아간다면 50년 후의 세계는 어떤 모습으로 변할 것인가? 동아시아 현대성은 희망인가 아니면 악몽인가? 이는 쉽게 예측할 수 없는 문제이다.

비록 엄청난 금융위기를 겪기는 했지만 최근 40년 동안 유교 동아시아가 참혹한 전쟁의 폐허를 딛고 역사상 전례가 없었던 활력있는 경제권으로 성장하게 되었다는 것은 누구도 부인할 수 없는 사실이다. 일본이 미국의 감독과 보호에 순종하던 학생에서 미국의 경제적 우위에 대한 가장 강력하고 유일무이한 도전자로 성장했다는 사실은 우리로 하여금 현대화의 정도가 깊지만 서양과는 현저히 다른 현대성 모델에 대한 반성을 촉구하고 있다. 1979년 이래 '개혁개방'정책의 추진에 힘입은 중화인민공화국은 이미 양 날개가 튼튼한 개발도상국으로 성장하여, 세계 공동체로 진입하기 위한 원대한 계획을 순조롭게 진행하고 있다. 사회주의 동아시아가 현실에 직면하여 명분상으로는 그렇지 않지만 실제로는 자신의 모습을 새롭게 빚어가고 있는 것이다.

어쩌면 겉으로 보기에는 중국이 한 세기 동안 서양 제국주의로부터 치욕을 당했기 때문에 세계 질서를 다시 수립하는 중요한 계기를 만들어 이를 설욕하려 한다고 생각하는 것도 일리가 있다고 여겨질지 모른다. 제2차 세계대전의 태평양전쟁과 한국전쟁, 특히 베트남전쟁의 기억이 황화(黃禍, Yellow Peril)* 신화를 증명하는 것처럼 보이기도 한다. 부유한 중국인들이 동남아와 타이완, 홍콩 등에서 북아메리카나 호주, 뉴질랜드 등으로 이주한 것이 중국인들이 세계 공동체에서 권력관계를 다시 구축하여 귀중한 금융자원을 통제하려 한다는 인상을 더욱 심화시키는 것 같다. 광범위하게 전파되고 있는 이러한 가설과 신화, 인상 등은 실제와는 전혀 다른 모습을 그려내고 있어, 중국이 신중하게 선택한 세계 공동체 가입이라는 현대화 전략에 전면적인 왜곡을 초래하고 있다. 미국의 대중매체에서는 자

* **황화** 황인종인 아시아인, 특히 중국인이 유럽인들을 어떤 형태로든 침략할 것이라는 가상의 공포.

신들과 철저하게 다른 중국이 국제평화에 위협이 된다고 간주되고 있다. 중국을 요괴 또는 천민국가로 묘사하면서 중국이 소련을 대신하여 '악마의 제국'으로 다가오고 있다고 주장하는 견해 또한 도처에서 볼 수 있는데, 이는 자기실현의 예언이 될 가능성도 있다. 이러한 문제는 정부와 사회 각 계층의 대중 지식인들이 크게 중시하는 부분이다. 지속적인 중미관계를 위해 정치화된 국부적 관점이 아닌 세계화적 관점을 채용해야 한다는 필요성이 그 어느 때보다 절실한 시점이다.

유교 동아시아의 흥기가, 현대화가 서로 다른 문화형식을 취할 수 있다는 점을 설명해주고 있기는 하지만 이것이 서양 현대주의가 동아시아 노선의 침식을 받고 있다는 것을 의미하지는 않으며 또 동아시아 노선으로 대체된다는 의미는 더더욱 아니다. 혹자는 서양 계몽운동의 가치가 아니라 아시아적 가치가 현재 아시아의 조건에 더 적합하고 다가올 21세기 세계 공동체에 더 적합하다고 단언하기도 하지만 이러한 주장은 유해할 뿐만 아니라 대단히 경솔하기조차 하다. 현재의 임무는 전 세계 문명의 대화를 확대하는 것이다. 이는 평화로운 세계질서를 위한 첫 번째 전제조건이다. 우리가 목도하고 있는 문명 간의 충돌은 이러한 대화의 필요성을 더욱 극명하게 해주고 있다. 따라서 진정한 도전은 의지와 용기를 가지고 서로 다른 기축 문명에 뿌리 내리고 있는 '철저한 타자'■를 이해하고, 지혜를 가지고 가르치는 문화를 배우는 문화로 전환하며, 우리의 자기인식을 국부적 관심에서 세계적 관심으로 승화시키는 첩경을 만들어내는 것이

■ **철저한 타자** 원문은 '異己者'로서 자기와 다른 존재를 의미함.

다. 모든 생활공동체가 맨 처음의 유대권(紐帶圈)으로 고정되는 것은 상식적인 이치에 어긋나지만, 이는 우리의 생존을 위해 부인할 수 없는 현실이다. 우리가 세계시민이 되는 법을 배우고자 한다면 자신의 민족과 성별, 언어, 영토, 신앙 등의 길을 따라 나아가야지, 이를 등지고 나아갈 수는 없다. 가장 효과적인 상호교류는 자신의 뿌리를 지키면서도 타자를 배척할 필요가 없다는 가장 기본적인 신념 위에 기초한다. 우리로 하여금 문명의 대화를 진행할 것을 강력하게 촉구하는 것은 바로 지역적 지식의 세계적 의의임에 의심의 여지가 없다.

동아시아의 범례는 모든 전통이 현대화로 인해 재구성되기는 하지만, 이 전통들 또한 갖가지 서로 다른 방향에서 현대성을 조성하고 현실적인 방식으로 현대가 무엇인지를 규정한다는 사실을 보여주고 있다. 이러한 관점을 받아들인다면 현대성이 시장경제와 민주정치, 개인주의 등 불가분의 관계에 있는 세 가지 분야로부터 이해되어야 한다는 관점이 여전히 통용될 수 있을 것인가?

4. 현대적 변형

시장경제가 세계화를 추진하는 강력한 동력임에는 의심의 여지가 없지만 동아시아는 이미 경제력이라는 굴레에서 벗어나 놀라울 정도로 정치적 관심의 대상이 되었다. 정부가 시장 메커니즘의 순조로운 운행에 참여하는 것은 결코 불가능한 일이 아니고, 정치적 영도는 항상 시장을 안정화시키는 데 필요한 조절능력을 제공하고 있다.

국내 경쟁에서건 국외 경쟁에서건 간에 경제에 정통한 정부기관과 관료들이 건강한 성장환경을 창조하는 수단이 될 수 있다. 동아시아 사회에서 관방과 기업계의 협력은 흔히 볼 수 있는 일이다. 실제로 동아시아 정치경제의 한 가지 본질적인 특징은 서양에서 말하는 공(公)과 사(私) 사이에 일상적으로 상호작용이 일어나고 있다는 점이다. 경제 영역에서의 정부의 참여는 서로 다른 형식을 취할 수 있다. 싱가포르는 직접 관리방식을 취하고 있고 한국은 적극적인 유도방식을 취하고 있으며 일본은 정보로써 인도하는 방식을 취하고 있고 타이완은 선택적으로 간섭하는 방식을 취하고 있으며 홍콩은 적극적인 불간섭 방식을 취하고 있다. 하지만 모든 중대한 경제정책의 결정에는 중앙정부가 나서는데, 이는 기업계와 사회 각계가 예상하고 있을 뿐 아니라 또 요구하기도 하는 부분이다. 여기에 담긴 의미는 분명하다. 시장의 힘이 촉진하는 세계화가 효과적이고 믿을 만하며, 민족의 한계를 넘어서는 관리감독의 메커니즘이 필요하다는 것이다. 이러한 사실만으로도 우리에게 다원화된 사유와 협력정신이 필요하다는 것을 알 수 있다.

민주화 추세는 막을 수 없다. 하지만 그 실천에서 민주주의는 선거문화로만 규정되지 않는다. 동아시아에서 민주주의는 일종의 진화 과정으로서 유능한 인재를 행정임현제(行政任賢制)와 엘리트 교육제도, 특수론적 사회연계(Particularistic Social Networking)관념 등과 서로 호응하는 것임을 잘 설명해준다. 잉글랜드에서는 실용주의와 경험주의, 회의론, 점진론 등의 전통이 민주주의의 경험에 뚜렷한 영향을 미쳐왔고, 프랑스에서는 반교회(反教會)와 이성주의, 문화주의, 혁명정신 등이 두드러진 특색으로 나타나고 있으며, 독일에서는 낭만주의와 민족주의, 민족자존 등의 특징을 찾아볼 수 있다. 또한 강력하고 지속적인 시민사회의 존재는 미국 고유의 특색이라고 할 수 있다. 자기노력을 통해 인류의 조건을 개선하고 사회의 기본단위인 가정에 충실하며 사회 안정의 기초인 가정윤리를 지키고 도덕교육과 자력갱생, 근면한 노동, 상부상조하는 내재적 가치 등을 신뢰하며 나날이 확대되는 관계의 네트워크와 하나가 되려는 관념 등, 유학의 신앙이 동아시아 민주 발전의 자체적이고 독특한 풍격 형성에 풍부한 문화적 자원을 제공하고 있다.

아시아적 가치를 논할 때, 그리고 흑백을 분명하게 구분하지 못하고 서양의 관념을 세계 각국에 강요하는 태도를 비판할 때 유학의 수사학이 하나의 틀로 사용될 수 있다는 것은 분명한 사실이다. 인권을 단순히 정치권과 시민권을 중시하는 단계에서 경제와 사회, 문화의 권리로 확대하는 조치가 바로 아시아의 책략이자 지혜라고 할 수 있을 것이다. 비록 동아시아가 정실관계와 극단적 전제주의, 남성 쇼비니즘에서 탈피해야 한다는 필요성을 극명하게 노정하기는 했지만 유학적 특징을 갖는 민주주의는 상상에만 그치는 것이 아니라 충분히 실현될 수 있다.

이러한 생각은 세계인권선언의 명백한 조항들을 과소평가하려는 것이 아니다. 이러한 조항들은 특정 국가의 정부가 국민의 기본적인 정치적 권리를 박탈하는 것을 국제공동체가 나서서 저지해야 할 의무를 갖고 있다는 사실을 선포하고 있다. 국내의 안정이라는 그럴듯한 구실로 인권을 침범하는 행위는 절대 용납하지 말아야 한다. 가령 사회의 단합을 구실로 언론의 자유를 부정하는 태도는 근본적으로 유학으로 해석이 되지 않는다. 인도처럼 정부가 헌법에 사법 절차를 제정할 수 없는 권리(예컨대 노동 보장이나 교육의 보급 등)를 명시하는 방법을 택할 수는 있겠지만, 경제적 권리로 정치적 권리를 대체한다는 발상은 유학에서는 받아들일 수 없을 것이다.

동아시아의 지식인들은 이미 유학전통을 경제 발전과 국가 건설, 사회 안정, 문화적 정체성 등을 위한 정신자원으로 간주하여 깊이있는 연구를 하고 있다. 하지만 현대의 과학주의와 물질주의, 공리주의가 대단한 기세로 사람들을 압박하고 있어, 수많은 사람들이 눈을 뜨고도 유학전통의 방대한 인문주의 정신을 보지 못하고 있다. 유학의 이치를 체득한 사람이라면, 유학의 인격적 이상(진실하고 거짓이 없는 인격, 현인, 성인)이 자유민주사회에서는 충분히 실현될 수 있지만 제국의 독재와 현대의 극단적 전제주의하에서는 실현되기 어렵다는 사실을 깨달을 것이다. 이들은 유학이 현대 서양의 극단적인 개인주의와 악성 경쟁, 지나친 소송 등을 비판하는 무기가 되기 전에 반드시 계몽운동의 가치를 통한 자기개조가 선행되어야 한다는 사실을 비판적으로 의식하고 있을 것이다. 마찬가지로 '우리의' 미래가 필연적으로 타인들의 미래가 될 것이라는 오늘날, 오만에 가까운 서양의 자신감은 사람들에게 반감을 유발시키는 심각한 착각이다. 우리가 보통의 미국인들이 당연하게 생활의 기본적인 필수품이라고 생각하는 물질적 자원들이 거의 모든 개발도상국 국민들이 추구하고 바라는 것이라는 걸 경험상으로 증명할 수 있다 하더라도, 미국인들이 생활 전체를 이러한 물질에 대한 추구로 규정하고 자신들만을 위해 실천적 이익을 추구하고 있다는 것은 대단히 서글프고 가소로운 사실이다.

앞에서 언급한 바를 재차 강조하는 셈이 되겠지만, 유교 세계의 지식인들이 서양의 학술을 배우는 데 주력해온 지 이미 한 세기하고도 반이 지났다. 현대 서양에 널리 퍼져 있던 계몽운동의 가치에 깊이 빠져들었을 때, 그들은 이미 자기 지역의 정신전통 속에 감추어진 가치들을 부활시키고 있었다. 유교 가치로의 개조는 서구와 북아메리카의 패권언론에 대한 창조적 반응이 될 것이다. 이는 문화 간 상호교류의 자연스런 결과일 것이다. 문화중국은 더 이상 많은 인구와 땅덩어리가 뒤엉켜 있는 농경사회가 아니라, 세계 각지로 이민한 사람들이 활약하고 있는 집단의 사회인만큼, 중국 민중의 습관과 중국 지식인 계층의 사회집단의식이 유학전통의 현대적 변형에 참신한 모델을 제공할 것이다.

해외 중국인의 수는 대략 3600만인데, 이러한 통계수치는 염황(炎黃)■ 자손이 한창 형성되고 있는 세계 공동체에서 거대한 농업인구를 보유하고 있을 뿐만 아니라 적극적으로 활동하는 상업계층 또한 보유하고 있음을 의미한다. 우리가 유교 문화가 여전히 중요한 작용을 하고 있고 그 가치 또한 여전히 중시되고 있으며 적어도 세계 화인들로부터 무의식적인 보호를 받고 있다는 사실을 인정한다면, 유학전통의 영향으로 인해 형성되는 현대성이 다른 나라 사람들의 인간의 조건을 이해하는 데 커다란 의미를 가질 수 있을 것이다. 반대로, 유학의 윤리가 더 이상 화인 사회에 유용한 지침을 제공하지 못하고, 또 유학의 가치가 중국인들의 경제행위에 아무런 영향도 미치지 못할 뿐만 아니라 별다른 중요성 또한 갖지 못한다면, 우리는 긴급하게 또 다른 윤리사상을 연구하여 유력한 도덕적 기초를 제

■ **염황** 중국 전설에 나오는 염제와 황제. 중국민족을 상징하는 이름으로 사용되고 있다.

공해 중국인들로 하여금 세계라는 대가족의 일원으로서 세계 평화에 필요한 적극적인 기능을 할 수 있게끔 해야 할 것이다.

개혁개방정책을 통해 중국은 부와 권력의 쉴새없는 대장정의 길에 들어섰다. 국내의 유동인구는 이미 1억 명을 넘어섰고, 그 중 대부분이 농촌에서 도시로, 특히 동남연해 도시로 이주한 인구이다. 이곳은 경제 발전이 가장 맹렬하게 진행되고 있는 지역이기 때문이다. 상업화의 조류가 중국의 대도시를 휩쓸면서 서양의 물질적 기준에 따라 정의된 안락한 생활수준이 정부와 노동자, 군대, 전문직 종사자 및 학술단체 등에 전반적으로 강한 압력을 조성하고 있다. 중국이 일정한 조정 기간을 마치고 안정을 되찾기 시작하는 20세기 말이면 인구가 16억에 이를 것으로 추산되고 있다. 이른바 '한 자녀 낳기' 정책은 새로 소황제(小皇帝)▪들을 만들어냄과 동시에 성비 불균형과 노령화의 가속화라는 부정적인 결과를 초래했다. 무엇보다 심각한 것은 환경의 악화가 공기와 수질의 오염, 수해(水害), 토양 유실, 삼림 감소 등의 심각한 문제들을 야기했다는 점이다. 대중매체에서는 성장의 지속가능성이나 생존위기 등의 의제를 제기하면서 사회의 폭넓은 관심을 얻고 있고, 이처럼 심각한 상황에 직면한 사람들은 불교의 채식주의나 도교의 금욕주의, 유교의 근검생활에서 구원을 찾으려 하기도 한다.

중국이 성공적으로 이 중요한 전환기를 넘길 수 있을 것인가 하는 문제는 세계 공동체 전체에 대단히 중요한 의미를 갖는다. 이처럼 중대한 전환점에 서서 우리는 아편전쟁(1840) 이후 중국이 겪어온

▪ **소황제** 어린 황제라는 뜻으로, 중국의 산아제한정책의 부작용으로 아이들에게 무분별한 애정을 쏟다 보니 정신적으로 나약하고 무능하며 예의없는 아이들로 성장하게 되는 현상.

숱한 재난을 떠올리면서 스스로를 경계할 필요가 있다. 1949년 이전까지만 해도 중국은 10년에 한 번 꼴로 엄청난 재난을 겪었는데 제국주의가 이러한 재난의 주요 화근이었다. 중화인민공화국이 수립된 이후로도 중국 사회는 지속적인 동란을 겪어야 했다. 거의 5년마다 한 번씩 근본적인 대규모 조직의 변화를 겪어야 했는데 이는 주로 정책적 착오에서 비롯된 것이었다. 무수한 중국인이 사망했지만 인접 국가들은 아무런 영향도 받지 않았고 외부세계는 그 사건들에 무관심했다.

그러나 1979년 이후 중국은 빠르게 세계경제체제 속으로 진입해 들어가 중국 경제의 30%가 국제무역에 의존하게 되었다. 사유제와 공유제가 결합한 기업 형태인 향진기업(鄕鎭企業)이 이러한 발전의 주요동력이었다. 홍콩과 광저우(廣州), 푸젠(福建)과 타이완, 산둥(山東)과 한국 사이에는 자유경제구역이 출현하기도 했다. 실제로 중화인민공화국의 모든 성(省)에서 홍콩인과 타이완인을 비롯하여 해외에 거주하는 중국인과 유럽인, 일본인, 미국인의 투자가 활발하게 이루어지고 있다. 홍콩의 중국반환과 해협을 사이에 둔 중국 대륙과 타이완의 충돌, 해외거주 중국인 사회들 간의 경제 및 문화 교류와 해외거주 중국인과 조국인 중국 사이의 경제 및 문화 교류, 동아시아 지역 내의 교류, 동남아시아국가연합의 정치와 경제 융합, 아시아-태평양 지역의 흥기 등이 모두 우리가 머지않아 맞게 될 세계 공동체에 실질적인 영향을 미치게 될 것이다.

시야를 문화중국 전체로 확대해보면 우리는 곧 제2차 이민의 홍수가 용솟음치고 있음을 알 수 있다. 제1차 이민의 조수(潮水)가 있었던 19세기에 광둥(廣東)과 푸젠 두 성에서만 수백만 명의 중국인이 동남아시아로 이주했다. 최근 20년 동안에는 풍부한 금융자산을 가진 동남아시아와 홍콩, 타이완 지역의 중국인들이 정치적 안정과 경제적 기회, 자녀교육 등 갖가지 이유로 호주와 캐나다, 미국 등지로 이주를 계속하고 있다. 최근 미국에서는 베트남 남부 지방에서 이주해온 화교들과 중화인민공화국에서 온 유학생들이 미국 각지의 차이나타운의 면모와 유학생 사회의 모습을 크게 바꾸어놓았다. 한편으로 고급 과학기술 능력을 갖춘 아시아의 전문인재들이 동아시아 공업국으로 되돌아가는 인파의 흐름이 지속되고 있다는 사실 또한 주목할 필요가 있다. 시야를 동아시아 공업국들과 사회주의 국가로 한 단계 더 넓혀보면 일본인과 한국인, 베트남인 사회가 세계 각지에 형성되고 있음을 발견할 수 있다. 이처럼 문명 간의 대화와 이해를 하나의 동태적인 과정의 요구로 간주하여 이를 한층 더 강화한다면 그래도 유교적 동아시아라는 담론은 여전히 큰 의미가 있을 것인가?

윤리와 종교의 시각에서 동아시아를 '유교적'이라고 규정하는 것은 '기독교적', '이슬람교적', '불교적'이라는 말로 유럽과 중동, 인도, 동남아시아 등의 지역을 지리적 · 정치적으로 구별하는 것과 마찬가지이다. 이들은 모두 유사한 효과와 한계를 지니고 있다. 우리는 유교 동아시아의 종교적 다원성에 특별한 주의와 관심을 기울일 필요가 있다. 신토(神道)와 불교의 일본이나 샤머니즘과 불교, 기독교의 한국, 도교와 불교, 유교의 중국이 모두 동아시아 정신의 이상적 경관을 구성하는 부분이라는 것은 상상하기 어렵지 않은 사실이다. 동아시아에서는 '유교적'이라는 단어가 형용사로 사용되어 불교도와 기독교도, 무슬림 등을 전부 수식할 수 있고, 이는 세계 다른 지역에서도 마찬가지이다. 이런 이해를 통해 보건대 유교의 논리가 결코 유학 경전이나 송·명 유학 학설의 요약이나 재현이 아니라는 사실에는 의심의 여지가 없다. 유교는 일찍이 여러 세기에 걸쳐 유학교육의 영향을 받은 사회의 생활형식과 사상, 습관 또는 사회적 실천을 이론적으로 개괄하는 새로운 개념화 방식이다.

우리는 새로운 세계 질서가 슈퍼파워의 횡포를 대신하는 상호배척의 이분법(자본주의와 사회주의)에 직면해, '역사의 종결'이나 '문명의 충돌', '태평양의 세기' 등과 같은 경솔한 결론을 제시하기도 한다. 하지만 더욱 어렵지만 의미있는 연구 방향은 세계 공동체 전체가 직면한 정말로 근본적인 윤리 문제를 연구하고 토론하는 것이다. 예컨대 우리는 독립적인 개인인가 아니면 인간관계의 네트워크 안에 자리 잡고 있는 하나의 중심점인가 하는 문제가 사유의 대상이 되어야 하는 것이다. 우리는 우리와 우리의 문화를 하나로 묶고 있는 정신적 유대를 단칼에 잘라버릴 수 있을까? 우리에게 다른 사람들이 의미있고 가치있다고 여기는 것들을 이해하려는 희망과 의지가 없다면 어떻게 그들이 우리의 생활방식을 존중해주기를 기대할 수 있을까? 기본적인 도덕과 정의감, 책임감을 수립하지 않는다면 우리 사회가 지속적인 번영을 보장받을 수 있을까? 일체화를 위해, 우리의 다원화된 사회가 공동의 가치와 인류의 이해를 바탕으로 한 공동의 기초를 배양하기 위해 고심해야 하는 것인가? 지구의 취약함을 명백하게 인식하고 있고 사회의 해체에 대한 경각심이 날로 높아지고 있는 상황에서 우리는 생존을 위해 어떤 방향으로 나아가야 할 것인가?

5. 새로운 시작

유교 언론의 신생은 동아시아 지식인들이 갈구하는 복합적이고 비판적인 자아의식에 커다란 공헌을 할 수 있을 것이다. 우리는 지금, 전 세계 역사의 종결이 아닌 시작을 목도하고 있다고 분명하게 말할 수 있다. 문화비교의 관점에서 볼 때, 이러한 새로운 시작은 반드시 문명 간의 대화를 출발점으로 삼아야 한다. 우리가 지금 의식하고 있는 민족과 언어, 국토, 종교에서 비롯되는 문화의 충돌이 바로 이러한 대화의 필요성을 더욱 절실하게 강조하고 있다. 지속적인 발전을 가능하게 하는 다양한 모델을 연구하고 토론하는 과정에서 우리는 반드시 인류 번영의 윤리와 정신을 중시해야 할 것이다.

우리는 패권정치의 쇠퇴에 따라 이미 오래 전에 직선 형식으로 진행되는 현대화가 조성하는 사유방식을 깨뜨렸어야 했다. 우리는 교류의 시대, 교류의 시대, 협상과 상호작용의 시대, 접촉과 협력의 시대가 가져오는 서광의 도래를 환영한다. 모두들 미국이라는 특정 국가가 전체 세계 공동체 안에서 주도적인 영향력을 행사하리라고 굳게 믿고 있지만, 미국의 진정한 강세는 '부드러움의 힘(도덕적 설득)'에 있는 것이지 군사력에 있는 것이 아니다. 바로 이런 이유 때문에 우리는 동아시아의 지도자들이 자국의 정사(政事)를 돌보면서 수신(修身), 제가(齊家), 치국(治國), 인정(仁政), 평천하(平天下)라는 유학정신의 지도하에서 책임윤리를 실천해주기를 희망하는 것이다. 또한 우리는 중국인과 일본인, 북한인, 베트남인 등이 세계 각지로 이주할 때 자신들의 풍부한 문화유산을 함께 가지고 가서 그곳 사람들과 함께 향수할 수 있기를 희망한다. 결국 우리가 문화의 다양성을 기꺼이 받아들이고 유해한 상대주의의 함정에 빠지지 않을 수 있는지의 여부가 세계 대가족의 가능성에 깊은 의미를 갖는 것이다.

《다이달러스》지에 실린 '초기 현대성'에 관한 토론에서 아이젠스타트(S. N. Eisenstadt)와 슐루터(Wolfgang Schluchter)는 이렇게 말했다.

> 50, 60년대에 이야기된 현대화와 현대성이론은 동일한 가정 위에 세워졌다. 그 당시 사람들은 현대화가 문화와 제도, 구조, 심리상의 차이를 소멸시켜줄 것이며, 만일 이러한 추세가 방해받지 않는다면 세계는 완전한 하나의 현대적 세계를 향해 나아갈 것이라고 믿었다. 이러한 이론에 따르면, 전근대적 요소의 타성으로 인해 미미한 차이가 남지만 그것들마저 결국에는 사라질 것이다.[6]

1980년대 동아시아의 경제 상황이 유난히 호조를 보이고 있을 때, 몇몇 현대화 이론가들은 분명하게 동일한 논제를 반대 방향으로 논술하거나 혹은 강력하게 이 논제를 부각시켰다. '아시아적 가치', '네트워크 자본주의', '아시아 태평양의 세기' 등과 같은 견해들이 10년 동안을 풍미했던 것이다. 그러다가 1997년 여름의 금융위기는 새로운 논쟁을 불러일으켰다. 극단적 전제주의와 정실자본주의(crony capitalism)가 아시아 금융제도의 투명성과 공신력을 약화시키고 공정한 경쟁을 불가능하게 하는 주원인으로 지목됨에 따라 반대 방향으로의 논증은 설득력을 잃었다. 일본과 한국 경제가 호전되

(6) S. N. Eisenstadt, W. Schluchter, Introduction: Paths to Early Modernities-A Comparative View, *Daedalus*, 127(3), 1998, 2쪽.

기 시작하면서 동아시아는 다시 서구와 북미의 주요 참고대상이 되었다. 이와 관련하여 위트록(Bjorn Wittrock)은, "세계 각지에 현대사회의 다양성이 존재한다는 것은 분명한 사실이다. 그 중 특정 사회가 자신들의 문화적 우월성을 공언한다는 것은 오만한 표현에 불과하다"고 지적한 바 있다.[7] 따라서 각 사회가 서로를 참고하는 것은 불가피하고 문명 간의 대화 또한 사람들이 원하는 것일 뿐만 아니라 반드시 필요한 것이기도 하다.

유교 동아시아의 흥기는 전통이 현대성 속에서 적극적으로 작용하고 있음을 분명하게 보여주는데, 이는 동시에 현대화의 진행 과정이 서로 다른 형식을 취할 수 있음을 의미하기도 한다. 서구에서 시작된 현대화가 인류 역사상 세계를 변화시킨 가장 강력한 경제적·정치적·사회적 역량이라는 것은 쟁론의 여지가 없는 사실이다. 우리가 영국과 프랑스, 독일의 현대성을 일률적으로 논할 수 없다면 미국의 현대성 또한 반드시 독특한 사례로 간주해야 할 것이다. 따라서 우리는 현대화 담론을 하나의 주류서사(Master Narrative)로 삼아 전 세계의 각종 의미있는 지식을 묘사할 수 있을 것이다. 세계적 의미를 갖는 지역적 지식이 대부분 서양(서유럽과 북미)에서 기원했기 때문에 동아시아의 현대성 현상은 특별한 흡인력을 갖는다.

미래로 눈을 돌려보면 우리는 갈수록 많은 상규적(常規的), 더 나아가서는 범례적인 현대성의 사례들이 비서양 세계에서 나타나리라 기대할 만한 이유가 충분함을 알 수 있다. 지리와 언어, 민족, 문화, 종교의 경계를 뛰어넘은 비교가 이미 풍부한 결과를 창출해냈다.

(7) 위트록, 〈초기 현대성: 차이와 전환〉, *Daedalus*, 127(3), 1998, 38쪽.

'서로 간의 참고'가 진전되면 동아시아도 동남아시아나 이슬람 세계와 마찬가지로 문명의 대화를 진행하면서 이를 통해 이익을 창출해나갈 수 있을 것이다. 나는 베이징과 동아시아 여러 학술센터에서 줄곧, 중국이 인도를 하나의 참고사회로 삼아 진지하게 대한다면 중국 자체의 상징자원이 풍부해지고, 중국의 역사를 제대로 이해하고 티베트의 현실을 정확히 이해하는 데 유리한, 유구한 문화유산의 현대적 형식이 될 것이라는 의견을 피력해왔다. 우리가 다원적 현대성으로부터 얻을 수 있는 의미있는 깨달음은, 재물과 권력에 미련을 두지 않고도 다 함께 진정한 현대사회를 만들어나갈 수 있다는 것이다.

이 글은 뚜웨이밍 교수가 《미국 예술 및 과학 아카데미 저널(*Jorunal of the American Academy of Arts and Science*)》, 《종교와 생태: 기후는 변화될 수 있는가(*Religion and Ecology: Can the Climate Change*)》 특집호(233~244쪽)(Daedalus, 2001년 제130권 4기)에 발표한 글입니다.

11

신유학의 인문주의,

유학 인문주의의 생태적 전환

인류의 지속적인 생존을 위해서는 이론적인 측면에서뿐만 아니라 실천적인 측면에서도 인간과 자연의 관계에 대한 근본적인 관계 개선이 절실히 요구되고 있다. 인류와 자연의 새로운 관계 정립은 우리에게 세계의 여러 종교전통의 정신자원에 대한 선택적 회복 및 분별력 있는 수용을 촉구하고 있다. 이러한 회복 및 재평가는 자연히 전통 자체를 일신(一新)하는 결과를 가져올 것이다. 역사적으로 볼 때, 활력 넘치는 종교전통은 언제나 내부적으로 끊임없이 중대한 변화가 진행되기 마련인데, 이러한 변화들은 보통 경제적·정치적·사회적·문화적 요인들에 의해 야기된, 전혀 예상치 못한 것이었다. 오늘날 기축시대의 문명은 현대의 갖가지 도전에 직면하여 제각기 나름의 방식으로 대응하면서 자체적인 변화를 시도하고 있다.[1] 날로 심각해져가는 작금의 환경위기 상황에 비춰볼 때, 기축시대의 문명

(1) 기축시대 문명에 대한 당대의 논의를 위해서는 Shumel N. Eisenstadt ed, *The Origins and Diversity of Axial-Age Civilization*(Albany: State University of New York Press, 1986) 참조.

들이 해결해야 할 가장 중요한 과제는 바로 새로운 정신적 지혜를 창출하여 현대 인류의 바람직한 발전 방향을 제시하는 것이다.

이러한 새로운 방향을 제시하는 데 있어 중국 및 그 유학전통의 역할은 대단히 중요한 의미를 갖는다. 그리고 그 성공 여부는 중국의 많은 인구와, 현대화를 위해 기울이고 있는 그들의 엄청난 노력에 달려 있다. 유학전통에 대한 새로운 자리매김 노력은 이미 오래 전부터 있어왔는데, 그 전면적인 시도는 대략 19세기 말에서 20세기 초에 걸쳐 시작되었다고 할 수 있다. 당시 중국은 거듭되는 내우외환으로 전례없는 사회적 붕괴 상태에 있었다. 유학을 재정립하려는 이러한 시도는 20세기 말에 이르러 유학의 운명에 관심을 가지고 있던 몇몇 지식인들에 의해 '현대 신유학(New Confucian)운동'이라는 형태로 지속되었는데, 이들 가운데 일부는 1949년 공산주의가 중화인민공화국의 주요 정치이념으로 확립됨에 따라 타이완과 홍콩으로 이주하였다.

지난 25년 동안 이러한 신유학 사상가들 사이에서 한 가지 흥미로운 현상이 발생했다. 그것은 바로 타이완, 홍콩, 중국 대륙에 거주하는 세 명의 대표적 신유학 사상가인 첸무(錢穆, 1895~1990), 탕쥔이(唐君毅, 1909~1978), 펑유란(馮友蘭, 1895~1990)이 마치 약속이라도 한듯 유학전통이 전 인류에 미친 가장 의미있는 공헌은 '천인합일(天人合一)'사상이라고 단언한 사실이다. 나는 이 사상을 '인간·우주 동형동성적(Anthropocosmic) 세계관'이라고 명명하고자 한다. 이러한 세계관은 인간을 우주의 질서 속으로 편입시킨 것으로서, 이는 인류가 자연물을 선택적으로 필요로 하거나 그것을 소홀히 함으로써 자연계로부터 멀어졌다는 인간중심적 우주관과는 현저한 대조를 이룬다.[2] 천인합일사상을 현대 세계에 대한 유학의 중대한 공헌으로 보는 관점과, 이들 세 명의 핵심적 신유학 사상가들의 출현은 유가사상으로의 회귀 및 그 재평가 운동의 개막을 알리는 서곡이었다.

'회복'이라는 차원에서 볼 때, 이 '인간·우주 동형동성적 세계관'은 하늘과 인간의 상호성을 강조함으로써 현대 중국의 세속적 인본주의에 대한 보완책이 될 수 있음을 의미한다. 재수용이라는 차원에서 볼 때, 이는 대지와 인간의 호혜성을 강조함으로써 유학의 생태주의적 전환을 나타낸다. 이 세 명의 현대 신유학 사상가들은 현대 세계가 나아가는 방향에 관심을 갖는 대중 지식인으로서 모두들 자신만의 독특한 방식으로 합일성(天人合一)과 상호성(天人相通), 호혜성(天人感應) 사상을 분명하게 천명했다.

타이완의 첸무는 이러한 사상의 특징을 인심(人心)과 천도(天道)의 상호성(合德)으로 파악했고,[3] 홍콩의 탕쥔이는 '내재적 초월성'을 강조했는데, 이는 인간의 본성은 하늘이 부여한 것이기 때문에 우리의 마음을 이해함으로써 하늘의 뜻(天命)을 파악할 수 있으며, 천(天)의 초월성은 인간의 공통된 자기의식 속에 내재되어 있다는 것이다.[4] 베이징의 펑유란은 일찍이 자신이 신봉했던 마르크스주의의 투쟁이론을 거부하고 인간세계에서뿐만 아니라 인간과 자연의

(2) Tu Wei-Ming, "Embodying the Universe: A Note on Confucian Self-realization," *World & I* (August 1989), 475~485쪽 참조.

(3) 첸무의 최후의 논문 〈中國文化對人類未來可有的貢獻〉 참조. 처음에는 《聯合報》(1990년 9월 26일)에 투고 기사로 실렸으나 나중에는 그의 부인 胡美琪의 장문과 주석과 함께 《中國文化》 제4집(1991년 8월), 93~96쪽에 게재되었다.

(4) 이에 대한 더 자세한 논의는 唐君毅, 《生命存在於心靈境界》(臺北: 學生書局, 1977), 872~888쪽 참조.

관계에서도 조화의 가치가 적용된다고 강조했다.[5] 천, 지, 인의 합일은 이들 세 사상가가 생애 만년에 자신들의 최종입장을 표명한 것이기 때문에 이 사상은 중국 사상사계 원로들의 지혜를 개괄한 것이라고 할 수 있다. 나는 이러한 '천, 지, 인 합일'사상이 중국과 세계에 대해 심오한 의미를 갖는 현대 신유학의 생태주의적 전환을 상징한다고 생각한다.

1. 생태주의적 전환

첸무는 이 새로운 체득이 자신의 중대한 사상적 극복이라고 말한 바 있다. 아내와 제자들이 이러한 견해의 참신성에 대해 회의를 표하자 이미 아흔 줄에 들어섰던 첸무는 자신의 이해방식은 전통적인 지혜를 되뇌는 것이 아니라 완전히 새롭고 독창적인 자신의 통찰에 의한 것이라고 힘주어 답했다.[6] 첸무 이전에는 그 누구도 유가 형이상학에 대해 커다란 흥미를 보인 적이 없었기 때문에 인심과 천도의 합일설에 대한 그의 안목과, 이러한 사상이 세계에 대한 중국의 독특한 공헌이라는 그의 주장은 문화중국의 일부 주도적 지식인들로부터 커다란 관심을 불러일으켰다.[7]

한편, 탕쥔이는 비교문화의 각도에서 자신의 관점을 제시했다. 그

(5) 馮友蘭, 《中國現代哲學史》(廣州: 廣東人民出版社, 1999), 251~254쪽.

(6) 胡美琪의 주석, 주 3 참조.

(7) 예를 들어 北京大學의 季羨林, 中國社會科學院의 李愼之, 復旦大學의 蔡尙思을 위시해 다른 중진학자들이 錢穆의 논문에 열정적인 반응을 보였다. 이에 대한 나 자신의 단문(短文)은 《中國文化》 제10집(1994년 8월), 218~219쪽 참조.

는 유학의 자기수양을 그리스와 기독교, 불교의 정신수양과 비교 연구한 결과, 세계에 대한 유학의 이해에는 하늘에 대한 깊은 존경심이 내포되어 있는데 이 점이 세계 인류의 번영에 지대한 공헌을 했다고 결론을 내렸다. 대지와 몸, 가정, 공동체에 뿌리를 둔 유학의 세계관은 결코 '세계에 대한 순응'도, 현상에 대한 굴복도, 인간이 처한 물리적 · 생리적 · 사회적 · 정치적 제약에 대한 수동적 수용도 아니다. 오히려 이것은 초월적 시각에 의해 드러나는 일종의 책임윤리에 따른 것이다. 우리는 대지와 몸, 가정, 공동체를 떠나거나 초월함으로써 '신령스런(spritual)' 존재가 되는 것이 아니라 그 안에서, 이 세상 속에서 노력함으로써 그렇게 되는 것이다. 사실 우리의 일상생활은 그저 세속적인 것만이 아니라 우주의 명령에 대한 반응이기도 하다. 우리에게 우주적 변화라고 하는 위대한 사업에 동참하도록 명하는 천명(天命)이 우리 본성 속에 내재하기 때문에 우리는 하늘의 동반자인 것이다. 탕쥔이의 생생한 표현에 따르면, 인간됨의 궁극적 의미는 '하늘의 덕(天德)'이 우리를 통해 널리 행해지도록 하는 데 달려 있다. 따라서 세속적 인문주의의 정신을 재구성하고자 하는 그의 기획은 인간 · 우주 동형동성적 관점에 근거하고 있다.[8)]

펑유란이 자신의 초기 입장에서 근본적인 전환을 했다는 사실은 마오쩌둥의 투쟁사상 및 인류의 자연정복사상에 대한 비판을 의미한다. 그가 장재(張載, 1020~1077)의 '조화의 철학'으로 복귀했다는 사실은, 마르크스 사상과의 결별 및 1940년대 중화인민공화국 건국 이전에 자신이 제기했던 유가사상을 다시 제시하고 있음을 의미한

(8) 唐君毅, 《生命存在於心靈境界》, 883~930쪽.

다. 장재는 《서명(西銘)》 서두에서 이렇게 말한다.

> 하늘은 나의 아버지요 대지는 나의 어머니이다. 나와 같은 미물도 그 가운데 적절한 자리를 차지하고 있다. 따라서 나는 우주를 가득 채운 것을 내 몸으로 여기고 우주를 다스리는 것을 본성이라고 생각한다. 모든 사람들은 나의 형제 자매요 모든 사물들은 나의 동료이다.[9]

《서명》은 천, 지, 인 합일의 인간·우주 동형동성적 관점을 설명하는 신유학의 핵심문헌으로 간주되고 있다. 따라서 펑유란은 '천지정신(天地精神)'의 구현을 인간의 자기수양의 최고경지로 규정한다.[10]

표면적으로는 첸무, 탕쥔이, 펑유란 등이 제기한 생태주의적 전환은 중국의 고대문헌과 신유학의 유산이 가지고 있던 정신자원을 회복함으로써 현대 신유학 인문주의의 '지역적 지식'에 보편적 의미를 부여하려 한 것이고, 유가사상을 이용하여 자신들의 최종입장을 천명한 것 역시 자신들의 철학적 스타일을 벗어나지 못한 것으로만 보인다. 하지만 그들은 자신들의 소중한 전통이 '떠오르는 지구촌'을 위한 새로운 메시지가 될 것이라고 확신했다. 그리고 그들은 자신들이 알고 있는 최선의 방식으로 이 메시지를 전한 것이다. 그들이 사용한 예언자적 어조는 유학의 새로운 메시지가 단지 중국인들만이 아니라 전 인류를 향해 공표된 것임을 암시한다. 그들은 단지 자신들의 선조들을 찬양하는 데 그치지 않고, 미래 세대의 영원한 행복에도 관심을 가지고 있음을 표명하고 있다. 이처럼 그들은 단지 전

(9) 張載, 《西銘》.
(10) 馮友蘭 〈新原人〉, 《貞元六書》 2권, 626~649쪽.

통을 회복하는 데 그치지 않고 현대 사회가 처한 상황을 극복하기 위해 그 전통을 새롭게 이해하고 수용하려 했던 것이다.

당시 그들이 직면하고 있던 생태주의적 문제에 대해 문화중국은 어떤 사회적 분위기와 태도로 대처했던가? 그들은 자신들의 궁극적 입장에 생태주의적 의미가 함축되어 있다는 사실조차 몰랐던 것은 아닐까? 타이완과 홍콩, 그리고 그 뒤를 이어 중국 대륙 또한 서구식 현대화 행진에 휩싸여 있었다. 문화중국에서 가장 강력한 이데올로기는 현대화였다. 비약적으로 발전하는 산업화가 가져다준 신세계는 농업에 기반을 둔 중국의 전통경제와 가족 중심의 사회구조, 가부장적 정부에 대한 심각한 도전이었다. 그리고 산업화의 절대적 우세로 인해 유학은 더 이상 현대 세계의 중요한 관심사와는 아무런 연관도 없다는 사실이 확증될 운명에 처했다.[11)]

아마도 첸무, 탕쥔이, 펑유란 등은 베버를 비롯한 여러 학자들이 계몽된 근대 사회에서는 낙후된 것으로 오랫동안 비판해왔던 '보편적 형제관계(民胞物與)' 또는 '만물합일'에 대해 향수를 느꼈던 것 같다. 그리고 이처럼 상실된 세계를 동경하면서(이들의 글에서는 전통을 그리워하는 낭만적 정서가 발견된다) 이들은 유학의 전통 속에서 새로운 생명력과 설득력을 발견했다. 전통사상을 부흥시키려는 이러한 창조적 시도는 우리에게 이들의 현대 신유학 사상을 있게 했던 광범위한 역사적 배경에 대한 이해를 촉구하고 있다.

(11) Josep Levenson, *Confucian China and Its Modern Fate: A Trilogy*(Berkeley: University of California Press, 1968).

2. 유학 인문주의

근대 서구 계몽사상의 영향이 있기 전까지 유학 인문주의는 동아시아의 정치 이데올로기, 사회윤리, 가족의 가치를 규정짓는 가장 영향력 있는 사상체계였다. 동아시아의 지식인들은 모두 유학의 경전으로 훈련되어 있었기 때문에 세 사람의 현대 신유학 사상가들이 '유학만이 인류 공동체에 공헌할 수 있을 것'이라고 주장한 것은 사실 전근대 시기에 중국과 베트남, 한국, 일본의 대중들뿐만 아니라 학자와 관료 들 사이에도 공통적으로 보이던 사유의 보편적 방향이었다. 이러한 정신적 흐름의 특징을 정확히 개괄하기란 결코 쉽지 않다. 이는 지역적 · 계층적 · 성별적 · 인종적 차이로 인해 해석상의 충돌을 가져올 수 있기 때문인데, 이 점은 세계 속의 다른 종교들의 경우와 다를 바 없다. 《대학(大學)》 첫 장에 나오는 '팔조목(八條目)'에서 유학의 인문주의가 어떻게 주장되었는가 하는 데 대해 희미하게나마 암시를 받을 수 있을 것이다.

> 예로부터 천하에 밝은 덕을 더욱 밝히고자 하는 자는 먼저 그 나라를 다스리고, 그 나라를 다스리고자 하는 자는 먼저 그 가정을 다스리고, 그 가정을 다스리고자 하는 자는 먼저 그 몸을 닦고, 그 몸을 닦고자 하는 자는 먼저 그 마음을 바르게 하고, 그 마음을 바르게 하고자 하는 자는 먼저 그 뜻을 정성스럽게 하고, 그 뜻을 정성스럽게 하고자 하는 자는 그 앎을 지극히 하고, 앎을 지극히 하는 것은 사물의 이치를 밝히는 데 있다. 사물의 이치를 분명히 안 후에야 앎이 지극해지고, 앎이 지극하게 된 후에야 뜻이 정성스러워지고, 뜻이 정성스러워

진 후에야 마음이 바르게 되고, 마음이 바르게 된 후에야 몸을 닦을 수 있게 되고, 몸을 닦을 수 있게 된 후에야 가정이 다스려지고, 가정이 다스려진 후에야 나라가 다스려지고, 나라가 다스려진 후에야 천하가 평안해진다. 천자로부터 서인에 이르기까지 한결같이 수신을 근본으로 삼아야 한다.

평천하에 대한 이러한 전체론적 관념은 자기수양을 이룬 개인, 화목한 가정, 질서정연한 국가 간의 유기적 연계를 바탕으로 삼고 있는데, 그 핵심에는 가정(home)뿐만 아니라 자연계, 더 나아가 광대한 우주를 의미하는 '집안(家)'의식이 함축되어 있다. 드 베리(de Bary)는 앞의 인용문에 대해 직접적으로 언급하면서, "전통적으로 중국 문화와 유교 문화는 땅 위에서 살면서 땅과 자신들을 보양하는 정착 공동체를 대상으로 한다. 이러한 자연적이고 유기적인 과정이야말로 유학의 자기수양에 대한 모든 유비와 은유의 원천이다"고 말했다.[12] 그는 향토시인 베리(Wendell Berry)가 주장한 다음과 같은 유학의 논점에 주목했다. "중심이 되는 것은 가정과 가족이며, 먼저 우리 노력의 본거지(home base)로서의 가정—단순히 자아나 가정이 아닌—을 확보해주지 않는 환경에서는 어떠한 행위를 하고자 하는 희망도 가질 수 없다." 이어서 그는 다음과 같이 결론을 내린다.

우리는 가정이나 국가보다 훨씬 더 광대한 세계 속에서 함께 살아가

(12) Theodore de Bary, "Think Globally, Act Locally, and the Contested Ground Between," in *Confucianism and Ecology,* edited by Mary Evelyn Tucker and John Berthlong(Cambridge, MA: Harvard Center for the Study of World Religions, 1998), 32쪽.

고 있기 때문에 전 세계적인 차원에서 철저하게 생태 문제를 해결하고자 한다면 가정과 국가(국내적이건 국제적이건 간에) 간의 튼튼한 하부구조가 대단히 중요하다. 가정을 상실하게 되면 우리는 설 자리를 잃게 되고 그 상부구조는 더 말할 것도 없다. 이것이 웬들 베리가 우리에게 전하는 메시지이자 유학 및 중국 역사의 교훈이기도 하다.[12)]

이처럼 수신제가에서 치국평천하에 이르는, 인류의 번영에 관한 이상적인 과정 속에는 우주적 안목에서 인류를 바라보는 세계관이 자리하고 있다. 이리하여 '가정'이라는 개념은 지역공동체의 범주를 초월하게 되고 인간은 환경보호에 책임을 지고 우주의 진화 과정에 능동적으로 참여하는 존재가 된다. 이처럼 고전적 유학의 시기에 《대학》은 이미 우리에게 하나의 신성한 인문정신을 제시하고 있으며 이러한 정신은 《중용(中庸)》의 우주관과도 밀접한 관련을 맺고 있다. 《중용》에서 발췌한 다음의 인용문은 이러한 우주관의 본질을 간명하게 포착하고 있다.

오직 하늘 아래 지극한 성실성을 가진 사람만이 그 자신이 갖고 있는 본성을 완전히 실현할 수 있다. 자신의 본성을 완전히 실현할 수 있게 되면 타인이 본성을 완전히 실현할 수 있게 되고, 타인의 본성을 완전히 실현할 수 있게 되면 모든 사물의 본성 또한 완전히 실현할 수 있게 된다. 모든 사물의 본성을 완전히 실현할 수 있게 되면 천지의 변화와 양육 과정에 참여할 수 있다. 천지의 변화와 양육 과정에 참여할 수 있게 되면 그는 천지와 더불어 삼재(三才)를 이루게 된다.

이처럼 천, 지, 인이 서로 연결되어 있다는 관념은 문화중국에서 한 세기가 넘는 동안 시대착오적이고 부적절한 것으로 간주되어 뒷전으로 밀려났지만, 세 명의 현대 신유학 사상가들이 '천인합일'의 교훈을 강조할 때 염두에 두었던 것은 바로 그 생각이었음이 분명하다. 유학의 이러한 핵심개념을 새롭게 발견한 것은 참으로 가슴 벅찬 일이 아닐 수 없다. 이와 동시에 중요한 전통사상들이 얼마나 우리의 뇌리에서 사라졌으며, 전통사상 속에 깃들어 있는 의미있는 요소들을 새롭게 발굴해낸다는 것이 얼마나 어려운 일인지를 뼈저리게 느낄 수 있다. 도대체 전통을 어떻게 해서 잃어버린 것일까?

3. 유학 인문주의의 세속화

1839년 아편전쟁 이후 중국 유학의 운명에 대해서는 잘 기록되어 있으나 유학 인문주의의 현대적 변화에 대해서는 별다른 언급이 없다. 아편전쟁부터 1949년 중화인민공화국 성립에 이르는 동안 중국 사회는 온갖 전란의 고초를 겪어야 했다. 태평천국의 난, 각종 불평등조약, 서구의 침략, 1895년의 중일전쟁, 의화단사건, 군벌 내전, 일본의 침략, 국공 내전 등의 전란이 이어졌으니, 최소한 10년에 한번 꼴로 커다란 재난을 겪은 셈이다. 1949년 이후 1979년 '개혁개방'정책의 실행에 이르기까지 중국 사회는 또다시 한국전쟁과 대약진운동, 집산화(集産化)운동, 문화대혁명 등을 겪으면서 대략 5년에 한 번씩 대규모 혼란을 경험했다. 여기서 언급한 사건들은 극히 일부에 지나지 않는다.

현대 중국의 역사적 사건에 관한 불안한 서술은 대단히 정치적이고 이념화되어 있다는 특징을 보인다. 이들 역사적 사건들은 서구 제국주의의 위협 아래 쇠락해가는 봉건왕조나, 불평등에 항거하여 투쟁을 벌이는 중국 인민들의 이야기를 묘사하고 있다. 물론 여기에는 마르크스-레닌주의의 도입과 중국공산당의 등장, 혁명 지도자로서 마오쩌둥의 부상과 같은, 현대화를 향한 중국의 순탄치 못한 여정에서 빠뜨려선 안 되는 중요한 이야기들도 포함되어 있다. 유학 인문주의에서 가장 중요한 사건은 1919년 발생한 5·4운동이라는 지적 소요였다. 5·4운동의 한 가지 중요한 정신적 측면을 이루었던 우상타파는 실제론 유학을 겨냥한 공격이었는데 이는 단순히 공리주의적 용어로 설명되었다. 즉 민족을 위기에서 구해내기 위해 자신들의 '봉건적 과거'를 뛰어넘어 서양으로부터 배우지 않으면 안 된다는 것이었다. 유학의 가치를 판단하는 유일한 잣대는 그것이 서구에서 말하는 '현대화'에 부합하느냐 그렇지 않느냐는 것이었다. 유학의 가치를 판단하는 유일한 기준은 서구적 가치들로써 규정된 현대화와 양립할 수 있느냐 하는 것이었다. 유학 인문주의를 세속적 인본주의로 재구성한 것이 바로 유학의 현대주의적 전환이었다. 분명한 것은 이러한 논의에 생태주의적 관심은 포함되지 않았다는 사실이다.

일부 학자들은 민족적 위기에 대응한 5·4운동의 접근방식에 이중심리가 내재한다는 사실을 인정했다. 당시의 지식인들은 유학전통을 전면 배척하면서도 한편으로는 중국이 장구한 역사를 자랑하는 문명국가임을 떳떳이 인정했다. 전통에 대한 배척심리는 그들로 하여금 새로운 문화적 정체성을 추구하게 했고, 수천 수백 년 동안 중국의 정치의식과 사회구조를 지배했던 주된 사상을 거부하게 했다.[13] 비록 일부 사상가들은 묵가, 법가, 도가, 민간종교와 같은 비(非)유가적 전통자원을 개발하여 중국의 새로운 이미지를 만들고자 시도했지만, 현대화는 곧 서구화라는 인식은 당시 지식인 사회의 지배적인 성향이었다. 그리고 중국이 독립적이고 부강한 나라가 되기 위해서는 무엇보다 먼저 '봉건적 과거'를 뛰어넘거나 심지어 그것을 부정해야만 한다고 여겼다. 이리하여 유학 인문주의는 그 설득력을 크게 상실하고 말았다. 중국의 지식인들이 유학 인문주의를 배척하고 현대 서구의 계몽적 가치를 채택하게 한 동력(動力)은 아이러니컬하게도 다름 아닌 민족주의였다. 설령 전면적인 서구화가 한낱 급진적인 구호에 불과했다 하더라도, 서구의 부강관념에 대한 중국인의 이해는 분명 지식인들의 행동지침이 되었던 것이다.

과학과 민주주의는 중국을 현대 국가로 변화시키는 가장 영향력 있는 서구 사상이라고 알려졌다. 중국의 지식인들이 이러한 사상을 받아들이게 된 데에는 진리 추구에 대한 집착도, 개인의 존엄도 아닌, 부강한 중국 건설이라는 목적이 자리하고 있었다. 이러한 사상은 대중을 동원하는 수단이 되었고, 이에 많은 사람들은 중국이 하나의 통일국가로 거듭나야 함을 절실히 깨달았다. 그들이 외치는 진보와 부강은 유물주의, 과학주의, 진보주의, 실용주의, 도구주의의 메아리로 가득 차 있었다. 세속적 인문주의의 한 형태인 서구의 계몽정신은 국가와 민족을 멸망으로부터 구하려는 중국 인민의 지배

(13) 林毓生, *The Crisis of Chinese Consciousness: Radical Antitraditionalism in the May Fourth Era* (Madison: University of Wisconsin Press, 1979); Vera Schwarcz, *The Chinese Enlightenment: Intellectuals and the Legacy of the May Fourth Movement of 1919* 참조.

적 의식 형태로 자리 잡았던 것이다.

'봉건적 과거'의 그늘 아래서 5·4운동 시기의 현대 신유학 학자들은 현대 정신에 상치된다고 생각되는 유학의 실천적 사상들을 통렬히 비판했다. 유학의 삼강(三綱), 즉 군위신강, 부위자강, 부위부강의 강령은 부정되었고, 상호 간의 가르침에 기초한 오륜(五倫), 즉 부자유친, 군신유의, 부부유별, 장유유서, 붕우유신 역시 새로운 환경 속에서 방기되었다. 계급제도, 신분, 성별, 연령에 기초한 사회윤리는 가족윤리와 함께 철저하고도 전면적인 검토대상이 되었다. 과거에는 무조건적으로 널리 받아들여졌던, 가정의 책임과 자아 발전은 모순되지 않고 양립 가능하다는 믿음에 대해서 사람들은 회의하기 시작했다. 연령, 성별, 신분에 기초한 전제적 권위는 배척당했으며, 설령 고대 문헌에 담긴 것이라 하더라도 권위주의, 남성우월주의, 계급제도를 상기시키는 학설은 모두 비난의 대상이 되었다. 현대 신유학을 포함한 중국의 지식인들이 유학의 유산을 해체할 때 보인 통분의 감정은 중국 문화사상, 더 나아가 세계 역사상으로도 그 전례를 찾아볼 수 없을 정도로 극렬한 것이었다.

4. 생태적 전환이 가져온 비전

유학전통의 안팎에서는 당시의 지배적 관념인 세속화, 이성제일주의, 무조건적 진보발전의식에 대한 비판의 목소리들이 등장했다. 5·4운동 시기의 사람들이 서구화가 곧 현대화라는 미몽에 철저히 빠져 있을 당시, 독창적 정신을 지닌 일부 현대 신유학자들은 이미 계몽사상에 내재하는 개인주의적 세계관과 실용주의 윤리학에 대하여 회의를 갖고 있었다. 그들의 견해는 유학의 생태주의적 전환에 결정적인 역할을 했다. 그 중 대표적인 인물이 슝스리(1188~1968)와 량수밍(1893~1988)이다. 슝스리는 설득력 있는 자연주의적 생기론(生氣論)을 개진했고, 량수밍은 자연자원의 사용에서 자제와 절제를 강조했다.

슝스리는 불교 유식(唯識)철학의 기본이념을 이용하여 이치를 분석하고 시비를 가림으로써 유가의 형이상학을 중건했다. 그는 유가의 '대화(大化)'■사상은 자연을 향한 인간 의지의 참여를 강요하는 것이 아니라 우주의 진화 발전에 대한 인간의 참여를 의미한다고 보았다. 한 걸음 더 나아가 그는 부단히 진화하는 생물로서의 인류를 자연과 동떨어진 창조물로 보지 않고 끊임없이 만물을 낳고 증식시키는 유기적 구성물로 인식했다. 인간은 창조적 생기를 부여받았고 산천대지 역시 무성히 자랄 수 있는 생명력을 지녔으니, 인간과 천지만물은 기원이 같으며 교감한다는 것이다. 슝스리의 자연주의적 생기론은 《주역(周易)》에 기초하고 있기 때문에 자연과의 합일이라는 윤리는 그의 도덕적 관념론에서 큰 비중을 차지하고 있다.[14)]

량수밍은 유학적 생명 지향성을 자연에 대한 공격과 자연으로부터의 분리 사이의 균형으로 규정했다. 비록 그는 민족을 위기에서 구하기 위해 서구에서 배우고 경쟁력을 키워야 한다고 주장했지만, 결국에는 속세를 멀리하는 '인도(印度)적인 자기부정정신(Indian spirit of renunciation)'이 득세할 것이라고 예언했다.[15)] 그는 아마도

■ **대화** 만물을 생성 발육시키는 과정을 의미함.

(14) 熊十力, 《新唯識論》(臺北: 廣文書局, 1962), 제1권, 제4장, 49~92쪽.

생애 만년에 이미 토인비가 윤리적으로 경고했던 사항을 예견한 것인지도 모른다.

토인비에 따르면, 20세기의 과학기술에 대한 집착은 이미 환경의 해독을 야기했고 인류의 자기파멸도 가능한 일로 만들어버렸다. 그는 현재의 위기에 대한 해결은 자기통제에 달려 있다고 믿었다. 그러나 자기통제는 극단적인 자기방임이나 자기억제로 실현될 수 없다. 21세기의 사람들은 반드시 중도(中道), 즉 중용(中庸)의 길을 걸을 줄 알아야 한다.[16]

설령 량수밍의 견해가 인류 발전을 위한 하나의 대안에 불과하다 하더라도, 그의 비교문화 연구는 서구화가 휩쓸고 있는 중국에서 유학에 대한 재평가라는 새로운 문화조류를 창출해냈고 또 거기에 활력을 불어넣었다.

두 사상가의 서로 다른 공헌은 유학의 생태주의적 전환으로 귀결된다. 슝스리는 '생생(生生)'의 개념을 이용하여 자연주의적 생기론으로 하여금 《주역》과 송·명의 철학전통을 이어받게 했다. 량수밍은, 환경윤리는 조화를 필요로 하며, 이 조화는 유가적 수양으로 획득 가능한 평형, 화해, 균형을 상징한다고 했다. 따라서 슝스리와 량수밍에 따르면, 우리는 자연의 운행이라고 하는 생명력을 존중해야 하며 또한 절제를 통해 이를 보존해야 한다.

그러나 슝스리와 량수밍은 비인간중심적 윤리를 찬성하는 논변의

(15) 梁漱溟, 《東西文化及其哲學》(臺北: 文學出版社, 1979), 200~201쪽.
(16) Daisaku Ikeda, *A New Humanism* (New York: Weatherhill, 1996), 120쪽.

기조를 유지할 수 없었고 또 환경친화적 윤리관을 언급하지도 않았다. 현대주의 성향이 너무도 강하다 보니 유학 인문주의는 이미 세속적 인문주의로 심각하게 변질되었던 것이다. 유학이 중국의 현대화로의 전환에 적실한지를 결정하는 게임의 법칙은 뚜렷이 변했다. 유학의 관념을 그 자체로 설명하려는 시도는 상아탑 내의 소수학자들에 의해서 간신히 그 명맥이 유지될 뿐 상아탑 밖에서는 대체로 무시되었다. 현대화와 경제 발전이라는 목표가 인문주의적이고 공동체적인 관심사를 압도해버린 것이다.

아마티아 센을 비롯한 몇몇이 지적했듯이, 단순히 실용주의를 지향하는 것이 곧 현대화 과정이고 발전이라고 한다면, 그 현대화와 발전은 인류의 포괄적 번영과는 너무도 거리가 멀다. 그리하여 발전은 경제지표만을 의미해서는 안 되고, 인간의 행복, 환경보호, 정신의 건강한 성장도 고려해야 한다는, 한층 확장된 이해가 출현했다. 그리하여 사람들은 지속가능한 발전을 위해 좀더 포괄적인 이해방식이 필요하다고 인식하였다. 1992년 유엔 지구정상회의가 브라질의 리우데자네이루에서 개최된 이래 형성된 국제협력은 '지구헌장'을 계기로 지난 10년 동안 커다란 진전을 이룩했다. 오로지 이 목적을 위하여 성립된 국제위원회가 3년 동안 지구헌장의 초안을 마련했다. 스테판 록펠러(Stephen Rockefeller)를 수장으로 하는 지구헌장위원회는 2000년 프랑스 파리에서 전 세계를 향하여 지구헌장을 정식 공포했다. 헌장의 포괄성을 확보하기 위해 전 세계적으로 수백차례에 걸친 자문이 각종 기관 및 개인들을 통해 진행되었다. 이 헌장은 생태주의적 환경보전, 사회·경제적 정의, 민주주의, 비폭력주의 및 평등 등의 사안에 관한 원칙을 제시했다. 인류의 생존 가능성을 위한 이러한 보편윤리의 원칙에 비추어볼 때, 중국과 같은 좁은 의미의 현대화 과정은 적절하지 못하다. 이러한 비판은, 도구적 합리성이라고 하는 계몽주의의 틀 안에서 현대화에 대해 제기된 중요한 외부적 대안이 될 수 있다.

만일 중국의 현대화 방안이 민주적 이상을 추구하며 '지구헌장'이 규정한 '공정하고 참여적이며 지속발전 가능한 평화적인' 사회를 건설하는 것이라면, 중국의 발전개념은 전면적으로 재검토되어야 한다. 그러나 그렇지 못한 경우가 너무도 많다. 터놓고 이야기하자면, '지구헌장'에서 언급된 전 세계적 문제들은 현대 서구에서도 해결하기에는 아직도 요원하나, 만일 중국에서 그러한 문제들이 국책(國策)으로 수용되어 충분히 논의가 전개된다면 중국의 지식인들은 평화문화와 환경윤리에 더욱 큰 호응을 보일 것이다. 필경 "빈곤은 윤리, 사회, 환경의 측면에서 반드시 없애야 한다"는 것과, 인류의 번영과 물질의 진보를 도모하는 것은 사회주의자와 유가 모두의 이상이다. "모든 사람의 권리를 차별 없이 보호하여 이를 자연적이고 사회적인 환경에까지 확장시킴으로써 인간의 존엄과 신체적 건강, 정신적 복지에 도움이 되도록 하는 것"은 요원한 목표로 보일지 모르지만, 사실 이는 전인적 인격 실현이라고 하는 중국적 개념과 양립이 가능하다. 한 걸음 더 나아가 '지속가능한 발전의 선행조건인 남녀평등'과 '교육, 의료, 경제의 균등한 기회' 역시 현대 중국의 포부이다. 경제적 평등, 사회적 양심, 정치적 책임에 대한 전통유학의 관념은 이러한 중대한 문제들과 무관하지 않은 심원한 의미를 지니고 있다. 유학 인문주의의 세속화 대가는 너무도 크다. 유물론적 측면에서 규정된 발전에 일방적으로 매진함으로써 부강(富强)에 관한 민족적 논의의 범위가 실질적으로 제한되어버렸다. 자아실현과 관련된 중국의 토착 정신자원에 완전히 등을 돌린 채 추구된 발전은 중국의 정신적 뿌리를 크게 손상시켰을 뿐만 아니라 중국의 장기적인 이익에도 전혀 도움이 되지 않았다.

5. 현대주의 이념으로서의 유학 부활

제2차 세계대전 이후 유학은 부활하기 시작했다. 처음에는 산업화된 동아시아에서였고 근래에는 사회주의 동아시아에서도 그 징조가 나타났다. 유학의 부활은 최소한 겉으로는 토착전통이 정치적·경제적 목적을 위하여 현대화되었음을 말해주는 듯하다. 일부 뛰어난 유가사상가들은 유학전통을 농업적 사유양식으로부터 산업사회와 세계화된 사회에 적합한 양식으로 전환시켰다. 중국이 지난 50년 동안 혼란과 소요의 시기를 거치는 동안 그 인접국들은 아무런 부정적 영향도 받지 않았다. 오히려 산업화된 동아시아 국가들(일본과 네 마리 용)은 세인의 주목을 받을 만큼 급속한 경제 성장을 이룩했다. 세 마리 작은 용, 즉 타이완과 한국, 싱가포르에서 유학 및 유학이론의 발전은 정부의 배려와 지원을 받았다. 네 번째 작은 용인 홍콩은 영국의 식민통치하에서 서구 자본주의의 발전양식을 따랐다. 유학이 산업화된 동아시아에서 살아남아 정치 이데올로기가 될 수 있었다면, 이는 유학이 예의 '봉건적 과거'를 초월하여 동아시아의 살아 숨쉬는 현대적 전통으로 변모되었음을 말해준다.[17)]

마오쩌둥 사상의 영향 아래 중국 대륙에서는 처음에 유학의 이론과 실천을 공공연히 적대시했다. 그러나 기질로 굳어진 유학은 생활의 모든 방면에 줄곧 영향을 미쳐왔는데 노동자, 농민, 군인 들에게서는 특히 그러했다. 지난 10년 사이 동아시아 전역에 걸쳐 유학의 부활 징후가 나타났다. 산업화된 동아시아 국가들에게서 자극을 받은 사회주의 동아시아 국가(중국, 베트남, 북한)들은 자신들의 유학적 뿌리에 대해 더욱 적극적인 태도를 취했다. 북한은 '위대한 수령'에 대한 개인숭배를 위해 유학의 이념을 철저히 정치화했고, 베트남은 자신들의 유학적 문화자원을 새롭게 개발하기 시작했다. 심지어 베이징에서조차 현재 유교윤리는 적극적으로 선양되고 있다. 그러나 불행하게도, 이러한 유학이념은 기껏해야 좋은 것과 나쁜 것이 병존하는 정도로만 여겨졌을 뿐 전체적으로 긍정적인 의미로는 인식되지 않았다.

현대성의 영향을 받아 사회주의 동아시아에서 출현한 유교윤리는 계몽주의정신에 대한 비판이라기보다 그에 대한 신뢰인 경우가 대부분이었다. 계몽주의에서는 도구적 합리성을 행동방식으로 여기기 때문에 정교한 사회공학을 통해 통제장치로서의 계몽주의적 행동원리를 쉽게 흡수할 수 있었던 것이다. 과학주의가 기본적인 삶의 태도가 된 반면, 종교는 퇴락하고 낙후한 사상의식이 되었다. 이러한 이성주의와 과학주의의 정신성향은 철저하게 인간중심적이다. 성공적인 국가 건설은 경제적 자원의 축적, 기술능력의 보유, 인식수준의 향상, 물질조건의 개선 등은 추구하면서도, 사회자본,

(17) Tu Wei-ming ed, *Confucian Traditions in East Asian Modernity: Moral Education and Economic Culture in Japan and the Four Mini-Dragons*(Cambridge, MA:Harvard Univ, 1996) 참조.

문화적 능력, 도덕적 각성, 정신적 가치, 생태윤리와 같은 장기적이고 깊은 의미를 갖는 가치들에는 전혀 무관심했다. 기술적 수단에 치중한 문제 해결과 전문가에 의한 치국(治國)이라는 사상으로 인해, 수치화될 수 없는 문제들은 쉽사리 무시되거나 합당한 이해를 얻지 못했다. 그 결과, 생태와 종교에 대한 심각한 오해가 발생했다. 양쯔강(揚子江)의 산샤(三峽)에 세우는 거대한 수력발전계획이 그 명백한 예이다. 이 대규모 댐 건설계획은 그 영향권 아래 있는 생태계를 위험에 빠뜨렸을 뿐만 아니라 지역공동체의 역사적 유적지를 완전히 초토화해버렸다. 그러나 이러한 결과들에 대한 세심한 고려는 거의 없었다. 주요 국제기구들이 지원을 철회했을 때조차 정부는 인민과 환경에 대한 장기적 피해는 도외시한 채 일방적으로 발전만을 고집했다.

유학이 단순히 세속적 인문주의로 간주되는 것은 불행한 일이 아닐 수 없다. 왜냐하면 유학의 풍부한 정신자원은 전 세계를 아우르는 진정한 세계관과 지구윤리로 발전할 수 있음에도 불구하고 이를 뒷받침할 만한 개발이 이루어지지 못한 까닭이다. 관심의 핵은 인류의 번영을 위한 드넓은 가슴으로서의 유학정신이 아니라 물질의 진보만을 추구하는 협소한 개념으로서의 발전이다. 유학 인문주의는 세속적 인문주의가 아니다. 인간·우주 동형동성적 관점, 즉 '천인합일'사상으로서의 유학은 인간중심주의를 인간이 가진 빈약한 사상으로 규정하고 단호히 거부한다. 그러나 단지 인류와 우주의 통일이라는 관념으로의 회귀 또한 충분하지 않다. 유학 내부에 잠재되어 있는 기능을 새롭게 발굴해내야만 하기 때문이다. 예를 들어 자아실현의 여정은 우리 자신이 현재의 이 세계 속에 뿌리 내리고 있음을 체득하는 것에서부터 시작되어야 한다고 유학은 강조한다. 세계에 대한 이 같은 적극적인 태도는 우리로 하여금 자연과 사회환경을 감상할 수 있게 하며, 자연과 사회가 인간의 본성과 불가분의 관계에 있음을 깨닫게 한다. 유학의 가치관을 남용하여 이를 신권위주의적 통제를 정당화시키는 수단으로 삼는다면 이는 영원히 제거하기 어려운 위험상황을 초래할 것이다.

아시아적(유교적) 가치가 경제 성장, 정치 안정, 사회 통합에 도움이 된다는 인식은 이미 널리 알려졌다. 자기수련, 의무의식, 근면과 검소, 조직화, 협력, 합의 조성, 여론의 통제 등은 모두 유학의 경제, 정치, 문화 방면의 뚜렷한 특징으로 거론되어왔다. 역사적 전환기에 처해 있는 중국에 아시아적 가치들은 자유, 권리, 개인의 자율에 대한 의미로서보다 국가 건설에 보다 적실한 억압기제로 간주될 것이다. 인권에 대한 비판의 의미로서의 아시아적 가치에 대한 논의는 그 자체가 곧 인간중심주의, 사회관리, 진보주의, 과학주의, 도구적 이성의 가치에 주목하는 계몽주의정신의 반영이다. 재건된 유학이 현대주의 담론 속으로 편입되는 한, 인류와 우주의 통일이라는 유학의 통찰력은 상실될 것이며, "자연을 존중하고 자애로운 마음으로 생명을 대하는 통합적 · 비인간중심적 · 평등주의적 · 환경보호적인 세계관"[18]이 주창될 가능성은 크게 줄어들 것이다.

(18) Donald K. Swearer, "Principles and Poetry, Places and Stories: The Resources of Buddhist Ecology", *Daedelus*,. 2쪽.

6. 포괄적 감수성, 공감 및 교감으로서의 인성

첸무, 탕쥔이, 펑유란이 새로운 시야를 제공함으로써 유학 인문주의는 온화한 인애심, 동정심, 상호교감의 우주인문주의적 양상을 띠게 되었다. 이들의 사상이 계몽주의정신에 대한 의도적인 배척인지, 아니면 현대성 담론에 대한 은근한 비판인지를 떠나, 그들이 제시한 새로운 지평은 공격적 인간중심주의와 도구적 합리성을 초월하는 것이었다. 더 나아가 그들은 '이것이 아니면 저것'이라는 사유방식을 초월함으로써 포괄적인 우주론적·인문주의적 관점을 제시했다. 이는 바로 전통의 핵심가치—천·지·인의 연속성에 대한 비이원론적 이해—의 회복과 재수용을 의미한다.

계몽주의에 직접적으로 의거하고 있는 현대적인 의식은 배타적 이원론—정신/물질, 마음/신체, 신성(神聖)/세속, 주체/객체 —을 그 특징으로 하는데, 이는 유학에서 상호연대된 대대(待對)적■ 구조 속에서의 '미묘한 중도(nuanced between)'■를 선호하는 것과는 완전히 대비된다. 유학전통에서 처음과 끝, 깊음과 얕음, 앞과 뒤, 위와 아래, 시작과 끝, 부분과 전체, 안과 밖 등의 개념은 상호영향, 상호개변, 상호의존, 상호교감을 표현하는 데 사용된다. 이러한 관점에서 보면 대지와 인간의 관계는 유기적으로 얽혀 있다. 대지는 '외

■ **상호연대된 대대적** 서로 대립적인 관계에 있으면서 동시에 상호의존적인 관계에 있는 것을 가리키는 말이다. 보다 적절한 번역어가 없어서 일단 통용되고 있는 용어를 사용한다.
■ **미묘한 중도** 저자는 이 개념을 벤자민 슈워츠로부터 얻었다고 한다. 그의 논문, "The Limits of Tradition versus Modernity: The Case of the Chinese Intellectuals"는 특히 이와 관련성이 높다. Benjamin Schwartz, *China and Other Matters*(Cambridge, MA: Harvard Univ. Press, 1996), 45~64쪽 참조.

재적인' 물질의 실체가 아니라 우리를 존재하게 하는 근본요소이다. 지구는 우리의 주거지일 뿐만 아니라 우리의 보금자리이며, '대상들이 모여 있는 곳'일 뿐만 아니라 생명력을 가진 에너지인 '기(氣)'를 통해 우리의 본성과 하나로 연결되는 '주체들이 교섭하는 장소(communion of subjects)'이다. 따라서 우리는 대지와 한몸이기 때문에 우리 인간은 정신적 자아 실현을 위해 자연의 보호자가 되는 데 그쳐서는 안 되고, 심미적이고 윤리적이며 종교적인 자세로 자연과 협력하는 주동적인 창조자가 되어야 한다.

'지구헌장'은 우리에게 어떻게 '지구와 생명의 다양성을 존중'할 것이고, 어떻게 '이해와 동정과 사랑으로 생명공동체를 보호'할 것이며, 어떻게 '현재와 미래 세대를 위하여 지구의 자원과 아름다움을 보전'할 것인가 하는 과제를 제시했다. 우리는 어떻게 해서든 대지가 비속한 물질, 영혼 없는 대상, 정신 없는 물체에 불과하다는 견해를 초월해야만 한다. 지구헌장에 기록되어 있듯이, "인류는 광활한 우주의 일부분이다. 우리의 보금자리인 지구는 활력 넘치는 생명공동체이다." 천지와 우리는 서로 연결되어 있다고 유학은 말한다. 우리를 낳고 길러주는 '기(氣)'는 나무, 돌, 동물을 우주의 대화(大化) 속으로 수용하는 생명에너지이기도 하기 때문이다. 우리는 경외의 마음으로 우리 주위에 있는 자연이라는 풍부한 창조물을 대해야 할 것이다. 유학의 경전《중용》에서는 이렇게 말한다.

> 지금의 하늘은 밝음이 쌓여 된 것이로되 그 무궁함에는 일월성신이 둘러 있으며 만물이 덮여 있다. 지금의 땅은 한줌의 흙이 모인 것이로되 그 넓고 깊음에서는 화옥(華嶽)* 을 싣고도 무겁다고 여기지 않고

온갖 강과 바다를 실어도 새는 일이 없으며 온갖 만물을 실어 나른다. 지금의 산은 한 주먹 돌이 쌓인 것이로되 넓고 크기로는 초목을 키우며 온갖 금수를 살게 하며 온갖 보물이 감추어져 있다. 지금의 물은 한 방울의 물이 모인 것이로되 그 헤아릴 수 없음에는 온갖 자라, 악어, 교룡, 물고기, 거북이 살며 온갖 재화가 그 안에서 증식된다.

자연이 보여주는 이러한 웅장한 풍요로움과 창조성은 곳곳에서 쉽게 찾아볼 수 있다. 그러나 자신에 대한 깊이있는 통찰을 거쳐야만 비로소 자연 속에서 차지하는 인간의 위상과, 인간과 자연의 정신적 연계성을 올바로 이해할 수 있을 것이다. 이것이 바로 유학의 우주론에서 제시하는 포괄적 시각이다.

'지구헌장'에서 지적하듯이, "우리의 집인 지구는 살아 있으며 역동적으로 진화하고 있다"는 사실을 인정할 때, 우리는 '지구의 생명력과 다양성 그리고 아름다움'을 '우리에게 맡겨진 신성한 것'으로서 보호하려는 자극과 용기를 얻을 수 있을 것이다. 그러나 인간과 지구의 건전한 관계를 확립하기 위한 기반으로서의 보편적인 안전장치를 구축할 수 있는 우리의 능력은 오늘날의 세계에서 지배적 위치를 점하고 있는 발전 패턴으로 인해 심각한 손상을 입어왔다. 경제적 지표가 좋아지기는 했지만 부정의와 불평등, 빈곤, 폭력은 여전히 확산되고 있다. 인구 증가가 큰 부담이 되고 있는 중국은 날로 줄어만 가는 소비재 자원을 특히 우려하고 있다. 어떻게 하면 중국은 자신의 기본욕구도 외면하지 않으면서 세계 공동체의 책임있는 구

▪ 화옥 중국의 산 이름이다.

성원이 될 수 있을 것인가?

현대화를 이룩하기 위해 중국은 자유와 합리성, 법치, 인권, 개인의 존엄성 등과 같은 계몽주의적 가치를 포용해야 할 필요성을 느끼고 있다. 그러나 중국은 반드시 자신의 고유한 자원을 회복하고 다시 수용함으로써 분배적 정의와 동정심, 예의, 책임감, 인간·우주 동형동성적 연계성과 같은 유교윤리의 가장 중요한 특징들을 강화시켜야만 한다. 그렇지 않으면 중국이 문명 간의 대화에 참여하는 것도, '지구헌장'이 주창한 '세계 시민사회'의 가능성 탐색에 적극적으로 동참하는 것도 힘들 것이다. '지구헌장'이 제기한, '한창 형성되고 있는 세계 공동체에 윤리적 근간을 제공하는 기본가치들의 공유'에 적극 참여하기 위해 중국은 도구적 합리성에 기초하는 행위, 태도, 신념에 대한 근본적인 인식의 전환이 있어야 한다. 중국에 가장 중요한 것은 건전한 환경윤리를 발전시키고 평화적인 문화를 배양하며 사회적·경제적 발전에 있어 공정성을 기하는 일이다.

엄격히 말해, 쳰무, 탕쥔이, 펑유란 등은 생태주의적 사상가가 아니다. 그러나 그들은 중국의 미래에 대해 사유하는 과정에서 중국의 문명이 유학 인문주의 전통의 정신에 기초하고 있음을 깨달았다. 이것은 그 속에 내포된 윤리적·종교적 가치가 인류와 지구의 관계에 매우 깊은 의미가 있다는 문화적 메시지를 우리에게 전해주었다. 구체적으로 말해, 그들은 인애의 마음, 동정심, 상호교감이 인간의 본질적인 특성이며, 인간의 특별한 점은 바로 우주에 있는 모든 형태의 존재물을 사랑으로 대할 수 있는 것이라고 생각했다. 쳰무는 정성으로 상대방을 대하는 성실함, 겉으로 드러나지 않는 은근함, 정치와 경제의 오묘한 균형 및 안정이 바로 중국 문화가 유구한 생명력을 가질 수 있었던 주된 이유라고 보았다.[19] 탕쥔이는 중국 철학의 핵심가치에 대해 탐구하면서, 오로지 합리성에만 관심을 가지기보다는 유학에서처럼 타고난 따뜻한 마음과 명철한 지성을 수반하는 인간 본성에 초점을 맞추었더라면 포괄적인 인문주의적 전망을 발전시키는 데 보다 도움이 되었을 것이라고 주장했다.[20] 펑유란은 인간다움이 무엇인지를 보여주는 장재(張載)의 네 마디 문구를 유난히 좋아했다.

천지를 위하여 마음을 세우고 爲天地立心
모든 백성을 위하여 명을 세우며 爲生民立命
옛 성인을 위하여 단절된 학문을 계승하고 爲往聖繼絶學
만세를 위하여 태평성세를 연다. 爲萬世開太平 [21]

천지(天地)의 마음, 모든 백성들의 명(命), 성인의 학문 그리고 항구적이고 보편적인 평화는 시공(時空) 속에서 인간이 다른 존재와 구분되는 특징을 완벽하게 구성해낸 것이다. 펑유란의 설명에 따르면 '천지의 마음'은 인간이 가진 최고의 열망을 상징한다.

평화적 문화라는 중국의 신화는 이미 철저히 해체되었다. 중국화가 곧 문화화와 도덕화를 시사한다는 생각 역시 학계의 열띤 논쟁의 대상이 되었다. 유구한 역사의 중국 문명이 겪은 전통과의 사상적·제도적 단절은 근대 역사상 그 어떤 문명이 경험했던 것보다 훨씬

(19) 錢穆, 《從中國歷史來看中國民族性及中國文化》(香港: 中文大學, 1979).
(20) 唐君毅, 《中國文化與當今世界》(臺北: 學生書局, 1975), 865~929쪽.
(21) 馮友蘭, 《中國現代哲學史》, 245~249쪽.

더 심각한 것이었다. 현대 중국 지식인들의 담론에는 강한 역사의식은 보이지 않고 집단적 건망증만이 도처에서 발견된다. 중국하면 유구하고 안정적이며 고집스럽고 항구불변의 이미지가 떠오르나, 실제로 중국은 끊임없이 변화하고 재건설되고 있으며 구조조정의 와중에 있다. 이는 바로 탕쥔이가 지적한 바와 같이, 현대 신유학이 인문정신을 재건한 것은 신화화된 중국의 과거를 되찾기 위해서가 아니라 미래의 중국을 구상해보기 위한 노력 때문이다.[22] 첸무, 탕쥔이, 펑유란은 인간에게는 인애의 마음, 동정심, 상호교감이 있으며, 이로 인해 인간과 만물은 한몸이 될 수 있다고 믿었다. 이것은 단순히 유학의 이상에 불과한 것이 아니라 지구공동체를 위한 도덕적 명령이기도 하다.

7. 왕양명의 우주론적 유학 – 만물과의 합일

왕양명(王陽明, 1472~1592)은《대학문(大學問)》에서 이러한 생각에 대한 명쾌하고 간결한 해석을 신유학적 사유 전통 내에서 제시하고 있다.

> 대인은 천지만물과 일체가 된 사람이다. 그는 천하를 한 집안으로 여기고 국가를 한 사람으로 여긴다. 대상들 사이에 간극이 있다는 것을 이유로 자신과 남을 구분하는 사람은 소인이다. 대인이 천지만물과

(22) 唐君毅,《人文精神之重建》.

한 몸이 될 수 있는 것은 그것을 의도해서가 아니라 그 마음속의 인(仁)한 본성과 자연스럽게 합치하기 때문이다.[23]

'일체지인(一體之仁)'이 곧 '대인(大人)'이며, 대인은 우주의 이성을 지각할 수 있다. 왕양명은 이에 근거하여 천지만물과 교감할 수 있는 인간의 능력이 인간됨의 근본특징이라는 존재론적 주장을 한 것이다. 심지어 보통사람들조차 이처럼 도달할 수 없어 보이는 고원(高遠)한 이상에 도달할 수 있다고 했다. 중국어의 '마음(心)'이라는 단어는 인지적인 측면과 정서적인 측면을 모두 포함하기 때문에 대개 'heart' 또는 'heart-and-mind'로 번역되는데, 후자가 보다 적합하다고 할 수 있다. 인간의 마음속에는 이러한 무한한 감수성이 내재하며, 우리는 이를 통해 풀잎 한 장에서부터 멀리 떨어진 별에 이르기까지 우주 속의 모든 존재에 대해 감응하고 수용할 수 있다. 대인이 천지만물과 일체가 되는 것은 인위적으로 노력한다고 해서 얻어지는 게 아니다. 만일 의도적으로 그렇게 되고자 한다면 그것은 인간의 본성 속에 기본적으로 내재되어 있는 예민한 감응능력을 무시한 소치이다.

왕양명은 다음과 같은 구체적인 설명으로 이 점을 입증하고 있다.

어린아이가 우물에 빠지는 것을 보면 누구나 깜짝 놀라 측은한 마음을 갖게 되는데 이는 그의 인(仁)이 어린아이와 일체가 되기 때문이다. 어린아이가 자신과 동류(同類)이기 때문이라고 말할 수도 있다.

(23) 王陽明, 《大學問》.

또 새와 짐승이 도살되려 할 때 슬피 울며 벌벌 떠는 것을 보면 '차마 눈뜨고 보지 못하는' 마음이 생기게 되는데 이는 그의 인이 새나 짐승과 일체가 되기 때문이다. 새와 짐승도 우리처럼 지각을 가진 동물이기 때문이라고 할 수도 있다. 또 초목이 꺾인 것을 보면 반드시 안타까운 마음이 생기게 되는데 이는 그의 인이 초목과 일체가 되기 때문이다. 초목도 우리처럼 생명을 지닌 존재이기 때문이라고 말할 수도 있다. 우리는 또 기와돌이 깨진 것을 보고도 유감스런 마음을 느끼게 되는데 이는 그의 인이 기와돌과 일체가 되기 때문이다.[24)]

이러한 사례들은 '일체를 이루는 것'이 분명 합일에 관한 낭만적인 공상이 아니라 만물과의 내재적 합일성에 대한 고도로 차별화된 인식임을 알 수 있다. 무한한 감수성의 '일체를 이루는 것'은 하늘로부터 부여받은 우리의 본성에 뿌리를 두고 있다. 더 나아가 왕양명은 인간이 몸담고 있는 물질적 현실에 대한 우려 때문에 우리는 모든 사물, 혹은 사람들과 물질적 범주를 넘어서는 의미있는 관계를 맺을 수 없다고 했다.

(우리의 마음이) 욕망에 자극되고 이기심으로 본성이 가려지며 이해(利害)를 두고 서로를 공격하고 분노심으로 서로를 격분시키게 되면, 사물을 부수고 같은 사람을 죽이며 못할 일이 없게 된다. 심한 경우에는 골육상잔하는 자가 생기기도 한다. 그리하면 일체를 형성하는 인(仁)이 완전히 사라지고 말 것이다.[25)]

(24) 앞의 책. 왕양명은 소인의 마음도 만물과 일체를 이룰 수 있다는 것을 보여주려 했기 때문에, 그는 본문에서 '우리'보다 '그'라는 단어를 사용한다.

이는 인류의 생태 문제에 대해 시사하는 바가 매우 크다. 우리는 타인, 혹은 천지만물과 의미있는 관계를 맺어 우주의 조화에 동참할 수도 있고, 또 욕망, 사욕, 탐욕, 분노로 인해 가족 내의 가장 친밀한 관계조차 파괴할 수도 있다.

간단하면서도 여러 가지로 해석 가능한 이 도덕적 선택은, 우주질서의 공동창조자로서의 인류는 단지 자신에 대해서뿐만 아니라 천지만물에 대해서도 책임을 져야 한다는 굳은 믿음에 기초하고 있다. 우리가 자기중심으로부터 멀리 벗어나면 벗어날수록 자아실현의 가능성은 더 커진다. 우리는 이 세계, 우리의 보금자리 속에 뿌리 내리고 있다. 우리는 대지, 몸, 가정, 공동체 너머에다 정신적 피난처를 건설할 수는 없다. 왜냐하면 우리는 바로 이들 안에서 살고 있기 때문이다. 다름 아닌 바로 이 사실로 인해 우리는 어린아이, 조수, 초목, 기와장 등과 일체가 될 수 있고, 다른 존재들과 민감하게 일체감을 느낄 수 있다. 사욕을 넘어 끊임없이 확대되는 관계망 속으로 진입해들어가야만 우리는 비로소 인간 본성에 내재된 모든 잠재능력을 실현할 수 있다. 왜냐하면 우리의 자아실현은 자기중심적이고 사사로운 행위가 아니라 인격적이고 공동체와 관련된 행위이기 때문이다.

하늘의 동반자로서 우리는 개인적으로뿐만 아니라 다른 사람들과 공동으로 신성한 사명을 부여받았다. 핑가렛(Herbert Fingarette)의 말을 빌린다면, 우리의 사명은 '신성으로서의 범속함(the secular as sacred)'을 깨닫는 것이다.[26] 대지, 몸, 가정, 공동체에 하늘의 덕(天

(25) 앞의 책.

德)을 전하는 것은 생명력을 창조하는 것이고, 더 나아가 자신을 창조하는 것이다.[27] 대지, 몸, 가정, 공동체에 깃든 신성성(神聖性)을 깨닫는 것은 변화를 향한 첫걸음이며, 이렇게 변화된 관념을 통하여 외부세계는 '대상들이 모여 있는 곳'에서 '주체들이 교섭하는 장소'로 변환될 수 있다.[28] 이러한 전체론적 우주관은 인간과 하늘이 서로 감응할 수 있다는 사상에 기초하고 있는데, 하늘과 인간의 '합일'은 결코 정적(靜的)인 관계가 아니라 끊임없이 변화하는 동적인 과정이다.

오늘을 살고 있는 우리들은 스스로가 자신의 보금자리를 심각하게 오염시켰고, 다시는 재생산될 수 없는 자원을 고갈시켜버렸으며, 무수한 생물종을 멸종의 위기로 몰아넣거나 절멸시킴으로써 우리 자신의 생존을 심각하게 위협하고 있음을 통감하고 있다. 우리는 인간과 지구의 관계에 대해 진지하게 생각해보아야 한다. 개발도상국들은 사실상 경제 발전과 빈곤 퇴치를 최우선시하고 있고 그 발전 전략 역시 현대주의적 이념에 의해 지배되기 때문에 환경에 대한 관심은 도외시되어왔다. 발전에 대한 강렬한 소망은 환경악화에 대한 우려를 훨씬 앞지르기에, 절박한 환경위기는 자주 그들의 의식 밖으로 밀려나고 만다.

(26) Herbert Fingarette, *Confucius: the Secular as Sacred* (New York: Harper & Row, 1972).

(27) Tu Weiming, "Crisis and Creativity: A Confucian Response to the Second Axial Age," in Steven L. Chase, ed., *Doors of Understanding: Conversations on Global Spirituality in Honor of Ewert Cousins*(Quincy, Ill : Franciscan Press, 1977), 414쪽.

(28) Thomas Berry, *The Great Work: Our Way into the Future*(New York: Crown Publishing Group, 1999).

인류가 처한 상황 가운데 가장 우울한 사실은 만일 우리가 무엇을 해야 하는지를 명확히 알고 있었더라면 환경악화가 인류의 생존을 심각히 위협하는 지경에까지 이르지는 않았을 터인데, 구조적·정신적·관념적 혹은 다른 원인들로 인하여 다시는 돌아오지 못할 길을 향해 걸어가고 있다는 것이다. 선각자들은 과학적·경제적·정치적·문화적·종교적으로 그것이 인간 훼멸의 궤도라는 사실을 우리에게 일깨우고 또 전심전력으로 호소했지만 이러한 시류를 되돌리기에는 역부족이었다. 참으로 가슴 아픈 일이 아닐 수 없다. 이러한 시대 배경 아래서 '천인합일'의 철학을 주창하는 것은 대세를 거스르는 일이다. 그러나 분명한 것은 이 철학이 과거에 대한 향수가 아니라 미래에 대한 전망으로서의 문화적 반성이라는 점이다.

8. 인간·우주 동형동성론

첸무, 탕쥔이, 펑유란은 비교문화 연구에서 새로운 위치를 차지할 수 있는 유학 인문주의의 잠재력에 주목했다. 문명 간 대화의 일원으로서 유학은 다른 종교 공동체들과 지구촌 전체에 어떤 메시지를 전할 수 있을 것인가? 간단히 말해, 유학 인문주의가 지니고 있는, 우주와 인간의 통일이라는 관념이 과연 종교와 생태에 관한 논의를 심화시킬 수 있을 것인가? 특히 유학의 수신철학이 새로운 가족가치, 사회윤리, 정치원리, 환경의식을 고취시킬 수 있을 것인가? 그리하여 문화중국이 자국뿐만 아니라 전 세계의 환경을 개선시킬 수 있는, 지구촌의 책임의식 제고에 기여할 수 있을 것인가? 유가 사상가들은 자신들의 정신자원을 풍부히 하고 계몽주의의 사상영역을 확대해,계몽사상에 길들여진 사람들에게 종교와 생태까지도 수용하게 할 수 있을 것인가?

천인합일사상은 자신, 공동체, 자연, 하늘이라는, 인간과 불가분의 관계에 있는 네 가지 측면을 함축하고 있다. 각 측면이 지닌 특징을 충분히 발현하는 것은 네 가지 측면의 완전한 통합을 방해하기보다 오히려 촉진시킨다. 연계망의 중심에 서 있는 자신은 가정에서부터 지구촌, 심지어 더 먼 곳에까지 이르는 공동체와의 상호작용을 통하여 자신의 정체성을 확립한다. 인간과 자연의 지속적이고도 조화로운 관계는 단지 추상적인 개념이 아니라 실제 삶을 위한 구체적인 지침이다. 인심(人心)과 천도(天道)의 상호교감은 인류의 번영을 위한 최후의 선택이다. 다음의 네 가지 특징은 현대 신유학의 생태주의적 전환의 본질이다.

자신과 공동체 간의 유익한 상호작용

'가(家)'의 성격으로서의 공동체는 반드시 '지구촌', 심지어 우주로까지 확대되어야 하기 때문에, 자신과 공동체 간의 유익한 상호작용은 반드시 자신과 지역을 넘어서야 할 뿐만 아니라 민족주의와 인간중심주의도 초월해야만 한다. 실천윤리적인 용어로 말하자면 수신(修身. 이 말은 토인비의 '자기정복(self-mastery)'을 떠올리게 한다)은 통합적 인문주의를 가능하게 하는 핵심요소이다. 수신은 자아초월을 위한 끊임없는 발전 과정을 겪고 또 이것을 그 기반으로 삼는데, 그 발전 과정이란 대지, 몸, 가정, 공동체에 지속적인 관심을 갖는 것을 의미한다. 수신(修身)을 통하여 인심(人心)의 관심영역은 마치 바깥을 향해 점점 커지는 동심원처럼 자신에서 가족, 가족에서 공동체, 공동체에서 국가, 국가에서 전 인류로 점차 확장되어간다.[29)]

동정심을 자신으로부터 가족으로 확대시키면 이기주의에서 벗어날 수 있게 되고, 가족으로부터 공동체로 확대시키면 혈연중심주의 관계에서 벗어날 수 있게 되며, 공동체로부터 국가로 확대시키면 편협한 지역주의에서 벗어날 수 있게 되고, 국가로부터 전 인류로 확대시키면 강대국의 맹목적인 자국우선주의에서 벗어날 수 있게 된다.[30)] "완전한 인간으로 다시 태어나려면 이기주의, 파벌주의, 지방주의, 민족주의, 맹목적인 자국우선주의를 하나하나 초월해야만 한다." 왜냐하면 인문주의는 결코 "고립적이고 오만한 인간중심주의"가 아니기 때문이다.[31)] 만일 우리가 세속적 인문주의에 머문다면, 우리의 오만과 자만은 우리와 우주의 연계성을 파괴하고 우리를 인간중심주의적인 곤경에서 벗어나지 못하게 할 것이다.

인류와 자연의 지속가능한 조화

세속적 인문주의의 문제점은 자업자득적이라 할 수 있다. 세속적 인문주의의 영향으로 우리는 권력에 연연하고 환경을 제어하며 정신과 자연을 배척하였다. 그리하여 우리는 자신만의 입장에서 생태 문

(29) Huston Smith, *The World's Religions*(San Francisco: Harper San Francisco, 1999), 182쪽.
(30) 앞의 책.
(31) 앞의 책.

제를 다루게 되었다. 정신과 자연을 배제한 이러한 인문주의는 인간 본성의 미학적 · 윤리적 · 종교적 의의를 크게 손상시켰다. 그 결과, 종교와 자연생태 문제에 무관심한 극단적 인간중심주의는 과학주의, 유물주의, 현대주의가 믿어 의심치 않는 오만하기 짝이 없는 세계관이 되었다.

따라서 생태 문제에 대한 관심은 현대주의의 발전에 대항하는 필수적인 대응책이다. 현대주의의 발전은 유학의 세계관을 편협한 세속적 인문주의로 격하시켰고, 현대주의 아래서 유학은 전제정치를 합리화하는 수단으로 오용되었다. 종교와 자연이라는 차원을 온전히 현대 신유학 속으로 끌어들여야만 유학은 비로소 '우주와 인류의 통일'을 희생시키는 대가로 사회공학, 도구적 합리성, 직선적 발전, 경제 발전, 기술관료적 경영만을 강조하는 위험에서 벗어날 수 있다.

유학은 경제 발전을 위해서라면 대가를 문제 삼지 않는 현대주의적 사고방식에서 스스로 벗어나야 하고, 유학과 전제정치의 관계를 새롭게 검토해야 하는데, 이는 유학의 창조적 전환을 위한 전제조건이다. 하늘과 인간의 조화 및 지속적인 교감은 유학의 원류로부터의 이탈이 아니라 근본으로의 회귀이다. 분명 유학의 면모를 일신하는 가장 좋은 방법은 원시유학에 활력을 불어넣는 것이다. 왜냐하면 현대 서구의 영향을 받아 세속적 인문주의라는 잘못된 길을 가게 된 것이 유학이 앞으로 계속 나아가야 할 방향은 아니기 때문이다.

인심과 천도의 상호교감

1990년 모스크바에서 열린 지구포럼에서 과학자들은 인류와 지구의 관계를 새로운 관점에서 보아줄 것을 종교적·정신적 지도자들에게 호소했다.

> 과학자로서 우리 가운데 다수는 경외심으로 우주를 대하게 되는 심오한 체험을 가지고 있습니다. 신성하게 여겨지는 것은 배려와 존중을 받을 수 있다고 우리는 알고 있습니다. 지구라는 우리의 보금자리도 마땅히 이렇게 간주되어야만 합니다. 환경에 대한 보호와 그 개선을 위한 노력은 이렇게 신성시될 필요가 있습니다.[32]

생태 문제는 모든 종교전통으로 하여금 지구에 대한 자신들의 기존인식을 전면재검토하도록 만들었다. 제한적인 조정만으로는 생태주의적 측면을 수용할 수 없었던 것이다. 우리에게 필요한 것은 다름 아닌 자연에 대한 신성화(神聖化)이다. 이를 위해 지구의 신성성은 하늘이 부여한 것이라는 종교의 기본이론이 재건되어야 할지도 모른다. 과학자들의 호소는 한층 더 확장된 인간-신의 관계 속에서 자연과 관련된 이론을 진지하게 생각해보아야 할 필요가 있음을 시사하고 있다.

현대 신유학에게 가장 절박한 문제는 자연과의 조화라는 정신적 차원을 강조하는 것이다. 천롱지에는 그의 명저《중국철학자료선(中國哲學資料選)》에서 이렇게 말했다. "중국 철학사 전체를 한마디로 개괄한다면 그것은 바로 인문주의라는 단어일 것이다. 절대자(Supreme Power)를 부정하거나 무의미하게 만드는 인문주의가 아

(32) Mary Evelyn Tucker, "The Emerging Alliance of Religion and Ecology," in Steven L. Chase, *Doors of Understanding*, 111쪽에서 인용.

니라 천인합일을 인정하는 그런 인문주의 말이다. 이런 의미에서 인문주의는 여명기로부터 중국 사상사를 주도해왔다고 할 수 있다."[33]

'천인합일을 주장하는 인문주의'는 세속적이지도 인간중심적이지도 않다. 우리는 자신이 대지, 몸, 가족, 공동체 속에 뿌리 내리고 있음을 충분히 인식하고 있기 때문에 '천인합일을 주장하는 인문주의'는 우리와 우주질서의 조화를 결코 부정하지 않는다. 대지, 몸, 가정, 공동체의 존재에 초월적 의미를 부여한 것은 단지 유학의 고매한 이상일 뿐만 아니라 유학의 기본실천이기도 하다. 전통 중국에서 왕궁, 수도(首都), 문묘(文廟), 조당(祖堂), 관청, 학교, 민가 등은 유교와 도교 및 민간신앙의 영향을 받아 항상 풍수원리에 따라 설계되었다. 이러한 풍수원리는 인간의 행복을 증진시키기 위한 책략이 될 수도 있었겠지만, 인간의 욕망과 환경을 통합시켜 인간과 자연의 친밀감을 제고시키는 역할도 했던 것이다. 이와 마찬가지로 중의(中醫)는 치료(cure)보다는 조리(調理, healing)에 치중하고 있으며, 기체조, 태극권, 각종 기공 들 역시 자연과 인간의 교감을 기초로 삼고 있다.

삼재(三才)를 이루기 위한 자기 지식과 수양

유학은 하늘이 인간의 본성을 부여했기 때문에 인간은 자기인식을 통해 하늘의 도(天道)를 알 수 있다고 믿었다. 또 그들은 천명을 알기 위해 인간은 부단히 자기수양을 쌓아야 하고, 이로써 천·지·인

(33) Wing-tsit Chan, *A Source Book of Chinese Philosophy*, 3쪽.

삼재동덕을 실현할 수 있다고 했다. 정태적 존재가 아니라 부단한 변화의 과정인 자연은 잠시도 쉬지 않는 하늘의 창조력을 이해하도록 우리를 끊임없이 일깨운다. 《주역》의 건괘(乾卦)는 영원히 역동적으로 움직이는 하늘을 상징한다. 이것은 우리에게 하늘의 활발한 움직임을 본받아 인류의 번영을 위해 '자강불식'할 것을 가르치고 있다. 우주에 대한 경외감은 우리의 삶에 목적과 의미를 부여하는 궁극적 존재에 반응하려는 열망에서 생겨난다. 창조론적 시각에서든 진화론적 시각에서든, 우리의 존재는 천지만물의 은혜를 입고 있다. 이 은혜에 보답하는 길은 자기수양을 통하여 우리가 지닌 본성을 완전히 실현하는 것이다.

맹자는 하늘에 대한 인간의 태도를 지성(知性: 본성을 앎)과 사천(事天: 하늘을 섬김)과 입명(立命: 천명을 온전히 함)으로 간결하게 설명한다.

> 자기의 마음을 다하는 사람은 자기의 본성을 알게 되고, 본성을 알면 하늘을 알게 된다. 자기 마음을 보존하여 본성을 기르는 것은 하늘을 섬기는 것이요, 단명하거나 장수하거나 개의치 않고 몸을 닦아서 천명을 기다림은 천명을 온전히 하는 것이다.

자아실현은 결국 하늘을 알고(知天) 하늘을 섬기는(事天) 데 달려 있고, 인심(人心)과 천도(天道)의 교감은 자연과의 조화로운 관계가 선행되어야 하며, 자연과 조화로운 관계를 유지할 수 있느냐 없느냐는 인간의 수양에 달려 있다. 이러한 수양을 통해 우리는 천·지·인 삼재동덕을 실현할 수 있고 우주 대화(大化)의 일원으로 존재할 수 있다. 상호교감과 삼재동덕의 의식은 자연정복이라는 인간의 욕망과는 완전 별개의 것일 뿐만 아니라 인간의 의지를 하늘에 강요하는 것도 아니다.

9. 유교적 생태주의의 전환

천룽지에가 첸무, 탕쥔이, 펑유란 등이 제기한 생태주의적 전환과 매우 유사한 정신으로 인문주의에 대한 비상한 주장을 제기했을 당시, 문화중국, 특히 중국 대륙의 문화적 기풍은 아이러니컬하게도 유학전통을 세속적 인문주의로 이해하는 경향이 지배적이었다. 1972년 스톡홀름 환경회의에서 중국 대표단은 경제 성장을 제한하고 과학기술의 진보를 한정하는 매개변수를 조절하자는 제안을 거부했다. 발전에 대한 집착과 인간의 기술에 대한 확고한 믿음이 그들로 하여금 상당 기간 환경 문제를 소홀하게 만든 것이다.[34]

오늘날 그 형세는 상당히 호전되었지만 아직도 과학주의와 유물주의의 여파가 곳곳에 잔존해 있다. 1979년 개혁개방 이래 중국은 세계화 전략으로 시장경제체제를 받아들이며 개발도상국으로 변신했다. 언뜻 보기에 상업주의, 이윤주의, 국제경쟁은 현대 중국의 정신적 특징으로 보인다. 장장 1백여 년 동안 제국주의와 식민주의의 억압과 착취를 경험한 중국의 부상은 세속적 인문주의의 완전한 승리를 상징하고 있다.

(34) 1973년 스톡홀름 회의 직후, 저우언라이의 직접적인 격려 아래 중국의 환경보호운동이 사실상 시작되었다.

내우외환의 극심한 고통 속에 빠져 있던 과거 중국에게는 구국(救國)과 생존이 급선무였다. 그러나 오늘날의 중국은 더 이상 피동적인 피해자가 아니라 욱일승천의 국력을 상징하는 세계 속의 강대국이 되었다. 중국이 세계 공동체 속으로 진입해들어갈 때 어떤 생명철학이 중국의 지도자들을 이끌 것인가? 만일 '눈에는 눈, 이에는 이'(실행 가능한 선택은 아닌 것 같다) 식의 보복도, 국제적 권력의 공유(共有)도 중국을 책임있는 구성원이 되도록 이끌지 못한다면, 다른 무엇이 중국을 세계적 환경위기에 참여하도록 이끌 것인가? 만일 자신의 이상적인 발전을 실현하기 위해 다른 국가가 불행하게도 오랫동안 환경위기에 직면해야 한다면 중국은 과연 기꺼이 이를 방기할 것인가? 중국은 세계의 다른 국가 혹은 지역들과 함께 더욱 평등하고 인도적인 세계를 만드는 데 동참할 수 있을 것인가? 중국은 이론적으로나 실천적으로 비패권주의적인 새로운 세계질서의 확립을 위해 능동적인 역할을 할 수 있을 것인가? 오로지 부강으로만 발전을 규정하는 태도를, 중국은 어떻게 넘어설 수 있을 것인가?

경제, 정치, 군사적 역량 면에서 상당한 상승세를 보이고 있는 중국은 새로운 세계질서 건설에 있어 대단히 중요한 구성원이다. 현대화를 향한 기나긴 여정에서 많은 고난을 견뎌내기는 했지만 거의 30여 년 동안 자의반 타의반의 고립상태가 유지되었기 때문에, 중국이 내적으로 겪어온 참상들은 주변국가와 아태지역 전반의 안보 및 안정에 거의 영향을 미치지 않았다. 그런데 오늘날의 국면은 완전히 다르다. 중국의 경제와 정치는 광대한 세계의 중요한 부분이 되었기 때문에, '중국은 어디로 갈 것인가.' 하는 문제는 국지적·국가적 차원을 넘어 지역적, 더 나아가 전 세계적으로 심오한 의미를 지닌 화두가 되었다. 만일 세속적 인문주의가—그것이 사회주의적이든 유교적이든 간에—중국의 지배적 이념이라면 환경 문제는 차치하고라도 그것이 문화중국과 세계의 다른 국가들의 전반적인 발전에 미치게 될 악영향은 상상을 초월할 것이다.

세속적 인문주의를 초월하는 데 있어 맞닥뜨리게 되는 첫 번째 난관은 중국이 현대화를 추구하는 데서 준거로 삼아야 하는 사고의 틀을 넓히는 일이다. 현대 서구(북미와 서유럽)에 대한 중국의 미련은 지금까지도 중국이 본래부터 가지고 있던 많은 자원을 발굴하는 데 장애가 되고 있다. 비록 성과가 미미하기는 했지만 나는 줄곧 중국의 지식계를 향해 중국이 참조할 만한 사회로 인도를, 참조할 만한 문화로 인도 문화를 거론하며 중국의 발전 방향을 재검토할 것을 호소해왔다. 물론 중국은 인도의 경제정책, 정치현안, 사회관습에서의 부정적인 사례들(호전적인 힌두교 민족주의의 등장과 공동체 사이의 공공연한 갈등과 충돌 등)을 잘 피해나갈 수 있을 것이다. 그러나 세계 최대의 인구를 가진 민주국가이면서 영어를 구사하는 수천만의 지식인, 자본가, 기업가, 사회 활동가를 보유하고 있는 인도에는 중국의 자기반성을 위한 제공거리가 많다. 대안 마련의 여지를 제공하는 인도의 다양한 종교, 다원화된 언어, 다양한 문화는 중국의 발전 개념에서 보자면 하나의 도전이다. 오늘날 인도의 가장 가치있는 자산은 다름 아닌 풍부한 정신자원이다. 정신적 문제에 있어 인도는 거대한 문화의 수출국이라 할 수 있다. 1923년 량수명은 중국이 서양을 적극적으로 배워야 한다고 강력히 주장해왔음에도 불구하고 그는 인도의 생활태도가 결국에는 성행하게 될 거라고 예언했다.[35] 전통에 대해 무자비한 공격을 가하는 중국은 자신들의 정신적 뿌리를 수호하려는 인도와 선명한 대조를 이룬다. 중국의 지식인들은 인도로부터 무엇을 배워야 할 것인가.

중국이 인도를 참고할 만한 사회문화로 진지하게 고려한다면 중국은 자국의 대승불교 유산을 중시하게 될 것이다. 후스의 중화 문명의 인도화에 대한 반성 속에 두드러지는 반종교적 인문주의는 근본적으로 시정되어야 한다. 타이완과 홍콩 및 해외 화교들 사이에서 불교는 가장 강력한 종교운동이다. 불교가 경제문화, 사회윤리, 정치행위, 도덕교육, 특히 환경윤리에 미친 공헌은 주목할 만하다. 대승불교가 중국에서 중요한 정신적 역량으로서 다시 부상한다면 도교 역시 부흥의 기회를 갖게 될 것이고, 천인합일을 신봉하는 유학 인문주의(세속적 인문주의를 말하는 것이 아님) 역시 크게 번성할 것이다.

티베트는 그 정신적 근원을 인도에 두고 있기 때문에, 중국인들이 자신의 준거로 인도를 받아들인다면 중국 정권과 지식인 엘리트들은 티베트를 하나의 문화로서 보다 정당하게 평가할 수 있을 것이다. 힌두교, 자이나교, 시크교 그리고 대승불교가 인간의 정신을 현대적으로 표현한 것임을 중국 정부가 인정한다면, 종교자원으로서 티베트가 가지는 의미를 보다 깊이있게 이해할 수 있을 것이다. 또한 이른바 티베트 문제를 단순히 국가적 통일을 위협하는 정치적인 문제로만 취급하지 않는 바람직한 결과를 낳게 될 것이다. 결과적으로, 중국의 한족과 (티베트뿐 아니라 위구르, 몽골 등과 같은) 다른 소수민족들 사이에 존재하는 종교적 의미가 담긴 민족 갈등도, 문화적

(35) 梁漱溟, 《東西文化及其哲學》, 199~201쪽.

으로 보다 세심하고 윤리적인 지성을 잃지 않는 방식으로 다루어질 수 있을 것이다. 이런 식의 가치지향을 가질 때 얻을 수 있는 부수적인 이익으로는, 새로운 종교에 대한 보다 나은 평가가 이루어질 것이며, 그 종교들이 사회적 결속에 기여할 수 있는 가능성에 대해 보다 잘 알 수 있으리라는 점을 들 수 있다. 새로운 중국의 문화적 정체성을 형성하는 데 있어 종교가 강력한 영향력을 미칠 것이라는 점을 생각한다면, 국가 건설에 대한 사회구성주의적(social constructivist) 접근방식에서 근본적인 변화는 불가피하다. 중국 당국과 지식인 엘리트들이 정신적인 문제를 보다 잘 수용하게 된다면, 자신들의 고유한 전통에 대해 보다 감사하는 태도를 가지게 될 것이다. 결과적으로 그들은 생태학적인 관심사에 대해 보다 민감해질 것이다.

중국이 설령 준거가 되는 사고의 틀을 넓혀 인도와 같은 비서구적인 경험을 현대화 방안으로 수용한다 하더라도, 국제사회에 중국이 책임있는 구성원, 혹은 적극적인 공헌자로서 참여하느냐의 여부는 여전히 서구, 특히 미국과의 관계에 달려 있다. 유엔 사무총장 코피 아난이 주창한 평화문화의 관점에서 보자면, 중미관계는 작금의 세계에서 가장 중요한 쌍무관계일 것이다. 불행하게도 미국에 대한 중국의 집착과 중국에 대한 미국의 경시 사이의 현격한 차이는 양국관계를 극도로 복잡하고 어렵게 만들었다. 1989년의 천안문 사태 이래, 미국의 대중매체들은 대개의 경우 중국을 깡패국가로 묘사해왔다. 인권, 종교의 자유, 티베트, 타이완, 무역 등의 문제로 인해 극좌파부터 우파 기독교인들까지 중국을 비난의 표적으로 삼아왔다. 미국 정치세력 간의 흔치 않은 반중국 연대는 미국 일반대중의 눈에 비친 국제적 공동체의 책임있는 구성원으로서의 중국의 이미지에

심한 손상을 가져왔다. 그러나 미국은 분명 중국의 현대화를 위한 대안적 모델을 제공하는 특수한 위치에 서 있다.

주목할 만한 사실은 미국과 중국의 과학자들이 환경 문제를 다루는 데서는 우호적이고 생산적인 협력을 하고 있다는 점이다. 그러나 현실적으로 볼 때, 과학적 교류라고 하는 의례적이고 엄격하게 제한된 협력이 중대한 이념적 문제들까지 논의에 포함시키는 방향으로 확대되기는 쉽지 않을 것이다. 장기적인 관점에서 볼 때, 지구온난화와 같은 환경악화를 다루는 국제적인 프로젝트에 중국을 적극적으로 참여시키는 것은 매우 중요하다. 이는 굳이 부연할 필요조차 없을 것이다.[36]

보다 거시적인 시각에서 보자면, 중국 지도자들이 국내 문제를 처리하는 방식에도 더욱 융통성이 있어야만 한다. 중국의 관점에서 볼 때, 미국은 세계 유일의 초강대국으로서 세계 상황의 개선에 건설적이고 적극적인 역할을 수행하는 의무를 져야만 한다. 세계 인구의 5%에 불과한 미국이 전 세계 온실가스의 22%를 배출하고 있고, 미국인의 평균적 생활수준이 대부분 중국인의 상상을 초월하는 것임을 감안할 때, 공정성과 분배정의의 문제는 반드시 제기되어야 한다. 미국이 자국의 이익을 외교 문제 처리의 지도원리로 삼고, 또 이러한 원리를 내세워 중대한 국제적 상황에서 일방적인 행동을 취한다는 중국의 비난은 조금도 놀랄 일이 아니다.

그럼에도 불구하고 전반적인 중미관계는 여전히 유익한 대화 위

(36) Michael B. McElroy는 미래에 있어 지구상의 이산화탄소 배출의 통제는 "대부분 중국, 인도, 인도네시아와 같은 대규모 개발도상국가들에서 발생하는 것에 달려 있다"고 주장한다. "Perspectives on Environmental Change: Basis for Action," *Daedalus*, 16쪽.

에 기초하고 있다. 종교와 생태, 더 나아가 인권, 무역, 교육, 과학기술에 관해서도 대화를 통한 발전 가능성이 상당하다. 호혜평등의 대화는 가능하고 희망적이며 동시에 필수적이기도 하다. 중국의 입장에서 보자면, 사회진화론은 마땅히 폐기되고 한층 더 넓은 안목에서 인류 번영의 문제를 다루어야 할 것이다. 만일 중국이 사고의 틀을 확장한다면(이 점은 의심의 여지가 없을 듯하다) 중국은 직선적 발전이라는 협소한 궤도 위에 자신을 국한시키지 않고, 날로 상호의존적이 되어가는 이 다원화된 세계 속에서 자신의 위치를 찾게 될 것이다. 인도 외에도 러시아, 동유럽, 동남아시아, 라틴아메리카, 중동, 아프리카와 같은 수많은 비서구 사회들 역시, 중국이 지적이고 정신적인 측면에서 자기 스스로를 규정해나가는 과정과 무관하지 않게 될 것이다. 분명한 것은, 미국 역시 가르치는 문화에서 배우는 문화로 변해야 한다는 사실이다. 거대한 이민사회로서의 미국은 수백 년 동안 줄곧 유럽을 학습해온, 활기 넘치는 문화, 배우는 문화였다. 제2차 세계대전 이후, 유교 동아시아의 지도교사라는 미국의 자기 이미지는 일반 민중의 의식 속에 뿌리 깊게 자리하고 있다. 존 듀이와 그의 제자인 후스 및 펑유란과 같은 사제관계가 미국인들의 의식 저변에 기본원칙으로 깔려 있다. 이제는 새로운 평등 관계의 기초 위에서 서로를 배우고 서로의 모범이 되어야 할 때가 되었다.

10. 생태주의적 전환의 실현, 대중 지식인의 역할

1995년 코펜하겐에서 열린 사회문제를 위한 정상회의에서는 인류

공동체의 안정을 심각하게 위협하는 3대 요소로 빈곤, 실업, 사회의 해체를 들었다. 세계화로 인해 원초적 유대에 뿌리를 두어야 할 필요성이 더욱 커졌다. 이로 인해 정치적 정체성을 수립하는 데 있어서 종종 치열한 경쟁과 강한 긴장이 발생하기도 한다. 그러나 세계무역기구(WTO)에 반대하는 항의시위는 이 가설에 대해 의문을 제기하고 있다. (최근의 항의시위를 단순히 세계무역기구에 대한 반대라고 말하는 것은 문제가 있어 보인다.) 우리의 공동체는 흔히 하나의 '촌락'으로 얘기되고 있으나 그 유기적인 통합은 아직 요원하기만 하다. 여기저기에서 들고일어나는 항의시위는 차이와 차별, 멸시를 폭로하고 있다. 남반구가 북반구에서 일어나고 있는 환경운동에 찬성하다 보면 생태와 개발 사이의 모순이 극명하게 드러나게 된다. 만일 남반구가 가장 기본적인 물질적 수요를 충족하기 위해 개발이 생존의 필수조건이라 여긴다면, '격조 있는 소박함(elegant simplicity)'을 대안적 생활방식으로 삼자는 북반구의 주장은 설득력을 잃게 된다. 개발도상국인 중국이 남반구의 입장에 공감하는 것은 이해할 수 있다. 만일 중국의 책임의식이 단순히 국가 건설에 한정되지 않는다면 중국은 전 세계 환경 문제 해결에 적극적인 기여를 할 수 있을 것이다. 만일 북반구의 국가와 지역, 특히 미국이 실질적인 행동을 통해 자신의 도덕적·지도적 역할을 수행한다면 중국은 세계 환경 문제에 관심을 갖고 그 해결을 위해 노력해줄 것을 요청받게 될 것이다. 선진국의 권유와 상호 간의 존경 없이 중국이 독자적으로 이러한 행로를 택하리라는 것은 기대할 수 없다. 실제로 제한된 범위에서나마 중미 간, 그리고 중국과 유럽연합 간에 종교, 생태, 인권, 무역, 교육, 과학기술 등의 문제에 관한 호혜적인 대화가 이미 시작되었다.

이와 관련해서 대안적 이념으로서 유학의 생태주의적 전환은 특별한 의미를 갖는다. 생태주의적 전환의 실행과 관련정책의 제정에는 무엇보다 지식인들의 공공의식이 필요하다. 문화중국에 있어 대중적 공간의 출현은 다소 희망적이다. 비록 중화 문화권에 있어 충분히 성숙한 시민사회는 타이완과 홍콩에서만 발견되지만, 중국 대륙의 일부 사회분야에서 대중 지식인들이 보여준 수평적 의사소통 문화는 중국 현대사에서 전례가 없는 새로운 활력을 불러일으켰다. 만일 정치에 관심을 갖고 사회활동에 적극 참여하고 문화에 민감하며 종교와 생태 문제에 열성적인 사람을 대중 지식인이라 규정한다면, 정치 무대에서 대중 지식인은 이미 출현했다고 할 수 있다.[37] 연구기관, 정부, 대중매체, 사업체, 사회운동 방면의 대중 지식인들은 중국의 현대화 요구와 관련된 다양한 문화적 메시지를 전하고 있다. 그들은 관심있는 국민들에게 기쁨을 줄 '통일된 실마리, 중용(中庸), 기저의 가치, 또는 가장 포괄적인 개념'[38]을 찾지 못했을지도 모른다. 그러나 그들은 새로운 관점에서 생태와 관련된 새로운 논의를 전개했다.

현재 중국의 정치형세를 볼 때 종교는 여전히 매우 민감한 문제이다. 종교가 중국의 발전전략을 세우는 데 있어 적극적인 역할을 수

(37) 취거핑(曲格平)의 경우는 특별히 주의해볼 필요가 있다. 1972년 스톡홀름 환경회의 이래, 그는 중국의 정부조직 속에 환경보호를 다루는 하부구조를 마련하는 데 도움이 되었다. 전국인민회의의 환경보호와 자원보호위원회의 의장으로서 그는 국가적 정책을 입안하는 데 중추적 역할을 하였으며, 비정부기구들이 환경에 대한 관심의 목소리를 높이는 것을 격려하였다. 《夢想與期待: 中國環境保護的過去與未來》(中國環保科學 出版社, 2000) 참조.

(38) Theodore de Bary, *Neo-Confucian Orthodoxy and the Learning of the Mind-and-Heart* (New York: Columbia Univ. Press, 1981), 216쪽.

행할 수 있느냐 없느냐는 중국의 새로운 문화적 정체성을 가늠하는 중요한 지표이다. 건전한 생태주의적 윤리의식이 가능할지의 여부 또한 중국의 지식인들이 세속적 인문주의가 빚어낸 민족주의를 초월할 수 있는지, 그리고 인간의 존엄과 자아실현의 사색 중에서 진지하게 종교 문제를 대할 수 있는지에 크게 좌우된다. 파룬궁(法輪功)의 경우에서 볼 수 있듯이, 과학과 국가 안보에 의거한다고 해서 정부가 미신을 금지하는 것이 효과를 거둘 수 있는 것이 아니었다. 정부가 종교 문제에 기술관료적인 태도로 접근하는 것은 단지 점점 무기력해져가는 도구적 합리성을 반영하는 것일 뿐이다. 종교가 사회를 활력있게 만든다는 사실은 정부, 연구기관, 사업체, 대중매체의 대중 지식인들이 보편적으로 인정하는 바이다. 비록 종교와 생태가 공통의 관심사를 위해 함께 걸어갈 수 있을지 단정하기는 어렵지만 종교의 관용은 일반적으로 생태주의적 정서를 지니게 마련이다. 중국의 대중 지식인들이 유학의 생태주의적 전환이 내포하고 있는 심오한 종교적 함의, 그리고 환경윤리 개발을 위한 토착적 자원으로의 회귀 및 그 재평가의 중요성을 깨닫기 시작할 때, 그들은 종교와 생태에 관한 문명 간의 대화에 자발적으로 참여하게 될 것이다.

좀더 시야를 넓혀, 종교적 · 정신적 지도자들이 세계무대에서 적극적인 역할을 발휘하여 환경악화에 대해 타인들의 동조를 얻을 만한 견해를 발표하고자 한다면 그들은 반드시 대중 지식인으로서의 책임을 다해야만 할 것이다. 2000년 9월 미국에서 열린 밀레니엄 회의에서 표명되었듯이, 종교적 · 정신적 지도자들이 자신들의 종교단체를 초월하여 대중 지식인으로서 지구 문제에 대한 견해를 제시하지 않는다면 그들의 예언은 오해되거나 곡해되거나 무시될 것이다. 서로를 인정하고 자신들의 주장을 개진해야 할 필요가 있음에도 불구하고 자신의 정체성만을 확립하고자 하는 정책은 인간의 생존과 번영을 위한 보편윤리를 신장시키는 데 장애가 될 것이다. 종교적·정신적 지도자들이 오직 자신들의 신념을 공유하는 공동체의 복리에만 관심을 가질 때, 중국은 특히 그들의 의도에 의심을 품게 된다. 하지만 이제 중국 밖의 종교적·정신적 지도자들이 종교와 생태에 관해 서로에게 이익이 되고 영감을 불어넣어줄 만한 대화에 중국의 대중지식인들이 함께 참여하도록 할 만한 시기가 무르익었다.

지속가능한 천인관계를 주방향으로 삼는 것은 곧 인류사회의 모든 구성원들이 자기수양을 통해 조화로운 사회와 문명화된 정부를 건립하는 것임을 현대 신유학의 생태주의적 전환은 극명하게 보여준다. 그와 동시에 유가들은 변화하는 자연에 자신을 일치시키는 것이 인간관계를 조화롭게 만들고 가족윤리를 형성하며 민중의 바람을 반영하는 책임있는 정부를 수립하는 데 있어 지극히 중요하다고 주장하고 있다. 메리 에블린 터커(Mary Evelyn Tucker)는 이렇게 말한다.

> 유가의 천·지·인 삼재가 완전히 성취되기 위해서는 그 각각의 영역들 사이에 간극이 없으면서도 역동적인 상호교류가 있어야 한다. 기묘한 변화를 거듭하는 자연과 조화로운 상태를 이루지 못한다면 인류의 사회와 정부는 위험에 처하게 될 것이다.[39]

(39) Mary Evelyn Tucker, "The Emerging Alliance of Religion and Ecology," in Steven L. Chase, *Doors of Understanding*, 120쪽.

개인의 자기수양은 사회와 정치의 질서유지에 매우 중요하기 때문에 대중 지식인이란 엘리트주의자가 아니라 생활 속에서 일상적인 업무에 적극적으로 참여하는 자이다. 우국우민의 유학자들은 철학자의 지혜, 선지자의 통찰력, 신부(神父)의 신념, 부처의 자비, 고승(高僧)의 법력(法力), 또는 정신적 스승(guru)▪으로부터 도움을 받을 수도 있지만, 대중 지식인으로서의 책임이야말로 그들의 신분에 가장 잘 어울리는 직무이다. 유가들은 올바른 세계관과 건강한 생태윤리를 정립하기 위해서는, 하늘과 인간의 조화를 희구하는 우리들의 바람과, 공정한 사회를 건설하려는 우리들의 결집된 노력이 결합되어야 한다고 주장한다.

중국의 대중 지식인들은 '지구헌장'이 제기한 '관용, 비폭력, 평화의 문화를 증진시키는' 정책의 유익한 면을 정치 지도자들이 깨달을 수 있도록 그들을 설득해야 한다. 중국인에게는 대승불교, 도교, 유학 인문주의를 추종하는 경향이 있음을 인정해야만 한다. 그러면 그들은 천지만물이 공존하는 가치를 이해할 수 있고, '모든 생명체를 존중하고 배려하는' 것이 자신들의 본성임을 깨달을 수 있다. 또한 학술계에서는 갈수록 많은 수의 대중 지식인들이 생태 문제에 큰 관심을 보이고 있다. 이에 우리는 이러한 내용을 "정식교육 및 평생교육의 지식, 가치, 기능으로 수용함으로써 지속적인 발전을 가능하게 해주는 생활태도를 유지해나가야 한다."[40] 자유주의 성향을 지닌

▪ 정신적 스승 힌두교의 교사를 말한다.

(40) The Earth Charter. 현재 중국의 대학 연구소에서는 환경에 초점을 맞춘 백 개 이상의 프로그램들이 개발되었다. 이들 대다수는 주로 기술공학의 문제들에 관심을 가지고 있으나, 그 중 극소수는 환경보호에 대한 다중학제간 접근방식 속에 사회과학과 인문학의 방법론을 통합시켰다.

수많은 대중 지식인들은 중국의 정치문화가 직면한 주된 도전으로 전면적인 민주화를 꼽고 있는데, 이 민주화 과정은 반드시 정부 고위층의 투명성과 책임감의 제고에서부터 시작되어야 한다. 법에 의한 통치(法制)가 아닌 법의 통치(法治)는 모든 이에게 공평한 기회를 부여하기 위한 합리적인 방법으로 보편적으로 수용되고 있기 때문에 '의사 결정에 대한 광범위한 참여'라는 이상은 더 이상 불가능한 일이 아니다. 현대 신유학 학자들은 국가 건설을 위한 현대화의 대장정 속에서 자신들의 원초적 사상은 이미 근본적으로 재구성되어, 더 이상 신념의 언어가 아니라 도구적 이성, 경제적 효용, 정치적 편의, 사회관리의 언어가 되었음을 잘 알고 있다. 이제 그들은 현대주의라는 미망(迷妄)에서 깨어났다. 그리하여 유학의 천인합일사상에 새로운 활력을 불어넣고 대중 지식인들에게 영감의 원천을 제공하여, 그들이 새로운 세계관과 인생관을 정립하도록 인도할 것이다. 현대 신유학의 생태주의적 전환은 중국의 정신적 자기인식에서 매우 중요한 의미를 갖는다. 왜냐하면 그것은 중국이 자신의 영혼을 새롭게 발견하도록 이끌어주기 때문이다. 동시에 그것은 전 지구공동체의 지속가능한 발전적 미래에 대해서도 심오한 의미를 지니고 있다.

옮긴이의 말

잃어버린 전통을 찾아서

20세기와 21세기의 교체는 몇 가지 중대한 역사적 사건으로 상징될 수 있다. 냉전체제의 종식과 세계화의 조류로 인해 세계가 하나의 거대한 시장으로 변모하는 가운데 뉴욕의 쌍둥이 빌딩이 테러에 의해 폭파되는 사건이 발생했다. 이른바 '문명의 충돌'의 시작이었다. 이에 대해 혹자는 세계화라는 새로운 세계질서를 위해서는 문명이 서로 충돌해서는 안 되고 이른바 '평화공존'을 이루어야 한다는 견해를 제시하기도 했다.

이 책의 저자 뚜웨이밍은 공존을 넘어서 보다 안정적인 지구촌공동체를 건설하고 유지하기 위해 '문명들 간의 대화'를 제창하고 나섰다. 물론 이는 즉흥적인 관념의 유희가 아니라 현대 신유학 연구를 기초로 한 오랜 기간에 걸친 사유의 결과이다. 우리는 이러한 '문명들 간의 대화'를 전통과 현대성의 대화라는 보다 압축된 주제로 전환하여 생각해볼 수 있을 것이다.

현대성이란 무엇인가? 현대성이란 15세기 말 유럽의 르네상스와 항해술을 바탕으로 한 서구 문화 및 그 결과물, 그리고 이를 정신적으로 뒷받침한 계몽주의적 가치에 다름 아닐 것이다. 15세기에 시작된 현대성은 20세기에 가장 활발하게 전개되다 최근 미국이 주도하는 시장경제와 상업주의로의 변질로 인해 말기적 국면을 보이면서 동아시아의 현대성에 대해서 다양한 해석을 낳고 있다. 이러한 현대성을 위해서는 '탈전통(脫傳統)', 즉 전통과의 완전한 결별이 반드시 필요했을까? 그리고 그것이 가능한 것인가? 전통과 현대성의 부드러운 연착륙, 또는 아름다운 조화는 불가능한 것일까?

전통과 현대성의 관계는 세 가지로 요약할 수 있을 것이다. 첫째, 전통의 일부 요소들은 현대성의 발전에 치명적인 '문화적 장애'가 될 수 있다. 예컨대 이슬람교를 비롯한 모든 종교의 원리주의는 현대성에 중대한 위협이 되고 있고, '해가 뜨면 나가서 일하고 해가 지면 집에 돌아와 쉬는(日出而作, 日沒而息)' 자연경제적 생활태도 역시 현대성의 시간관념에 어울리지 않는다. 둘째, 전통 가운데에는 현대성에 유리하지도, 해롭지도 않은 요소들이 있다. 이미 허구화된 서양의 왕실제도나 민간예술, 전통적 생활습속 등이 그것이다. 셋째, 전통에는 현대성의 발전에 긍정적 역할을 하는 요소들도 적지 않다. 막스 베버가 지적한 프로테스탄티즘의 윤리와 자본주의의 관계가 가장 대표적인 예라 할 수 있고, 우리의 삶을 지배하고 있는 유학의 전통에도 현대성의 추구와 세계화를 위한 동력으로 작용할 수 있는 다양한 정신적 자원들이 있다.

하지만 20세기 초 중국의 지식인들이 서양 문명의 충격 앞에서 역사와 현실에 대한 구체적이고 비판적인 반성과, 미래에 대한 깊이있는 조망과 탐색 없이 너무나 쉽게 2천여 년 동안 자신들의 정신과 삶을 지배했던 유학의 전통을 던져버렸던 것과 별다르지 않은 모습으로 우리 역시 우리의 전통을 송두리째 던져버리고 현대성의 실현을 위한 방법으로 서구 문화의 전면적인 수용을 택했다. 그리하여 머리부터 발끝까지 완전히 서구화된 상태로 지금 우리는 '맥도날드화'와 '할리우드화'로 상징되는 문화제국주의와 세계화라는 거대한 흐름에 직면하여 무기를 잃어버린 병사처럼 곤혹감과 무력감에 빠져 있다.

이러한 곤혹감에서 벗어나기 위한 방법 중 하나는 막힌 길에서 재빨리 뒤돌아서서 잃어버린 전통을 찾는 것이다. 전 세계적으로 일고 있는 지역문화 회복의 흐름 속에서 우리도 우리의 현실과 미래를 위한 정확한 방향과 길을 찾아야 할 것이다. 분명한 사실은 서양의 현대성과 동아시아의 현대성이 같은 것일 수 없고 또 그럴 필요도 없다는 것이다. 현대성이란 절대적 실체가 아니라 사회의 발전을 이끄는 하나의 동력으로서의 가치관념인 만큼, 그 사회의 역사와 현실의 미래를 통시적으로 해석할 수 있는 장치가 되어야 하고, 따라서 필연적으로 지역적 성격을 띨 수밖에 없다. 동아시아에 대한 서양의 승리로 간주되는 현대성은 진정한 현대성이라 할 수 없다.

유학전통은 한국과 중국을 포함한 동아시아 문화의 핵심구조로 작용하면서 우리의 사유와 생활을 지배해 온지 오래이고, 여기에는 우리가 자랑스럽게 여기기에 충분한 무수한 '아시아적 가치'들이 자리하고 있다. 이러한 전통과 현대성의 대화를 통해 우리는 문명 간의 대화를 바탕으로 한 진정한 세계화의 방향과 전략을 모색할 수 있을 것이다. 잃어버린 전통을 되찾아 보다 넉넉한 정신적 자원을 확보한 현대성이야말로, 서양 학자들이 말하는 '제2의 현대성', 진정한 '동아시아의 현대성'일 것이다.

이런 의미에서 뚜웨이밍의 이 책은 우리에게 충분한 계시적 가치를 지닌다고 할 수 있다.

문명들의 대화

지은이 | 뚜웨이밍 옮긴이 | 김태성

1판 1쇄 발행일 2006년 5월 29일
1판 1쇄 발행부수 2,000부 총 2,000부 발행

발행인 | 김학원
편집인 | 한필훈 이재민 선완규 한상준
크리에이티브 디렉터 | 김영철
마케팅 | 이상용 하석진
저자 · 독자 서비스 | 조다영(humanist@hmcv.com)
스캔 · 표지 출력 | 이희수 com.
조판 | 홍영사
용지 | 화인페이퍼
인쇄 | 청아문화사
제본 | 경일제책

발행처 | 휴머니스트
출판등록 제10-2135호(2001년 4월 18일)
주소 | 서울시 마포구 연남동 564-40 121-869
전화 | 02-335-4422 팩스 | 02-334-3427
홈페이지 | www.hmcv.com

ISBN 89-5862-104-4 03100

만든 사람들

편집 주간 | 선완규(swk2001@hmcv.com)
책임 편집 | 박지홍
표지·본문 디자인 | AGI 황일선